本系列由华盛顿大学中国研究中心（China Studies Program，University of Washington）赞助

伊沛霞　姚　平　主编

当代西方汉学研究集萃

宗 教 史 卷

本卷主编　姚　平

上 海 古 籍 出 版 社

图书在版编目(CIP)数据

当代西方汉学研究集萃. 宗教史卷/伊沛霞，姚平主编. —上海：上海古籍出版社，2016.4
(当代西方汉学研究集萃)
ISBN 978-7-5325-8024-8

Ⅰ.①当… Ⅱ.①伊… ②姚… Ⅲ.①汉学—研究—世界—文集②宗教史—中国—文集 Ⅳ.①K207.8-53 ②B929.2-53

中国版本图书馆CIP数据核字(2016)第051840号

当代西方汉学研究集萃
伊沛霞　姚平　主编
宗教史卷
姚平　主编
上海世纪出版股份有限公司
上　海　古　籍　出　版　社　出版
(上海瑞金二路272号　邮政编码200020)
(1)网址：www.guji.com.cn
(2)E-mail：guji1@guji.com.cn
(3)易文网网址：www.ewen.co
上海世纪出版股份有限公司发行中心发行经销
江阴金马印刷有限公司印刷
开本890×1240　1/32　印张12.375　插页5　字数400,000
2016年4月第1版　2016年4月第1次印刷
印数1—1,400
ISBN 978-7-5325-8024-8
K·2180　定价：58.00元
如有质量问题，请与承印公司联系

总序
美国的中国史研究趋向

伊沛霞(Patricia Ebrey)
姚　平　译

1966年是中国"文革"肇始之年;在美国,大学校园反越战运动也正进入初期阶段。对我来说,1966则是我第一次选修中文和中国史课的年份。在那段时光里,中国似乎是另一个世界。美国与中国还没有建立外交关系,中国仍被普遍地称为"红色中国"(Red China)。虽然我的老师中有的曾在30年代和40年代居住在中国,但我很明白我不可能有去中国的机会。

在1966年,有关中国研究的英语著作已经相当可观。从19世纪起,不少学者在辛勤多年的基础上编成中英字典、翻译中国经典著作和主要文学作品。在进入20世纪后的一段时间内,大部分中国研究的主导人物是欧洲人,如理雅各(James Legge)、戴闻达(J. J. L. Duyvendak)、卫德明(Helmut Wilhelm)、威利(Arthur Waley)、高本汉(Bernard Karlgren)等。此外,在20世纪60年代时,已有十几份学术杂志定期刊登中国史论文,如《亚洲专刊》(*Asia Major*)、《通报》(*T'oung Pao*)、《哈佛亚洲学刊》(*Harvard Journal of Asiatic Studies*)、《亚洲研究杂志》(*Journal of Asian Studies*)以及《美国东方学会杂志》(*Journal of the American Oriental Society*)等。同时,美国的中国研究也正在逐渐发展,已有几十所美国大学设有中国史课。1962年贺凯(Charles Hucker)编辑出版了《中国:评论性目录》(*China: A Critical Bibliography*),书中所列书籍论文已达二千余种。当时,有关中国的书籍颇受欢迎,而我的老师们则一致认为驳倒魏复古(Karl A. Wittfogel) 1957 年出版的《东方专制论》(*Oriental Despotism: A Comparative Study of Total Power*)事关重大。魏复古著作的挑战对象是马克思的"亚细亚生产方式"和韦伯有关中国和印度宗教的研究。他提出,理解官僚政治社会的关键是灌溉型农业以及这种生产方式所必需的有召集大量劳力、建造并维持水利工程能力的强大政权。当时最受欢迎的反魏复古论点的著作是中国思想研究委员会(Committee on Chinese Thought)出版的学术讨论会论文集,如费正清(John King Fairbank)编《中国的思想与制度》(*Chinese Thought and Institutions*, 1957 年)及倪德卫(David S. Nivision)、芮沃寿(Arthur F. Wright)编《儒学表现》(*Confucianism in Action*, 1959 年)等。

在过去的四十年中,美国的中国史研究领域迅速壮大,而且其发展过程还反射了中美关系的变化、中国本身的变化、人文和社会科学研究议题的变化以及学者成份的变化。本系列各卷编辑将在各分卷前言中讨论相关课题研究中的变化(如妇女史研究的兴起和对宗教课题的渐趋关注等),但我想在总序中概括一下这四十年中影响着中国史众多课题研究的趋向当不无益处。

不言而喻,对历史学家来说,导致他们研究中国的原因往往影响其研究的方向和方法。在我 1966 年至 1971 年间作为本科生和研究生修中国史课时,我的教授们选择研究中国的原因颇为特别。许多人(men 那时的教授们几乎全是男性)在二战或朝鲜战争中在美国军队受东亚语言训练,有的参与情报活动,还有一些则曾在美军驻日期间在日本工作。这一代的教授一般从冷战的角度来看全球态势。因此,在越战之类不少议题上教授和学生们的观点往往有极大分歧。

与这些学者年龄相当的美籍华人则组成了当时美国最领先的中国史课目的第二批教授。他们中有些是在 20 世纪 30 年代或 40 年代来美国读博士并在 1949 年后留在美国的,还有些是离开大陆到台湾,然后再来美国留学的。这批学者中不仅有传统的人文学家,还有不少是深切关心中国现状的知识分子,他们希望借助西方理论和观念来探究中国的过去。这类学者包括萧公权、杨联升、瞿同祖、张仲礼、刘子健、许倬云、何炳棣等，他们发表了不少有关中国政治、经济制度化以及阶级结构的里程碑式的研究成果。

此外，在20世纪的60年代晚期和70年代早期，大学中仍有一批教授是在二战前就与中国有关连的。他们中有些出生于传教士家庭，从小在中国长大。比如，我在哥伦比亚大学读研究生时，富路德（L. Carrington Goodrich）早已退休，但他每天来校，在他的办公室里编写《明代名人传》（*Dictionary of Ming Biography*）。他儿时在北京居住，曾亲身经历义和团运动。其他一些教授则在上世纪20年代或30年代期间萌生了研究中国的兴趣。当时美国能提供高级中文和中国史课的大学屈指可数，而对美国人来说，在中国住上几年、请私人教师强化自己的汉学功底花费并不大。

我想我自己这一代中国史学者可以被称为“越战代”（Vietnam War generation）或“国防外语奖学金代”（National Defense Foreign Language Fellowship generation）①。在20世纪60年代，随着政府奖学金机会的增加，尤其是当这类研究生奖学金意味着可以推迟服兵役时，进入美国大学研究生院学中国史的学生数骤然上升。当然，越战的影响并不只在于给男生一个留在学校逃避征兵的机会，不少反对越战的青年视亚洲研究为真正改变世界的切实可行的途径之一。但是“越战代”历史学家不能去中国大陆做博士论文研究，因此，他们只能选择其他亚洲地区：研究当代中国的博士生大多去香港；以中文流利为首要目标的或希望在“传统化”中国做实地考察的往往去台湾；也有一些博士生选择去日本，师从当时成就卓著的日本中国史专家。

70年代之际，美国历史学家的就业机会直线下降，其主要原因是当时的人口模式。70年代之前的二十年中，美国大学竭力扩大师资以适应二战后的“婴儿潮”（baby-boomers），到了70年代，大学各系多

① 1958年美国国会通过国防教育案（National Defense Education Act），旨在加强大学的跨文化课程。

已人员齐备,而打算在几年内退休的教授又不多,所以我们这一代中有不少顶尖的研究生毕业后去金融界、商业界或政府部门工作,他们不愿意或没有经济能力为一个合适的职位等上好几年。最后留在历史学界的往往都经受了沉重的心理负担,但不愿意放弃自己的专业,坚信唯有学术界才是他们的用武之地。

这套翻译系列中的许多文章出自越战代/国防外语奖学金代学者之手,但更多的则是他们之后的一代学者的研究成果。这新一代可以统称为"中国开放代"(Opening to China generation)。1979 年中美关系正常化后,美国研究生去中国学习及中国学生申请美国研究生院终于成了一种可能。虽然在初期阶段双方都带有一点试探心理,但是 80 年代期间,美国的中国史领域显然有一个重要的变迁。至 80 年代末,绝大多数重要的博士点在招收中国学生,而这些博士点所收的美国学生又大多在中国生活过几年,或是教英语,或是在一些国际组织工作。因此,在博士课程中,语言训练已不再举足轻重。

中国的开放不仅改变了中国史研究者的身份组合,而且它还对中国史研究的课题选择有很大的影响。从 80 年代到 90 年代,在中国做研究的机会逐渐扩大:档案馆愈来愈愿意让外国研究者使用档案资料;政府机构也逐渐接受面谈、民意调查及驻地考察等要求。所有这些使学者们更容易研究那些依赖于文献、珍本和考古材料的课题。这些变化不仅在很大程度上决定了这一时期进研究生院的博士生论文的课题,而且前一代学者也迅速地利用这些新机会来修正他们的研究项目。由于去日本留学的博士生越来越少,日本学术界对中国史研究的影响普遍下降,而中国学术界的影响则相应上升。

上世纪 80 年代大量中国研究生来美国时,正是美国学界历史研究理论框架的转型阶段。在 60 年代期间,社会史研究占绝对优势。许多社会历史学家非常钦佩法国年鉴派的理论,他们探索能了解贵族层以下的平民百姓生活的研究方法,并力图发掘以计量证明的史料。当时最有影响的著作之一是何炳棣在 1962 年发表的《明清社会史论》(*Ladder of Success in Imperial China*: *Aspects of Social Mobility*, 1368—

1911)。此书以进士名册为据,考察明清时期的科举制度及其影响,它提出,明清时期上层社会成员的社会流动的可能性远大于我们的想象。

至80年代,所谓的"语言学转向"(linguistic turn)已全面展开,越来越多的历史学家选择文化史(而不是社会史)课题。同时,在历史学家选择和设计研究课题时,他们往往从理论(特别是文学和人类学理论)框架着手。从中国来的研究生并不需要像美国研究生那样花大量的时间来对付史料阅读课,因此,他们往往选修一些与中国或亚洲并没有直接关系的理论课。从而,这一时期的中国史研究的论著渐渐倾向于申明它们的理论性判断和主张。

在这些人文和社会科学的大趋向之外,中国研究领域本身也有不少动态性变化。最值得一提的是学术讨论会及讨论会论文集的巨大作用。一些著名的基金会(如洛克菲勒[Rockefeller]、福特[Ford]、梅隆[Mellon]基金会等)认为中国研究领域需要额外的资助;而从1951年起,中国思想研究委员会在以后取名为亚洲研究学会(Association for Asian Studies)的赞助下,积极鼓励学者们合作研究一些高优先性课题。当时有不少基金会赞助的中国史专题学术讨论会。这些讨论会往往持续几天,并以详细评点个人论文为主要形式。当时著名的历史学家几乎都或多或少地参与了这类讨论会,包括哈佛大学的费正清、史华慈(Benjamin Schwartz)、杨联陞,哥伦比亚大学的狄百瑞(Wm. Theodore de Bary),普林斯顿大学的牟复礼(Frederic Mote),宾夕法尼亚大学的卜德(Derk Bodde),斯坦福大学的芮沃寿、倪德卫,加大伯克莱分校的列文森(Joseph Levenson)和艾博华(Wolfram Eberhard)等。此外,一些美国以外的著名学者也参与了这些讨论会,如杜希德(Denis Twitchett)、傅海波(Herbert Franke)、王赓武等。

这种学者间合作创立了一个很好的模式,不久,美国学术团体(American Council of Learned Societies)中的中国文明委员会(Committee on Chinese Civilization)和社会科学研究协会(Social Science Research Council)中的当代中国委员会(Committee on Contemporary China)接受

这一资助学术讨论会的传统①,从而保持了讨论会对中国史研究领域的重大影响。在70年代的十年中,斯坦福大学出版社出版了七册中国社会研究论文集。虽然这些论文集并不以历史为中心,但其内容多是历史学家所关注的,如妇女研究、城市研究、宗教研究、经济组织研究等。此外,每册论文集中至少包括了一篇历史研究的文章。当时学术界一致认为,专题研究不能局限于一个单独的时间段,它应该是跨学科的。在这套丛书中,《中国社会中的妇女》(*Women in Chinese Society*, 1975年)和《明清时期的城市》②(*The City in Late Imperial China*, 1977年)对历史学家的影响尤其重大。从1982年起,中国联合委员会赞助的讨论会论文集陆续在加利福尼亚大学出版社出版,这些论文集是该社中国研究丛书中的重要组成部分。到目前为止,加大出版社的这套丛书已有28册,我们这套翻译丛书中有两篇文章来自加大中国研究丛书中最有影响的论文集之一——《明清时期的通俗文化》(*Popular Culture in Late Imperial China*,1985年)。

参加这些委员会或各大学赞助的学术讨论会成为中国史学者组成学术圈的重要途径之一。在讨论会之外,他们经常切磋交流,相互阅读、评点手稿。在历史学界的其他领域里,讨论会论文集的文章多被视为无足轻重,但在中国史领域中,学者们往往将自己最出色的论文在学术讨论会上发表,这不仅仅是因为他们希望得到有益的反馈,而且还因为文章被收入这类论文集确保了他们有大量的读者。我们这套丛书中有好几篇文章最初就是在这类论文集中发表的。

中国史领域的另一个显著特点是学者们与中国的历史学家及其他领域的中国专家关系密切。这一方面是由汉学传统决定的:早几代的历史学家往往花很长时间学中文,他们与研究中国文学、政治、人类学及其他学科的学生同进共出课堂多年。另一方面,它也反映了美国亚洲研究学会的特点:这个亚洲学中最有权威的学术团体每年召开年

---

① 这两个组织在80年代早期合并成当代中国联合委员会(Joint Committee on Chinese Studies)。

② 或译作《中华帝国晚期的城市》。

会，使研究中国的历史学家有机会与其他领域的中国学专家相聚一堂，并促使学者们去组织一些跨学科研究的讨论小组。不过，最重要的原因可能是60年代美国政府和福特基金会对“区域研究”（area studies）模式的鼓励。“区域研究”的根本信条是：仅仅掌握某种语言是不够的；也就是说，一个打算研究中国政治学和方法论的学者必须在懂得语言之外熟悉中国的历史和文化。对美国人（或中国人之外的其他种族的人）来说，这种全面训练的最快途径是选修中国研究课程。不过，至90年代，“区域研究”模式受到了大多数社会科学领域的猛烈抨击。许多院系不再愿意招聘“中国政治学家”（China political scientist）或“日本经济学家”（Japan economist）。区域研究专家往往在系里低人一等。大多数在社会科学院系教书的区域研究教授教的是公共课，他们每年往往只有一次机会教有关中国的课程。所幸的是，中国史教授们大多躲过了这场对区域研究专家的攻击。在历史系，教授们专治一个区域和一个时期是理所当然的事，因为只有这样他们才能全面、深入地掌握原始资料及其相关知识。因此，自90年代以来，历史学家和文学研究专家成了大多数区域研究课程的中坚力量。

美国的中国史领域是否比其他历史领域发展的更快？我想这个问题的答案应该是肯定的，尤其是考虑到四十年以来这一领域所得到的额外的研究基金。至少我可以毫无疑问地说，在过去的四十年中，中国史研究的成果在成倍增长。我在1969—1970年期间准备我的博士资格考试时，学校对我的要求是熟悉过去四、五十年中出版的所有有关中国史的论著。当时复印机还没有普及，我坐在图书馆里翻遍所有的重要期刊，寻找有关历史的文章，做笔记，居然也还应付过来了。时至今日，英语的历史期刊数不胜数，有些刊物还是中国断代史方面的，如《早期中国》（*Early China*）和《明清史研究》（*Late Imperial China*）等（这两份期刊在我们这套翻译系列中占很大的比例）。除此之外，专题著作和讨论会论文集的出版也更趋频繁。今天的中国史研究生在准备资格考试时很少有试图看遍有关某一个朝代的英语著作的。所幸的是，综合性著作进展尚快。在过去的三十年中最重要的出版项目是集体合作编写的多卷本《剑桥中国史》(*Cambridge History of China*)。它不仅是一套详尽的中国政治史,而且还分析性地介绍了有关社会史、思想文化史和经济史研究中的最新成果。

当今中国史研究仍然受制于整个学术界和大环境的影响。从这套丛书的各卷目录中我们显然可以看出,在过去十年中吸引着其他人文和社会科学领域的课题也正是中国史学家们所十分关注的。我想,对中国史研究中英语研究成果的趋向的回顾以及这套丛书的编辑促使我们去思考许多问题,如:身份标识(identities)及其形成过程和形成原因;文化、民族、地区的界域,这些界域的重要性和它们的相互跨越性;以及本土视角(local perspectives)等。与此同时,中国的形势仍然影响着美国的中国历史研究。中国二十年以来经济上的突飞猛进不仅给我们在中国做研究创造了更舒适的条件,而且还造成了大学中中国史课需求量的增加,从而间接地为中国史学家提供了更多在大学供职的机会,为研究性大学中国史博士点设立的扩大提供了更充分的理由。

目　录

CONTENTS

前　言

姚　平

中国宗教史研究是西方中国史研究中最为成熟的领域之一，它的源头在欧洲。长期以来，欧洲，尤其是法国，是西方最早开展道教研究和佛教研究的地方。自20世纪70年代起，美国的中国宗教史研究迅速发展并逐渐取代欧洲而成为西方中国宗教史研究的中心，许多美国大学逐渐建立起道教、佛教研究中心，开设中国宗教史课程。此外，70年代后的宗教史研究更注重通过宗教现象来考察中国历史、社会和文化的特质及其变迁，在研究课题上也更趋多元化、细分化。介绍西方中国宗教史研究最全的资料是汤普森（Laurence G. Thompson）编撰的中国宗教研究西文文献系列。此系列首卷出版于1976年，题为《中国宗教研究：1970年以前英、法、德语文献综合分类目录》[1]。1985年，汤普森在原书的基础上加入了1970年至1980年间的出版物，并将书名改为《西语中的中国宗教研究：1980年以前英、法、德语文献综合分类目录》[2]；1993年出续集，收集了1981—1990年间的出版物，再改名

① 汤普森，《中国宗教研究：1970年以前英、法、德语文献综合分类目录》（*Studies of Chinese Religion: A Comprehensive and Classified Bibliography of Publications in English, French, and German through 1970*），安西诺（Encino），加利福尼亚：迪根森（Dickenson）出版社，1976年。

② 汤普森，《西语中的中国宗教研究：1980年以前英、法、德语文献综合分类目录》（*Chinese Religion in Western Language: A Comprehensive and Classified Bibliography of Publications in English, French, and German Through 1980*），美国亚洲研究学会（Association for Asian Studies），1985年。

为《中国宗教西语文献，1981 年至 1990 年》①；1998 年出《中国宗教西语文献第三卷,1991 年至 1995 年》②;2002 年出《中国宗教西语文献第四卷,1996 年至 2000 年》③。《亚洲研究杂志》1995 年第 2 期(总 54 卷)是中国宗教史研究现状专辑,其中欧大年（Daniel L Overmyer）等合撰的《前言》（Introduction）④、傅飞岚(Franciscus Verellen）的《道教》⑤、泰勒（Rodney Taylor）和奥巴克莱（Gary Arbuckle）的《儒教》⑥、马克瑞（John R. Mcrae)的《佛教》⑦,以及太史文(Stephen F. Teiser)的《民间宗教》⑧等文对西方学者的研究作了详尽的介绍和分析。

在编辑西文文献系列的同时,汤普森又撰写了《中国宗教导论》,此书在 1969 年初版,以后又几次修订再版⑨。在《中国宗教导论》前言中,汤普森主张以单数的形式(Chinese religion,而不是 Chinese religions)来形容中国宗教。他认为,中国宗教是“中国文化的一种表征”(manifestation of the Chinese culture),宗教信仰和宗教活动已经深深融入百姓的日常生活中,而各种宗教间的区别和对立只表现在上层的、专职的宗教体系中⑩。这个观点与许理和(Erich Zürcher)关于中

---

① 汤普森,《中国宗教西语文献，1981 年至 1990 年》(*Chinese Religion: Publications in Western Languages, 1981 through* 1990）,美国亚洲研究学会,1993 年。

② 汤普森,《中国宗教西语文献第三卷,1991 年至 1995 年》（*Chinese Religions: Publications in Western Language, vol. 3: 1991 through 1995*）, 美国亚洲研究学会,1998 年。

③ 汤普森,《中国宗教西语文献第四卷,1996 年至 2000 年》（*Chinese Religions: Publications in Western Language, vol. 4: 1996 through 2000*）, 美国亚洲研究学会,2002 年。

④ 《亚洲研究杂志》(*Journal of Asian Studies*)第 54 卷(1995 年)第 2 期,第 314 – 321 页。

⑤ 同上,第 322 – 346 页。

⑥ 同上,第 347 – 354 页。

⑦ 同上,第 354 – 371 页。

⑧ 同上,第 378 – 395 页。

⑨ 汤普森,《中国宗教导论》(*Chinese Religion: An Introduction*),迪根森出版社,1969 年;汤普森,《中国宗教导论》第二版,迪根森出版社,1975 年;《中国宗教导论》第三版,贝尔芒特(Belmont), 加利福尼亚:瓦兹沃施(Wadsworth)出版社,1979 年;《中国宗教导论》第四版,瓦兹沃施出版社,1989 年;《中国宗教导论》第五版,瓦兹沃施出版社,1996 年。

⑩ 《中国宗教导论》第五版,瓦兹沃施出版社,1996 年,第 1 页。

国宗教的金字塔模式非常接近①。许理和认为,儒教、佛教、道教是三座共享底座的金字塔塔尖。塔尖越高,它们之间的差异就越明显、越局限在一个职业的、精英群体中。就底座而言,我们很难分辨它是佛教、道教还是儒家。他们的观点在西方中国宗教史研究中颇有代表性。可以说,西方中国宗教史研究有两个重头,一方面,学者们非常注重某一宗教体系的渊源和发展,而另一方面,他们又强调各种宗教的相互融合,以及它们在日常生活中的体现。近年来,不少西方学者还试图探讨"金字塔尖"——各种宗教的核心观念——中的包容性,他们对道佛两教的互补和混杂尤其感兴趣。比如,柏夷(Stephen R. Bokenkamp)在他的新作《祖先与焦虑》②中强调,佛教的冥间与再世的概念对3-6世纪间道教冥间概念有极大的影响。最近穆瑞明(Christine Mollier)在《佛教与道教面对面:中国中世纪时期宗教经籍、仪式和偶像的交流》③一书中更为全面地考察了道佛两教是如何互相影响、互相借鉴,并重新自我更新、自我包装的。

为叙述方便起见,本章将对道教、佛教作分别讨论(关于儒教的研究则将在本系列的《思想文化史卷》中作介绍),本章的第三部分介绍本书所收的十篇论文,并讨论传统的道教与佛教研究之外的课题,如神话研究、共同宗教、宗教研究的方法论等。

一、道教研究

西方的道教研究起源于法国,最早的《老子》译本可以追溯到1820年。不过,正如巴瑞特(T. H. Barrett)指出的:"长期以来,西方人

---

① 见许理和(Erich Zürcher),《佛教对早期道教的影响》(Buddhist Influence on Early Taoism),《通报》第65卷,第1-3期(1980年),第146页。

② 柏夷(Stephen R. Bokenkamp),《祖先与焦虑》(*Ancestors and Anxiety: Daoism and the Birth of Rebirth in China*),加利福尼亚大学出版社,2007年。

③ 穆瑞明(Christine Mollier),《佛教与道教面对面:中国中世纪时期宗教经籍、仪式和偶像的交流》(*Buddhism and Taoism Face to Face: Scripture, Ritual, and Iconographic Exchange in Medieval China*),夏威夷大学出版社,2008年。

或是拒绝、蔑视道教传统,或是因错误的原因而崇敬它。"这种对道教的误解甚至持续到20世纪50年代[①]。有关西方的道教研究,尤其是1950年以后的道教研究,石秀娜(Anna Seidel)曾发表过非常详细的介绍和评估。这篇题为《西方道教研究编年史(1950—1990)》[②]的著作已被两次译成中文,分别由上海古籍出版社和中华书局出版[③]。中华书局版的译者之一吕鹏志在"译者前言"中对石秀娜本人以及《编年史》的编排结构、重要观点及其贡献有详细阐述,因此本文将不再赘述[④]。此外,陈耀庭、郑天星、曾传辉等学者也曾分别撰文介绍和评估西方学者有关道教的研究,其中曾传辉《2000—2007年美国道教研究成果评介》一文对美国道教研究的最新出版物有精辟的概括和评估[⑤]。读者可以从以上这些作者的论著中详尽地了解到西方道教研究的历史、主要研究课题和研究成果。本文因此将只对西方道教研究的最新成果及其所反映的趋向作一些分析。

近年来道教研究的最大成果无疑是两部大型工具书的出版。第一部是施舟人(Kristopher Schipper)和傅飞岚主编、由芝加哥大学出版社在2004年出版的《道藏通考》(*The Taoist Canon: A Historical Companion to the Daozang*)。此书分别介绍了明版《道藏》中近一千五百种道教经典(以及敦煌文献中的道教书籍)的起源、作者、内容

---

① 巴瑞特(T. H. Barrett),《序言》(Foreword),收于《道教百科全书》(*The Encyclopedia of Taoism*),若特莱杰出版社,2008年,第7页。

② 石秀娜(Anna Seidel),《西方道教研究编年史(1950—1990)》(*Chronicle of Taoist Studies in the West 1950—1990*),载法国,《远东亚洲学刊》(*Cahiers d' Extrême-Asie*),第5卷(1989—1990年),第223-347页。

③ [法]安娜·塞德尔著,蒋见元、刘凌译,《西方道教研究史》,上海古籍出版社,2000年;和中华书局[法]索安著,吕鹏志、陈平等译,《西方道教研究编年史》2002年。(安娜·塞德尔、索安均为石秀娜[Anna Seidel],不同版本,译名不同——编者注。)

④ 吕鹏志,《译者前言》,《西方道教研究编年史》,中华书局,2002年,第1-19页。

⑤ 见陈耀庭,《道教在海外》第二编《海外学界对道教的研究》中第五章《法国的道教研究》、第六章《欧美和其他国家的道教研究》,福建人民出版社,2000年,第162-198页、199-259页;郑天星,《国际汉学中的道教研究》,收于李养正主编《当代道教》第三部分第二章,东方出版社,2000年,第371-517页(第518-538页讨论了日本和韩国的道教研究);曾传辉,《2000—2007年美国道教研究成果评介》,《世界宗教文化》,2008年第2期,第54-57页。

大要、传授历史以及有关研究等，此外，第 3 卷中还列出参与编写的学者的介绍。可以说，《道藏通考》的出版本身就是西方道教研究成就卓著的一个证明。特别值得一提的是，在《道藏通考》前言中施舟人强调了西方道教研究的一个新的立足点。他指出，以往的一个"汉学教条"(sinological dogma)是区分"道家"(Taoist school)和"道教"(Taoist religion)，但是，这种区别显然是错误的。明版《道藏》的编排并没有道家著作和道教著作之分，可见这种区别并不存在或起源于道教(Taoism)传统中①。他主张现代学者应当遵循《道藏》的原则，将前期的道家(教)著作与后期的(东汉以后)道教著作都看成是中国道教的总体内容的组成部分，因为，"道教逐渐演变并以新的形态出现是非常自然的"②。

第二部工具书是 2008 年由若特莱杰(Routledge)出版社出版、普里伽迪奥(Fabrizio Pregadio)主编的《道教百科全书》(*The Encyclopedia of Taoism*)。此书分两卷，共一千五百多页，收入条目一千七百余，分别介绍道教历史、教派渊源及传承、著名道教人物、著名道教经籍、重要道教词汇、道教众神、道教建筑和圣地等。此书最大的优点在于，它不仅提供了与这些课题有关的参考资料，而且还反映了这些课题的最新研究成果。此外，孔丽维(Livia Kohn)所编的《道教手册》也是一本非常受欢迎的参考书③。

西方道教研究的另一个新发展是重要道教经典的翻译和研究。这一类体裁的著作中的前言往往是一篇出色的研究性论文，介绍该经典的来龙去脉、它在道教历史上的地位、以及它所反映的道教观。一些学术出版社还有计划地出版了道教经典系列，比如，加利福尼亚大学出版社从 1997 年起出版"道教经典系列"(Daoist Classics Series)，至今已出版了三种。柏夷的《早期道教经典》(*Early Daoist Scriptures*,

---

① 见施舟人(Kristopher Schipper)、傅飞岚(FransiscusVerellen)，《道藏通考》(*The Taoist Canon: A Historical Companion to the Daozang*)，芝加哥大学出版社，2004 年，第 6 页。

② 同上，第 7 页。

③ 孔丽维(Livia Kohn)，《道教手册》(*Daoist Handbook*)，布瑞尔(Brill)出版社，2005 年。

1997年)介绍和翻译了《老子想尔注》、《大道家令戒》、《三天内解经》、《大冢讼章》、《灵书紫文》、《无量度人上品妙经》等六篇著作;康儒博(Robert Ford Campany)的《与天地同寿》(*To Live as Long as Heaven and Earth: A Translation and Study of Ge Hong's Traditions of Divine Transcendents*, 2002年)讨论了葛洪与《神仙传》的关系;汉德里斯克(Barbara Hendrischke)的《太平经》(*The Scripture on Great Peace: The Taiping jing and the Beginnings of Daoism*, 2007年)研究了这一新出土的文献在早期道教形成过程中的重大影响。

道教研究的第三个特点是学术活动频繁和团体网络活跃。研究道教的学者们经常组织专题学术讨论会,并随之出版专题论文集,如,第一次国际道教研究讨论会于2001年在柏林召开,其主题是《道教的经籍、宗派和修炼方式的关系》(The Relationship Between Scriptures, Schools and Forms of Practice in Daoism),会议论文集由安德森(Poul Andersen)、黎特(Florian C. Reiter)编成《道教中的经籍、宗派和修炼方式》①。于2005年在柏林召开的第二次国际道教研究讨论会的主题是"道教的宗旨、手段和信念"(Purposes, Means and Convictions in Daoism),其论文集于2007年出版②。《历史中的道教》一书则是1999年国立澳大利亚大学人文中心为纪念柳存仁召开的国际学术研讨会的论文集③。此外,在全美亚洲研究学会(The Association for Asian Studies)年会上,每年都有不少道教研究方面的学术报告;从2005年起,美国的"道教研究团体"(Daoist Studies Group)每年在全美宗教学会(American Academy of Religion)年会期间集会。这反映了美国道教学者们力图将道教研究看作一个独立的宗教研究课题(而不是汉学的一个

---

① 安德森(Poul Andersen)、黎特(Florian C. Reiter)编,《道教的经籍、宗派和修炼方式》(*Scriptures, Schools and Forms of Practice in Daoism: A Berlin Symposium*),维斯巴登(Wiesbaden):哈拉索维兹(Harrassowitz)出版社2005年。

② 黎特编,《道教的宗旨、手段和信念》(*Purposes, Means and Convictions in Daoism*),哈拉索维兹出版社,2007年。

③ 见彭尼(Benjamin Penny)编,《历史中的道教》(*Daoism in History: Essays in Honour of Liu Ts'un-yan*),若特莱杰出版社,2006年。

组成部分)的新倾向。

道教研究网(http://www.daoiststudies.org)共有五百多位学者参与,是英语学术网中最活跃的网站之一。这个网站提供最新道教研究方面的信息(如学术讨论会、演讲报告、出版物、大学课程等)以及道教研究资料(如电子版道藏文献、博士学位论文等)。其中,孔丽维的《道教研究导论》(Research Guide to Daoist Studies, http://www.daoiststudies.org/gu.php)是道教研究入门者的必读作品。此外,由柯克兰(Russell Kirkland)、孔丽维和利特绛(Ronnie Littlejohn)筹划的道教研究杂志《道教研究》(*Journal of Daoist Studies*)于 2008 年创刊,计划每年出版一期。

道教研究的第四个特点是专题研究的活跃。比如,曾传辉文中所提到的道教内丹和医学研究、神山崇拜等都是许多著名道教学者所关注的课题。除了曾文提及的司马虚(Michel Strickmann)的《中国巫医学》[①]、普里伽迪奥的《上清:中世纪初期中国的道教和炼丹术》[②]、戴维斯(Edward L. Davis)的《宋朝的社会与超自然》[③]、韩明士(Robert Hymes)的《道与小道:宋代与现代中国的道教、地方宗教和神圣模式》[④]、达白安(Brian Russell Dott)《身份标识的反省:明清时期的泰山朝觐》[⑤]以外,其他重要专著有艾斯基尔德森(Stephen Eskildsen)《早期全真教的教义与实践》[⑥]、何丙郁(Peng Yoke Ho)《道教探索:医学

---

① 司马虚(Michel Strickmann),《中国巫医学》(*Chinese Magical Medicine*),斯坦福大学出版社,2002 年。

② 普里伽迪奥(Fabrizio Pregadio),《上清:中世纪初期中国的道教和炼丹术》(*Great Clarity: Daoism and Alchemy in Early Medieval China*),斯坦福大学出版社,2006 年。

③ 戴维斯(Edward L. Davis),《宋朝的社会与超自然》(*Society and the Supernatural in Song China*),夏威夷大学出版社,2001 年。

④ 韩明士(Robert Hymes),《道与小道:宋代与现代中国的道教、地方宗教和神圣模式》(*Way and Byway: Taoism, Local Religion, and Models of Divinity in Sung and Modern China*),加利福尼亚大学出版社,2002 年。

⑤ 达白安(Brian Russell Dott),《身份标识的反省:明清时期的泰山朝觐》(*Identity Reflections: Pilgrimages to Mount Tai in Late Imperial China*),哈佛大学亚洲中心,2005 年。

⑥ 艾斯基尔德森(Stephen Eskildsen),《早期全真教的教义与实践》(*The Teachings and Practices of the Early Quanzhen Taoist Masters*),纽约州立大学出版社,2004 年。

与炼丹术文献》[①]等。此外,康儒博的新著《神仙制造:中国中世纪早期的修道者与社会记忆》也已于2009年问世[②]。

在此,我还想介绍西方学者有关道教与妇女的研究[③]。道教与妇女的研究因中国妇女史研究的迅速发展而逐渐受到重视。它最初是以翻译和介绍有关宗教典籍起步的。著名著作有班恩(Charles D. Benn)的《传授三洞经戒法箓略说》一文的翻译和研究。这部题名为《玄洞传经——公元711年的一个道教授职仪礼》[④]的著作着重探讨了金仙公主和玉真公主获传《灵宝经》、《上清经》以及她们立志入道的历史背景。此外,孔丽维的《道教的修隐规章——〈奉道科戒〉译文》[⑤]探讨了道教中的男女平等意识,而柯素芝(Suzanne E. Cahill)的《道家姐妹情的灵踪——墉城集仙录》则全文翻译了杜光庭的《墉城集仙录》,并对唐代道教与妇女生活和妇女的社会地位的关系作了精辟的探讨[⑥]。自20世纪90年代以来,还有不少研究道教女性、道教性别观的文章陆续出版[⑦],比如,最近李福(Gil Raz)在《黄赤之道:天师道性交入道仪式的再探讨》中指出,《上清黄书过度仪》中的性交入道仪式反映了天师道对性别超越的追求[⑧];又如,赵昕毅(Shin-yi Chao)的

---

① 何丙郁(Peng Yoke Ho),《道教探索:医学与炼丹术文献》(*Explorations in Daoism: Medicine and Alchemy in Literature*),若特莱杰出版社,2007年。

② 康儒博,《神仙制造:中国中世纪早期的修道者与社会记忆》(*Making Transcendents: Ascetics and Social Memory in Early Medieval China*),夏威夷大学出版社,2009年。

③ 参见姚平,《中国古代史中的宗教与妇女》,收于李小兵、田宪生,《西方史学前沿研究评析(1987—2007)》,上海辞书出版社,2008年,第70-83页。

④ 班恩(Charles D. Benn),《玄洞传经——公元711年的一个道教授职仪礼》(*The Cavern-Mystery Transmission: A Taoist Ordination Rite of A. D. 711*),夏威夷大学出版社,1991年出版。

⑤ 孔丽维,《道教的修隐规章——〈奉道科戒〉译文》(*The Daoist Monastic Manual: A Translation of the Fengdao Kejie*),牛津大学出版社,2004年。

⑥ 柯素芝(Suzanne E. Cahill),《道家姐妹情的灵踪——墉城集仙录》(*Divine Traces of the Daoist Sisterhood: Records of the Assembled Transcendents of the Fortified Wall City*),三松出版社,2006年。

⑦ 参见姚平,《中国古代史中的宗教与妇女》,收于李小兵、田宪生,《西方史学前沿研究评析(1987—2007)》,上海辞书出版社,2008年,第70-83页。

⑧ 李福(Gil Raz),《黄赤之道:天师道性交入道仪式的再探讨》(The Way of the Yellow and the Red: Re-examining the Sexual Initiation Rite of Celestial Master),《男女》(*Nan Nü: Men, Women and Gender in China*)第10卷第1期(2008年),第86-120页。

《生涯上计：十二、十三世纪的道家女冠们》探讨了全真派道观中的一批女观主对全真派的发展和地方事业的贡献①。西方学者关于道教与妇女研究的最重要的成果是戴思博（Catherine Despeux）、孔丽维的《道教中的妇女》②。本册收有此书前言的译文，我将在下文中进一步讨论它的重要性。

女丹研究也是近年来的热门课题。戴思博是第一位将女丹的概念介绍给西方的学者，她在1990年出版的《古代中国的长生不老术：道教与女丹》一书中对女丹术作了开创性的探讨③。此后，她又在与孔丽维合著的《道教中的女性》一书中再次阐述了女丹在道教中的重要地位。而阿琳娜（Elena Valussi）的《斩赤龙：中国女丹历史》④则是第一篇着重研究道教中女性修炼的历史及其社会影响的专题论文。2008年11月，阿琳娜与王蓉蓉（Robin Wang）与加利福尼亚大学洛杉矶分校中国研究中心合作组办了"帝国晚期与现代中国的女性修炼术研讨会"（Female Meditation Techniques in Late Imperial and Modern China），这是西方学术界中第一次从多种角度来考察女丹术的学术活动。

二、佛教研究

西方对中国佛教史的研究也是从欧洲开始的，因为欧洲人对佛教早有所闻，所以这方面的研究从一开始便将佛教视为宗教中的一种，强调它在中国的宗派流传、经籍翻译、寺庙制度等（相比之下，早期对道教的描述往往强调它的巫术性、玄秘性）。正如本书所收太史文

---

① 赵昕毅（Shin-yi Chao），《生涯上计：十二、十三世纪的道家女冠们》（Good Career Moves: Life Stories of Daoist Nuns of the Twelfth and Thirteenth Centuries），《男女》第10卷第1期（2008年），第121－151页。

② 戴思博（Catherine Despeux）、孔丽维（Livia Kohn），《道教中的妇女》（*Women in Daoism*），三松出版社，2003年。

③ 戴思博，《古代中国的长生不老术：道教与女丹》（*Immortelles de la Chine ancienne: Taoïsme et alchimie féminine*），法国帕迪斯（Pardès）出版社，1990年。

④ 阿琳娜（Elena Valussi），《斩赤龙：中国女丹历史》（Beheading the Red Dragon: A History of Female Inner Alchemy in China），伦敦大学博士论文，2003年。

的文章(《许理和〈佛教征服中国〉三版序言:社会史与文化之间的对峙》)中提到的,早期的西方中国佛教研究将"佛教视为一种世界宗教,它是在1881年由戴维斯(Thomas W. Rhys Davids)创立的巴利语学会(Pāli Text Society)的支持下发展起来的"。太史文不仅介绍、回顾了许理和的佛教研究以及在他影响下西方佛教研究的发展,他还在正文之后列出两个系列(许理和、其他学者)的有关著作,本书也已全文译出,供有兴趣的读者参考。这种先入为主的视野导致西方的中国佛教研究更倾向于宗教学,而少有早期道教研究中的汉学色彩。

美国的中国佛教研究中最有影响的著作是芮沃寿(Arthur F. Wright)1959年出版的《中国佛教史》[①]一书。芮沃寿将中国佛教史分为四个阶段:准备(preparation)阶段(东汉至六朝早期)、本土化(domestication)阶段(南北朝)、独立发展(independent growth)阶段(隋唐时期)、适用(appropriation)阶段(五代至20世纪)。近五十年来,美国的中国佛教研究几乎都按他的这个四阶段论来分析中国的佛教。不过,正如李四龙《美国的中国佛教研究》[②]一文指出的,美国学者多数偏重于宋以前的佛教史,对宋、元、明、清佛教的关注只是近年来才逐渐开始的。李四龙将美国的佛教研究分为四大课题——"佛教中国化"(sinification)问题、佛教宗派研究、北宋以后佛教史研究、儒释道三教关系及其他。此外,他还介绍了这些领域中的代表作,如在"佛教中国化"方面,陈观胜(Kenneth Ch'en)的《佛教的中国转型》[③]分析了佛教进入中国以后的适应与转变过程;梅维恒(Victor Mair)的《绘画与表演:中国的看图讲故事和它的印度起源》[④]讨论了印度文化对

---

① 芮沃寿(Arthur F. Wright),《中国佛教史》(*Buddhism in Chinese History*),斯坦福顿大学出版社,1959年。

② 李四龙,《美国的中国佛教研究》,《北京大学学报》第41卷第2期(2004年),第126-132页。

③ 陈观胜(Kenneth Ch'en),《佛教的中国转型》(*The Chinese Transformation of Buddhism*),普林斯顿大学出版社,1973年。

④ 梅维恒(Victor Mair),《绘画与表演:中国的看图讲故事和它的印度起源》(*Painting and Performance: Chinese Picture Recitation and Its Indian Genesis*),夏威夷大学出版社,1988年。

中国文化的渗透过程;格里高里(Peter Gregory)有关宗密的讨论[①]也在这一课题的研究中有重大影响。在佛教宗派研究方面,李文提到的代表作有威斯坦因(Stanley Weinstein)有关佛教宗派成立的社会政治背景的研究——《唐代佛教》[②]以及其他学者对佛教八大宗(尤其是禅宗、华严宗)的研究[③]。有关北宋以后的佛教史,有影响的研究包括詹美罗(Robert Gimello)和福克(Griffith Foulk)对宋代禅学的研究、华裔学者(如徐颂鹏、于君方)对明末清初的佛教的研究,以及威尔奇(Holmes Welch)对近代佛教的研究。

除此之外,西方的中国佛教研究还有几个较为显著的倾向。第一,重要佛经的翻译和相关的研究占很大的比例,其体例与道教典籍翻译颇为接近 。比如,早在1967年,扬波斯基(Philip B. Yampolsky)就已译出禅宗圣典——敦煌写本《六祖坛经》[④]。扬波斯基主治中国和日本的禅宗,自1962年至1994年在哥伦比亚大学执教。他的坐镇使哥大一跃而成美国佛教研究的重心,除了哥大的佛教研究中心(Center for Buddhist Studies)外,美国佛教研究学院(American Institute of Buddhist Studies)也设在该校。哥大出版社还出版了一批优秀的佛经翻译,它们是该出版社亚州典籍翻译系列(Translations from the Asian Classics Series)的重要组成部分。如,2007年出版的韦闻迪(Wendi L. Adamek)《传授秘法:一份早期禅宗史及其背景》(*The Mystique of Transmission: On an Early Chan History and Its Contexts*)是对8世纪时期敦煌写本《历代法宝记》的翻译和研究,该书荣获该社2007年宗教文本研究奖。哥大出版社所出的其他佛经译著有华森(Burton Wat-

---

① 见格里高里(Peter Gregory),《宗密与佛教中国化》(*Tsung-mi and the Sinification of Buddhism*)普林斯顿大学出版社,1991年。

② 威斯坦因(Stanley Weinstein),《唐代佛教》(*Buddhism under the T' ang*),剑桥大学出版社,1987年。

③ 如傅瑞(Bernard Faure)与马克瑞(John McRae) 对禅宗的研究,以及詹美罗(Robert Gimello) 和格里高利对华严宗的研究。

④ 扬波斯基(Philip B. Yampolsky),《六祖坛经》(*The Platform Sutra of the Sixth Patriarch*),哥伦比亚大学出版社,1967年(第一版)、1978年(第二版)。

son)选译的《法华经》(*The Essential Lotus: Selections from the Lotus Sutra*,2001 年)、《临济义玄的禅宗教义》(*The Zen Teachings of Master Lin-Chi: A Translation of the Lin-chi lu*, 1999 年)以及《维摩诘所说经》(*The Vimalakirti Sutra*, 1997 年)等。此外,哥大出版社还与美国佛教研究学院合作出版了佛学宝藏系列(Treasury of the Buddhist Sciences Series),目前已出版了 6 种藏传佛经。在这类体裁的著作中,沙夫(Robert H. Sharf)的近作——《理解并接受中国佛教:〈宝藏论〉解读》(*Coming to Terms with Chinese Buddhism: A Reading of the Treasure Store Treatise*)可称是一个优秀的典范,此书翻译和介绍了伪托僧肇(384—414 年)所著的《宝藏论》,并以此来探讨大乘观在中国本土的发展和变化[①]。

佛教研究中的第二个倾向可以说是对以往佛教研究的一个矫正——不少西方学者提出,对中国佛教的研究应该避免将注意力集中在僧侣、经籍、寺庙上,而着重考察佛教在民间信仰上的表达。这个观点首先是许理和在《佛教征服中国》一书中提出的,以后,剑桥大学的麦大维(David McMullen)、普林斯顿大学的太史文、哥伦比亚大学的于君方、以及已故的司马虚等学者对佛教与民间社会之间的交叉作了极有开创性的探讨。其中太史文的《幽灵的节日——中国中世纪的信仰与生活》出色地通过目连救母故事的流传以及盂兰盆节的兴盛来考察佛教中国化的过程和体现[②]。此外,这些学者们还力图探讨一种新的宗教传播中文化冲突和文化融合的模式,近年来的一些佛教研究试图避免将印度佛教和印度佛经视为“给予者”、将中国社会看成一个静态的接受者。他们的研究颇接近于钟鸣旦(Nicolas Standaert)所提出的“互动式框架”(见本书第九章),太史文在 2007 年出版的《重新发明法轮:中古时期佛庙中的轮回图》一书

---

① 夏威夷大学出版社,2002 年。

② 太史文,《幽灵的节日——中国中世纪的信仰与生活》(*The Ghost Festival in Medieval China*),普林斯顿大学出版社,1988 年。侯旭东所译的中文版也由浙江人民出版社于 1999 年出版。

就是一个很好的例证[①]。此外,陆扬的《解读〈鸠摩罗什传〉:兼谈中国中古早期的佛教文化与史学》[②]一文也是这种研究方式的一个尝试。陆扬指出,以往关于鸠摩罗什的研究过于强调他在中国佛教史上作为知识的"给予者"这一角色,学者们往往假设鸠摩罗什的权威在其有生之年未受到任何挑战。这种纯粹从中国佛教发展的角度所做的前瞻性审视(forward-looking)使我们忽略了一个重要的事实,那就是鸠摩罗什同时也是作为一个独特而重要的佛教传统的接受者——他是与此传统相联系的整个佛教团体的一员。

第三个倾向是佛教与妇女研究正逐渐成为西方中国佛教史研究中的"显学"[③]。这方面的最早的著作是蔡安妮(Kathryn Ann Tsai)对宝唱的《比丘尼传》的研究。蔡安妮于 1981 年发表了《为妇女所设的中国佛教寺院——最初的两个世纪》一文[④],介绍《比丘尼传》中 65 位女尼的家庭背景、出家原因、身世以及她们的寺院生活等。此外,她还将此书中的女尼与《列女传》中的妇女的身份和社会地位作比较。此后,蔡安妮又全文译出《比丘尼传》[⑤]。其他有创见性的"早期"研究包括乔治瓦(Valentina Georgieva) 在 1996 年发表的《中国六朝与唐之际志怪

---

① 太史文,《重新发明法轮:中古时期佛庙中的轮回图》(*Reinventing the Wheel: Paintings of Rebirth in Medieval Buddhist Temples*),华盛顿大学出版社,2007 年。

② 陆扬,《解读〈鸠摩罗什传〉:兼谈中国中古早期的佛教文化与史学》(Narrative and Historicity in the Buddhist Biographies of Early Medieval China: The Case of Kumārajīva,《亚洲要闻》(*Asia Major*),第 17 卷,第 2 期 (2006 年),第 1 – 44 页。中文版见《中国学术》2006 年第 23 辑。

③ 参见姚平,《中国古代史中的宗教与妇女》,收于李小兵、田宪生主编《西方史学前沿研究评析(1987—2007)》,上海辞书出版社,2008 年,第 73 – 80 页。

④ 蔡安妮(Kathryn Ann Tsai),《为妇女所设的中国佛教寺院——最初的两个世纪》(The Chinese Buddhist Monastic Order for Women: The First Two Centuries),收于圭索(Richard Guisso)和约翰内森(Stanley Johannesen)合编的《中国妇女——历史研究的新动态》(*Women in China: Current Directions in Historical Scholarship*),费罗出版社(Philo Press),1981 年,第 1 – 20 页。

⑤ 蔡安妮,《比丘尼生平:公元四—六世纪中国的比丘尼传》(*Lives of the Nuns: Biographies of Chinese Buddhist Nuns from the Fourth to Sixth Centuries: A Translation of the Pi-Ch' iu-Ni Chuan*),夏威夷大学出版,1994 年。

故事中的女尼形象》[①]、谢定华(Ding-Hwa E. Hsieh,音译)的《宋代禅宗文献中的妇女形象》[②]、《宋代的女尼》[③],以及本书所收的管佩达(Beata Grant)的《世系的女住持:临济宗禅师祇园行刚(1597—1654年)》(Female Holder of the Lineage: Linji Chan Master Zhiyuan Xinggang [1597—1654])等。乔治瓦文研究了《应验记》、《宣验记》等志怪小说中的四十多篇女尼事迹,并将这些志怪故事中女尼形象与宝唱的《比丘尼传》中的女尼形象作比较。她发现,志怪小说中的女尼的教育程度低,她们的佛教活动往往掺杂了道教的色彩。《宋代禅宗文献中的妇女形象》考察了宋代禅宗经籍中的灯录、公案、语录等,提出宋人在选择女尼入传时的标准与高僧有所不同,女尼入选往往是因为她们的悟性高而不是因为物资和钱财的捐赠,因此,这些传记对女尼们往往有非常高的评价。《宋代的女尼》一文探讨了宋代妇女的入道原因、女尼的寺院生活、以及宋代社会对尼庵的态度。作者指出,宋代上层社会往往为嫁妆所累而将入道视为一个打发未婚女儿的出路;但是尼姑庵也为妇女,特别是有志向的妇女提供了受到社会尊重以及独立管理财产的机会。

近年来,佛教与妇女的研究逾趋兴盛,研究课题也逐渐跳出女尼范围而注重佛教中的妇女观、性别观以及它们对妇女生活的影响。如劳悦强(Yuet Keung Lo)在《重现佛教有关儿媳的见解——〈玉耶女经〉》[④]一文中指出,《玉耶女经》的翻译不仅反映了佛教传播以适应

---

① 乔治瓦(Valentina Georgieva),《中国六朝与唐之际志怪故事中的女尼形象》(Representation of Buddhist Nuns in Chinese Edifying Miracle Tales during the Six Dynasties and The Tang),《中国宗教杂志》(*Journal of Chinese Religions*),第24卷(1996年),第47-76页。

② 谢定华(Ding-Hwa E. Hsieh),《宋代禅宗文献中的妇女形象》(Images of Women in Ch'an Buddhist Literature of the Sung Period),收于格里高里、盖兹(Daniel A. Getz, Jr.)编《宋代佛教》(*Buddhism in the Sung*),夏威夷大学出版社1999年,第148-187页。

③ 谢定华,《宋代的女尼》(Buddhist Nuns in Sung China),《宋元研究杂志》(*Journal of Sung-Yuan Studies*),第30卷(2000年),第63-96页。

④ 劳悦强(Yuet Keung Lo),《重现佛教有关儿媳的见解——〈玉耶女经〉》(Recovering A Buddhist Voice on Daughters-in-law: The Yuyenü jing),《宗教史》,第44卷,第4期(2005年),第318-350页。

中国思想文化为重的策略，而且还反映了晋王朝力图恢复汉代的大治而采取的一种手段——借助佛教来推广中国传统的性别观和家族观。陆扬在《中国中世纪前期佛教传记的故事性与历史性——鸠摩罗什的个例研究》一文中指出，慧皎在《高僧传》中添加了大段对鸠摩罗什的母亲（耆婆）的描述，其目的在于以此来强调耆婆的母训以及女性成为模范佛徒的可能性①。

佛教与妇女研究中的另外一个新趋向是考察佛教与其他宗教的相互影响和包容在性别观上的表现。学者们甚至认为，历史上的儒道佛三教的互溶在性别观及女性信徒的生活经历上体现得尤为显著。就佛教与妇女而言，许多佛教的性别观往往是借助儒教话语来表现和发扬光大的。比如，最近出版的《男女》（*Nan Nü: Men, Women and Gender in China*）第10卷第1、第2期是两册以“前现代史中的妇女、社会性别与宗教”为主题的专辑。第1期收有两篇有关佛教的论文，分别是劳悦强的《宗崇贞操：古代中国的佛教催化剂》②以及拙作《善缘：唐代的佛教徒母亲》③。第2期中的有关佛教与妇女的论文包括钟鸣旦的《不可遏制的女性虔诚：帝国晚期对女性朝拜的禁止》（Irrepressible Female Piety: Late Imperial Bans on Women Visiting Temples）、管佩达的《大丈夫：17世纪禅宗话语中的英雄主义和平等修辞》（Da Zhangfu: the Rhetoric of Heroism and Equality in Seventeenth-Century Chan Buddhist Discourse）等。这些文章都在不同程度上强调了儒道两教对佛教的性别观以及佛教女性自我标识认同上的影响。此外，管佩达所撰写的《前言》④对这一课题的发展过程与现状有极为详尽的讨论。

---

① 陆扬，2004年，第13页。

② 劳悦强，《宗崇贞操：古代中国的佛教催化剂》（Conversion to Chastity: A Buddhist Catalyst in Early China），《男女》第10卷第1期（2008年），第22－56页。

③ 姚平，《善缘：唐代的佛教徒母亲》（Good Karmic Connections: Buddhist Mothers in Tang China），《男女》第10卷第1期（2008年），第57－85页。

④ 见管佩达，《前现代史中的妇女、社会性别与宗教：一个简短的前言》（Women, Gender and Religion in Premodern China: A Brief Introduction），《男女》第10卷第1期（2008年），第2－21页。

第1期还附有管佩达所编的宗教与妇女研究的中西文出版物,这是目前宗教与妇女研究方面最新最全的参考目录①。

值得一提的是,近年来的佛教研究非常注重对佛教形象的考察。如,太史文与梅维恒等人的著作大多引用佛教形象,其他著名研究包括宁强(Qiang Ning)的《中国中世纪的艺术、宗教与政治》②、王悦进(Eugene Y. Wang)的《绘塑法华经》③,以及胡素馨(Sarah Fraser)的《形象表达》④等。

三、西方中国宗教史研究的课题与方法论

西方中国宗教史研究源远流长,其出版物可称汗牛充栋,这使得本书的论文收集特别困难。我最终选择这十篇论文是出于以下这些考虑:首先,我希望这些文章能有一个广泛的、不同层次的读者群,因此,本书收入了几篇对西方中国宗教史中某个领域的评论性、总结性的文章,如比埃尔(Anne Birrell)对神话研究的总结、太史文对佛教研究的总结、格里高里与伊沛霞对整个中国宗教史的思考等。第二,我希望本书能对读者在宗教史研究的界定和方法论上有所启发, 可以说本书的每一篇文章都在方法论上独树一帜,而华琛 (James L. Watson)和钟鸣旦的文章则更是对宗教研究的范围和方法论的全方位思考。此外,寇爱伦的文章则促使每一个历史学家去思索如何冷静地、谨慎地分析史料,如何突破固有的思考模式。我的第三个考虑是介绍宗教研究中的新动态、新概念和新论点,因此,我选择了三篇有关宗教与妇女的文章:戴思博和孔丽维的文章代表了西方学界对道教与女性

---

① 《男女》第10卷第1期(2008年),第152-175页。

② 宁强(Qiang Ning),《中国中世纪的艺术、宗教与政治》(*Art, Religion, and Politics in Medieval China: The Dunhuang Cave of the Zhai Family*),夏威夷大学出版社,2004年。

③ 王悦进,《绘塑法华经》(*Shaping the Lotus Sutra: Buddhist Visual Culture in Medieval China*),华盛顿大学,2007年。

④ 胡素馨,《形象表达》(*Performing the Visual: The Practice of Buddhist Wall Painting in China and Central Asia, 618—960*),斯坦福大学出版社,2003年。

的研究;管佩达的文章是佛教与女性的开拓性研究;而于君方的文章则探讨佛教与民间宗教交叉地带中的女性形象。此外,夏德安(Donald Harper)的文章提出了一个新的研究概念——"共同宗教",我希望此文的收入能引起国内学者对这个概念的反响和讨论。下面,我将对各篇论文以及与它们的课题有关的研究作一个简短的概括。

本书的第一部分是神话与早期民间信仰,收集了比埃尔《中国神话导论》一书[①]的《绪论》和夏德安的近作——《汉代共同宗教中现世与冥界的契约》。在中国宗教史研究中,中国神话的研究相对来说是一个弱项,这可能是因为中国神话的资料零散而不易读通。不过,自上世纪 70 年代以来,中国神话研究还是有很大的进展。比埃尔曾著有《1970 年以来中国神话研究评估》一文,对中西文中的神话研究出版物作了详细考察[②]。此外,比埃尔翻译了《山海经》[③]和《玉台新咏》[④],并对中国神话中的女性形象有创见性的研究[⑤]。不过,她的最大贡献是《中国神话导论》一书。正如她在《绪论》中所说的,《中国神话导论》首次系统性地将三百多个古老的中国神话传说译成英文、介绍给西方读者,还对这些神话的前因后果及其历史重要性加以分析。

《绪论》对中国读者会有以下一些启发:第一,它对西方神话研究的概念、范围、内容、学派作了非常精炼的概括;第二,它介绍了对中国神话研究最有影响的一些研究法,如星(气)象学研究法(meteorology)、民族学研究法(ethnography)、"神话即宗教仪式"(myth-as-ritual)研究法、原

---

① 比埃尔,《中国神话导论》(*Chinese Mythology: An Introduction*),约翰霍布金斯大学出版社(Johns Hopkins University Press),1993 年。

② 见比埃尔,《1970 年以来中国神话研究评估》(Studies on Chinese Myth Since 1970: An Appraisal),第一部分发表在《宗教史》(*History of Religions*),第 33 卷,第 4 期(1994 年),第 380 - 393 页,第二部分发表在《宗教史》,第 34 卷,第 1 期(1995 年),第 70 - 94 页。

③ 见《山海经》(*Classic of Mountains and Seas*),纽约:企鹅出版社(Penguin Books),1999 年。

④ 见《中国中世纪的爱情诗集:玉台新咏》(*Chinese Love Poetry: New Songs from A Jade Terrace, A Medieval Anthology*),企鹅出版社(Penguin Books),1995 年。

⑤ 参见比埃尔,《性别化的力量:〈山海经〉中的女性神话讨论》(*Gender Power: A Discourse On Female-gendered Myth in the Classic of Mountains and Seas*),宾西法尼亚大学东亚与中东研究系,2002 年。

因(果)论(etiological)研究法等以及相关的著作;《绪论》的第三个贡献在于它对综合比较法的强调。比埃尔本人的研究也显然深受比较神话学理论的影响,在她看来,中国古代神话包含几乎所有的古代神话体系的主题(motif),如宇宙起源神话(cosmogonic myths),人类诞生神话(creation myths),因果起源神话(etiological myths),仙圣诞生神话(myths of divine birth),神鬼变形神话(mythic metamorphoses),关于奇地、异人、神鸟、怪兽的神话,远古的精灵神话,神奇人物(mythical figures)以及半神半人的英雄(heroes)神话等。比埃尔尤其推崇普赫维尔(Jaan Puhvel)的研究(特别是他 1987 年出版的《比较神话学》①;第四,比埃尔指出,中国神话与其他古代文明的神话在体裁上有很大的不同,其他古代文明的神话多以长篇诗歌的形式出现,而中国的神话却多出现在早期中国思想家的论说中。比埃尔认为,这种神话故事混杂于思想家的文论中的现象给西方读者带来了中国神话不成熟的错觉。最后,比埃尔提出,中国神话研究的前途在于进一步将神话作为一个单独的学科、按照历史发展的先后顺序分别研究各神话体系。

夏德安的《汉代共同宗教中现世与冥界的契约》解读了香港中文大学文物馆所藏 14 支汉代木简,并在此基础上探讨公元前 4 世纪到公元 1 世纪之间的日常宗教的变化。夏德安提出,从目前所能收集到的材料来看,我们很难肯定在汉代已经存在社会上下层之间的不同的日常宗教活动,因此,汉代的这种宗教活动不应该被定义为"民间宗教"(popular religion),一个更为准确地称呼应当是"共同宗教"(common religion)。这个"共同宗教"与"平民宗教"(commoners' religion)的定义是不同的,"共同宗教"的界定是:它被社会各阶层所认同、所实践。在《汉代共同宗教中现世与冥界的契约》一文中,夏德安以这些木简及其他汉代史料为依据,探讨了汉代的这种共同宗教的性质和特点。首先,汉代共同宗教中存在着一种人与神灵世界的契约,这种契

① 普赫维尔(Jaan Puhvel),《比较神话学》(*Comparative Mythology*),约翰霍普金斯大学出版社,1987 年。

约的订立过程有非常严格的步骤。此外,公元 1 世纪以前的共同宗教中已存在一个秩序井然的、以“帝”或“天帝”为天神的众神世界。这个众神世界是由社会各阶层共同分享的。最后,夏德安又将这些木简与《太平经》作比较,他认为,两者之间有明显的共鸣处,这种共鸣处将有助于我们进一步理解道教的形成期以及它与当时的共同日常宗教活动的关系。

在夏德安提出“共同宗教”之前,格里高里和伊沛霞就已经指出,民间宗教是一个很难界定的概念,我们不应该一概将“民间”理解为“精英”的对立面①。这些学者的观点促使我们去思考这样一个问题:中国的民间宗教信仰是否从来就没有阶级之分呢?

在此,我还想介绍一些西方在中国民间宗教信仰方面的研究。这个课题是近年来西方学者的一个兴趣点,它不仅是道教、佛教研究中对传统的教派、经籍、寺庙、重要人物的注重的矫正,也是历史学界借鉴人类学和区域研究方法论的一个结果。在西方中国民间宗教研究中,普林斯顿大学的韩书瑞(Susan Naquin)教授是一位非常活跃的学者。自 20 世纪 70 年代起至今,她已发表了三本有关清代社会与民间信仰的专著,十多篇相关文章,而且与中国的学者也有广泛交流。她的专著包括 1976 年出版的《中国的千禧年反抗:1813 年八卦教起义》②、1981 年出版的《山东叛乱:1774 年的王伦起义》③、以及 2000 年出版的《北京:1400—1900 年间的庙宇与城市生活》④。此外,她又与罗斯基(Evelyn S. Rawski)合编了《十八世纪的中国社会》⑤,与于君方

---

① 参见本书所受格里高里、伊沛霞《〈唐宋时代的宗教与社会〉前言:宗教与历史背景总览》一文中有关民间宗教的讨论。

② 韩书瑞,《中国的千禧年反抗:1813 年八卦教起义》(*Millenarian Rebellion in China: the Eight Trigrams Uprising of 1813*),耶鲁大学出版社,1976 年。

③ 韩书瑞,《山东叛乱:1774 年的王伦起义》(*Shantung Rebellion: the Wang Lun Uprising of* 1774),耶鲁大学出版社,1981 年。

④ 韩书瑞,《北京:庙宇与城市生活》(*Peking: Temples and City Life 1400—1900*),加利福尼亚大学出版社,2000 年。

⑤ 韩书瑞、罗斯基(Evelyn S. Rawski),《十八世纪的中国社会》(*Chinese Society in the Eighteenth Century*),耶鲁大学出版社,1987 年。

合编《中国的朝圣与圣地》①。韩书瑞为《中国的朝圣与圣地》所撰的前言以及书中的论文《北京妙峰山的进香之旅:宗教组织与圣地》(The Peking Pilgrimage to Miao-feng Shan : Religious Organizations and Sacred Site)是中国民间宗教研究中的力作。民间宗教研究中其他有影响的著作包括孔飞力(Philip Kuhn)的《叫魂:1768 年的中国妖术大恐慌》②、韩森(Valerie Hansen)的《变迁之神:南宋时期的民间信仰》③。此外,万志英(Richard Von Glahn)有关五通神崇拜的专著《旁门左道:中国宗教文化中的神与魔》④也是中国民间信仰研究的经典作之一。

本书的第二部分是道教研究,共收入三篇文章:寇爱伦的《道德经》研究,戴思博、孔丽维的《道教中的妇女》的前言,以及金鹏程的《古代中国吸血鬼式的性文化及其宗教背景》。这些文章的共同点在于它们都跳出了传统的道教研究的框架。寇爱伦的《练达者的简朴:重读〈道德经〉》是对两千年以来对《道德经》的理解和诠释的质疑。作者根据三种不同版本的《道德经》来说明,《道德经》经历了多次修改和编撰,它显然不是出自一个真诚的对道的真谛的陈述,相反地,它是一个吸引着多位参与者的延伸性讲坛。这些作者/编者的目的在于在百家争鸣的争斗中获胜,以博得君王的青睐。也就是说,《道德经》并不是玄秘思维的结果,而是在几个世纪中随着关于权威(authority)、话语、政体的辩论的激烈化而发展起来的愈趋巧妙的论述方式的体现。然而,《道德经》又具有典型的宗教权威的特点(如真理起源、圣人、真理的传播手段和代言人等),并由此来使读者陷入一种"社会巫

① 韩书瑞、于君方,《中国的朝圣与圣地》(*Pilgrims and Sacred Sites in China*),加利福尼亚大学出版社,1992 年。

② 孔飞力(Philip Kuhn),《叫魂:1768 年的中国妖术大恐慌》(*Soul stealers: The Chinese Sorcery Scare of 1768*),哈佛大学出版社,1990 年。此书的中译本已由上海三联书店在 1999 年出版。

③ 韩森(Valerie Hansen),《变迁之神:南宋时期的民间信仰》(*Changing Gods in Medieval China, 1127—1276*),普林斯顿大学出版社,1990 年。此书的中译本已于 1999 年由浙江人民出版社出版。

④ 万志英(Richard Von Glahn),《旁门左道:中国宗教文化中的神与魔》(*The Sinister Way: The Divine and the Demonic in Chinese Religious Culture*),加利福尼亚大学出版社,2004 年。

术”。寇爱伦提出,《道德经》中的圣人、道、无为、简朴等概念都是这批练达的文人墨客精心构造的欺瞒手段。正如作者所预言的,如此看待《道德经》一定会令人非常失望,不过,他强调,《道德经》至少反映了战国时期的反讽读者—作者的成熟、巧妙的思考和行为模式。

《道教中的妇女》是目前道教与妇女研究中的权威之作。此书分别探讨了三大课题:女神、女仙和女冠、女性身份标识的转化,并详细描述了道教中的女性形象以及道教女信徒的经历、道教在她们生命中的意义、她们所处的社会对她们的评判。本书所收的《前言》着重探讨了两千年以来道教历史中的女性角色和形象,作者们指出,这些角色和形象可以按时代顺序归结为以下五种:第一、母亲——她是生命的赋予者和宇宙的哺育力量。这个概念在古代的道教中尤其突出,如《道德经》的哲学观点以及道教母神等。第二、妇女是宇宙中阴的力量的代表——阴与男性(阳)相辅相成,阴无所不在,尤其体现在性和繁殖上。这个观念反映在汉代长生不老术中,这些长生不老术盛行于2世纪时期的一些早期道教团体中。第三、妇女是神圣的教师和玄秘文献的传授者。她们通过教授和交流来赋予弟子道的力量。这个观念在4世纪的上清道中尤其显著。第四、妇女是超自然沟通能力、医疗能力和医术的拥有者。这个观念导致了唐至明代间有势力的女道士、女始祖及宗教领袖的出现。第五、女性身体是仙化的主要成分和程序的容器。这个观念在内丹术的词汇中反映得最清楚。内丹术盛行于明清时期及近代。

戴思博和孔丽维强调,虽然道教中崇拜和尊敬女性的观念非常普遍、道教赞扬妇女与宇宙的连接,以及她们的生殖和养育的本性,但是,道教一直生存在一个父权制、父系制、从夫居、男尊女卑的正统儒家社会的大环境中,因此,道教中的妇女观反映了一定的社会主流思潮,有不少道教习俗甚至在性或社会关系方面利用了妇女。然而,道家思想又超越了主流价值观,道教中的许多内容赞扬女性化的宇宙之“阴”、崇仰重要的女神和女仙。所有这些都起到了为妇女提供楷模的作用。此外,道家学说还给妇女提供了一个社会选择,为她们开创了独立追求自身目标的途径。

金鹏程文是西方道家研究中对《玉房秘诀》探讨最为详尽者。他在西方学者强调道教与长寿术的区别的基础上进一步指出,《玉房秘诀》以及它所介绍的性爱练习的养生法实际上是与道教理论背道而驰的。道教主张德正而成仙,而《玉房秘诀》则完全避开了道德这个范畴。道教相信宇宙的秩序由天道这个原动者(Prime Mover)决定,而《玉房秘诀》所反映的则是一种纯粹的唯物主义的世界观——宇宙的存在是由于种种"气"聚集,而且,人人都可以达到对"气"的娴熟运作,并不需要天神或道教机构的襄助。

本书的第六篇论文是格里高里与伊沛霞编著的《唐宋时代的宗教与社会》一书的前言。它在时代上(唐宋)有承上启下之感,在内容上也可说是本书的一个中轴点——它反映了作者们对中国宗教史发展的一个总体思考。首先,格里高里与伊沛霞指出,中国宗教史中存在着两个明显的、延续性的走向。第一个走向是祖先崇拜;而且,与其他世界文明中的祖先崇拜相比,中国的祖先崇拜有两个非常明显的特征——对孝的注重以及祖先神行使权力的愈趋人性化。中国宗教史中的第二个走向是儒教中的礼仪色彩(它反映了对人类的互动的神圣化)以及天命的概念。此外,《〈唐宋时代的宗教与社会〉前言:宗教与历史背景总览》一文还分别讨论了中古时期的"四个非平等的传统:儒、释、道三大制度化宗教以及形态更为弥散的民间宗教"。他们特别强调,虽然现代学者普遍认为唐代是佛教在中国走向成熟的时代,但事实上,汉传佛教的四大宗派(天台、华严、净土和禅宗)的真正成熟、尤其是禅宗的成熟是在宋代才开始的。此外,虽然道教在六朝已经制度化,它的黄金时代也并不在唐代。道教的符箓、派系、神谱等都是在宋代得到大量扩充的,而 12 世纪的徽宗时期才是道教的复兴期。相同地,宋代也是儒学复兴时期,而且,这个新儒学的发展是与佛教、道教和民间宗教的兴盛紧密相连的。总而言之,此文强调,中国中世纪的各种宗教都处在不断发展的过程中,每个传统在 12 世纪的情形都不同于 9 世纪,而这些发展是与社会、经济和政治的变化息息相关的。

这种从社会史的角度来审视中国宗教的变化显然给人耳目一新之感,非常值得我们借鉴。

本书第三部分以佛教研究为中心。关于西方对中国佛教史的研究,太史文的《许理和〈佛教征服中国〉三版序言:社会史与文化之间的对峙》一文为我们提供了一个非常好的总结。许理和的《佛教征服中国》[①]早已为国内读者所熟知,此书首先在1959年由布瑞尔(Brill)出版社出版,1972年出第二版,在第一版上有所增加和改动,2007年再出第三版,并由太史文作序。这篇序言是对许理和的学术生涯和《佛教征服中国》的思想背景的介绍,但更重要的是,作者(太史文)阐述了他自己对西方中国佛教史研究的思考。作者认为,许理和的最大贡献在于否认印度中心论,坚持认为中国历史背景是研究中国佛教的最适宜的历史情境。在他研究的基础上,不少当代学者开始用新的眼光审视中国佛教,他们开始对中、印这两个不同文化实体的可靠性产生质疑、开始考察佛教与道教的并驾研习。太史文还指出,许理和的研究促使我们去考察文化相遇、冲突和兼容的模式以及佛教与民间宗教的交叉性。

于君方的《唐以后中国的观音女性形象》可以说是对佛教与民间宗教交叉性方面的最有代表性的研究。此文是她的长篇著作《观音》[②]的浓缩,不过,她的书作与文章又各有其注重点。书作着重于观音的性别变化的考证,而文章则更着重于观音与四大民间女神崇拜的关系以及这种关系的社会意义。作者指出,观音的中国化始于9世纪,它是与观音的女性化携手并进的。这种女性化的过程表现在她逐渐被移化为扎根于中国各种土壤中的、独特而又有生命力的中国故事:河南的妙善公主、马郎妇或马公之妻、山西的鱼篮观音、杭州的白

① 许理和(Erich Zurcher),《佛教征服中国》(*The Buddhist Conquest of China: The Spread and Adaptation of Buddhism in Early Medieval China*),布瑞尔出版社,第1版,1959年;第2版,1972年;第3版,2007年;中文版,李四龙译,江苏人民出版社,1999年。

② 于君方,《观音》(*Kuan-yin: the Chinese transformation of Avakokitesvara*),哥伦比亚大学出版社,2001年。

衣观音以及普陀山岛的南海观音。观音的女性形象反映了民间宗教在12和13世纪的一个新发展——地方神及地区崇拜的兴起。此外,观音崇拜表明,观音赢得了社会各阶层、各种年龄层次和性别的信徒,而其成功的关键在于每个人都能在观音的各种女性形象所象征的理想中找到自己的标识。

本书的第八篇文章是华盛顿大学的管佩达教授对明末清初佛教中的女性禅师的研究。这篇题为《世系的女住持:临济宗禅师祇园行刚(1597—1654)》的论文介绍了鲜为西方读者所知的临济宗女禅师们——祇园行刚和她的两位女性继承人荷担弘法、振兴禅宗的事迹。管佩达指出,女性能够在当时担当佛教领袖的角色并非偶然,因为,从现存材料来看,明清时期已有三千多本女性文选,其数目之大是当时世界的任何地区都无法比拟的。祇园的故事为我们提供了一个明清时代女性宗教生活的实例,它表明,临济禅宗为女性培养精神和知识兴趣提供了空间,使她们能够实现其组织和领导方面的天赋。管佩达的分析还显示,祇园行刚对佛教的领悟和追求的经历显然与男性不同;此外,作为一位女性禅师,她对禅宗的贡献的独特之处在于她既是一位严格的老师,同时又是一个慈悲的母性家长。虽然行刚与其弟子的行为并没有完全超越对女性行为的传统期待,但是作为临济禅宗系的一员,她们获得了忠诚于儒家家长制所永远不可能获得的自由和个性。

本书的最后两篇文章都通过近现代中国宗教史中的一个个例来探讨宗教研究的方法论。钟鸣旦的《文化接触的方法论:17世纪中国的个案研究》一文以“利玛窦世界地图”以及对此地图的研究为例来描述文化接触研究中的四种“框架”(framework):传播式框架、接受式框架、创新式框架、互动及交流式框架。这四个框架在西方中国宗教史研究(特别是佛教与基督教史研究)中都有明显的体现。钟鸣旦认为,前三种框架都无法全面地、准确地再现历史,因而他当然是互动及交流式框架的积极倡议者。他指出,互动及交流式框架是以前三种框架为基础的,它承认交流包含着传播与接受,也同意创新式框架关于传播者对他者的建构以及权力话语，但是，这三种框架都过于注重文化的相异(alterity)性，而互动和交流式框架的核心在于以身份的概念为根据，即自我身份不仅通过自我的单独努力而形成，也在与他者的相遇中形成。因此，这个框架的注重点是：何种互动被建立？何种交流发生？它所寻找的是自我和他者之间的互动，以及在他们之间建立起来的交流的结果。也就是说，如果我们用互动及交流式框架去考察利玛窦送给徐光启的这份世界地图的话，我们会发现，虽然利玛窦是地图的"制造者"，但他的签名只出现在一个版本的序言中，而且没出现在地图上。这个地图以后有多种版本，格式也各有不同，出版者和编辑者都是中国人。因此，如果我们把地图单单归功于利玛窦一人的话，那么，我们的研究重心就会在这位欧洲传教士身上；而当我们将这份地图看成是中西间知识互动的结果的话，我们的探视范围也就因之而扩大，"他者"(中国的出版者和编辑者)也就成为我们研究中的主体和世界地图知识制造的参与者。相应地，我们对 17 世纪的"中式文化"和"欧式文化"都就会有更深的感受。

华琛的《仪式还是信仰？晚期帝制中国的统一文化建构》一文的目的在于回答这样一个问题：是什么让中国社会能在这么多世纪以来聚合在一起？他的研究以丧礼为切入点，将中国的丧礼分解为九个公认的环节，并指出，正是这些环节把开化者(中国)从未开化者(非中国)中间区别出来。因此，他提出，中国社会的聚合力是它的文化身份认同感，而普通民众(不仅仅是政府当权者)在提倡和维系文化身份认同感方面担当了一个核心的角色。华琛认为，中国的丧礼还反映出中国宗教体系与欧洲宗教体系之间的一个很大的差别：中国宗教强调仪式的准确性，而欧洲宗教则执著于教义的绝对权威以及对异端的根除。因此，《仪式还是信仰》一文提倡，在中国近代宗教史研究中，探讨中国的"文化身份"(cultural identity)的重要性应远远超越于探讨它的"国家身份"(national identity)。

西方中国宗教史研究日新月异、卷帙繁博，本文叙述之举一漏万当可想而知。如果读者能从这个简略的介绍中得到一点新知识、新体会，则已是我之万幸。驻笔之际，我在思考中国宗教史研究的前景。可以想象，在未来的几十年中，中西学术界的频繁交流和合作、数据库的联网将会在更大程度上推动这个领域的发展。我还希望，这个领域中有更多的比较性研究——从世界宗教史的角度去考察中国宗教，研究、探讨中国宗教有什么特殊性，与其他文明的宗教又有什么共同性，这些特殊性和共同性又说明了什么。此外，我相信，未来的中国宗教史研究不仅在方法论上会有创新，而且在史料（如考古材料、数据分析）的运用上也将有全面的拓展。

《中国神话》绪论

比埃尔(Anne Birrell)　著
田宪生　译

绪　　言

本书首次将已译成英文的各类中国传统神话呈献给读者，并对这些神话的前因后果及其历史重要性加以分析。这本由三百多个古老的神话传说组成的神话集是从一百多部古典著作中精选出来的，因此可视为最真实可靠的中国神话传统的文本。而且本书的组织结构依照国际通用的主题和级别分类方法。通过本书各章节的题目，读者就可以看出卷帙浩繁的各种中国神话主题，如宇宙起源神话(cosmogonic myths)，人类诞生神话(creation myths)，因果起源神话(etiological myths)，仙圣诞生神话(myths of divine birth)，神鬼变形神话(mythic metamorphoses)，关于奇地、异人、神鸟、怪兽的神话，远古的精灵神话，神奇人物(mythical figures)以及那些在人类历史之初创建他们自己部族、城邦或者王朝的半神半人的英雄人物的神话。

这些中国神话传说多半支离破碎，经常以简洁的体裁以及隐晦的语言出现，意境难测。所以伴随这些神话传说，我们还将展开一些讨论来解释阐述这些故事模糊不清的背景及其原因。虽然这些分析都是建立在坚实的古代中国传统文化基础之上，对各主题类别的神话则采用跨学科的综合神话研究方法进行讨论，所以文中对各学科的重要研究成果有所介绍，以便彰显考古学、人类学、宗教学、社会学、心理学与世界范围内神话学研究之间的相关之处。

19世纪末20世纪初的中国神话研究曾将民族学的研究资料和古代的故事传说结合在一起,但是这明显地忽视了历史的传承。与此不同,本书将致力把神话学作为一个独立存在的学科进行研究,以区别于其他学科。我们的研究会涉及民族学研究的某些方面,但这不构成本书讨论的主要部分。同样,古典中国神话中非起源于中国的部分也不是本书探讨的主题,因为现在许多语言和历史方面的问题还有待足够的研究。儒教、道教和佛教以及许多不同地区的迷信、宗教体系也不是本书研究的重点,这依然是为了神话研究的学科整体性,因为神话并非哲学和宗教。由于这些不同的信仰体系(其中佛教兴起较晚)均产生出庞杂的众神榜,对这无数神灵的研究还有待于新一代勇敢的神话学研究者去不懈努力地吸收、理解和编纂整理。尽管我们已经排除了以上许多方面,然而中国古典神话的宝库依然是如此的庞大繁杂,所以在此我们只能收集一些有代表意义的神话传说。不过,由这三百多篇长短不一的中国神话组成的文集已经可以使读者对中国神话有最初步的了解。而且,书中所有资料都以一种特殊方式呈献,使汉学、历史学、人类学、考古学、艺术史学以及文学诸学科的专家和一般读者均能分享。

神话的基本定义

中文里"神话"一词几乎与当代西方的许多神话定义完全一致,两者均表示"神奇的传说"。"神"在汉语中表示"神"、"灵"、"圣"等意;"话"则意为"传奇"、"口述"、"故事"、"传闻"等。从这一方面来说,中文"神话"两字与英文中的mythology一词的原意刚好相同。英文中神话(myth)一词源于原始印度—欧罗巴语中的词根mu(意为"轻声低语")。这一词根后来发展成为希腊语词干my和名词mytho(意为"传说"、"故事"等),而希腊语中的名词logos则表示"词语"、"讲话论述"、"学说教义"。当今的神话学研究者基本上都同意神话(myth)的基本定义是“叙述”、“传说”、“故事”或“叙事”，不过他们对神话只是关于神灵的故事这一点却有不同的意见。因为只要我们阅读一下世界各地的神话故事就会发现所谓神话也包括超自然现象、民间传说、奇迹故事、难于解释的现象，甚至诸如饮食之类的事情也都存在于包罗万象的“神话”之中。所以，中文词“神话”当不限于英文词“sacred narratives”（关于神灵的叙事传说）这种定义的作用，因为这一定义从中国神话和其他各国传统神话中排除掉的有价值的内容太多了。

近年来，由道提（William G. Doty）所作的研究工作曾收集了五十多种对神话的不同定义。当然，如果我们更加严格地搜寻一定还会发现更多的神话定义。如此众多的定义令人困扰，部分原因在于来自众多不同学科的学者们（如宗教研究、心理学、人类学等等）都在神话中发掘人类的知识和经历，因而也都根据他们自己学科的特殊需要和前提设下各自关于神话的定义。19 世纪占统治地位的自然神话普世理论派（universalistic theories of the nature myth school）由缪勒（Frederich Max Muller）对神话进行星象学解析所主导；而进化论（Evolutionist）学派的泰勒（Edward B. Tylor）则认为神话只不过是史前哲学的一种表示方法。此外还有安德鲁·朗（Andrew Lang）著作中对神话的“成因论”解释：他认为神话是对世间万物各种成因的诠释。20 世纪初，以哈里森（Jane Ellen Harrison）为首的剑桥“神话即宗教仪式”（myth-as-ritual）学派曾如此定义神话：“神话的主要意义是……对已经举行了的宗教仪式的相关语言表达。”[①]博厄斯（Franz Boas）认为神话是一种自传体的民族史（autobiographical ethnography），而通过对神话的研究分析我们就可以推演出某一原始部族的文化。马林诺斯基（Bronislaw Malinowski）则指出，神话的功能可以在其文化传承之中作为一种“社会学特征”得到解释。列维—施特劳斯（Claude Levi-Strauss）接受马林诺斯基的“神话即社会行为之特征”的定义，但是他在马林诺斯基的社

① 见哈里森（Jane Ellen Harrison），《神话：希腊和罗马给我们的惠赠》（*Mythology: Our Debt to Greece and Rome*），库泊广场出版社（Cooper Square Publishers），1963 年，第 328 页。

会功能主义的理论基础上又发展了另一理论,即“神话包含了某一特定公社团体的思想和社会框架之构成”。列维—施特劳斯这一“结构分析法”(structural-analytical)的中心就在于通过揭示神话传说中的两元对抗力量范例来理解其更深层次的意义。从心理学角度上,弗罗伊德(Freud)坚持认为神话是人下意识的恐惧和欲望的反映。而卡尔·琼(Carl Jung)则将神话定义为“集体性无意识”(collective unconscious)的彰显,从而进一步发展了“思维与符号原型”(archetypal patterns of thought and symbol)这一新命题。更近一段时间以来,已故的坎贝尔(Joseph Campbell)曾详尽地阐述了琼这一神话“原型”的概念。而艾利亚德(Mircca Eliade)由于受剑桥“神话即宗教仪式”学派和琼氏“原型”概念的影响,则把神话定义为“将远古的过去和当代的现实联系在一起的关键一环”,而且着重强调这一环节的成(原)因论特点(etiological characteristics)。

这些来自众多不同学科的学者们对神话的定义极大地扩展了神话的范围和内容。但是由于是为了各自研究神话的不同目的,各个学科又都极力保护着自己关心的重点、目标和研究方法,结果,神话既非人类学,亦非宗教,同时也不是社会学、心理学或者文学。正如舍令(Friedrich Schelling)早在1857年指出的那样,神话有它自己的“自主权”;它是人类自身的经历,而这一经历必须通过遵循其自身条件和个体才能真正得到理解。任何将神话嫁接到另一学科的企图都会将其弱化或者使其整体缺失①。

以上是对一个半世纪以来关于神话定义的回顾。下面我们可以再加上道提所列出的八种跨学科神话研究的分类方法:1)神话是一种审美的工具、叙事性的文学体裁;2)神话中包含的各类主题与神灵及“另一个世界”有关;3)神话可以解释一切起源(原因论);4)神话是人们误解的、或者说原始的科学的表达;5)神话是宗教仪式的文本,或者

---

① 普赫维尔(Jaan Puhvel)引用语。见普赫维尔《比较神话学》(*Comparative Mythology*),约翰霍布金斯大学出版社,1987年,第12页。

是依靠它所解释的宗教仪式而存在;6)神话使普世的真理和概念得以巩固并让人明白易懂;7)神话可以解释信仰、集体的经历和价值观;8)神话也包含“精神的”或“灵魂的”表述①。除此之外,道提还为我们提供了另一个对神话的历史重要性、其来龙去脉以及其功能的定义性陈述:

> 一个神话系统(mythological corpus)通常由一整套各类神话组成。这些神话均为文化性极强的各类形象故事(imaginal stories),通过隐喻和象征性的措辞、生动的描述、昂扬的激情、坚定的信念和亲身参与的经历来传达和诠释这个真实的、人们正在感受的大千世界的方方面面,以及人类在这一世界中的角色和相对地位。……神话可以表达一个文化的政治和道德价值观,也为宇宙间各人的不同经历提供一个诠释的机制。而这个宇宙大观中可能包括超凡个体(superhuman entities)的干预,以及自然秩序和文化秩序的各个方面。神话还可以激活或者反映宗教仪式、典礼和戏剧性的场面。神话也可以为后人对神话的尽情发挥提供素材,而组成这些神话的情节则成为随后出现的故事(如民间传说、历史传闻、短小故事或者预言等等)中一幅幅鲜活的形象和各种参照点。②

道提使用的这个定义不如传统定义简洁明了,但却包含了神话的许多组成部分,是一个比较全面的总结。因此,我们可以用它作为一个参照点来整理和评价跨文化的神话故事。

可以中肯地说,神话、传奇和民间故事之间是有区别的。这三种叙事方式之间最令人信服的区别可以从巴斯康姆(William Bascom)所

---

① 道提(William G. Doty),《神话学:神话与宗教仪式的研究》(*Mythography: The Study of Myths and Rituals*),阿拉巴马大学出版社,1986年,第9页。

② 同上,第2页。

列出的表格中看出(见表一)①。为了更加清晰地显现中国古典传说中神话、传奇与民间故事这三种形式的不同点,一些古代神话将与它的传奇形式和民间故事形式并列在以下表中。

表一　各类散文叙事体的正式特征

	散文叙事的方式(Prose Narratives)		
讲述方式	神话	传奇	民间故事
传统式故事开头	无	无	通常如此
是否天黑以后讲	无时间限制	无时间限制	通常如此
是否作为信仰来讲	是	是	作为故事来讲
故事中的时间地点安排	某时某地	某时某地	无时间地点限制
故事发生时间	遥远的古代	近代	任何时代
故事发生地点	古远的世界或另一世界	当今的世界	任何地点
讲述人的态度	庄重的,宗教式的	可庄重也可平俗	平俗的
故事中的主要人物	非人类的,神灵的	人类的	人类或非人类的

中国神话的研究方法

在各类研究神话的方法中,自然崇拜者(naturists)的星(气)象学研究法(meteorology)、民族学研究法(ethnography)、"神话即宗教仪

① 见巴斯康姆(William Bascom),《民间故事的形式:散文叙事的方式》(The Forms of Folklore: Prose Narratives),收于顿地斯(Alan Dundes),《神圣的叙述:神话理论文选》(*Sacred Narrative: Readings in the Theory of Myth*),加利福尼亚大学出版社,1984年,第6—29。

式”（myth-as-ritual）研究法和原因（果）论（etiological）研究法对研究中国神话的汉学家们影响最大。马伯乐（Henri Maspero）1924 年发表的《〈尚书〉中的神话传奇》①和何可思（Eduard Erkes）1926 年发表的《中国神话与美洲印第安人神话的并列对照》②一文都深受自然主义神话学派的影响，而自然主义神话学派在探讨中国太阳神话的过程中又受到 19 世纪浪漫主义的影响。不过正如多尔森（Richard M. Dorson）1955 年发表的《太阳神话的消亡》③一文所概括的那样，这种建立在一神教定义上的自然主义研究方法早已被人们抛弃了。这一研究方法已经逐渐得到修正，慢慢将神话在其存在的文化所具备的各种功能包括进来。葛兰言（Marcel Granet）和艾博华（Wolfram Eberhard）分别在 1959 年和 1968 年的研究工作均采用了民族学的研究方法。葛兰言本人深受杜尔克海姆（Emile Durkheim）社会人类学派（sociological anthrological）的影响，所以在 1959 年发表《古代中国的舞蹈与传奇》一书时，他将“神话由仪式性戏剧和宗教性舞蹈衍生而来”这一结论称之为一个“社会学的分析”④。今天，葛兰言这一著作的主要价值在于作者对各种神话版本的核对、说明以及对各种神话传说深具洞察力的讨论。艾博华对中国南部和东部地区文化中的神话所起作用的研究采取了民族学研究法。他 1968 年的专著《中国南部与东部的地方文化》一书就试图将中国地区的亚文化群与古典神话传说统一起来⑤。“神话即宗教仪式”学派的影响力现在已消落，而亨茨（Carl Hentze）1932

① 马伯乐（Henri Maspero），《〈尚书〉中的神话传奇》（Mythological Legends in “Classic of History”），《亚洲杂志》（*Journal Asiatique*），第 204 卷（1924 年），第 1—110 页。

② 何可思（Eduard Erkes），《中国神话与美洲印第安人神话的并列对照》（Parallels in Chinese and American Indian Myths），《通报》（*T' oung Pao*）第 24 卷（1926 年），第 32—53 页。

③ 多尔森（Richard M. Dorson），《太阳神话的消亡》（The Eclipse of Solar Mythology），收于司勾（Robert Segal）编《人类学、民歌、神话》（*Anthropology, folklore, and myth*），若特莱杰（Routledge）出版社，1996 年，第 111—134 页。

④ 葛兰言（Marcel Granet），《古代中国的舞蹈与传奇》（*Danses et légendes de la Chine ancienne*），法国大学出版社（Presses Universitaires de France），1959 年。

⑤ 艾博华（Wolfram Eberhard），《中国南部与东部的地方文化》（*The Local Culture of South and East China*），布瑞尔（Brill）出版社，1968 年。

年发表的《月亮神话和象征》一书代表了该学派的研究方向。亨茨的研究重点是采用比较法重建月亮和众星神话的意义，并利用它们的宗教仪式和象征性意义来解释神话本身①。但是自从高本汉（Bernhard Karlgren）对这些早期神话研究方法进行严厉的批判之后，汉学研究者中已罕有人使用这些方法，或者进入这方面的学术讨论了。高本汉在中国神话研究方面亦颇有贡献，但是这些贡献却随着他对在同一领域中工作的欧洲同仁的无情鞭笞而终结。他曾于1946年发表了一篇题为《古代中国的传奇和迷信》的不朽论文②。该文具有社会学研究的倾向，并十分注重古代中国社会里原始的和已演化的神话与各族群创建神话之间的相互关系。这一著作今天仍然颇具价值，因为该论文中对神话参照系统以及对后来衍生出的故事传奇的概括和分析都很有参考价值。另外，他的翻译十分可靠，所以我们说他的著作本身仍不失为相当有用的研究成果。

卜德（Derk Bodde）1961年发表的《古代中国神话》一文采用了原因（果）论学派的研究方法。该文简明扼要，以一种机智且妥善的组织方式将早期中国最重要的人类诞生神话、太阳神话和洪水神话一一加以讨论。虽然篇幅不长，但卜德的作品在研究方法上却十分严谨，极具学术风范。他在该文中向传统的史前概念频频发问，并在任何恰当的时刻利用比较神话学的最新研究成果③。卜德较近期的作品《古代中国的节庆》一书对中国民族学和宗教仪式的研究做出了重大贡献④。在这一具有开创性意义的著作中，卜德还有一个次要的目标，那就是利用各类文字图像去追溯一些汉民族宗教仪式的神话来源。这

---

① 亨茨（Carl Hentze），《月亮神话和象征》（*Mythes et symboles lunaires*），安佛斯（Anvers）出版社，1932年。

② 高本汉（Bernhard Karlgren），《古代中国的传奇和迷信》（Legends and Cults in Ancient China），《远东古物博物馆学报》（*Bulletin of the Museum of Far Eastern Antiquities*）第18卷（1946年），第199—365页。

③ 卜德（Derk Bodde），《古代中国神话》（Myths of Ancient China），收于卜兰克（Charles Le Blanc）、波瑞（Dorothy Borei）编《卜德中国文明论文集》（*Essays on Chinese Civilization by Derk Bodde*），普林斯顿大学出版社，1982年，第45—84页。

④ 卜德，《古代中国的节庆》（*Festivals in Classical China*），普林斯顿大学出版社，1975年。

一举动无疑对中国神话的研究工作做出了重大贡献。鲁惟一(Michael Loewe)则进一步将图像记录资料(iconographic documentation)与历史学、考古学的研究方法结合使用。他 1979 年的专著《通往天堂之路:中国人对永生的追求》一书就通过对西王母这一神话人物的研究去检验了各类和长生不老神话人物有关的神话主题①。

年轻一代的汉学家们也已加入并发展了这一新兴领域的研究活动。艾兰(Sarah Allan)在对神话进化发展的研究和对中国史前及历代王朝建立、演进神话的探讨就采用了列维—施特劳斯的方法,尤其是列氏的各种变形神灵的概念。她 1981 年的研究成果成功地采用了列氏的"二元对立"(binary opposition)理论,并列出古代圣贤帝王与反派人物或次要神灵之间的对照关系②。鲍则岳(William Boltz)对共工这一神话人物展开了深入的研究。在他 1981 年发表的研究成果中,包氏用再清晰不过的文字指出(并解释)了长期以来许多汉学家持"神话即历史"这样的观点来研究中国神话的错误③。路易斯(Mark E. Lewis)则十分注重发生在古代中国的暴力行为。他 1990 年的研究成果提出这样一个论点:古代中国的一些暴力行为可以在神话传奇中找到它们的原型,因而得到这些古代神话的权威认可④。蒙克(Wolfgang Munke)采用了另一种范围更为广泛的研究方法,并将他的研究成果编辑成一部(德语)中国神话辞典⑤。该书大部分直接引用(而不翻译)各类古代资料,其绪言部分还涉及到许多事项,例如神灵的各种称谓等等。在辞典正文中蒙克讨论了许多各类不同的疑难问题,例如

---

① 鲁惟一(Michael Loewe),《通往天堂之路:中国人对永生的追求》(*Ways to Paradise: The Chinese Quest for Immortality*),恩威因—海曼(Unwin Hyman)出版社,1979 年。

② 艾兰(Sarah Allan),《继承人与圣人:上古中国的朝代神话》(*The Heir and the Sage: Dynastic Legend in Early China*),旧金山中国资料中心(Chinese Materials Center),1981 年。

③ 鲍则岳(William Boltz),《共工与洪水〈尧典〉中的反神话史实说》(Kung Kung and the Flood: Reverse Euhemerism in the Yao Tien),《通报》第 67 卷(1981 年),第 141—153 页。

④ 路易斯(Mark E. Lewis),《上古中国的权威认可的暴力》(*Sanctioned Violence in Early China*),纽约州立大学出版社,1990 年。

⑤ 蒙克(Wolfgang Munke),《中国古典神话》(*Die klassische Chinesische Mythologie*),恩斯特克莱特(Ernst Klett)出版社,1976 年。

地神后土的真实性别问题。但是,他的这些讨论不时会因为过多使用充满他本人自身价值观念的词语而显得美中不足。例如他在讨论战争之神蚩尤和共工时会反复使用“魔鬼”一词①。法国汉学家马修(Remi Mathieu)曾出版过两部重要的中国古典神话研究著作。第一部是两卷本的《山海经》的翻译诠释本。该书可谓一部神话传奇的大全。马修在该书中声称他一直遵循神话研究的比较法开展研究,而且尤其得益于杜梅茨尔(Georges Dumezil)在研究早期中亚、西伯利亚东部和中国少数民族之起源时重新建构的历史学和民族学诸因素②。马修还用法语发表了另一本中国神话的资料书③,该书较为简明,而且对各神话本身讨论极少。书中内容的选择标准基本仿效中国学者袁珂的研究成果,并附加上马修本人的提要说明,正文内容本身则按神话各主题分类。艾兰也采用了公认的比较研究法,虽然她的比较研究范围仅限于列维—施特劳斯的方法论。不过,艾兰近期的著作并未采用比较研究法④。总而言之,我们可以说大部分从事中国神话研究的汉学家并没有认真遵循比较研究法。

近些年来一些关于中国神话的普及性书籍得以出版并且影响不小,这主要是因为在这一领域中面向大众读者,甚至面向专家的出版物均十分匮乏。不过这些普及性书籍对我的研究工作帮助不大,因为这些书籍常常不加区别地将神话与道教、儒教、佛教、地方或区域性的英雄崇拜等不同性质的神话传奇混杂在一起,使一般读者很难理清其中的分界线或时代顺序。另外,这些书籍不对原文进行翻译,而是对这些神话进行一般性的意译而且均不注明出处。更加糟糕的是,这些书籍还不时地将来源不同甚至相互矛盾的传说并用,因而又创造了一

① 同前页注⑤,第5—28页、142—143页、71页、219页。

② 见马修(Remi Mathieu)《中国古代神话与民族学研究》(*Etude sur la mythologie et l'ethnologie de la Chine ancienne*),法国大学出版社,1983年,第1页、第27页。

③ 马修《中国古代神话传说选集》(*Anthologie des mythes et légendes de la Chine ancienne: textes/choisis, présentés, traduits et indexés*),巴黎高力马(Gallimard)出版社,1989年。

④ 见艾兰《龟形:上古中国的神话、艺术和宇宙观》(*The Shape of the Turtle: Myth, Art, and Cosmos in Early China*),纽约州立大学出版社,1991年。

批新的神话故事。这些出版物的作者多半并非汉学家,甚至根本不从事神话的研究工作。他们基本上是依靠一些过去偶然得以翻译成英文的中国神话资料,而不是真正使用古代与现代中文资料进行神话研究。

就本书而言,我使用了一些不同学科的研究方法,而不是仅依靠某一学科的神话定义。在开篇的几章中,原因论的研究方法使用得比较广泛明显,以便讨论宇宙之初,人类诞生以及食物、工具、武器、狩猎、动物驯化和草药等文化的起源问题(见第一、二章)。原因论神话在本书对部落、族群、城市以及王朝建立的叙述中也十分显著(见第五、十六章)。对本书影响较大的还有莱格兰(F. R. R. S. Raglan)的研究方法,即把神话人物当作英雄而对其特点进行描述。莱格兰所建立的 22 条英雄特征均可在印度—欧罗巴和闪米尔人的主要英雄史诗中得以显现①。莱氏的研究追随兰克(Otto Rank)1959 年的专著《英雄诞生的神话》②中所采用的研究方法。其实,这一研究方法是坎贝尔在卡尔·琼"原型"论的影响下发展起来的,读者可参考坎贝尔 1968 年出版的专著《千面英雄》③。我在本书中明显采用了莱克兰英雄典型类别法来讨论诸如奇迹人物降生、救世主出现等类型神话,以及黄帝、后羿和半神的大禹等神灵圣贤的故事。

在更为复杂的层次上,我还使用了其他一些方法来解析中国神话中那些隐晦难懂、支离破碎、或以讹传讹的故事内容。这些故事通常在表面上表达某种意义,但事实上却在转达另一种隐含在更深层次上的意义。对付这类情况最为有效的方法是由马林诺斯基开创的。马氏曾指出,有些神话中包含有某些社会或团体过去行为的遗迹,而这

① 参见莱格兰(FitzRoy Richard Somerset Raglan),《英雄:一个关于传统、神话和戏剧的研究》(*The Hero: A Study in Tradition, Myth, and Drama*),格林沃德(Greenwood)出版社,1975 年。

② 兰克(Otto Rank),《英雄诞生的神话》(*The Myth of the Birth of the Hero*),维因特吉出版社(Vintage Books),1959 年。

③ 坎贝尔(Joseph Campbell),《千面英雄》(*The Hero with a Thousand Faces*),普林斯顿出版社,1968 年。

些行为如今可能还存在或者已经消亡。对这一观念,马林诺斯基以下的两点申述尤显贴切:

> 神话的主要功能是建立一个社会契约,或者对人们行为的道德规范进行追认。①
>
> 神话在原始文化中具有不可欠缺的功能:它具有表述、强化和整理信仰的作用;它也可用来捍卫和加强道德规范;它为宗教仪式的效益提供保障,并具有制定引导人们的各类准则的作用。因此,神话是人类文明一个有机的组成部分;它并不是简单虚无的故事而已,而是一种久经打造的动力;它也不是人们理智思考的结果或者艺术的形象,而是一种原始信仰和道德智慧的实用凭照。②

有几个中国神话为马氏关于神话具有社会性或实用性作用的诠释提供了素材。本书中我将他这一诠释运用在对处女新娘与河伯的故事以及尧的儿子丹朱的传奇的讨论之中,以便昭示这些故事表层意义之下更加强有力的神话意义。

对这些隐晦含糊的中国神话进行研究的另一个有价值的方法是艾利亚德从卡尔·琼的概念中派生出来的"原型"理论。在他1971年出版的专著《永久回归的神话》(*The Myth of Eternal Return*)中,艾利亚德探讨了"中心象征主义"(the symbolism of the Center),"城市、庙宇的天圣原型",以及"圣山"(the Sacred Mountain)作为世界中心(axis mundi)的诸种概念。这些概念有助于引导我们理解中国神话中的主题,如千木、扶桑、昆仑山等等。对于理解神话中对抗势力并列存在(juxtaposition)现象更具关键意义的是结构型民族学研究者列维—施特劳斯提出的"两极对抗"概念。这一概念用在讨论象征性对立势力

---

① 马林诺斯基(Bronislaw Malinowski),《巫术、科学与宗教》(*Magic, Science and Religion, and Other Essays*),达波戴(Doubleday)出版社,1954年,第144页。

② 同上,第101页。

时尤值一试,如蚩尤与黄帝,或者失败的英雄鲧和他成功的儿子大禹。杜梅茨尔具有创新意义的概念之一是“双重主权”(dual sovereignty)或“并行统治”(joint rule)。这个概念可以帮助我们认识和阐明许多关于异母兄弟黄帝和蚩尤之间错综复杂的神话故事。传说中这两兄弟各自统治半个世界,但后来因为争夺最高统治权而大打出手。

中国神话研究的综合比较法

多产的学者杜梅茨尔所持的各种理论可谓当代神话比较研究法的同义词。为了介绍杜氏的研究理论,李托顿(S. Scott Littleton)在其1973年出版的专著《新比较神话学:杜梅茨尔的理论的人类学评价》一书中对比较神话学研究极其有用的定义如下:“比较神话学尤指对来自不同文化的神话进行系统的比较。这其中也包括将一般的基本神话主题抽象化的努力,还有将这些主题与一个通用的象征性代表联系起来的努力(如与大自然的力量、繁殖力、或者社会组织等联系起来),并由此重建一个或多个最原始的神话系统。”①

比较研究法对神话的研究已经做出了巨大贡献。这一现代科学是二百多年前启蒙运动中开始兴起的,当时人们对普世的人类进步十分崇尚。这些18世纪的学者们研究神话、宗教和仪式典礼,这其中包括他们对东方神话和古印度、古波斯宗教仪式的研究。19世纪浪漫主义和哲学唯心主义十分流行,结果自然泛神论的观点也随之诞生,这就更加鼓舞了神话的研究工作。在德国,缪勒提出的自然主义理论就充分说明了这一点。比较神话研究法面世之初基本上由比较语言学学者把持,不过这以后不久,这项工作就逐渐向神话类型、主题的分析方向移动。20世纪初,人类学家弗雷泽爵士(Sir James Frazer)的理论和命题对许多学科领域都产生了深远的影响。他的“临终之神”(dying god)这一概念在他

① 李托顿(S. Scott Littleton),《新比较神话学:杜梅茨尔的理论的人类学评价》(*The New Comparative Mythology: An Anthropological Assessment of the Theories of Georges Dumezil*),加利福尼亚大学出版社,1973年,第32页。

重建意大利耐米(Nemi)圣林神话时得到集中的体现。弗雷泽的比较法包罗万象,详尽无遗:他细心整理了世界各地人们所知的各类神话主题并在多本专著中做出记录。不过,他的巨著,十三卷本的《金枝》(Golden Bough)今天却与马克思的《资本论》和达尔文的《物种起源》并列为19世纪出版物中最少为人阅读的著作。

当今弗雷泽著作影响力甚微,或者说毫不流行有如下原因:他记录神话主题范例时不提供故事的上下文或者历史的传承关系,这样就使得这些记录缺乏与人类学的关联和重要的历史年代顺序。弗雷泽的研究工作同时也受到19世纪直线进化论的禁锢。这一理论认为人类社会都循同一直线分阶段从"野性"、"荒蛮"进化到文明,而神话只属于人类"野蛮"的初期阶段。当人类社会逐步从野蛮进化到文明阶段之后,神话就会逐渐势微,到最后只剩下一些遗迹尚存。最后,那些喜欢实地考古工作,或者生活在他们正在研究的社群之中来获取第一手资料的学者、科学家们对弗雷泽的著作颇不以为然,称其为"坐在扶手椅中的人类学"(armchair anthropology)。

然而,全盘否定弗雷泽的研究成果是荒谬的。他的许多发现其实大大提高了我们研究早期中国神话的洞察能力,这是十分珍贵的。例如,月亮女神嫦娥迄今在长生不老神话和月亮崇拜等研究方面一直不受重视,弗雷泽对北美洲印第安人的郊狼(coyote)精灵的研究启发了我,使我意识到嫦娥其实具备了神话和民间故事中一切精灵的典型特点。同样,其他神话研究者,如道提和林肯(Bruce Lincoln)在研究其他神话系统时也都提出过不少有用的范例。例如,盘古的故事至今仍被许多人视为宇宙初始的美学神话(etiological myth),但是从道提那里我们学到一个非常有用的专用名词"宇宙人体"(cosmological human body)来增进我们对这一重要神话的更深理解。从林肯那里我们也学来"同源类似体"(homologic sets)和"同分异构体"(alloforms)等名词,并用它们来证明盘古的故事远非一个宇宙起源进化的神话。林肯研究方法的价值在于,他通过印欧语系的古代文学作品中保存下来的传奇去系统地追溯古代神话中死去的神用其身体创造宇宙的故事[①]。另外,林肯还对与食物和餐饮有关的神话传说展开了讨论,并且创造了一个新词"食物起源解析"(sitigomic)。林肯的这种研究方法也被用来解释一些中国神话的深厚内涵,例如巴人领袖务相(廪君)与盐女神之间冲突的意义[②]。

另一个中国神话主题"天地初分"也借助比较神话学的研究得以详释。这一神话主题的中文叙述今天读来十分费解,因为该早期神话传说的根源早已和中国的社会政治与道德伦理不可分离地掺合在一起,结果是这一神话主题的现代形式早已变得无从辨认了。事实上,卜德是解读此类与天地初分神话有关主题的第一位学者[③]。借助于跨文化研究这一主题的神话学家沼泽喜市(Kiichi Numazawa)《日本神话中的宇宙生成》[④]和艾尔狄斯(Sandor Erdesz)《说书人拉霍斯阿米的世界观》一文[⑤],我对卜德的解释做了进一步的发展。为了澄清天地分离这一主题,我还参考了古典主义学者柯克(G. S. Kirk)贴切中肯的提示。根据他的提示,天地分离这一神话主题与一个"黄金时代"有关。这一主题不但反映神灵与人类之间的关系,而且也和这一纯粹宇宙起源神话里天与地的自然外貌有关。

对我翻译、诠释中国神话的工作最有价值的专著之一是普赫维尔(Jaan Puhvel)1987 年出版的《比较神话学》[⑥]。普氏在他的书中审慎地使用了不少描述性的词汇,并通过他自己广泛的阅读而获得很多观

---

① 参见林肯(Bruce Lincoln),《神话、宇宙和社会:印欧文化中的创始与毁灭主题》(*Myth, Cosmos, and Society: Indo-European Themes of Creation and Destruction*),哈佛大学出版社,1986 年,第 1—40 页。

② 同上,第 65—86 页。

③ 见卜德,1961 年,第 389—392 页。

④ 沼泽喜市(Kiichi Numazawa),《日本神话中的宇宙生成》(*Die Weltanfange in der Japanischen Mythologie*),巴黎瑞库瑟瑞(Recueil Sirey)出版社,1946 年,第 183—192 页。

⑤ 见艾尔狄斯(Sandor Erdesz),《说书人拉霍斯阿米的世界观》(The World Conception of Lajos Ami, Storyteller),收于顿地斯《神圣的叙述:神话理论文选》,第 316—335 页。

⑥ 普赫维尔(Jaan Puhvel),《比较神话学》(*Comparative Mythology*),约翰霍布金斯大学出版社,1987 年。

点，而且采用了按神话主题分类的组织原则。这一创新性的著作以启发性的方式对古代印度人、波斯人、希腊人、罗马人、凯尔特人、德国人、斯堪的纳维亚人和斯拉夫人的各种神话故事一一审视。在他对鸟的神话主题展开极具启发性的讨论时，普氏使用了“鸟形精灵”（ornithomorphous hierogamy）这一新词。这为我们以后充分理解中国神话中食鸟卵而怀孕，之后一个新王朝诞生的故事起到关键的作用。承蒙普赫维尔研究的帮助，我在本书中多次采用他的神话主题的分类方法，尤其是用在讨论神话中的地理问题、世界范围的丈量、神灵的动物特征、一些神灵的“多头”形象（polycephality）、人兽通婚（bestiovestism）、狂暴战神以及诸如火和水之类的对立的神话主题。得益于他的这类比较法研究，好几个以往被人忽视的神话主题被重新发现、鉴定并得以澄清。

讨论任何比较神话学问题，将希腊神话和罗马神话进行对照都是无可避免的。既然这两个神话系统中有颇多相似之处，因此本书引用它们之间神话故事的对照也是十分自然的，而且对我们大有帮助。不过，我们这样做的同时，并不排斥其他文化中类似的并列现象，这在印度、波斯和斯堪的纳维亚神话中尤其如此。另外，本书也尽量避免将中国神话中的人物冠以“中国的俄耳浦斯”、“中国的奥丁”、“中国的普罗米修斯”之类的比喻，以避免这种跨文化相应对照混合一处，并因此造成中国神话可靠性和整体性的损坏。

现代中国和日本的中国神话研究

1981 年鲍则岳在一专著中反复重申西方研究中国神话的汉学家们一直不得不面对的一个基本问题：两千年以来，中国人已经将他们的神话“历史化”了①。事实上，中国历史学家直到 20 世纪 20 年代才真正面对他们以往使用的治史方法。此后，年轻的历史学家顾颉刚与杨宽等

---

① 见鲍则岳，1981 年，142 页。

学者在1926年以后的十几年里采用了坦率明了的观念和方法，这才最终将神话年代和真正的历史年代逐渐分离开来。顾氏不愧为现代中国神话研究的奠基人。顾氏在1926年至1941年之间曾发表了由他和其他几位作者共同撰写的十七卷本的《古史辩》，并坚持使用将历史和神话区分开来的方法，这曾在学术界引发了不小的争执。他的一些观点和方法，例如僵硬地采用神话传说在最具权威的文字记载（textual locus classicus）中的日期这一做法早已被人们抛弃，但是顾氏将神话中的人物和真正的历史人物加以区分，将神话中的年代与真实的历史年代分割开的学术研究方法，却实实在在为中国历史的研究，尤其是对中国神话的研究做出了重大贡献。而且，顾氏本人正是第一次把神话作为一个独立的学科进行研究的中国学者。而杨宽则将顾氏的这些观点发展成为一系列公认的神话研究准则。例如，杨宽把中国古代的皇帝们重新定序，将他们划归不同的类型，如至上之尊和地上之神等等（见张光直1976年《中国早期文明》[*Early Chinese Civilization*]第169页引杨宽为《古史辩》第七卷[1941年]所写的前言部分）。

在顾颉刚经典性的著作问世的同一时期，其他中国作家与学者也都开始发表中国神话研究方面的专著。西方神话学研究成果对他们影响最甚者当属泰勒（Edward Burnett Tylor）1871年发表的《原始诸文化》（Primitive Cultures）、安德鲁·朗（Andrew Lang）1887年的出版的《神话、仪式与宗教》（*Myth, Ritual and Religion*）、丹尼斯（N. B. Dennys）1876年发表的《中国神话和民间故事》（Myths and Folk-Lore of China）和华纳（Edward T. C. Werner）1922年发表的《中国神话传奇》（Myths and Legends of China）。丹尼斯与华纳在研究中将历史从其他学科中划分出来，虽然他们没有在神话和宗教之间划出鲜明的界限。与其他西方神话学研究著作一样，泰勒与朗的研究成果对中国20世纪20年代到30年代的作家和学者影响也极其深远。在这些最早受西方影响的文学作家中，沈雁冰（或沈冰，笔名茅盾）首当其冲。他在1925和1929年发表了两篇关于神话的论文，其中将中国神话按各个不同的主题加以分类，诸如宇宙起源、自然神话、大自然的起源、众神之战、有关黑暗的神话以及各类灵仙变形的神话等等。尤其在那篇1929年发表的论文中，他还采用了比较神话学研究的各类来源不同的资料，分别引用了澳洲土著、北美洲印第安人、古代希腊、印度和北欧的神话资料。1928年，另一位中国作家玄珠[①]将中国神话按地区划分为“华北神话”、“华中神话”和“华南神话”，并指出今天尚存的各类中国神话大部分由华中神话中派生而来。同时，他还按照所谓“世界观”方法把神话依其主题分类，从而得出诸如宇宙起源、人类诞生、巨人、自然神、英雄神、怪物以及文化神等不同类型的神话。他的杰出贡献在于他采用了比较神话学的研究方法，而且他也是将其他国家文化中的神话介绍给中国读者的先驱作家之一。

1930年代间，林惠祥发表了一篇很有价值的神话学研究作品。在这本题为《神话论》的著作中，林氏介绍了西方重要的神话研究方法，并对西方主要神话研究者如缪勒与朗等人做出了批判性的总结。1932年郑德坤致力于研究中国古典神话著作《山海经》，进一步推动了神话研究的方法论。他的神话分类系统并不遵循按主题划分的原则，而是采用按不同学科分类的办法（如哲学、科学、宗教、历史和社会学等）[②]。例如，他将原始物质、宇宙起源、人类诞生等神话归入哲学类，天象星辰之类神话归入科学类等等。不过，当他把一些仙圣与文化创建者的神话传说列入历史类时，他似乎已经忘记了，或违反了顾颉刚“神话历史再造”的警告。还有另一神话研究的方法论是由张光直推动的。张氏在1959年发表的文章中分析了中国人类诞生神话，充分利用了比较研究法并引用了许多这一领域中的专家的观点，如杜克海姆（Durkhaim）、包艾斯（Boas）、艾力亚德（Eliade）、巴斯卡姆（Bascom）、李奇（Leach）、列维—施特劳斯（Levi-Strauss）、马林诺斯基（Malinowski）、拉格兰（Raglan）与汤普森（Thompson）[③]。张氏在晚些时候

① 译者注，玄珠即沈雁冰（茅盾）。

② 见郑德坤，《山海经及其神话》，《史学年报》1932年第4期，第127页。

③ 张光直，《中国创世神话之分析与古史研究》，《民族学研究所集刊》第8册（1959年），第47—79页。

又用英语发表了另一研究成果。在这一题为《商周神话类别》(A Classification of Shang and Chou Myths)的文章中,他非常有效率地讨论了许多中国神话的来源,并将这些神话传奇列成由五大部分组成的分类方法,其中包括神灵与英雄人物的划分、自然灾害和人类救星、英雄及其后代等等。①

小说作家周作人也深受西方神话学的影响,尤其是受朗氏和哈利逊(Harrison)著作的启迪。与此同时,他也受益于西方人类学和心理学研究成果。他在1950年曾为神话学作为一个专门学科的确实性和自主性力辩,而且他在向中国读者介绍古希腊神话方面起到了关键的作用。1930年代和1940年代致力于中国神话研究的主要作家学者之一是闻一多。借助自己深厚的古文功底,尤其是对《楚辞》、《易经》和《诗经》的了解,闻一多试图将缪勒的哲学研究法与朗氏的人类学研究法结合在一起。闻氏主要的贡献是他的两种研究方法,其一是选出一部古典著作定为神话研究的中心(如郑德昆所作的那样),而不是涉及过多的著作和过宽的领域;其二是每一研究文章只注重单一的神话主题如鱼的主题②。不过许多中国和西方的学者均批评闻氏的哲学分析研究法,认为他的方法过于受个人癖好的影响且不科学。他似乎有些太热衷于将龙、蛇之类图腾与一些神话人物等同起来,而这一作法因缺乏有力的证据而引起人们不少的疑问。尽管有如此不足,闻一多仍不失为20世纪上半叶中国神话研究方面的一位先驱人物。

中国神话的日本研究学者如出石良彦(Izushi Yoshihiko)基本上也是追随按神话主题将其分类的研究方法。不过在1944年森三树三郎(Mori Mikisaburo)又设立了另一套更为复杂的分类系统。这一系统将神话分为四大类,即神灵(gods)、祖先神话(ancestral myth)、自然神话(nature myths)和众神神话(minor deities)。更近些时间(1984年)御

---

① 见张光直,《中国早期文明》(*Early Chinese Civilization: Anthropological Perspectives*),哈佛大学出版社,1976年,第149—173页。

② 见《闻一多全集》,开明书店,1948年,第一册,第117—118页。

手洗胜(Mitarai Masaru)出版了一部专著《早期中国神灵》(*The Deities of Early China*),着重讨论与中国神话有关的诸多问题。与其他日本神话学研究著作一样,御手的专著是非常有价值的研究资料新来源,而且这一著作也对神话学研究领域中过去和现在的各类问题均有涉及。不过,他的研究方法却使这部非常有用的专著令人很难接受。在该书中,御手提出一个观点:他认为中国史前史和历代王朝兴起的基础,可以与一些原始神灵和那些与古代部族兴起相关的超凡人物联系起来。而且在围绕这一中心观点进行的讨论时,他还会不时地点缀些一般的宇宙诞生神话和其他故事。这些将神话与古代王朝和部族硬性联系在一起的手法实在让人感到牵强,因而也使这些神话故事的真实可靠性遭到置疑,叙事内容方面和神话学研究意义方面当然也大打折扣。同样是在1984年,小南一郎(Kominami Ichiro)出版了他的《中国神话故事》(*Chinese Myths and Tales*)一书。该书讨论了汉朝以后各类神话的来源以及一些神话主题的意义。

一些中国学者近来发表了不少令人印象深刻的比较神话学研究专著,如萧兵、何新、杜而未、王孝廉等等。他们的著作都为神话学研究提供了丰富的资料,但也不能说没有问题。例如,何新将他的研究工作建立在早已过时的、由缪勒1891年提出的太阳神话理论之上,并提出一个含糊暧昧的观点:中国也有一个至上的太阳神而且中国也存在对太阳神的崇拜(见其1986年专著)。与他类似,杜而未也过分强调了月亮神话的理论,这同样被认为是已经落伍的单一神话研究方法。在其1977年的论文中,杜氏在没有很多过硬证据的情况下,假定中国古代神话中存在许多与月亮有关的神祇,并为月亮神话的重要性进行辩护;而实际上中国神话传说中这一现象并不存在。萧兵采用了跨学科的研究方法,尤其着重民族学的研究。他发表了一篇与古典名著《楚辞》有关且意义深远的专著。萧兵的研究的价值在于他能够使用令人信服的文字和采用人类文化学方面的证据去追溯古代神话传说中各类主题里依然存活的部分,这些残存的成分今天仍然可以在中国少数民族的文化中发现。萧兵还列出一张令人印象深刻的图表,用来显示中国二十五个少数民族的神话中这些残留成分①。不过，当今的中国神话学研究依然要遵循建立在黑格尔、马克思、恩格斯等人理论上的意识形态观点，这显得十分落伍。同时，我们还注意到 1950 年以前的中国作家在他们的著作中十分乐意将西方神话学研究成果包括其中，而 1950 年以后的中国专家们却十分不情愿吸收过去几十年来世界各国神话学的研究成果，两者形成鲜明的对照。不过，王孝廉本人和他的作品却是一个例外。他十分倚重日本的神话研究成果，并用来发展他自己的观点和研究方法。他还将许多日语的论文和书籍翻译成中文。例如，1983 年他把白川静(Shirakawa Shizuka)1975 出版的《中国神话》(*Chinese Mythology*)一书翻译成中文，他本人还发表了一篇非常有价值的评述文章，讨论了二十三位研究中国神话的日本专家和他们的著作。

过去四十多年以来，致力于中国神话研究的老前辈当属四川社会科学院的袁珂。在对这一领域众多的贡献中，他于 1980 年和 1985 年出版的两本资料集以及他的《山海经校注》为这一专题的研究发展打下了基础。这位具有献身精神的神话学学者的开拓性研究使我受益匪浅，而他的著作则为中国神话研究领域做出了杰出的贡献，令全世界汉学研究者瞩目。

中国神话传奇的本质

中国神话传奇散见于不同的古典著作中，然而，正是因为它们被记载在这些名著里才得以幸存。因为在公元前 4 世纪至公元 3 世纪之间，许多学者和达官显贵都曾不遗余力地保存和维护这些名著。这些神话故事两千年来恰似凝固在琥珀中一样得以存活下来，以它们最原始的状态出现在历史、哲学、文学和各种政治理论著作与各类论文以及其他作品中。这种情形使得今天的读者们可以对这些神话故事

① 萧兵，《楚辞与神话》，江苏古籍出版社，1986 年，第 108—111 页。

的最早的记录形式、最原始的上下文和出现在不同著作中的不同版本进行评估。由于中国历史上没有像荷马(Homer)、赫西奥得(Hesiod)、希罗多德(Herodotus)或者奥维德(Ovid)之类的人物来帮助记录神话并决定神话的内容和风格,所以早期中国神话是以一种难以名状的,用晦涩古文体进行表达的纷乱堆砌。所以我们说,尽管中国神话没有经过加工和演绎而成为如《伊利亚特》(Iliad)、《奥德塞》(Odyssey)或者《变形记》(Metamorphose)一样的世界名著,它们却保持了一定程度的真实性和可靠性。

不过,正如马修和其他学者指出的那样,早期的中国作者出于不同的认识见解,可能已经根据他们各自不同的需要而在他们的著作中歪曲了这些神话故事①。神话于各种古典著作中的这类存在方式还有另一种缺陷,那就是不同派别的作者会利用神话故事来证实他们自己的观点。结果是这些神话故事经常与这些作者的观点混杂在一起,或者在不同程度上受到这些人的观点熏染。这在公元前 4 世纪的《庄子》这一哲学著作中尤为显见。例如,该书是唯一记载大鹏鸟神话的著作(这种大鹏鸟是一种怪鱼变形而来),但是作者记录这一神话的目的却是用它来解释他那些充满相对性和客观性的复杂概念而已,而这些概念正是早期道家的中心思想。同样,神话人物舜在《孟子》一书中和孝这一伦理原则紧紧联系在一起,而孝则是儒教人本主义的基本点。不过在其他古典著作中有关舜的记载却与此相互矛盾。这种不同故事版本的存在对今天的神话解读其实不失为一件好事,因为这种现象可以帮助我们比较同一神话故事的不同记载方式,甚至可以使我们能够利用同一历史时期相互重叠但又支离破碎的神话故事片段拼凑出一个完整的故事来。与其他文化的神话系统相比,中国神话确实独具丰富多彩的故事形式。正因为如此,本书中同一神话故事的不同形式将尽可能被安排在一起出现,从而使读者对中国神话的表达形式的广度、类型及其活力有一充分的理解。

---

① 马修,1989 年,第 12 页。

本书中神话故事的正文可分为三大时期。第一时期可称为“前汉朝时期”(或称早期古典主义时期,early classical era),指从周朝中期至后期,也即公元前600年至公元前221年。虽然在河南省安阳市附近的殷都商代遗址人们曾发现过公元前1300多年前的书写记录,但是这些文字记载都是以甲骨文的形式出现,主要是用来占卜的。它们虽与宗教仪式和世俗生活有关,但却没有记录任何神话故事。尽管如此,一些商代的神话传奇的片段却在周代作品中得以保存。

早期中国对古代神话记录丰富的重要年代是介于公元前450年到公元前221年的东周时期。这一时代有关神话的文字记载相对大为丰富。值得研究者们注意的一点是,我们大致同意周朝晚期保留下来的神话传奇是所有现存神话故事中最早的记载,但这并不是说这些记载是中国神话最原始、最纯正的版本,因为谁也不知道这些最原始的版本是什么模样。

第二个神话记载丰富的时期出现在大约公元前221年至公元5世纪的“古典晚期”和后古典时期,即秦、汉和后汉时期。我们立即又面对一个新的问题:这一时期有好几部含神话内容的著作的最初汇编成集的年代不详,而且这些记载的神话内容往往来源于该著作被写成以前的久远的过去。因此,我们可以放心地得出以下结论:记载这些神话的著作代表一个介于晚周时期到秦代和汉代早期的过渡时期,因为这些神话内容并不诞生于该著作作者或编纂者生活的时代。

公元前1世纪到公元5世纪之间的汉朝和后汉时期的神话记述与古典时代早期的神话记述截然不同。因为这一时期的作者们开始更改、编纂、渲染甚至歪曲早期的神话故事,因而又重新再造了一整套不同的神话版本。不仅如此,马修还观察到在秦汉时期许多封建小国被统一成一个庞大的中华帝国,而此举的一个直接后果就是许多地方性的神话也被逐渐统一了①。这种神话再创造和被统一同化的趋势很

① 见马修1989年专著,第10页。

明显地出现在这一时期的许多著作之中。在公元前1世纪戴德的《大戴礼记》第六十三《帝系》中，以及司马迁公元前2世纪晚期的《史记》第一篇《五帝本纪》中，我们都能发现古典时代早期一些形象模糊的神灵的伪身世资料。

神话再创造并不仅限于神灵身世的编造。司马迁所著的史书（也是中国第一部通史）就记录了五组神灵，这实际上又创造了一个与早期神灵众生截然不同的另一个众神榜。例如，黄帝在周朝神话的诸神中只是一个后来者，而在司马迁的书中他却成为渊源最早、地位最重要的至上之神，是中华文明和中国文化史的源头。黄帝这一至高无上的地位是因为道教的哲学家们极力推崇他，而道家所奉行的哲理在当时的帝国统治者中正大获青睐。虽然我们在处理第二时期神话记载时要特别小心这一神话再造现象，但是正是这些记载向我们昭示了神话在面对各种社会的、知识理性的以及政治生活中变化时自身发生的演变，这对我们来说还是很有价值的。同样，这些神话记载也是迄今为止最重要的文件证据，因为它们包含了很多周朝古典著作中存活下来的神话故事，或者这些神话故事被更改的版本。例如，公元1世纪折中派作家王充在其所著的《论衡》一书中就曾间接提到许多神话的片段，因而使该书成为关于神话的最具权威的著作。其实，这些神话故事片段的诞生年代大大早于该书作者①。

从隋唐到明朝（公元6世纪至17世纪）中国神话传说进入第三个时期（或称传统时期 traditional era）。这一时期最有价值的神话宝库是宋代的《太平广记》，因为这一著作通常原封不动地记录早期的故事文本。另一个资料来源是公元7世纪及以后学者们的评论文章。这些学者会引用几个世纪以前的作者与他们的著作，而这些著作本身大部已经失传。第一时期的神话记载一般存在于道德哲学、政治理论和文学作品之中，而后两个时期的神话记载形式就多样化了，如对古典

---

① 见黄辉，《论衡校释》，长沙商务印书馆，1938年。

作品的评论、炼丹术手册、关于植物的论文、地方志、地理游记或民族研究之类著作。不过神话学研究并不允许我们为神话传说划出界线分明的年代时期，所以一些比较难以处理的故事材料会不时打破这三个时期的划分而硬挤进来。

神话诸功能的组织原则

世界各地神话的一个重要特点就是其多功能性，也就是说一个神话故事可以有不同的读法，或者说在不同层次上被人理解。例如，后稷这一中国神灵的传说可以被视为谷神的故事，或者一个神灵奇迹般诞生的故事，或者一个克服了谋杀阴谋而存活下来的小英雄的故事，或者是一个关于谷神崇拜起源的故事，甚至还可能是周朝人最初崛起的故事。同样，黄帝也可以被解读为一个充满矛盾身份的多面体人物——他既是战争之神，又是中华文化的缔造者；他既是和平使者，又是复仇之神，或者在后来的神话故事中成为道家万神殿上的至高神灵。然而，他还可以是许多不同区域被同化了的神话中各类角色的混合物。

部分是由于神话的这种多功能性，本书将按照世界各地通行的、强调神话主题的分类方法列出不同章节。例如，宇宙初分神话、人类诞生神话、文化原因论和文明起源的神话、建朝立国的神话等等。为了突出神话几种功能并存的现象，一些神话故事会在不同主题的章节中重复出现，以便彰显其丰富的多重性特点。这种作法与汤普森在其《民俗文学中的神话主题索引》一书中所设立的神话主题分类法基本相同①。

---

① 见汤普森（Stith Thompson），《民俗文学中的神话主题索引》（*Motif-Index of Folk-Literature*），六卷本，印第安纳大学出版社，1955 年，第 1 册，第 61—345 页。

中国神话研究的未来:一个崭新的领域

本书为读者提供了一个阅读和理解中国神话故事的基础,并根据古代中国的传统研究成果、世界各地神话学研究和比较神话学的新发展对这些神话故事进行了分析解读。尽管我希望本书能帮助读者更深一步了解和拓宽我们对中国神话内容与本质的熟悉程度,但我清楚地知道这里还有许多研究工作在等待我们去完成。其实,另一卷补充阅读和分析中国神话的书正等着我去完成,以便使那些依然深埋在古代神话传奇文本中的各类神话故事的不同版本、一些次要神灵的故事以及一些过去躲过人们注意的神话片段得以重见天日。

对闻一多和其他中国学者及其著作进行研究的又一收获,就是我们可以集中研究一个特定的古典著作中的神话,然后与其他出处不同的版本进行比较研究。这些重要的古典著作,如《淮南子》等还有待我们运用马修和王罗杰(Roger Greatrex)①采用的古典著作的翻译、诠析方法进行全面的翻译和解释。我们也可以致力于撰写一些神话主题方面的专著,例如洪水神话主题就有很多不同的分支,其中又包括许多其他神灵、人物、主题和别的比较成分。神话主题和神话人物还可以采用"历时的"(即受历史发展影响的)和"共时的"(即不考虑历史影响的)方法进行考证,以便凸显一个神话在其特定历史时期的社会中的潜在影响。中国各主要神话体系,如存在于儒教、道教和佛教中的神话体系,应当按照历史发展的先后顺序分别研究,而不是把它们搅在一起形成一个神话什锦大杂烩。只有在这种分别研究之后,我们才能探讨这些神话体系之间的相互关系。

在更复杂的层次上,那些具有中国历代边远少数民族(或者非汉语语系民族)语言才能的研究者应该能够分析这些神话中未受中国神

---

① 参见王罗杰(Roger Greatrex),《〈博物志〉注译》(*The Bowu zhi: An Annotated Translation*),瑞士东方学学会(Föreningen för Orientaliska Studier),1987年。

话影响的故事,甚至找出它们的起源。对神话传说中音位学(音韵学)进行研究的工作也毫无疑问会帮助我们更好得理解神话传说中的地名、植物名以及各神祇的单名和多重名称等之间的各种关系。中国民族学研究的许多领域今天已经由新的一代学者全面展开。如果这些工作能进一步与国际社会沟通,尤其是通过将中国和西方学者最出色的论文翻译出版,这些领域的研究工作将一定会充满生机。对那些已经边缘化但仍依附于中国古代神话体系的地区性和地域性神话进行研究,也必将使我们对某个特定历史时期中某个特定社会团体所持的宗教信仰之功能有更进一步的理解。以日语发表研究专著的趋势仍在继续,并在人类学、民族学、考古学等学术领域中做出重要的贡献。这些专著、论文应当尽快翻译成其他语言,并在国际学术论坛上进行讨论。如果我们能够进行这些基础领域中的研究工作,下一代的学者们就一定能够在人文学科这一发展领域中开拓出更多的新领域。

汉代共同宗教中现世与冥界的契约：公元79年序宁祷祠简

夏德安（Donald Harper）　著
叶　娃 译

1989年香港中文大学文物馆收藏了一组木简，共14支。其中两支有明确纪年，为东汉建初四年之物；另外11支有月、日记载的木简虽然缺少年份，但月、日干支均符合该年之历算。这组木简可以分为两种型制，其中8支为大字单行书写的长简（最长一支为43厘米；另有几支长度不明的残简）；6支均长21厘米的短简为小字双行书写（其中一支有三行字体）①。5支长简为正反面书写；所有的短简中只有一件将完整的文件写在了简的正面，余皆双面书写。简的书法说明了大字长简和小字短简为不同人所书写。每支简文都各成独立一篇。木简的出处虽然不明，但其真实性已为世所公认。由于“序宁”二字多次出现在简上（不过，“序”字有多种写法），饶宗颐1996年发表的部分木简释文及研究的文章称这组木简为“序宁

① 香港中文大学文物馆的游学华先生向我提供了馆藏日期（1989年6月）。我于2000年5月初次见到这批收藏。在过去的几年中，我逐渐认识了这组木简的内容。除了向游先生致谢之外，我亦希望借此机会向帮助过我的同行表示感激之情。他们是李零、胡平生、王明钦、蒲慕洲、林素清、周凤五、袁国华、柏夷（Stephen Bokenkamp）、汉德里斯克（Barbara Hendrischke）、艾斯匹赛特（Gregoire Espesset）、傅飞岚（Franciscus Verellen）、艾斯伯斯托（Monica Esposito）、纪安诺（Enno Giele）。文中的错误概由本人负责。

简”。陈松长在 2001 年发表了这组木简的彩色照片及全部释文①。

这组木简是向诸神祷祝的祷文。从祷文程序化的用语以及其他特征来看,该组简应该是一套完整宗教活动的一部分,而不是仅仅对祷祝的纪录。饶宗颐注意到了“序宁简”和湖北包山 2 号墓(公元前 316 年入葬)所出卜筮简牍的相似之处②。虽然卜筮没有出现在“序宁简”中,但这一缺略正好说明了民间日常宗教观念(everyday religious ideas)在公元前 4 世纪到公元后 1 世纪之间的变化。另外“序宁简”中所记载的诸神名称不仅出现在包山卜筮简牍中,也出现在其他古文献里,例如江苏邗江胡场 5 号汉墓所出的一支木简上记载了三十多个神灵的名称③,敦煌文献中有关疗疾的文献中也出现了向相同神灵祷祝的祷文④。

饶宗颐还引用了传世文献(大部分为汉代文献)中的有关证据,使我们进一步了解到中国社会从古代到中古(大约从公元前 4 世纪到公元 10 世纪)这一阶段的宗教信仰和实践。但是当古文字和其他考古出土数据结合起来时,它们就成为复原在特定时间和地点、为了特定宗教功能使用的文献和器物之独特证据。它们是**真实**(re-

---

① 饶宗颐,《中文大学文物馆藏建初四年序宁简与包山简:论战国秦汉解疾祷祠之诸神与古史人物》,载《华夏文明与传世藏书:中国国际汉学研讨会论文集》,北京:中国社会科学院出版社,1996 年;第 662—672 页。陈松长:《香港中文大学文物馆藏简牍》,香港:香港中文大学出版社,2001 年。

② 关于包山卜筮简牍的简要讨论见夏德安:《战国时期自然哲学与超自然思想》(Warring States Natural Philosophy and Occult Thought),载鲁惟一(Michael Loewe)、夏含夷(Edward L. Shaughnessy)《剑桥中国古代史》(*The Cambridge History of Ancient China*),剑桥大学出版社,1999 年,第 852—856 页。有关原简和释文见《包山楚简》,北京:文物出版社,1991 年,第 32—37 页及第 88—109 图版。有关另一个出土的公元前 4 世纪后半期的卜筮简牍见夏德安:《十简牍》(Ten Bamboo Slips),载杨晓能《中国考古的黄金世代:中国人民共和国的重大考古发现》(*The Golden Age of Chinese Archaeology: Celebrated Discoveries from the People's Republic of China*),耶鲁大学出版社,1999 年,第 349—351 页。

③ 《江苏邗江胡场五号汉墓》,载《文物》1981 年 11 期,第 17—18 页(插图 13—14)。

④ 见夏德安,《医疗占卜》(Iatromancie),载卡林诺斯基(Marc Kalinowski)《中国中世纪的占卜与社会》(*Divination et société dans la Chine medieval: Etude des manuscrits de Dunhuang de la Bibitothèque nationale de France et de la British Library*),巴黎:法国国家图书馆(Bibliothèque nationale de France),2003 年,第 471—512 页。

alia)[①]的日常宗教信仰和实践活动的反应，其形式和内容使我们能够一瞥古代社会的宗教活动，以及使用它们的古人的切身体验。

本文利用“序宁简”来探讨汉代日常宗教的这种**切身**体验。这里所说的日常宗教是指汉代社会不同阶层的人士持有的共同信仰。我对“共同”(common)的理解，一方面是指宗教信仰“普通性”(ordinariness)，另一方面是指它本身所具有的被大多数人“认同”(shared in common)的本质。这个理解和目前某些人用来推究有关中国早期宗教考古材料所使用的、与“民间宗教”(popular religion)意思相似的“普通宗教”(common religion)不同。石秀娜(Anna Seidel)在《从出土墓券所见汉代的宗教遗矢》一文中[②]，接受了中国学者们对东汉出土地券和其他镇墓文的研究成果，认为这些出土文字“反映了汉代下层社会的信仰”，并使“我们得以窥见宫廷及文人之外的普通宗教信仰(common religious beliefs)”；在该文的其他地方，石秀娜将此解释为“普通百姓的宗教 (the religion of the common people)”。

蒲慕洲在他的《追寻一己之福——中国古代的信仰世界》一书中，在分析考古材料和传世文献、寻找区分上、下层社会宗教信仰的证据时，也同样将“普通”(common)和“大众”(commoner)以及“普通宗教”和“民间宗教”相连使用[③]。他把湖北睡虎地 M11(公元前 217 年)所出的日书看成是民间信仰的证据：“日书所反映的信仰世界及宗教意识可能对上层社会来说并不陌生，但是它们表现的应是中下阶层的日常关注。”[④]在对文献史料详细分析的基础上，蒲慕洲指出了汉代社会身份的可变性(mutability)，社会的底层为庶民和农民，上层为文人或统治者，并

---

① 黑体重点为原文所加。下同。

② 石秀娜(Anna Seidel)，《墓葬材料中所见的汉代宗教》(Traces of Han Religion in Funeral Texts Found in Tombs)，收于秋月观暎编《道教与宗教文化》，东京：春秋社，1987 年。

③ 蒲慕洲在他的《追寻一己之福——中国古代的信仰世界》(*In Search of Personal Welfare: A View of Ancient Chinese Religion*)里讨论了研究早期中国宗教信仰的理论和方法。见，《追寻一己之福——中国古代的信仰世界》，纽约州立大学出版社，1988 年，第 1—14 页。

④ 蒲慕洲，《追寻一己之福——中国古代的信仰世界》，第 92 页。蒲慕洲在判定 M11 墓主的宗教信仰时虽然相当谨慎，但是主张由于该墓主为秦代的一个令吏，参与过治狱，因此他了解“其他阶层人民的信仰”。

做出结论:"当时的民间宗教信仰是一个复杂的社会现象","我们不能认为它和文人或统治阶层没有联系。"①

是否可以将历史文献和考古资料作为早期中国上、下层社会日常宗教信仰的区分的确凿证据,我个人的信心不如石秀娜和蒲慕洲。传世文献对待宗教信仰有明显的偏见:对国家宗教(同时也为国家的合法性服务)、祖先崇拜以及正统的丧葬信仰的记载比较详细,但是对日常宗教信仰的记载几乎没有;即便有记载,也常常脱离它的原始宗教语境,作者亦以鄙夷态度对待之②。但是,为了个人向神祇世界进行卜筮、祷祝和祭祀的活动(日常宗教最基本的三种活动),已经大量的在出土文书里出现,最早可以追溯到公元前4世纪。包山所出的卜筮和祭祷简牍即是一例。它们是当地受雇于上层社会成员的巫师们为其进行卜筮祭祷活动的纪录③。如下文所示,公元1世纪的序宁简也反映了相似的性质。

大量墓葬出土的日书包括有遣册及卜筮祭祷文。日书和其他出土文书中的卜筮祭祷文代表了由一般民众(不是专门的巫师)所拥有的宗教文书(Occult literature),这些人大约也会应用这类知识(包括行巫术、附体等等)。从研究古代中国的现代学术成果来看,这些人有能力选择专门的巫师,同时也有能力拥有宗教文书,即使和他们的社会等级相符的墓葬规制一般,这些人为上层社会的成员该无疑义。如果他们对于宗教信仰的态度与历史文献相悖,应该改变的是我们对上

---

① 见上书,第95页。蒲慕洲举高凤(公元84年)为例,他出身农民,成为了一个知名的学者。

② 对历史文献进一步的讨论,见夏德安在《中国宗教》里关于"战国、秦、汉"一节。欧大年(Daniel L. Overmyer)编辑,《亚洲研究杂志》(*Journal of Asian Studies*)专刊,第54卷,第1期(1995年),第152—160页。又见夏德安《有关战国、秦、汉时期的自然哲学和宗教文献》,登载在夏含夷(Edward L. Shaughnessy)主编的《上古中国史的新资料》(*New Sources of Early Chinese History: An Introduction to Reading of Inscriptions and Manuscripts*),加利福尼亚大学古代中国研究学会和东亚研究学院(Society for the Study of Early China and Institute of East Asian Studies, University of California),1997年,第223—252页。

③ 夏德安在《十简牍》(第349—351页)一文中讨论了雇主的社会地位,几个雇主共享一个巫师的证据,以及为雇主所作文书的私人性质。

层社会日常宗教信仰的认识。

评价从公元前 4 世纪到汉代考古资料中的日常宗教问题变成了如何将这一从考古资料引证出的看法和非上层社会联系起来。众所周知，目前中国的考古还没有很多有关大众生活的重要发掘证据。因此我建议我们应该把目前的考古资料看作是部分上层社会与其他社会成员共享的宗教信仰。当时的社会，无论在一个地区内或一个区域内，都会存在着对神祇世界以及人、神关系的共同看法；也会存在着为特定的神灵和崇拜对象举行的祷祝仪式。与下层社会明显区别的就是上层社会有更多的机会接触到巫师和宗教知识。大众对于神祇世界的等级制度、天文地理、诸神管理以及祷祝仪式等等这些由出土文书、器物、和墓葬装饰来证明的宗教信仰的了解大概不会太多①。

在这个定义广泛的上层社会里，独立的个人对宗教有不同看法（他们的观念随着境遇的变化而变化），也包括对宗教信仰和实践的排斥。虽然如此，这些不同之处仍然不能保证“民间与上层对立”这一理论模式适于中国早期日常宗教的研究，主要反映在历史文献里的有关上层社会的思想意识也有讨论的余地。就宗教信仰而言，文献记载的缺乏造成了对于日常宗教（everyday religion）或“共同宗教”（common religion）理解的模糊概念。对于“统治阶层”的观念和“民间宗教”在汉代社会到底有什么不同，还没有一个明确的解释②。序宁简牍为研究汉代日常宗教的不同假设提供了的根据，这一假设就是不同的社会阶层享有共同的宗教信仰。

我提议对序宁简和受其启发的汉代宗教作历史性的研究。饶宗

---

① 见夏德安，《战国时期的自然哲学和超自然思想》，第 831—874 页，引用的战国时期的考古和古文字资料。

② 见白瑞旭（K. E. Brashier），《白石山神君：喂食神祇还是遵从阴阳？》（The Spirit Lord of Baishi Mountain：Feeding the Deities or Heeding the Yinyang?），《早期中国》（*Early China*）第 26—27 卷（2001—2002 年），第 160—161 页。白瑞旭提出了难以将“天文、哲学和宗教观念”与某一社会的阶层或阶级相联系。他关于东汉社会山神崇拜的研究揭示了祭山仪式里存在的不同观念。

颐已经注意到了序宁简的重要在于它证实了从古代到中古神仙世界和日常宗教概念的连续性。本文的目的是要把序宁简放在公元1世纪的共同宗教里去研究。进一步的讨论将在简牍释读之后。此前亦有些细节需要说明。首先是简牍的两种形制为内容不同的两类文书:其中六个用小字书写的简文均以“券剌明白”(“剌”是“刺”的异体字)为结尾;其他八个用大字简文则以“券书明白”结尾。“券书”是汉代用在商业、财务、法律以及政务方面契约的统称①。虽然序宁简是首次见到的、以券书形式向神界祷祝的证据,不过根据汉代券书使用的普遍性,利用券书和神界交往应是可以想见的。

序宁简以外,我只发现了一例使用“券剌”的汉代券书,即在内蒙古艾德新(Edsin)泊出土的“新”居延汉简,内容和宗教无关。该句为:“券剌及廪。”虽然另有一例与政府粮仓的契约里也出现过“廪”字,我还是不能解释在这里出现的“券剌”②。如下所述,序宁简里的“剌”说明了该文书对活动的当场翔实记录。大字券书和小字券书的内容不同,功用也不一样。小字券书(券剌)描述的多为向某神行祀的活动;六件中有四件包含了短语“令巫夏(下)脯酒”,所以“券剌”是证实祭祀活动的文献。“券书”则是在祭祀活动之后对行祷人的回答,确认他们向神的祈求一定会得到满足。

我将序宁简按照以上原则进行了排列:八支券书(大字简)在前,六支券剌(小字简)随后。如上所述,券书券剌并非同一人所书写。在多处情形下,可以辨别出券书券剌是相互对应的,那些无法对应的简很可能是由于缺简所造成。从简牍的纪年和内容来看,第226号简是八支“券书”的第一支,祷祝的神为灶君。六支“券剌”则以第227号简为首;其后为228号“券书”简,祷祝的是社神(张氏请子社)。据228简,“张”应该是祈祷对象的娘家姓。余下“券书”的排列是假设的,建立在祭祀神由“家内”向“家外”延续的顺序上:最

① 李均明、刘军,《简牍文学书》,第422—426页。南宁:广西教育出版社,1999年。

② 《居延新简:甲渠侯官》,北京:中华书局,1994年。卷一,第223页;卷二,第532页。

先祭祀的是灶君，然后是娘家的社神，其后为夫家的社神，再后为其他各类神祇。

娘家为张姓的妇女是何许人？公元 79 年在她身上发生了什么？此处有必要先对我的结论作一简要叙述。释读这批简牍，"序宁"二字是关键；我认为它是一位妇女的名字。据 227 号"券书"简，序宁嫁到了田家。又据 226 号"券剌"简，建初四年七月一号，序宁染疾，于是有了为她行祷的活动。据我理解，序宁死于七月十二。在所有八支"券书"简（以及第一支"券剌"简上）都有由她向天公传递祭祀诸神的承诺；天公为诸神之首，行祷祝者为巫（只有券书 1，227 号简，记天公之名。据此所有六支券书简祷祝的神都应该是天公）。

序宁简的释读和翻译

下面的释读是根据简牍照片和陈松长的《香港中文大学文物馆藏简牍》的释读做的。对陈松长释读的订正见翻译中相应的部分。文物馆对序宁简的编号为 226—239。我对序宁简按照"券书"、"券剌"进行了重新排列，"券书"的顺序为 226、228、231、238、236、233、230、229；"券剌"的顺序为 227，237，235，232，234，239。这一排列是根据我对简牍原来顺序的猜想。简文所缺部分多由简牍本身的残缺所造成。根据其他完整简牍的简文，已将所缺的文字补上，并加以括号注明。一支例外的简为 239 号，其中缺少的一字用[1]代表。原简的别字或缺字照录，并在翻译中加以说明。原简中有疑问或不常见的字体，在翻译中以常见字代替。陈松长的释读包括了一些有用的注释，饶宗颐和连劭名也对一些名词和短语提供了解释①。

---

① 连劭名，《东汉建初四年巫祷券书与古代的册祝》，《传统文化与现代化》，1996 年第 6 期，第 28—33 页。连劭名讨论的重点在简册的性质，及它们和西汉宗教文献、道教的关系。

券书 1（226 号简）

正面：建初四年七月甲寅朔①，皇母序宁病②。皇男、皇妇、皇子③共为皇母序宁祷炊④。休⑤。七月十二日乙丑，序［宁头䁕

---

① 建初四年有月、日的记载在序宁简中出现了四次，包括以干支记日，其为七月初一、十二、二十，八月十八。从甲寅（七月初一）到庚子（八月十八）共有 47 天。建初四年七月当为 29 天。见徐锡祺，《新编中国三千年历日检索表》，北京：人民教育出版社，1992 年，第 105。

② 饶宗颐在《序宁病简》（第 664—665 页）中将序宁分开释读，认为序宁是一种疾病攻解巫术。陈松长根据汉代官员为父母守丧的制度，将序宁释读为“予宁”。这两种解释都无法解释其他地方出现的“序宁”二字。李均明在《读香港中文大学文学馆藏简牍偶识》（《古文字研究》第 24 卷［2002 年］，第 453 页）中已经指出序宁二字应为一位妇女的名字。将序宁释读为“皇母”的名字，甚为恰当。“皇母”仅在八支“券书”简中出现一次（226 简），在六支“券刾”简中出现十二次，都是在序宁之前（“皇母序宁”）。序宁简中，皇母从未单独出现过。与此相反，序宁常常单独出现。对此最好的解释就是序宁为祷祝时所选定的名字，有时在前面加上“皇母”。“宁”用作汉代妇女的名字可以进一步证实“序宁”是名字。见刘增归《汉代妇女的名字》，《新史学》第 7 卷第 4 期（1996 年），第 71 页“君宁”和 87 页“宁”。甘肃武威磨嘴子东汉墓（M15）出土棺衣上的文书与其他出土的丧葬文书相同。该墓墓主为女性，她的名字可辨认的部分为“宁”。见《甘肃武威磨嘴子汉墓发掘》，《考古》1960 年第 9 期，第 25 页（图版 7：6）；又见《武威汉简》（北京：文物出版社，1964 年），第 149 页。据该报告说，M15 未曾盗扰。该墓主人可能就是序宁简里所提的序宁，但此说未被证实。序宁的夫家为田姓。

③ 此三位田家的人应为序宁之长子、长媳和次子；227 号简又称“皇子”为弟，其名曰“君吴”。使用“皇”来称呼除了序宁以外的田家其他成员有些蹊跷。从上下文来看，这些成员都是活人；但是在汉代礼仪中，只有死人以“皇”称呼；见《十三经注疏》中的《礼记注疏》（台北：艺文印书馆 2001 年），卷五，第 22 页。其他汉代出土文书中也都以“皇”来称呼死人；见刘昭瑞《汉魏石刻文字系年》（台北：新文丰出版公司），第 209 页，《临潼刘氏镇墓文》。据我所知，序宁简是唯一用“皇”来称呼活人的例子。其他的学者也注意到了这一问题，与我的见解相同，他们也认为为田家的成员请巫师为序宁祷祝时，应该是活着的。陈松长，《香港中文大学文物馆藏简牍》，第 102 页，注释 1，对使用“皇”来称呼活人作了详细地考证，但是他没有解释为什么“皇”在序宁简中同时用于死人与活人。我自己虽然也无法作出满意的语言学的解释，不过我认为序宁简以“皇”来称呼家庭中的主要成员，不管该成员是死人还是活人。

④ 炊，在这里制灶君（见该简的背面）。《史记·封禅书》第六有晋国巫师祭祀“先炊”的记载。见《史记》，卷 28，第 1378 页（北京：中华书局，1959 年）。张守节《正义》释为“炊母”。进一步解释见陈松长《香港中文大学文物馆藏简牍》，第 98 页，注释 3（饶宗颐对此亦有解释）。汉代的灶君或为男性，或为女性；见应劭《风俗通义》（北京：法中汉学研究中心［Centre franco-chinois d' études sinologiques］，1943 年），卷八，第 61 页。

⑤ 休，此处解为“欢心或青睐”，我理解为灶神对祭祀表示满意。“休”的这一用法见《左传注疏》“以礼承天之休”，卷 33，第 22 页。

(塱)[①]目颠[②]，两手以抱[③]下]

背面：入黄泉上入仓天[④]。皇男皇妇为序宁所祷造(灶)君皆序宁持去天公所对[⑤]，生人不负责(债)死人毋适(谪)[⑥]，卷(券)

---

① 望，远望。此字在券书中写作“塱”，在券剃中写作“塱”。从陈松长《香港中文大学文物馆藏简牍》，第100页，注释4。其他解释见饶宗颐《序宁病简》，第667页；连劭名《东汉建初四年巫祷券书与古代的册祝》，以及刘乐贤《读香港中文大学馆藏简牍》，《江汉考古》，2001年第4期，第63—64页。

② 从饶宗颐《序宁病简》，第667页。“颠”为“瞋”，对应之字在券剃作“窅”。

③ “抱”的对应之字在在券剃作“卷”。许慎《说文解字》释“抱”为“捊”的异体字，当作手捧东西。见段玉裁《说文解字注》，(上海：上海古籍出版社，1981年)，卷12，第33—34页。“卷”也有“卷收”之意(《说文解字》卷12，第50页)。这里“卷”似可通“拳”，《汉书》形容武帝的妃子赵婕妤为“女两手皆拳”。见《汉书》卷97，第3956页(北京：中华书局，1962年)。序宁两手握拳和汉代丧葬制度中的“握”相符：在尸体的双手中各放一物后，再将手作成“握手”状。见《礼仪注疏》，卷35，第12页；卷40，第11页。又见孙机《汉代物质文化资料图说》(北京：文物出版社1991)第409页汉墓出土数据。我认为序宁简所形容序宁之“头塱目窅，两手以卷”是指尸体按照丧礼摆放的姿势。

④ 黄泉和苍天指阴间和上天。河北望都2号汉墓出土的一块砖墓券上也有“黄泉、苍天”一词；见刘昭瑞《汉魏石刻文字系年》，第206页。该墓券的纪年大约为东汉光和五年(公元128年)。由此可见，黄泉、苍天一词囊括了灵魂世界的总体。

⑤ 天公是序宁简中的至高神祇。石秀娜在《汉代宗教》一文中注意到了该神在汉代的不同称谓(见该文29页)。我同意她所说的“同一个神的这些不同称谓来源于汉代不同的宗教传统和不同的情形”。据我所知，“天公”还见于其他两件古文字数据。一件为河南南阳市博物馆所藏的东汉铜镜。一个仙人从两阙出行，旁边注有“天公”二字。见刘绍明《天公行出镜》，《中国文物报》1996年第5期，第26页。江苏胡场西汉木简上亦有“天公”二字。见《江苏邗江胡场五号汉墓》，第17页，图13—14。传世的道教文献中也有“天公”。《太平经》里两次出现“天君”，即天公的另一称谓。

“所”，即天公居住的地方。这个地方一定就是铜镜上所见的两阙之内，也是四川简阳东汉3号墓所出画像石上注明的“天门”之所。见高文《四川汉代石官画像集》(北京：人民美术出版社，1997年)，第6页，及图98。“去天公所对”和简227的“去对天公”相对应。新死的序宁一定要去天公处报到，据券书所言，她还带去了由巫师所献的祭祀用品。

⑥ 同样的句子出现在其他出土的东汉墓葬文书上。例如洛阳出土的东汉(公元179年)王当墓券上有：“生人无责(债)各令死者无适(谪)负。”(见刘昭瑞《汉魏石刻文字系年》，第205—206页)。连绍名在《东汉建初四年巫道券书》一文中讨论了“债”的宗教意义。他认为这里的“债”是指活人对神仙负的债，所以神仙有理由“责”怪生人，并且“谪”(处罚)私人。由于负债而遭神仙的惩罚可以由序宁简中多次出现的“负债”一词得到进一步证实。这也是汉代欠债时使用的标准词汇。有关文献和古文字在这方面的讨论，见李均明、刘军，《简牍文学书》，第243—244页、第422—424页。没有向神仙履行供奉是负债的一种。序宁简这类宗教文书的目的大约就是向神仙表明他们已经还了债。

书[明白]①。

卷书2(228号简)

正面:[皇男、皇妇]为皇母序宁祷社②。七月十二日乙丑。序宁头䁶(塱)目颠两手以抱。下入黄泉上入仓天。[皇男、皇妇为序宁所祷]

背面:[社皆序宁]持去天公所对。生人不负责(债)死人毋适(谪)卷(券)书明白。张氏请子社。

卷书3(231号简)

正面:田社③。皇男、皇妇为序宁所祷田社。七月十二日乙丑。序宁头䁶(塱)目颠两手以抱。下入黄泉[上入仓天。皇男皇妇为序宁所祷田社皆序宁持去天公]

---

① 这一类结语出现在不少东汉的地券中,对墓地的范围有详细说明,例如洛阳王当墓出土的铅券和望都2号汉墓出土的砖券(刘昭瑞《汉魏石刻文字系年》,第205—206页)。同样的结语在江苏仪征胥浦101号汉墓出土的"先令券书"上也有。见《江苏仪征胥浦101号汉墓》,《文物》1987年第1期第10页(图23,简牍7)。"先令券书"指的是人死之前写的遗嘱。这一出土简牍给我们提供了使用券书的又一种形式。该券书写道:"先令券书,可以从事。"这类结语应该说明该类文书合法。

② 这里的"社"指的是张氏子社(这句话跟在上一支简的结语之后。这里的结语一定是为了说明情况而加上去的)。此处的社与券剌1所祷的"外家西南子社"是对应的。据史料记载,汉代的社祭牵涉到官制,政府对于"社"的数量加以控制,并且规定设立"社"人家的户数。劳干在《居延汉简:考释之部》考察了"社"在简牍中出现的次数及有关文献数据的记载(劳干:《居延汉简考证》,《居延汉简:考释之部》第66—67页,台北:中研院历史语言研究所,1960年)。《汉书·五行志》里的一条记载可以帮助我们理解张氏子社的性质(见《汉书》,第27卷,第1413页)。该条记载了建昭五年(公元前34年)兖州刺史"禁民私所自立社"。颜师古注引臣瓒"旧制二十五家为一社,而民或十家五家共为田社,是私社"。劳干认为臣瓒之说不确,因为在"禁民私所自立社"之后,《汉书》又记载了兖州"山阳郡橐茅乡社有大槐树,吏伐断之,其夜树复立其故处",劳干认为这一条说明兖州刺史禁私社和十家五家的田社不是一回事。考虑到序宁简中提到的社,我以为劳干之说仍可商榷。该简中提到的社很可能是有几家张姓人家组织起来的社,和臣瓒所提的私社相符。

③ 这里的"田社"当指田氏之社,我的理由是:第一,据券书2和券剌1来看,在序宁的娘家张社举行祭祀之后,田家又在他们自己的社里祭祀是顺理成章的。第二,在券剌2(237简)和田社一起记有神明和祖父母,同券书4(238简)。我认为有说服力的是两支券书简(231、238号简)和一支券剌简(237号简)中所表明的家庭联系。当然,缺乏说服力的是臣瓒关于田社为私社的说法。

背面:所对。生人不负责(债)死人毋适(谪)。卷(券)书明白。

卷书 4(238 号简)

大父母丈人①男殇女殇②祷祠(司)命君③。皇男皇妇为序宁所祷皆序宁持去天公所对。生[人不]负责(债)死人毋适(谪)。卷(券)书明白。

卷书 5(236 号简)

皇男皇妇为序宁所祷官社④皆序宁持去天[公所对。生人不负责(债),死人毋适(谪),卷(券)书明白。]

卷书 6(233 号简)

[皇男皇妇]为序宁所祷水上⑤皆序宁持去天公所对。生人不负责(债)死人毋适(谪)。卷(券)书明白。

卷书 7(230 号简)

正面:𦽹君⑥。皇男皇妇为序宁所祷𦽹君。七月十二日乙丑。序宁

---

① “丈”在汉代有几种意思。据诸桥辙次的《大汉和词典》(东京:1957—1960 年),“丈人”指年老之人或贤人。“丈”亦可释为“杖”,用以支持身体(《大汉和词典》卷 1,11:13)。丈人又指妻子的父亲。这里我不能肯定序宁简中的“丈人”为神明之名。但在中古时代,“丈人”用作神明之名,在敦煌有关医病文书中,“丈人”一词几次和引起疾病的灵出现在一起;见夏德安《医疗占卜》在 479 页引用的伯希和 P2856 R 号文书。

② 睡虎地 11 号秦墓所出的“日书”中有关疗疾的部分解释殇死为“不葬”,即死时尚未成年。见《睡虎地秦墓竹简》,北京:文物出版社,1990 年,第 193 页,第 246 页。

③ “祷”在这里为笔误。如陈松长所言,由于笔误,紧跟在“祷”之后的“司”也误写为“祠”,(《香港中文大学文物馆藏简牍》,第 108 页,注 1)。此处应为“司命”。除了田社以外,券书 4 上神灵的名字和券剌 2 对应。

④ 券书 5 之“官社”与券剌 3 之“官社”对应。《汉书·五行志》引王莽所言,云汉初就已立官社,据臣瓒注,官社……所谓王社也。汉代帝王之社为“太社”(《汉书》卷 25,第 1269 页)。

⑤ 江苏邗江胡场所出的木简上,也有“水上”,为祭祀的诸神之一(《江苏邗江胡场五号汉墓》,第 17—18 页)。券书 6(简 233)与券剌 4(简 232)对应。

⑥ 我认为“𦽹”就是“猎”,可能和简 234(券剌 5)上的“獦”对应。“𦽹”字的左半部为“葛”是没有疑问的,而“獦”的右半部也同样是“葛”。简 234 上的“獦”同“猎”, (接下页注)

头塱目颠两手以抱。下入黄泉上入仓天。皇男皇[1]为序宁所祷皆序宁持去

背面:天公所对。生人不负责(债)死人不负适(谪)。卷(券)书明白。

券书8(229号简)

正面:皇男皇妇为序宁所祷郭贵人[2]:七月十二日乙丑。序宁头塱(塱)目颠两手以抱。下入黄泉上入仓天。皇男皇妇所祷郭贵人。皆序宁[持]去天公[所]

背面:对。生人不负责(债)死人毋适(谪)。卷(券)书明白。

券剌1(227号简)

建初四年七月甲寅朔[3]。田氏皇男皇妇皇弟君吴共为田氏皇母序宁祷外家[4]西南请子社[5]。

(接上页注)"猎君"即狩猎之神。"猎君"跟汉代祭祀用的"腊"在一起最易理解。饶宗颐将"𦤎"解释成"殇"(饶宗颐《序宁病简》,667页),陈松长使用了饶宗颐的解释(见陈文,第103页)。我对此种解释持不同看法。简238和两次出现在简237上的"殇"都使用了标准的"歹"为偏旁。简230和简238为同一人书写。如果简230上的"𦤎"是"殇"字的话,该书写人为什么在写了两次"殇"又决定用另一种写法呢?但是"𦤎"右边的"易"和简234上的"葛"字相比,字体较小,虽然我不认为该字为"殇",但是我也没有确凿的证据来证明我的怀疑。不过将对应的券剌5(简234)上的"猎君"作为旁证的话,"𦤎"为"猎"应该是可信的。

应劭在《风俗通义》云:"腊者,猎也……腊者,接也,新故交接故大祭",且认为汉代的"腊"就是周代之祭祀"大蜡"。见《风俗通义》8卷,65页。有关汉代的"腊",见卜德(Derk Bodde)《古代中国的节日》(*Festivals in Classical China: New Year and Other Annual Observances During the Han Dynasty* 206 *B. C. -A. D.* 220),普林斯顿大学出版社,1975年,第49—74页。汉代文献将"腊"作为节日,而不是神灵。夏日新在《腊日的祭祀》一文中,引用了公元3世纪名为蜡的神灵。见《集刊东洋学》73(1995),第15页。

① 缺"妇"字。

② "郭贵人"不知为何许人也。

③ 陈松长将"甲寅朔"的"朔"误释为"为"。刘乐贤在《读〈香港中文大学文物馆藏简牍〉》里已经作了更正,第63页;李均明也在《读香港中文大学文物馆藏简牍偶识》一文中作了订正,第452页。

④ "外家"指序宁的娘家,张氏。指出张氏之社的西南方位可能是要和券剌3(简235)上说明官社的东北方位有关。对于方位的重要性和"请子"我都无法解释,只能说"请子"大约和祈嗣有关。

⑤ 陈松长将"社"误释为"休",李均明在《读香港中文大学文物馆藏简牍 (接下页注)

皇母序宁以七月十二日乙丑头堅(塱)目窅两手以卷下入黄泉上入仓天。今以盐汤下所言祷①。死者不厚适(谪)生者毋责(债)。券剌明白②。所祷序宁皆自持去对天公。

券剌2(237号简)

七月廿日癸酉。令巫下脯酒为皇母序宁下祷③。皇男皇妇共为祷大父母丈人田社男殇女殇司命。皇母序宁今以头堅(塱)目窅两手以

(接上页注)偶识》一文中作了订正,第452页。

① "下所言祷"在其他的五支券剌简中都简写为"下祷"。"下祷"即是还愿。虽然不见于其他文献,但应该是一种称为"塞"的祭祀,用以报答神灵让祈祷人的愿望成真。"祷"和"塞"是两类相辅相成的祭祀活动。谭蝉雪在《敦煌祈赛风俗》中对"祷"和"塞"的文献出处作了综合研究,以及它们在敦煌文献中的反映(《敦煌研究》1993年,第4期,第61—67页)。李零在《中国方术考》也讨论了包山2号墓出土简牍上的"祷"和"塞"(李零《中国方术考》,北京:东方出版社,1993年,第268—269页)。

"盐汤"应该是煮祭祀食品的汤;其他五支券剌简写明的祭祀品为"脯酒"。古代祭祀的食品里,盐是准备"和"食不可缺少的一味调料("和"是有调料的食品,"不和"是无调料的食品),见徐鹏飞(Gilles Boileau),《晚周与西汉文献中的烹饪与祭祀仪式》(Some Ritual Elaborations on Cooking and Sacrifice in Late Zhou and Western Han Texts),《早期中国》第23—24卷(1998—1999年),第105—106页。《周礼注疏》中所记"盐人"职责之一就有为祭祀用盐做准备的记录(《周礼注疏》,卷6,第4—5页)。

② 在有关解释"剌"的几种意见中(见李均明《简牍文书学》,第406—412页),我采纳了《汉书》中"剌(刺)"为"刺板"的用法。成帝曾经劝告许皇后以"条刺"的形式报告"所疑"。颜师古注云:"条谓分条之也。刺谓书之于刺板也。"(《汉书》卷97,第3980页)和券书相比较,券剌用简的尺寸较宽,并用小字分作几行书写,证明了颜师古所说的刺板之功能:分条书写,记录详情。

③ "令巫下脯酒"说明在为序宁祷祝的过程中,还有一个发令的巫。关于祭祀过程中使用几个巫师的现象,罗泰(Lothar von Falkenhausen)在他讨论《周礼》关于"巫师"的文章中作了分析。罗泰注意到了《周礼》中"祝"与"巫"不同:"'祝'执掌祭祀之和程序方面的技术性工作,与西方之神甫相当;而'巫'则负责与神灵进行直接的交流"。见罗泰《论中国早期巫者的政治功能:〈周礼〉的巫官及其他》(Reflections on the Political Role of Spirit Mediums in Early China: the Wu Officials in the Zhouli),《早期中国》第20卷(1995年),第279—300页。虽然我们缺乏对那些为序宁行祷祝并书写了券书和券剌的巫师之材料,但是从八支券书和一支券剌(券剌1)的内容来看,他们的祷祝和序宁本人"自持去对天公"是直接关联的。我们不一定非要给汉代巫师的角色作出一番判定之后,才能理解反映在序宁简中的汉代共同宗教(比如说,这些地方上的巫师在共同宗教的活动里是否与罗泰认为的周礼中巫师的角色相符)。

脯酒(干肉条和米酒)作为祭祀之食品常常出现在汉代的文献,见《史记》卷28,第1371页。《周礼注疏》司盟条下有"酒脯",郑玄注"司盟为之祈明神,使不信者必凶"(《周礼注疏》卷36,第7页)。

卷。脯酒下。生人不负责(债)死人毋适(谪)。卷(券)剌明白。

券剌3(235号简)

正面:七月廿日癸酉.令巫夏(下)脯酒为皇母序宁下祷。皇男皇妇共为祷东北官保社。皇母序宁今以头堅(塱)目窅两手以卷。脯酒下。生人不负责(债)死人毋适(谪)。

背面:卷(券)剌明白。

券剌4(232号简)

七月廿日癸酉。令巫夏(下)脯酒为皇母序宁下祷。皇男皇妇共为祷水上.皇母序宁今以头堅(塱)目窅两手以卷。脯酒下。生者毋责(债)死者毋适(谪)。卷(券)剌明白。

券剌5(234号简)

七月廿日癸酉。令巫夏(下)脯酒,为皇母序宁下祷。皇男皇妇共为祷獦君。皇母序宁今以头堅(塱)目窅两手以卷。脯酒下。生人不负责(债)死人毋适(谪)。卷(券)剌明白。

券剌6(239号简)

八月十八日庚子。令赵明①下脯酒为皇母序宁下[1]君祷②。皇

---

① 赵明可能是巫师的名字。《后汉书·方术列传》中记载了精通"越方"的赵炳(《后汉书》卷82,第2741—2742页。葛洪《抱朴子内篇校释》称其为赵明(葛洪《抱朴子内篇校释》,《至理》篇,王明注释,北京:中华书局,1985年,第283—343页)。有关"越方"的讨论,见夏德安《古代中国医学文献:马王堆帛书医书》(*Early Chinese Medical Literature: The Mawangdui Medical Manuscripts*)(伦敦:凯根-保罗[Kegan Paul]出版社,1998年),第173—183页。据《后汉书》,赵炳祠建在永康(今浙江)。在汉代共同宗教利用赵明作为巫师的代号不是没有可能,序宁简可以算作一个证明,传世文献也将赵明和巫术相连(虽然联系的内涵不清)。

② [1]:该字不可识别。陈松长释读为"及",不能成立,因为该字所能辨认的笔画不可能是"及"字(见陈松长《香港中文大学文物馆藏简牍》,第108页)。李均明在《读〈香港中文大学文物馆藏简牍〉偶识》中识为"赵"。因为该字体和简239上的"赵"相差甚远,所以我将该字作[1]以留后识。

母序宁以头[堅(塱)]目沓两手以卷。脯酒下。生人不负责(债)死人毋适(谪)。券刺明白。

作为为序宁祷祝的八支券书和六支券刺的形式和内容对我们了解当时的宗教祭祀过程有所帮助。如果知道它们出土的具体情况，我们的想法就会建立在更坚实的基础上。从目前出土的公元前4世纪到公元后2世纪的大量简牍来看，序宁简由公元1世纪的墓葬出土，该是合理的推测。公元前4世纪几座墓葬出土的占卜简册，可以让我们进一步推测序宁简作为随葬品的情况。目前这些出版了的占卜简都是在墓主死前几年为其占卜时所用的。这些随葬的简牍虽然可能是专门为了埋葬所作的副本，但是墓主生前应该保留着占卜的原始记录。作为宗教活动的一部分，这些发现在墓葬中的占卜记录向我们提供了了解公元前4世纪上层社会日常宗教的生动一瞥①。

虽然序宁简没有确凿的出土墓葬②，或证明序宁简出土的墓主一定是序宁③，将序宁简看作是反映公元1世纪日常宗教活动的原因依然成立。从简文来看，祭祷的过程起于序宁染病。券书1记载了七月初一序宁的长子、长媳和次子为序宁之病向灶君祷祝，祷祝的结果为"休"。同一天又在张家子社为序宁祷祝。遇到疾病或其他紧急情况书写券书并行祷祝在当时是普遍的反应，祷祝的结果是期望情形有所好转。根据这一想法，序宁简应该是汉代共

① 见夏德安,《十简牍》,第349—351页。

② 在我研究的过程中，我曾一度推测序宁简可能出自甘肃武威磨嘴子M15（但是证据不足以证实这一推测）。

③ 我的谨慎来自甘肃放马滩M1所出的简牍；第一次墓葬发掘报告称之为《墓主记》。但是简牍所载的是一个人死后三年又复生的故事。简牍的这一内容很可能是为什么这批简随葬的原因，然而墓主和简牍所提之人并非一人；见夏德安,《战国时期民间宗教中的复活》(Resurrection in Warring States Popular Religion),《道教资料》(*Taoist Resources*)第5卷第2期(1994年),第13页。胥浦M101的发掘报告是另外一个错误地将墓主和出土简牍相联系的例子。尽管序宁简的自用性质，这里不排除其他人将这批简牍用作随葬品的可能。

同宗教中经常使用的券书之见证,并不如石秀娜所云仅为丧葬所用。因此,不能将序宁简看作是丧葬地券的又一个例证。

序宁死于七月十二日。其死亡是由序宁之死状说明的(那些没有提到序宁死日的简,也在例行的短语中提及序宁之死状,或者由她去见天公来说明死亡),并且没有一支券书是在十二日之前写的。但是如下文所述,这并不能支持券书是因为序宁之死才准备,是部分丧葬礼仪的说法。正好相反,由于序宁之死,祷祝的重心由祷疾转向了为死亡祈祷。也许今后的考古发掘能够帮助我们进一步澄清序宁简制作的情况。不管怎么说,该简是汉代共同宗教使用券书的珍贵数据。

下面我将对序宁简作进一步的分析。在所有的券书里,只有券书1提到七月初一这个日子。券书1、2、3、7和8在简文的中间部分提到七月十二,接下来为序宁之死状,以及她"下入黄泉上入仓天"等情形。这一部分虽然不见于券书4、5和6,但是所有券书都包括序宁"持去天公所对"。向天公报到,自然发生在序宁死后,那么所有的券书都是在序宁死后备办的。简文的中间部分为例行的、对序宁死亡的纪录及死亡之日。七月十二为序宁死亡之日亦可由券剌来证实。券剌1在七月十二这个日期之后为序宁之死状。在券剌2、3、4、5中,只有七月二十这一个日期,而这四支简都在序宁死状之前加了"今"字,指明"今"是七月二十日(即序宁死后八天)。券剌6有八月十八这个日期,但在序宁死状前面没有日期。

就宗教仪式来讲,七月十二日举行了两次,分别向灶君和张家子社行祷。所有的券书都不可能在序宁死日之前(七月十二日之前)备办(即便没有日期的券书4、5、6,也不可能在七月十二日之前写好,因为上面提及了序宁"持去天公"之事)。虽然"祷"和简文中的诸神以及券书有联系,但是书写券书和"祷祝"不一定是同时发生①。我倒认

① 我在英文的翻译中使用了过去时的"祷",以此来区别"祷祝"和券书书写在时间上的差别。

为券书和券莂可能是同时书写的。券莂还提供了“塞”是在“祷”之后的一段时间内进行的。和券书不同的是,六支券莂所记录的时间应该就是举行祷祝的时间①:分别为七月十二(死期,券莂1)、七月二十(券莂2、3、4、5)和八月十八(券莂6)。

按照我的想法来看序宁简,券书1(向灶君祷)的书写时间无法确定,因为没有对应的券莂。券书2(请张家子社)写于七月十二日,与券莂1对应。券书3和4写于七月二十日,与券莂2相对应(券莂2将券书3、4的神灵合并起来)。同一天即七月二十日,又书写了券书5、6,和券莂3、4对应。虽然我对券书7上“猎君”看法仍然是初步的,不过我认为券书7可能也是七月二十日写的,与券莂5对应。券书8没有对应的券莂。券莂6上的神灵因字迹缺失而无法辨别,同时也没有一支券书与其对应。券莂6上的日期最晚(八月十八),说明为序宁祷祝的活动已经告一段落,并且很可能在这一天为序宁举行了下葬仪式。虽然序宁简原来的数量可能比目前中文大学文物馆所藏更多,但是目前我们无法核实这一假设。

我也考虑到用另一种方法来解释这批券书书写的时间,即是根据券书1、2、3、7、8上面的日期——七月十二日——来说明这批券书是在序宁之死日书写。如此,我们就应该把券书和丧葬习俗中的祷祝结合起来,而不把它们看成是日常宗教的一部分。我摈弃这一解释的主要原因是券书似乎并没有把日期作为一个必要的信息。券书4、5、6都没有日期,也缺少描述序宁之死的公式化部分。其他包括这一描述部分的五支券书,也全为例行用语。从另一方面看,我们已经了解到券书的书写时间和祝祷仪式并非同在一天(券书2请张家子社的祭祀仪式是在七月初一举行,但是券书不可能在七月十二日之前书写)。但是根据券莂1,除了券书2不可能在七月十二日以后书写,我们也难以证实券书3、4、5、6、7的书写日期为七月十二,它们的书写日期可能在七月二十之前的任何一天,其时间和券

---

① 每一支券莂简文都有日期,并说明在那一天向神灵供奉脯、酒之事。

莂2、3、4、5对应。

“祷”(许愿)“塞”(还愿)作为互补的宗教活动已经被汉代以前和汉代的文献所证实。包山2号墓(公元前4世纪)的占卜简牍、马王堆3号墓中关于医学的帛书,都有“塞祷”①。序宁简为汉代共同宗教提供了有关“祷塞”的原始证据,同时也是目前唯一的以券书形式用于行祷的实证。序宁简文中的例行语言可以让我们一瞥当时的宗教活动,例如,券莂中记载有神职人员(巫师):“令巫夏(下)脯酒”。其中使用的语言很可能就是当时在宗教活动中使用的典型语言。当然,序宁简最重要的地方就在于它作为书面文书来辅助祷祝的功能。我猜测序宁简反映了一种专门、并广泛应用于宗教的书面文书。我们需要把宗教券书放到汉代日常生活中使用券书的语境中来了解它们,并由此判定宗教券书的特征。

根据《说文解字》,“券”是一种一分为二的、以木或竹做成的文书。同样的内容写在木简或竹简的两侧,用刀劈成两半,并且“刻其旁”②。持书双方只有在简侧缺口相对合的情况下,才承认券的合法性。汉代考古实物证实了这类文书的存在③。但是汉代由两方使用的券书在形制上并非都有缺口。有时“券书”泛指所有的由两方使用的文书,有时“券书”又是一个替代在汉代已经很少再用或过时了的名词。例如《周礼》称类似的债务文书为“傅别”,而在商业交易中双方使用的这类文书称为“质济”。郑玄(公元127—200年)解释说“傅别”上有一大字,文书在大字的中央分开(使持文的双方都有半个字);而“质济”则在文件的两侧写有相同的内容。郑玄解释说,这两种文书“皆今之券书”④。湖南长沙走马楼出土了公元3世纪的官方

---

① 《马王堆汉墓帛书》,卷4(北京:文物出版社,1985);夏德安,《古代中国医学文献》,第268—269页。

② 《说文解字》,卷4下,第50页。

③ 见李均明、刘军,《简牍文学书》,第422—426页;孙机,《汉代物质文化资料图说》,第151—152页。

④ 有关“券书”的泛义,见《周礼注疏》,卷3,第5—6页。见李均明、刘军,《简牍文学书》,第422页。

使用的“傅别”。其中一种木质文书自称为“莂”,为原文书的一半或三分之一。一个大号“同”字横跨文书的最上方,以便持文的各方均有部分“同”字①。

称为“券书”的文件虽然形式不一(有缺口的只是其中一种),但证明都是由几片构成。不论是契约,是核查事实、证实所有权还是商业交易,只有当部分文书合成一体,文书才有效应。根据这一共同的特征,我们可以推测所有称作“券”或“券书”的文书都应有副本。所以那些埋在墓葬中、为了墓田合法并受神界检验的“地券”,也应该有其副本。那么这些副本保存在什么地方呢?

虽然我无法回答这个问题,但是这些副本似应留在人间由活人保存。以前的学术研究多把墓中发现的地券作为“宗教”之遗矢,并将他们和“世俗”或“现实世界”的地契对立起来。好像“地券”之为物,仅为灵魂世界所独用②。这个问题对我们理解作为券书的序宁简以及中国学者称之为“告地书”的西汉出土简牍、特别是管理死人的阴间地府有直接的关系③。“告地书”的形式不一,看起来很像官方使用的常规文件。有些学者认为“告地书”是地方一级的下层官吏所为,他们同时参与地方的宗教和政府事务④。

我认为序宁简是由神职人员(巫师)做的。这里需要强调的是地券、“告地书”以及在祝祷仪式中使用的券书,其原型都来源于现实世界。这些转而用在灵魂世界里的契约合同并非被那些备办

---

① 见《长沙走马楼三国吴简:嘉禾吏民田家莂》(北京:文物出版社,1999年),卷1,第71页。

② 有关“世俗”和“宗教”的比较,见石秀娜,《墓葬材料中所见的汉代宗教》,24页;有关比较“墓葬中的契约”和其在“真实世界的原型”,见祁泰履(Terry F. Kleeman),《地契及相关文献》(Land Contracts and Related Documents),载《中国の宗教思想と科学:牧尾良海博士颂寿记念集》,东京:国书发行会,1984年,第2—3页。

③ 见《龙岗秦简》(北京:中华书局,2001年),附录,第152—169页。关于“告地书”的最近研究见黄盛璋、胡平生和刘国胜的相关讨论。刘国胜有说服力地论证了M6(公元前3世纪)出土的木简不可能是为墓主在下葬时准备的(第165—166页)。

④ 山田胜芳对地方官吏的双重身份作了最有力的争论,见《境界の官吏》,《历史》,第83卷(1994年),第224—225页。并见《荆州高台秦汉墓》(北京:科学出版社,2000年),第224—225页。

和使用它们的人们看成是仿造或伪造的文件①。此外,汉代的地方官也从未与宗教脱离。考古发掘提供的各种类型的与灵魂世界相关的文件,都是由神职人员(巫师)准备的(例如包山出土的公元前4世纪的占卜文书)。而官方也一定了解并认可他们的宗教活动②。

事实上,江苏仪征胥浦汉墓出土的竹简——先令券书——就是由包括县、乡一级的基层官吏参与书写的(他们的名字和职位都写在了"先令券书"上)。"先令券书"发现在一座男女合葬的汉墓中男子的棺材里(胥浦 M101)。我注意到不但在胥浦"先令券书"和序宁简中都有"券书明白"的例行短语,"先令券书"的其他特点也为序宁简的契约性质提供了线索。在讨论序宁简之前,我们首先应该弄清楚是谁写的"先令券书"。胥浦汉墓的发掘报告认为发现在男子棺材中的"先令券书"是朱凌在元始五年(公元5年)所立的遗嘱③。李解民认为朱凌既是简文中所称的"老妪";而合葬的男子可能就是遗嘱中提到

---

① 我在这里对黄盛璋将龙岗6号墓所出木简看作是"告地书"有不同看法(我同意刘国胜的结论,这批木简不是"告地书")。黄盛璋特别指出"告地书"是"伪造",是模仿现实的官方文书(《龙岗秦简》,第154页)。他进一步指出龙岗木简和其他的"告地书"故意地错报墓主实情,以求墓主在来世享福。蔡雾溪(Ursula-Angelika Cedzich)举了道教中人死升天时使用错报文书的例子。见蔡雾溪,《尸体解救、替身、更换姓名、诈死:中国古代变形与长生不老方方面面》(Corpse Deliverance, Substitute Bodies, Name Change, and Feigned Death: Aspects of Metamorphosis and Immortality in Early Medieval China),《中国宗教杂志》(*Journal of Chinese Religions*)第29卷(2001年),第1—68页。就汉代的"告地书"来说,有意欺骗的意图不能被证明。光是靠出土文书还不能完全说明文书在制作者眼里是真实的还是有意欺骗的。

② 列维(Jean Levi)在《天宫中的宗教职能》(Les functions religieuses de bureaucratie cèleste)里讨论了中国地方基层官吏的宗教职责。见《人》(*L' Homme*)第101卷(1987年),第35—57页;以及《天官》(*Les fonctionnaires divins*),巴黎:绥尔(Seuil)出版社,1989年。

③ 《江苏仪征胥浦101号西汉墓》,第11—13页。

的朱凌之子(男子和朱凌同姓)①。在李解民对胥浦简文的分析发表之前,习惯上人们把它和"告地书"联系起来,认为它是陪葬墓主的正式文件。但是胥浦简文和"告地书"并不相同,将朱凌的遗嘱放在同墓男子的棺材之中,这其中一定有特殊的含义②。在未来的考古发掘中,发现墓主自作并为官方认可的遗嘱不是不可能的。

除去官方参加遗嘱的制定之外,胥浦"先令券书"还表明了券书副本的存在(任何券书都至少有一个副本)。湖北张家山 M247 出土了西汉政府在公元前 186 年公布的汉律简,证明了"先令券书"是汉代遗嘱之名称,同时对"先令券书"的制作以及在地方政府留存副本的过程提供了详细材料。张家山汉律简里的《户律》中《户籍》里记载了这一过程(户籍为每年政府对各户的调查,调查的结果存档)③。地方官吏一定了解遗嘱的口述内容,然后"皆参辨券书之"。"参辨券"作为券书的形制虽然史书缺载,但是早于张家山的湖北睡虎地 11 号墓④和龙岗 6 号墓出土的秦简⑤都有记载。同样的名称也出现在居延汉代遗址的文书中(文书的年代为西汉和东汉)。居延汉简 7.31 记载了将守边士兵的遗体、衣物等由临时棺木运回家乡的情形,并提到使用"参辨

---

① 李解民,《扬州仪征胥浦简书新考》,发表在长沙三国吴简暨百年来简帛发现与研究国际学术讨论会,长沙,2001 年。我只读了李文的摘要。他对朱凌的见解与我相同(2003 年与李解民的通信中,他告诉我该文将要发表在中华书局出版的长沙三国吴简暨百年来简帛发现与研究国际学术讨论会的论文集中。)虽然我们不能完全肯定该墓的时间为公元 5 年,但是该墓为公元初年之墓葬应该没有问题。《江苏仪征胥浦 101 号西汉墓》认为该墓出土的一支木简衣物疏是为朱君陪葬的,我是根据这一点判断墓主的。韩献博(Bret Hinsch)的研究根据的是陈平和王勤金的文章《仪征胥浦 101 号西汉墓先令券书初考》(《文物》1987 年第 1 期,第 20—25[36]页)。见韩献博《汉代遗书中的妇女、家族与财产》(Women, Kinship, and Property as Seen in a Han Dynasty Will),《通报》(*T'oung Pao*)第 84 卷(1998 年),第 1—20 页。韩献博重复了两篇登载在《文物》上的文章的错误。

② 除去衣物疏之外,仪征胥浦 101 号西汉墓中出土的简牍还包括遣册。

③ 《张家山汉墓竹简》(北京:文物出版社,2001 年),第 178 页。

④ 《睡虎地秦墓竹简》,第 39 页。

⑤ 《龙岗秦简》,第 75—76 页。

券”之事[①]。但是没有汉代以前和汉代的“参辨券”的实物资料[②]。

根据张家山出土的《户律》，遗嘱生效必须要在当地治所注册，类似户籍注册的办法。其云：

> 有争者以券书从事，毋券书勿听。
>
> [如有争讼，用券书来办理；没有券书不听讼。]

一份券书留档，一份由继承人持有。有没有可能在某种情况下，将第三联埋进坟墓呢？

“以券书从事”与胥浦“先令券书”中的例行短句“先令券书，可以从事”相互呼应。这两种文件还有其他符合之处。现在遗留的问题就是胥浦“先令券书”的形制。写在数支简上的券书是不是双份或三份副本中的一份呢？为了使遗嘱生效，胥浦“先令券书”很可能是一个副本[③]。我们已经了解到汉代的券书并非一定要有缺口；我个人认为类似的文件也没有必要一定要写在宽简上，以便劈成两三支。张家山《户律》里面一句关键的短语“皆参辨券书之”中，作为动词的“书”之前为修饰词“参辨券”，其后为“之”。换言之，地方官吏记述口述遗嘱用的是“参辨券”的休例[④]。鉴于口述文件一般长于书面文件，要适于可以分开的二联或三联的书面文件，我的理解是作为券书的书面遗嘱是准备成一式三份的。事实上，每一个副本写在几支简上也仍然是符合“券书”之定义的。

下面我从由胥浦“先令券书”得到的两点启示来讨论汉代契约和

---

① 《居延汉简释文合校》(北京：文物出版社，1987 年)，第 12 页。有关该简的详细讨论，见裘锡圭《古文字论集》(北京：中华书局，1992 年)，第 568—570 页。《龙岗秦简》也提到“三边券”以及由敦煌的悬泉运尸之事(悬泉的报道还没有全部发表)。

② 《长沙走马楼三国吴简》卷 1 第 71 页在提到走马楼出土的莂里包括部分参辨券的简，这些简大概就是参辨券。

③ 李均明、刘军，《简牍文学书》第 425 页注意到文件没有缺口，并以此为由怀疑胥浦文件的性质。

④ 券、书在其他地方是以“券书”一词出现。

序宁简的关系。如胥浦“先令券书”，虽然和发掘出土的有缺口的券书不同，又和文献之形制描述不同，但序宁简仍然应该作为一般的契约文件来讨论。仅就其自称“券书”、“券刺”，并以汉代契约例行之结语作为结语，我们的理由就已经足够。而且这八支券书和六支券刺至少都有一个副本。

宗教史研究通常在社会、文化和历史之背景下研究宗教信仰和实践，并希求识辨宗教之观念性主题以及表达之情景；那么，我建议，在研究序宁简之时，我们也应将其看作是汉代共同宗教使用的**实物**，并以此为出发点来理解序宁、其家庭以及所在社会在制作券书时可能采取的看法。文书作为宗教之一部分由来已久，包括与灵魂世界进行交流①。关于序宁简的主要问题不是它在早期中国宗教中的地位，而是契约这类在公元 1 世纪普遍使用的文件在宗教中的应用。立契是为在几方中“从事”（解决诉讼）的标准方法，也包括在占卜事项中。序宁家人为了祷祝而雇用了巫师，序宁简即由其所为。其实只要看看公元前 4 世纪的占卜文书，我们就可以了解到这些神职人员（巫师）为他们的雇主提供宗教活动，并形成了一个人所共知的社会圈子。

与其纠缠在为什么写序宁简的巫师要在祷祝中使用券书，不如让我们的讨论从券书不仅是官方文书也是社会上普遍应用的文书这一推论出发。汉代人不会将订立契约放在立契人的社会地位以及借款数字这样的框架中去考虑；也不会为了模仿现实而去和灵魂世界订立契约。事实上，序宁简反映的不过是汉代普通的契约，这样的契约不会把一个世界看得比另外一个高。序宁简的内容也可以作为它不是模仿一个假设的“原型”契约的证据。序宁简不但和其他应用广泛的契约一样使用了例行的结语，其券书和券刺也完全是用适合共同宗教的公式化的语言写就。

---

① 见凡确（Olivier Venture），《古代中国的祷祝》（L' Ecriture et la communication avec les esprits en Chine ancienne）《远东文物博物馆通讯》（*Bulletin of the Museum of Far East Antiquities*，第 74 卷［2004 年］，第 34—65 页），连绍名《东汉建初四年巫道券书》。

虽然比较东汉墓葬中使用的地券和一般的地契具有相当的诱惑力，但是由于我们没有汉代以前或者汉代日常生活中所使用的地契，比较保证墓田合法使用的地券和社会上土地交易合同是相当困难的①。就序宁简和汉代墓葬地券的关系来说，其相同之处在于对宗教的关注——序宁简更是如此，从序宁染疾开始直到她病亡下葬。由于只有序宁简这一孤证，我们并不了解祷祝在其他情形中可能使用的公式化语言；例如，祷祝之后病人的病情有所好转，或有幸运之事发生等等。另外，券书在日常生活中的多种用途说明了它们和宗教用途并非同源。所以我们应该把序宁简和出土地券分开研究，就像我们会分开研究为了遗嘱、购买、借贷以及关于土地等所作的不同券书。

针对券书在公元1世纪日常生活和宗教中使用的普遍性，让我来识别当时人们使用类似序宁简这类券书时可能有的一些想法。首先，重要活动都被作为实物和可以核实的证据记录下来。设立遗嘱和司法程序所必需的书面材料也被很好地证明了②。在宗教活动的范畴里，序宁简起的基本作用就是为了祷祝。胡场5号墓所出木简（公元前70年）向我们提供了内容相似的文件。木简分为五部：第一部分有九位天上神灵的名字，包括天公和祖父母、外祖父母在内；第二部分有六个名字；第三部分有九个名字；第四部分有六个名字，包括"水上"。在第五部分里，三个名字的后面有"塞"③。这些都清楚地说明了这支木简是为了证明已经向上述诸神奉行了祭祀；但是并未说明这些祭祀

① 汪德迈（Léon Vandermeersch）《土地在汉代中国的地位》（Le Statut des Terres en Chine à l'époque des Han），载《中国法律》（*Il Diritto in Cina: Teoria e Applicazioni durante le Dinastie Imperiale e Problematica del Diritto Cinese Contemporaneo*），佛罗伦萨：奥尔斯基（Leo S. Olschki）出版社，1978年，第52—53页。

② 除了胥浦出土的遗嘱以及张家山的《户律》以外，睡虎地M11出土的"封诊式"对于书面证词在司法程序里的作用作了详细地描述。见夏德安，《一份公元前3世纪的中国人口统计》（A Chinese Demonography of the Third Century B. C.），《哈佛亚洲学刊》（*Harvard Journal of Asiatic Studies*）第45卷（1985年），第471—472页。

③ 《江苏邗江胡场五号汉墓》，18页（图13—14）。关于该简的五部分，我是根据李均明与何双全的分析而来。李均明、何双全《散见简牍合辑》（北京：文物出版社，1999年，第100—101页）。

是为墓主行丧礼时所为,或是以前祭祀活动的纪录。

像序宁简一样,胡场木简包括了从家庭(祖父母)、地方、地区到天上的神灵。虽然我怀疑这支木简可能是为神灵世界所做,但木简本身并没有提供清晰的线索来证明这一意图。相比之下,序宁简则一目了然:它们是与神灵世界订立的契约,并由活人和灵魂各持一本。根据张家山出土的户律,遗嘱"先令券书"的副本一定存在地方治所,就如户籍一样。同时东汉墓葬出土的文书暗示着在神灵世界中存有生死簿,由最高的神祇及其治所管理①。对公元1世纪的汉代人来说,将祷祝文和其他重要的如户籍之类的文件放在神灵世界中存盘是合乎情理的;他们也应该了解神灵世界是如何保存文件副本的(这一点我们并不清楚)。这些存放在神灵世界的文件——包括券书、券剌及其副本,是人、神交流根本模式在观念上发生变化的证据。如果说以前的人、神交流是人祭祀神灵以求回报,现在则如序宁简暗示的那样,人们向神灵欠了祭祀债,因为神灵赐给了他们恩惠。这一观念上的变化除了契约形式本身可以证明以外,还有序宁券书和券剌里的公式化短句"生人不负责(债)"。和"债"字相关的"责"字,其含义可以追溯到"责成、责任、法律责任和责怪"等等②。在汉代以前的文献中就有上天和神灵对人类责怪的例证③。不过序宁简并没有取代传统的宗教思想,即神灵世界"要求人类负责",但是这一看法被重新包装了。可以说把神灵对人的责怪和人的负债联系起来,不但改变了人神关系的本质,也将祭祀世俗化了。契约本身并未导致这一变化,导致这一变化的是在序宁简书写的时代,人们已经认为在祷祝时使用券书和券剌是合理的了。

现在让我们再看神灵世界。公元1世纪以前的民间宗教中已经

---

① 石秀娜在《墓葬材料中所见的汉代宗教》中讨论了汉代的生死簿,见第31—33页(墓葬出土的文书没有明确指出户籍室存在地方治所)。

② 《说文解字注》卷6,第19页。段玉裁注:责,求也。

③ 见《尚书注疏》卷13"金縢篇",第8页。

有了一个秩序井然的众神世界，“帝”或“天帝”为天神①。石秀娜论述了“帝”的本质，以及东汉时“帝”和人的关系。其中包括管理生死簿②。序宁简向我们提供了有关“帝”和“帝”的功能的新知识。说到功能，我们可以将券书和券剌包括在其他存放在神灵世界里有关人的信息中去。如果每一次祷祝都有券书和券剌的记录相伴，并有副本存放在神界（虽然未必是现实，但是序宁简证实了这种可能性），那么神界将存有大量的、有关个人和他们供奉神灵的记录。这些记录的存在将向人们保证，神灵世界会承认他们已经还清债务。为此，人们用祭祀来消除未向神灵祷祝所带来的厄运③。人死之后在冥界接受最后判决之时，存盘券书会确认死者的债务是否已经由其家属以供奉的形式还清。序宁券书和券剌结语前的“生人不负责（债），死人母适（谪）”这一公式化的短句，采用的就是现实世界的合同形式，并以这一形式和神界订立了一厢情愿的契约。

在这一公式化的短句之前，八支券书都声明奉祀由“序宁持去天公所对”；这是因为序宁病死之后，一定要先接受天上神祇的审判才能到另一个世界，接受奉祀神祇的名字都写在序宁持去的券书上。由于序宁之死，我们才能看到这样一个生动的、人死之后去天公处接受审判的生动画面。换言之，和死亡无关的祷祝券书很可能只记天公以外的次要的神祇。八支券书中的天公为众神之首并为判官的角色已是不言自明的事情。但是“天公”作为天上的最高神祇并不见于东汉的地券和葬书，也不见于汉代之前及汉代的传世文献，不过《太平经》是

① 湖北九店 M56 出土的“日书”有一则向管理死亡士兵的武夷“帝”祭祀的记载；见《九店楚简》（北京：中华书局，2000 年），第 50 页。相同的记载见马王堆出土的医方，见夏德安《古代中国医学文献》，第 293—294 页。石秀娜在《墓葬材料中所见的汉代宗教》里讨论了东汉传世文献和出土文献中所提天神的名字，第 28—30 页。

② 石秀娜，《墓葬材料中所见的汉代宗教》，第 28—34 页。

③ 敦煌有关疾病的文献中，把没有行“塞”作为染疾的原因；见夏德安，《医疗占卜》，第 479 页。

一个例外①。

《太平经》的例证虽然重要，但它有两方面的问题：一是“天公”只出现过两次，在《太平经》甲部中；另外在《太平经钞》中两次均作“天君”出现，而“天君”是《太平经》乙部作为形容天上最高神祇的规范用语②。在下面讨论《太平经》和汉代共同宗教的关系时，我会再回到有关《太平经》“天君”和序宁简“天公”相似之处的讨论。就我来看，把两次出现在《太平经》里的“天公”和序宁简中的“天公”相等同的证据不足。我认为单是名称不足以证明“天公”作为天上最高神祇是来自道教和汉代共同宗教的接触③。实际上，两枚有考

---

① 《太平经合校》，王明校（北京：中华书局，1969年），69卷，第262页；88卷，第334页。现存的《太平经》的绝对年代虽然不清，但是部分内容当早到东汉。如下所述，该书中有关天府的内容和汉代共同宗教的考古证据相符，从另一角度说明该书的年代为汉代无疑。另外两处关于天公的记载，见王充《论衡校译》中的《顺鼓》一节（引用了《尚书大传》中的“三公”，即天公、人公、地公）。王充《论衡校译》，卷15，第685页；黄晖编（北京：中华书局，1990年）；《后汉书》卷89，第2967页注释有“天公”即“天子”一条。

② 《太平经钞》中“天公作天君”，见王明《太平经合校》注释，69卷第262页注释1，88卷334页注释1。据《太平经逐字索引》，天君在《太平经》中一共出现152次（不包括“天君父师”，这里的“天”和“君”是作为独立名字出现的；《太平经合校》卷47，第141页）。“天君”是识别《太平经》乙部的几个特征之一。有关《太平经》的甲乙丙部，见彼得森（Jens Østergård Peterson），《〈太平经〉的反弥赛亚主义》（The Anti-Messianism of the *Taiping Jing*），《中亚与东亚宗教研究》（*Studies in Central and East Asian Religions*）第3卷（1990年），第1页，注1；汉斯德斯克《〈太平经〉中的天生邪恶观》（The Concept of Inherited Evil in the *Taiping Jing*），《东亚史》（*East Asian History*）第2卷（1991年），第3—5页。汉斯德斯克和艾斯匹赛特向我提供了关于甲乙部特征的进一步解释以及“天君”为天神之说，谨致谢。

③ 人们也可以争论在《太平经》中两次出现的用“天君”代替“天公”的情形只是语言上的交替，并不说明和汉代的共同宗教有了接触（我的这一看法来自艾斯匹赛特）。出现在其他道教文献中的“天公”也不能完全肯定该名称的连续性以及作为汉代共同宗教里的天神。例如“天公”在《赤松子章历》只作为道教神祇官品的尊称（见《正统到藏》；（《哈佛燕京学社汉学引得》615，《道藏子目引得》25，卷3，第4页；台北：成文出版公司，1966年）；见傅飞岚，《〈赤松子章历〉中的天君仪式》（The Heavenly Master Liturgical Agenda According to Chisong zi's Petition Almanac），第308页。这一用法又见《正一法文经章官品》（《哈佛燕京学社汉学引得》1208），卷4，第11页。在《太上洞玄灵宝素灵真符》，“天公”为“天尊”下面的一个神祇《哈佛燕京学社汉学引得》389），卷1，第6页。《云笈七签》里也有类似用法（《哈佛燕京学社汉学引得》1026），卷21，第8页（傅飞岚和艾斯伯斯托向我提供了以上材料）。

古出处的简是“天公”为汉代共同宗教之天上最高神祇的最重要的证明。第一件为胡场木简，其上仅列了“天公”的名字。另外一件为河南沙堰出土的东汉铜镜，上有“天公”的形象及铭文（图1）（此镜现藏于南阳市博物馆）。

图1

天公镜，刘绍明《天公行出镜》，

《中国文物报》1996年第5期，第26页

这两件考古出土器物非常宝贵，因为它们证明了“天公”作为汉代共同宗教之最高神祇可以早到公元前73年（胡场墓葬为公元前73年），而这一名称很可能在汉代的地域里流行；这就是说，我们应该把“天公”加在和包括“帝”“天帝”等天神在内的名单上①。沙堰所出的东汉铜镜更是一件不可多得的、能够用来复原天公形象的出土器物。铜镜外缘的四分之一部分为天公出行、过天门图。镜中之神乘坐龙车，前方有“天公”二字。在天公出行的前方为河伯出游，河伯乘渔舟，

① 如石秀娜所言，这些名字“是汉代同一天神的不同称谓，源于不同的传统和语境”（《墓葬材料中所见的汉代宗教》，第29页）。虽然“天公”没有在河南和江苏以外更加广阔的地域里发现，这两地的出土材料已经能够说明“天公”并不是一地所特有的。

有"河伯"二字[1]。其镜铭为汉代典型的吉祥用语：

> 池氏作竟[镜]大毋伤，天公行出乐未央，左龙右虎居四方，子孙千人富贵昌。

镜铭赞美天公给普世带来快乐和秩序（龙和虎为神物，位居天的四周），并监管着人类的命运。

这一天公出行图很自然地让人联想到山东嘉祥武梁祠东汉画像石中天公乘坐北斗车的场面（图 2）。林巳奈夫认为北斗车前的那一个仰头散发人为死者，正在接受天公的审判，其余四人则向天公请求让其还生[2]。为了证明其论点，林巳奈夫引高诱（公元 168—212 年）注《淮南子》"太一"为"天之刑神"以及道教文献中关于北斗神的信仰[3]。

林巳奈夫的解释基本正确。序宁简和天公镜的价值在于明确了审判场面在汉代共同宗教中的性质。"天公镜"证实了日常生活中对天公的了解，并且展示了"天门"在宇宙中的存在。序宁简（特别是券书简）中说明序宁要在"天公所"接受审判。武梁祠中死者仰头披发形象（见图 2）和序宁"头望目颠"的描述，是分别对死状的视觉和语言之记录。既然都是对死状的描述，非将武梁祠中的神名和序宁简中的"天公"加以比较后才能将两者联系起来的想法，只能是混淆视听。实际上，"太一"、"帝"、"天帝"、"天公"等等均属天上最高神祇。

---

① 此面铜镜的装饰为二神并列：一在天上，一在水中。我没有见过若此的另外一例。关于河伯的讨论见林巳奈夫，《汉代の神々》，东京：临川书店 1989 年，第 171 页。

② 林巳奈夫，《汉代の神々》，东京临川书店，1989 年，第 161—162 页。

③ 刘文典编，《淮南鸿烈集解》（北京：中华书局，1989 年），《本经》，卷 8，第 258 页。关于道教中的北斗神，林巳奈夫请教过福用光司，并引用《真诰》里的"鬼官北斗君"（《真诰》卷 15，第 5 页；《哈佛燕京学社汉学引得》第 1010 条）。

图 2

林巳奈夫,《汉代の神々》,东京:临川书店 1989 年,图 18

虽然汉代共同宗教中称作天上最高神祇的不同名字在功能上并没有什么不同,但我们还是应该注意到什么场合下选择什么神来祭祀。目前我们有三件关于天公的古代证据,其中两件为汉代共同宗教使用的实物(胡场木简和序宁简),另一件为有天公形象和铭文的铜镜。共同宗教中的神祇被用作装饰图样,说明了它们在精英阶层中获得了广泛的、具有文化价值的认同。武梁祠画像石中的神祇也应该来自共同宗教。这样的共同宗教并不是民间宗教,而是胡场木简、序宁简、天公镜以及武梁祠的制造者、使用者和社会的其他成员中的精英及非精英们"共同分享"的宗教。

分享共同宗教并非代表统一的信仰和实践。除了天公镜必须和汉代共同宗教联系起来理解,我不能更准确地说出这种联系的性质,也不能提出足够的证据来说明精英阶层中使用铜镜者以及与此关联的文化价值观。这一问题并不仅仅在于我们缺乏对共同宗教在具体的人、时、地的理解,还在于共同宗教和传世文献中所见之思想体系的差别。例如,汉代的"阴阳五行"已经成为学者考虑汉代的天文和人文社会结构的基础,对某些学者来说,汉代的神仙是在不受他们控制的、独立运行的宇宙之中。罗森在不久前注意到:

公元前 1 世纪左右,将天体看作是一个在没有主要推动力下运行的思想似乎已经成为主宰。但是此时的神仙却比以往更加深入人心，他们在系统的天文世界中拥有一席之地，却不去管理这个世界……当人们对一个相关联的、或是系统的天文世界的兴趣愈加浓厚时，其形象也越来越多地出现在墓葬之中，同时肯定会出现在建筑中。这样的展陈反过来又强化了世俗精英们抽象的哲学思想①。

序宁简并不支持这一对公元前 1 世纪前后的“世俗精英们抽象的哲学思想”的特征的描述。在序宁简中，我们找到了以天公为首的神仙世界的证据，其功能和精英和非精英阶层的日常宗教活动结合在了一起。作为契约，序宁简是神仙和人间连结的具体表现；而器物如天公镜和武梁祠画像石，也只有在共同宗教的概念里才能解读清楚。

可以肯定的是，汉代繁盛的天人感应思想一定会影响到人们的世界观。不过序宁简的出现向我们指出我们应该进一步决定汉代不同的世界观是如何在人们的头脑中结合的。在抽象的思想和神仙之间是否存在着明显的差别？汉代墓葬中的神仙图画是不是强化了抽象的思维方式，而暗示着人们接受神仙存在的思想有所减轻？如果一定要回答的话，我对第一个问题的答案是“恐怕有一部分人”有这样的看法。对第二个问题我会换一个问法：对于神仙世界运作所加的新图解，是否会加强人们对神仙的认同②。当然更为基本的一个问题是，作为汉代思想和宗教研究的基础的文献资料，在多大程度上影响了我们

---

① 罗森(Jessica Rawson)，《以宇宙体系为来源的艺术、装饰、设计》(Cosmological Systems as Sources of Art, Ornament and Design)，《远东文物博物馆通讯》第 72 卷(2000 年)，第 140 页。罗森把她的这一看法归结于我能找到的最近的讨论是普特(Michael J. Puett)《成仙：上古中国的宇宙学、牺牲品、自身神力》(*To Become a God: Cosmology, Sacrifice, and Self-Divinization in Early China*)，哈佛燕京学院，2002 年。

② 夏德安，《战国时强的自然哲学超自然思想》，第 845—851 页、867 页。在该文中，我讨论了天文历书的出现及神仙世界的功能，这一现象一直延续到中世纪（见夏德安，《医疗占卜》，第 479 页）。白瑞旭在《白石山神君》(第 219—223 页)中也讨论了汉代的天文。

的对汉代世界观的看法[①]。所谓汉代共同宗教的实物,序宁简显示了公元79年宗教的实践活动。在我们将序宁简放在由文献和考古资料重建的语境中研究时,序宁简迫使我们去探讨如何利用传世文献去研究汉代的共同宗教,并且提出新的假说。

作为本文的结论,我要说明的是《太平经》和序宁简之间存在着共鸣。《太平经》是一个没有被充分利用的研究汉代共同宗教的原始资料,主要原因在于该书年代不明以及它和早期道教不甚明确的关系[②]。汉代的考古和古文献资料已经对《太平经》的研究做出了贡献,这些贡献主要利用了《太平经》里有年代确切的汉代思想和实践,以及同样的用语。例如,有关天师记载的相同用语就同时出现在《太平经》和墓葬出土的镇墓文中[③]。这些相同之处虽然不能证明《太平经》完全为汉代作品,但他们至少证实了《太平经》的思想观念来源于汉代共同宗教的思想和实践。

《太平经》的乙部对于研究《太平经》利用特殊方式、将与其对立的宗教观念交织在一起是最有意义的。乙部似乎往往热衷于追随普通无知人们的宗教习惯,利用因果来恐吓那些在家修行的或是世俗之人。但是受到《太平经》攻击的宗教思想和实践往往和《太平经》的很

---

① 使用最多的汉代文献包括《淮南子》、《论衡》、《风俗通义》、《史记》、《汉书》、《仪礼》、《礼记》。

② 康德谟(Max Kaltenmark)在《〈太平经〉的思想》(The Ideology of the Tai-p'ing ching)一文中对《太平经》在汉代社会、政治以及宗教思想的前提下,提出了至今仍具价值的、全面的看法。此文载威尔须(Holmes Welch)、石秀娜《道教面面观:中国宗教论文集》(*Facets of Taoism: Essays in Chinese Religion*),耶鲁大学出版社,1979年,第19—52页。同时,康德谟也提出了其文本的难度,他在一次会议上首次宣读该文时曾说:"我在诸位专家面前宣读此文,正是因为《太平经》的诸多问题。对这些问题我还不能有任何肯定的回答。"

③ 见刘昭瑞,《〈太平经〉与考古发现的东汉镇墓文》,《世界宗教研究》1992年4期,第114—115页。刘绍瑞分析了和记录相关的"句校"一词。他还对其他的专门用语做了比较研究。他对《太平经》里的"承负"和东汉镇墓文中的"重复"之相关研究是有问题的(第112—114页)。见康德谟在《〈太平经〉的思想》第24页注释9中对"承父"和"有罪观念"所作的评论;汉斯德斯克《〈太平经〉中的天生邪恶观》第8—30页对"承负"作了深入的研究。利用东汉的镇墓文,刘试图将"承负"这一观念看作是在佛教的影响之下发展起来的。但是他并未对镇墓文中"承负"的意思提供语言学和文本学的证据。虽然如此,他对《太平经》和镇墓文的关系之看法是确凿的。

多细节相同。现代读者对于区分布道者的修辞策略和构成乙部的汉代宗教背景一定感到相当困难。虽然难懂,但对我们来讲,乙部所提供的信息相当宝贵。这不但因为材料本身和汉代的宗教实践相接近,可以说它原本就是宗教活动的一部分。

让我在这里援引《太平经》乙部中的一段话。这段话对理解序宁简提供了间接且有启发性的说明。这段"病归天省费诀"[①]首先把"天"看作是最终的神灵实体:神灵要人们做好事;如果人做了坏事,不承认也不坦白的话,其结果就是生病。为了鼓励良好品行并承认不当行为,天建立了一套完整的由神灵来执行的监察制度,当人们作了坏事,神灵就会向天报告人们的恶行。人们生病后应该去坦白承认,但是大多数人都会去雇用神职人员(巫师)为他们祷祝[②]:

> 使神劳心烦苦,医巫解除。欲得求生,不忘为过时。当为恶时,乃如诗,何不即自悔责。已病乃求生,已后之多亡。所有祷祭神灵,轻者得解,重者不贳。而反多征召,呼作诈病之神,为叩头自搏,欲求其生,文辞数通,定期死名,安得复脱。

> 医巫神家,但欲得人钱,为言可愈,多征肥美及以酒脯,呼招大神,从其寄精神,至当脱汝死。名籍不自致,钱财殚尽,乃亡其命。神家求请,满三不下,病不得愈,何为复请。事祸必更有祸,责在其后。

> 邪神称正神狂行斩杀,不得其人而杀之。咎怨讼上至天,天君为理之。杀事神之家,子孙坐为病者求福。欲令为求生,呼召不顺,反受其殃。事邪神之家自言,我神正神者教其语,邪神精物,何时敢至天君之前。

---

① 《太平经合校》,卷114,第619—620页。根据斯坦因敦煌文献,我用"省"代替了"有"(S4226)。

② 《太平经合校》,卷114,第620页。

《太平经》的论点非常明白:这些无视自己的失当行为而去诉诸医巫和神家的人们,不但缺乏正确的宗教常识,也不了解神灵世界是如何运作的。上天的监察系统确保神界将人们做坏事的历史记录在案。治病成功取决于如何解除病人由于行为不当所造成的债务。神职人员(巫师)祭祀邪神是无法接近天君的。人们听信祭祀邪神的神职人员(巫师)的后果就是:神职人员(巫师)被天君处死,病家的子孙则因为病者求福而受到惩罚(坐)。

我们不难看出《太平经》所抨击的观念和实践与序宁简所描述事件的相似之处。序宁染疾以后,其家人之所作所为如其他很多人家一样为《太平经》所不齿:他们开始向某些神灵进行了一系列的祷祝,供奉酒、脯。在我的分析中,我用"神职人员(巫师)"这样一个中性词汇称呼那些在序宁简中执行祷祝祭祀活动并且准备契约的人;《太平经》称之为"神家",似有贬义;据《太平经》所言,他们以祭祀"邪神"来骗取钱财。但是,抨击宗教之竞争对手仅是《太平经》的目的之一:重要的方面是在警告世人要对自己的行为负责,做了坏事要供认。从包括序宁简和东汉镇墓文在内的古文献资料来看,这样的观念在汉代的共同宗教中还不是一个既定的观念。就序宁简来说,当时人们的关注点是在如何让神对"债"负责,以及祷祝仪式是否合理,并没有《太平经》所谈的判断恶行及供认之事。有些早期道教文献提及了个人的罪过和供认,但是从目前的材料来看,这一观念对道教也是颇为新鲜的①。

尽管有所批评,《太平经》对汉代共同宗教的态度是含混而并非完全否定的。例如,在上面的引文中,《太平经》提到了"所有祷祭神灵,轻者得解,重者不贳"。我们是否可以认为《太平经》容纳了汉代共同宗教中与其没有冲突的思想呢?引文结尾的一句"邪神精物,何时敢

① 刘昭瑞在《太平经与考古发现的东汉镇墓文》一文中比较了《太平经》和东汉出土镇墓文的相似之处,但是他没有指出镇墓文里缺少对恶行负责和供认这样的观念。吴百益(Pei-yi Wu)在《传统中国中的自省与忏悔》(Self-Examination and Confession of Sins in Traditional China)(《哈佛亚洲学刊》,第39卷(1979年),第6—8页)中扼要地叙述了早期道教中有关"供认"观念;又见柏夷《早期道教经典》(*Early Daoist Scriptures*),加利福尼亚大学出版社,1977年,第33页。

至天君之前”正说明了在如何进入神界这一点上,《太平经》和汉代共同宗教应该是有争议的。《太平经》在认为“正神”可以向天君请求的同时——例如当无辜被杀,诉讼达至天君——又否认神职人员(巫师)可以和“正神”交通。

通过乙部,我们看到《太平经》是无法和汉代共同宗教相对抗的:在观念和实践上,由天君主持的上天神界无法和由神职人员(巫师)所扶持并且供养的共同宗教相匹配。是序宁简改变了我们对这一争辩的看法。这些简证明了神界是以天公为首的,祷祝的诸神在序宁家人看来都是正神。另外,作为文字数据,这些伴随祷祝并由神职人员(巫师)准备的简是契约副本之一部。就神界的结构和功能以及交通神界的意义,汉代的共同宗教和《太平经》是并行不悖的。作为汉代共同宗教的实物,序宁简证明了《太平经》的观念和实践是根植于已经存在的日常宗教之中的。

石秀娜在总结汉代民间宗教和道教的特点时曾经说过[①]:

> 非常清楚的是,与其说道教反对或改良了民间宗教,不如说道教采纳了民间宗教所有的特征并且没有作出重大的改动。所谓的道教,是汉代思想和民间宗教结合成型后产生的新的结果。

如石秀娜所研究的镇墓文,序宁简对研究中国宗教有双重的重要意义:它不但捕捉到了汉代共同宗教的一瞬间,同时也进一步阐明了形成期的道教。

---

① 石秀娜,《墓葬材料中所见的汉代宗教》,第 47 页。

练达者的简朴——重读《道德经》

寇爱伦(Alan Cole)　著
姚　平 译

“所有的真理都是简单的”——这不是一个复杂的谎言吗?(尼采《黄昏的偶像》)

前言——作为文本的《道德经》

尽管《道德经》已有好几种英文译本,但在关于如何释读这篇著作方面却几乎没有任何讨论①。虽然近年来也有致力于重新探索这一问题者,但即使是那些治学稳重、颇有声望的学者们也还多在断章取义地用《道德经》来陈述自己的观点,而对关于《道德经》的最基本的问题则避而不谈。比如,《道德经》是一篇文本(text)吗?换句话说,它是不是有意识地在陈述一种观念并在有目的地使用文本性(textuality)这一异化媒介?此外,如果说《道德经》是一篇真正的文学作品(literature),它是怎样来构建与读者的关系的呢?最后,如果《道德经》的修辞(rhetoric)旨在使读者对文本及其“声音”(voice)产生向往和赞叹的话,这又会如何影响我们对这一文本的内容及其他所表现的真理

① 比如,寇爱伦《〈道德经〉及其传统》(The Daode jing and Its Traditions)一文曾调查了大量西方学者对《道德经》及其历史的看法,但几乎没有任何关于读通这一著作的介绍。此文收于孔丽维(Livia Kohn)编《道教手册》(*The Daoist Handbook*),布瑞尔(Brill)出版社,2000年版,第1—29页。

性、权威性、影响力、价值观和乐趣的看法呢[1]?

1993 年在湖北郭店竹简中发现了《道德经》的最原始版本,这一发现使得对《道德经》文本的文学功能的思考显得更为重要。竹简《道德经》发表于1998 年,它显然包含了现存《道德经》的40% 左右的内容,而且其格式也已具备文学作品的连贯性[2]。事实上,就主题的组织结构及论述的合一性而言,甲组竹简(也是最大的一组《道德经》竹简)远远超过现存《道德经》的任何一部分同样长度的文字。虽然我们并不清楚从这些公元前 300 年左右入土的三组竹简到现存《道德经》之间的演变过程,但很显然它包含了错综复杂的文学发展。事实上,正如郭店《道德经》的翻译者韩禄伯(Robert Hendricks)所指出的,这些竹简组上的《道德经》可能是一个抄写本,因为文本中出现的错字和衍复只可能出现在郭店抄写者的复制过程中,而绝不可能是口述的记录[3]。也就是说,我们所能看到的最早的《道德经》也显然是创作与再创作循环过程中的一部分。

事实上,之后的《道德经》的发展给我们一个很好的启发:与韩非子对《道德经》的某些章节的评注(约公元前 250 年)相比,马王堆古墓(公元前 168 年入土)中的文献与现存《道德经》更为接近。这说明,我们可能需要将现存《道德经》看成是一个编者和作者们对《道德经》"文本"多次修缮的过程,这个修缮过程包括了掺加内容、提供评注以及调整段落和章节的顺序等,以至到汉代时形成了我们现在所看到的文本。因此,与老子口述、一气成章这一神话般的说法恰恰相反,《道德经》的形成无疑是一个系列性的文学工程,而且,这些文学工程往往带有一种自由发挥和为强化原作观点而不惜破坏文本的合一性的倾向。由此看来,现存《道德经》如此散漫、繁复、

---

① 在此我要感谢丹尼奇(Wiebke Deneke)和兹颇瑞安(Brook Ziporyn)对陈述本文观点方面的有益建议。

② 关于郭店竹简的详细情况,见韩禄伯(Robert Henricks),《老子道德经——郭店出土的惊人新文献的翻译》(*Lao Tzu's Tao Te Ching: A Translation of the Startling New Documents Found at Guodian*)。哥伦比亚大学出版社,2000 年版。

③ 同上,第 22 页,特别是尾注第 91。

主题混杂是无足为怪的。

正因为有这些对《道德经》尤为关注的文人们的不懈努力，才有了关于"道"、老子以及道家关于良好政府(good government)的讨论(discourse)[①]；但这又为原先有关《道德经》产生的颇有浪漫性的解释造成了一个难题。有些学者断言，《道德经》是一些道教实践者为有助于道家理论的代代相传而编写的[②]。这一说法可能是受到禅宗授经之类的中国方式的启发，不过，我相信《道德经》的形成远没有这种令人振奋的故事那么精彩；事实上，许多文人们抄写了其他墨客的文字并在这一过程中悄悄地改写文本以图增加它的火力(说不定用"水力"[waterpower]一词更为精确)。因此，尽管早期有不少关于《道德经》作者的神话般的故事，如特别出名的老子在西关一气呵成，作《道德经》上下二卷的传说，现存文本更像是一个震撼人心但又冗长反复的语句的大杂烩，这只可能是一个持续的、由无数代文人组成的"编辑委员会"所出的产品。

对这一中国最重要的经典之一的形成过程中的"团体思考"的探讨本身就是一个非常有意思的课题，但当我们想到这一文本中第一人称的"声音"有多重要时，这一现象就更显得令人惊叹了。虽然它的"演讲"历来保持着一种非历史的庄严感而不将文本与任何具体的人物、地点和时间联系起来，但《道德经》显然塑造了一个单独的权威"声音"并赋予这位讲授者种种力量、权力和知识，特别是对"道"、"道"与良好政府的关系，以及达到圣人境界之径的理解能力。如果《道德经》确实是多重作者-编者努力的结果的话，那么，我们面对的是

---

① 译者注：作者在文中多处使用"discourse"一词，虽然这一英文词汇多被译为"话语"，但这个译法似乎并不能完全表达作者的原意。因此，译者尽可能地用更为具体、确切的词来代替，如"讨论"、"演讲"、"争论"甚至"百家争鸣"等。在难以确切译出时则用"话语"一词。

② 虽然许多学者持有这个看法，罗浩(Harold D. Roth)无疑是这一观点的最主要的提倡者。关于他的立场的简要陈述，参见罗浩，《〈老子〉与早期道家的神秘实践》(The Laozi in the Context of Early Daoist Mystical Praxis)，收于齐思敏(Mark Csikszentmihalyi)、艾文贺(Philip J. Ivanhoe)编，《〈老子〉中的宗教性与哲学性》(*Religious and Philosophical Aspects of the Laozi*)，纽约州立大学出版社，1999年，第59—96页。

一个非常奇怪的“吾”。因为《道德经》并不是出自于一个真诚的、一致的陈述,相反地,它是一个吸引着多位参与者的延伸性讲坛。这些参与者认识到这一文本的“声音”的力量而欣然地靠在这位“吾”身上,将自己的文字放进这个传声筒中。这一现象与20世纪美国小城镇中的战争纪念馆很相像。这些纪念馆最初是为在第一次世界大战中的死难者建立的,但此后逐次重修来容纳二战、朝鲜战争、越战、以及中东战争中的死难者。《道德经》显然是一个几批学者力图将文字刻写在文学“纪念碑”上的集聚点,它也证明了文本本身所具有的吸引力和权威性。

更为引人入胜的是,现存《道德经》中的“声音”显然企图将自己与公认的文学传统和学术成就区别开来。也就是说,我们必须面对这样一个根本性矛盾:这一提倡简朴、还原、弃智的文本的作者-编者们是一群公元前四至三世纪间创建中国文学世界的学者。更明确地说,恰恰是这些学者塑造了文本中的完美“声音”,而这个“声音”的完美性又在很大程度上体现在它来自于文学、学术、时事和历史的地平线之外的地方①。打一个现代的比方,在了解这一复杂的文学背景之后读《道德经》就像看小布什的“市民会议”(town hall meeting)表演,我们总在猜想需要有多少个传播学博士出身的高技能总统竞选指导才能打造和导演出他那副平易近人的腔调。这两个例子的共同点在于这种高技能简朴化的奥妙处:简朴语言的制胜取决于它在表面上看起来毫无花言巧语、老谋深算、诡计多端、精心策划之感,但事实上它完全是那些深谙天真、简朴形象的力量的世故练达的精英们一手筹谋的。

然而,对《道德经》文本的纯朴性的假设依然阻碍着我们去体会它从朴弃智的形式与内容背后的反悖性。这种假设有三方面的依据:第一,《道德经》的写作目的并不是为未来读者准备文本;第二,它并没有

---

① 菩提达摩和慧能等早期禅宗大师“声音”的表述似乎也使用了同样的文学策略。有关这一问题,参见寇爱伦书稿:《父尔父:唐代中国的伪造禅》(*Fathering Your Father: The Zen of Fabrication in Tang China*)。

与未来读者建立关系的预谋；第三，它无意在百家争鸣中战胜其他思想体系及其作品或赢得读者群。这些对《道德经》的纯朴性的假设导致现代读者将这一文本看成是一篇直截了当的生活经历的陈述：即这位圣人是如何得“道”、体“真”、逍遥于简朴自然之力中的。因此，虽然所有的人都同意《道德经》文字有诗意、朦胧性、讽刺性和喻义等，但它并没有成为文学阅读的入门之作。相反地，它在文字上晦涩往往被解释为作者为提高读者理解其玄秘意义的能力而着意选择的写作方式，或是因为作者已成圣人，因而他的文字反映了他与众不同、一反常态的处世之态，特别是他与语言和真理的新关系。

对《道德经》文字之无拘束的假设说明我们已经陷于巴特（Roland Barthes）所形容的“文本企盼”（desire of the text）中，而毫不意识到这些假设是怎样产生的。同样地，我们也失去了思考形式和内容的互动关系（引人入胜的文本内容的设计者完全意识到在百家争鸣的市场中外界之所需）的机会。简而言之，我们在读《道德经》时并没有将它看成一篇文本，这显然带来一些不良后果。而且我们还忽视了这样的可能性：一篇提倡某种良好政府理论的文本往往会以良好政府理论的危险性为其主题。总的来说，我们还没有仔细考察过《道德经》是如何告诉读者他应该怎样来处理自己与文本话语的关系的[①]。基于这些想法，我希望能探索一种不同的《道德经》阅读，我的起点是揣测文本是如何企图控制读者的。我首先将文本的建立设想成一种诱惑，而不是作者将自己的经历转化成文字、传输给读者的直言不讳的内容。我认为，《道德经》精心策划了对至理的陈述以及对领悟至理的圣者的描绘，旨在唤起读者的多层次想象；《道德经》中的文字不仅不全是纯朴真实的，而且我们还很难说它所阐述的至理就是“真实”（reality）的丝

---

① 从这一点来说，我同意陈汉生（Chad Henson）有关语言是《道德经》的关键的一些观点。参见陈汉生《以道家理论看中国思想——一个哲学的阐释》（*A Daoist Theory of Chinese Thought: A Philosophical Interpretation*，牛津大学出版社1992年）中《老子：语言和社会》（Laozi: Language and Society）一章。不过，我对他关于《道德经》乃语言之失败的观点还不敢盲目苟同，显然，《道德经》能成功地点出语言的失败之处。这个立场似乎与《道德经》的其他宗旨一拍即合，特别是在排斥其他竞争话语方面。

毫不差的反射。

此外,尽管我们都知道要将《道德经》放在战国时期(公元前479—221年)兵荒马乱的历史背景中来研究,但我们还没有认真考察过持久的、多彩的政治权力与百家争鸣间的互动关系对《道德经》的话语构架有何影响[①]。因此,如果我们像斯密斯(Jonathan Z. Smith)所提倡的那样,假设所有的宗教话语是对以往累积的评注的评注,那么我们就应该将《道德经》看成是一本重重衍生的作品,它最终在百家关于力量-权力、道德、以及话语的本质的激烈争辩之中定型[②]。说白了,《道德经》并不是玄秘思维的结果,而是在几个世纪中随着关于权威(authority)、话语、政体的辩论的激烈化而发展起来的愈趋巧妙的论述方式的体现。因而,这位得"道"的圣人以及他的无为而治政府的浪漫描写的吸引力在于,它不仅在表面上看来纯真坦率,而且对当时有关权力和各家的争论也似乎一无所知。正如现代取笑广告的广告可以完全以广告的形式达到它的目的,《道德经》的与世无争的面貌正是它的争论手段。认识到这一点不仅将给我们带来对中国古代话语中深度(depth)、纯真、否定的渊源的新看法,它还使我们在重读《道德经》的同时去思考道教学者们是如何创建一个自诩为十全十美的、超越所有现世话语的玄秘知识的。

以我之见,《道德经》在文学上与论证上的原创是无法从两千年以来它对读者的玄秘性影响中重构出来的,因此,尽管一些现代学者还在跃跃欲试,这种作者与读者间的一拍即合并不存在[③]。虽然《道德经》罗列了不少能让读者会心一笑的反语,如弱之胜强,无价之价等,

---

① 关于西方学者对解读《道德经》的尝试可以参考哈迪(Julia M. Hardy)的《西方学界〈道德经〉解读的有影响之作》(Influential Western Interpretations of the Tao-te-ching),收于孔丽维(Livia Kohn)、拉法格(Michael LaFargue)编《老子与〈道德经〉》(*Lao-tzu and the Tao-te-ching*),纽约州立大学出版社1998年,165—188页。

② 关于斯密斯的观点,参见他的《想象宗教——从巴比伦到斯敦镇》(*Imagining Religion: From Babylon to Jonestown*),芝加哥大学出版社,1982年。

③ 比如,汉里克斯、馆野正美等曾试图从《道德经》的语词中来重构老子的思维。这些学者的论文均收于齐思敏、艾文贺编《〈老子〉中的宗教性与哲学性》,1999年。

我并不认为这一文本可以称得上布史(Wayne Booth)定义上的反讽(irony)作品①。依布史之见,反讽是一个多阶段的过程。在这个过程中,文本的表面内容被再读为分享某个幽默结构的邀请,而被邀者对这个幽默结构中的语义的反讽性早已是心领神会的。一个很好的例子是斯威夫特(Jonathan Swift)的《一个温和的建议》(A Modest Proposal)。从这一点来说,反讽的有效性依赖于作者和读者在文本的反讽阅读处与非反讽阅读处都能互相认同。为强调这种作者与读者间心有灵犀一点通的彻头彻尾的反讽本质,布史写道:“当我一旦开始考察这个反讽阅读的四阶段重构过程时,我所看到的是一个比前人所描写的更为奇特的共同业绩。反讽重构的复杂性是共享的:它的成功完全取决于双方确信他们在这一过程中的认知模式是相同的。……即便是最简单的反讽,一旦成功,它反映的是一种参与者双方的意识上的会合。而这一会合是历来对人类能够真正认知自我、真正相互沟通的怀疑的悖证。”②

虽然从某些角度上来看《道德经》也确有它的反讽性,但我相信它们与布史定义上的那种温和的、平等的反讽是格格不入的。问题在于,即使有些读者自信自己已开始掌握了“道”的含义并在其理解过程中颇有圣人之感,但事实上,《道德经》文本的出发点正是在于它不希望读者知道产生与圣人一体之感是文本煞费心机的包装的一部分、是它所希望建立的与读者间的关系的关键。这一将读者的注视导向朦胧圣人而避开圣人形象创作者的过程阻碍了读者走上布史派反讽讲坛,与作者握手言欢。更何况,虽然文本会引起与想象中的文本声音的共睦态(communitas)的愿望,它并不给读者带来与作者的确信无疑的交融感。相反地,《道德经》的修辞旨在引导读者进入一个对“道”、历史以及一群先圣们的幻想。所有这些修辞都是为了抓住读者的注

---

① 有关布史的观点,参见他的《反语修辞》(*A Rhetoric of Irony*,芝加哥大学出版社,1974年)的第一章。

② 同上,第13页。有关他对似是而非的反语法作品(如宣传品)的评论,见同书第21页起。

意力、使他们对作者及其以假乱真的手段毫无察觉。因此，《道德经》并不是布史意义上的反讽作品，因为它显然旨在制造一个虚假的反讽感受：当读者进入文本时，他们对它的顺从是与布史所强调的读者-作者意念相会之际的共睦态大相径庭的。

当然，从文本对阅读的操纵的角度去读《道德经》会使我们觉得不可能真正从《道德经》中学到什么东西。因此，我们不能对从阅读《道德经》中获取有益训诫抱太大的希望。但是，即使我们必须放弃对从《道德经》中得到直接的精神启发的期待，我还是希望它能够引起对以下两个方面的遐想。我对找到这两个问题的本体实质并不在意，只是希望这些遐想能够给学者们带来愉悦、宁静，以及哲学上的闹音。第一个方面延伸了我以上关于《道德经》作为一个哲学幻想只是关于如何治政的争论的附带现象（epiphenomenon）的看法。也就是说，不仅《道德经》是与中国政治史紧密关联的，而且它对“真”的看法也基本上是受国家（state）的诞生制约的。事实上，我们必须像斯哥特（James C. Scott）所建议的那样将“道”这个概念看成一种国家的镜像（mirror image），而文本语句中的主语的立场都可以看成是国家的视角[①]。因此，我认为《道德经》所展示的、所提供的主语并不是仅仅是为文本经常自称圣人所设计的；事实上，这一智圣的形象是几世纪以来学者们为在朝廷中战胜辩论对手而造就的收养儿。显然，我这个观点颇受海格尔（G. W. F Hegel）和怀特（Hayden White）的影响[②]。如果这个观点可以成立的话，那么我还将进一步建议，重新思考这些诱人的观念的来源本身就是非常诱人的，特别当我们了解到产生这些玄而又玄的道圣形象的动力竟是如此世俗：国家的结构性需求（如秩序、知识、权力、纲领、长久性）、早期儒家说客的宠用以及文本性的诞生等等。

---

① 见斯哥特，《国家的视角：那些试图改善人类状况的策略是如何失败的》（*Seeing Like a State: How Certain Schemes to Improve the Human Condition Have Failed*），耶鲁大学出版社，1998 年。

② 关于怀特对国家与叙事性的讨论以及他对海格尔有关论述的引用，参见怀特，《形式的内容》（*The Content of the Form*），约翰霍布金斯大学出版社，1987 年。

不管我们如何去想象这种观念、制度与社会实践之间的辩证关系，了解这一“深刻真理”(deep-truth)的制作过程以及它是国家制度的发展和朝廷说客地位的渐趋重要的产物还是会受益匪浅的。很显然，在这个竞争场地中，排斥其他良好政府理论、以一反常态的、迷人的、有力而又安逸形象来诱惑读者-君王是一个得到朝廷说客地位的途径。简而言之，道教的这种在与世无争中获取知识、权力、安定的形象恰恰正是百家竞争的结果。

第二个哲学上的闹音来自于对作者-读者的文学幻想空间中的圣人创造的进一步思考。在这里，我们需要考虑到，《道德经》中的圣人并不是依照某个真实的圣人而塑造的，相反地，他的产生应归结于文本为吸引读者而采用的交互主观性(intersubjectivity)结构。也就是说，这个圣人担当着一个艰巨的任务：让读者接受文本的权威性以及它所描绘的愉悦和权力。因此，“道”这一无为全真、可以解决一切政治难题的形象是百家争夺朝廷宠信的说客地位的产物，而“圣人”则出自《道德经》文本引发并控制读者兴趣的需要。从这一点来说，文本中修辞学意义上的圣人隐藏在文本的背后，它让外文本(extra-textual)“圣人”来担任叙述者、君王、终极大师、以及(更为关键的)建议性的读者的替身。这个修辞学意义上的圣人深知其读者会在与“圣人”共同阅读《道德经》时自信地综合这三个圣人角色并对这个“圣人”倍加关注，因为这个形象正是读者自己想要到达的境界。

这种圣人产生于文本、读者和叙述者间的交互主观性空间的主张的出发点是，从根本上来说，《道德经》所关注的是读者，而不是“道”、或得“道”的圣人。这种“本末倒置”的做法也反映《道德经》的极端出发点：这一超逾存在和不存在的“道”和这位超逾知与不知的圣人只是文本所抛的锚，他们的角色是施展强有力的诱惑以使读者停留在文本的论述中而对其他话语不再感兴趣。文本一再敦促读者要“去彼取此”，我想这句话可以说是《道德经》对它自己是百家争鸣中的一个角色的承认①。

从这个角度去分析《道德经》的最有意思的收获是,我们可以有机会观察到,《道德经》中的圣人本身正是交互主观性的产物,而这个圣人在文本中却往往以超越一切关系、超越人类,甚至是超越交互主观性的形象出现。也就是说,虽然《道德经》中的终极大师经常被描写为不受任何其他因素的拘束,但他却是在读者、文本和作者们所感受到的百家争鸣的压力的辩证关系中形成的。更有意思的是,《道德经》不仅经常强调这个圣人不承认交互主观性,而且还故意地搅乱、歪曲这种交互主观性以使其圣人显得更为可信。《道德经》中这类利用和曲解交互主观性和共识的例子非常多、非常明显,我们因此可以推断,它是当时中国思想对人际关系已有非常成熟的认识的证据。我们尤其应该将注意力集中在这个多层次的诱惑——文本通过使读者却思考如何诱惑别人来诱惑读者。

神秘的阐述与注疏和演绎

为了进一步阐明我们这个分析方法,首先让我们来考察《道德经》在百家争鸣中的位置。大多数教科书在介绍《道德经》时都提到它是战国时代的作品,但是读者往往忽略这一历史背景,因此《道德经》向来给人一种独立的文本的感觉。比如,虽然我们都知道《道德经》与儒家和墨家学说有许多相同处,但是学者们往往将它们的文学亲族关系

---

① "去彼取此"一语出现在《道德经》第12、38、72章中。而一个不同的自称"以此"则出现在第21和54章。有意思的是马王堆甲、乙本中有四种不同"去彼取此"的表述方法。我在下文中所引的老子《道德经》均出自马王堆甲、乙本——最早的完整《道德经》版本。韩禄伯(Robert Henricks)出色地将它全文译成英文。见韩禄伯《老子道德经:基于近年马王堆发现文本的新翻译》(*Lao-Tzu: Te-Tao Ching: A New Translation Based on the Recently Discovered Ma-wang-tui Texts*),巴兰廷(Ballantine)出版社1989年版。不过,在引用韩禄伯的译文时,我将"the Way"一概改为"the Dao",因为它更能体现中文意义上的"道"。译者注:因马为王堆甲、乙本均有不少蚀字,且两本略有不同,因此,韩禄伯的译文是在现存《道德经》的基础上而对甲、乙本兼而采之。本译文在翻译作者的引文时以现存《道德经》为主,但采用韩禄伯的分行和标点。

置之度外以强调《道德经》文本的超凡性与儒教伦理的现实性的差别。这种偏见因《道德经》及其早期版本间的辩证关系的失传而更趋严重。但是,如果我们不把《道德经》中哲学的形成看作一个连串过程的一部分的话,那么我们就无法解释现存的《道德经》显然是因考虑到早期儒教而多方位格式化(formatted)的产物。《道德经》与儒家经典不仅使用不少相同的词汇,而且它们讨论的问题也有不少共同处,比如,怎样最有效地操作一个具有层层叠叠的权力和制约的国家机器?如何处理国家事务和个人行为以使它们与宇宙势力合一?而且,正如儒家那样,《道德经》明显地热衷于在历史中寻找价值和标识。这些在关注点和出发点上的一致说明,《道德经》的出现不仅是在很大程度上依赖了早期(道、儒家)话语,而且它对打破早期话语形式的尝试也是受到早期话语形式的制约的。

为了有助于了解这种辩证关系的深浅,我们可以用这么一个比方:想象《道德经》是一个想要建立新的爱情关系的离婚者,我们应该怎样看待他\她的尝试?与第一次婚姻完全无关(离婚者决心重起炉灶、寻找更有意义、更满意的全新的关系)?或前妻\前夫影响着离婚者对未来配偶的选择(第二次婚姻是为了改正第一次婚姻)?从这个角度来说,《道德经》对(与读者的)新关系的追求在本质上是受制于先前的关系的,就像第一次婚姻往往决定了第二次婚姻的性质那样。当然,我们还可以进一步想象(而且事实也往往是这样),第二次婚姻是第一次婚姻的继续,离婚和第二次婚姻只是第一次婚姻的冲突的新形式。

第二次婚姻的比喻当然会有助于我们了解历史背景在决定《道德经》内容上的重要作用,但是这个辩证关系中还有其他向量在起作用。比如,《道德经》提到这位简朴的圣人读书越来越少,他管理国家就像母亲一样驾轻就熟,这个说法可能是为了那些天天刻苦读书并试图以父亲般的手段来治国的读者设下的诱饵。以这样的方式来看《道德经》的话,我们会发现,这篇文本所推出的是一片幻想境地。《道德经》所承诺的价值、权威性、和有效性正是作者估计读者已经理会的现存价值体系的衍生物。因此,可以说,《道德经》在一定程度上是儒学的底部:它是一组被儒家训诫的亲身经历所煽起的希望和幻想[①]。

事实上,一旦理清这种辩证关系后,我们便可以发现《道德经》可能代表着一个更为彻底的儒学,虽然从表面上看起来《道德经》对当时代表儒家价值观的孝道、和睦和仁义等概念颇为敌对,但它的目的正在于通过摆脱伸张这些概念的儒学设置来重新收回这些概念。《道德经》随从儒家而对遥远的周代——孔子所推崇的完美王朝和典范——非常向往,但它却指出,这一完美的典范的最大特征是当时不存在有关良好政府的争论,也没有任何令人讨厌的儒家牛虻们处处提醒别人要复周礼。因此,《道德经》提供了一个离开与它同时代的儒学而走向原初(prelapsarian)形态的儒学的途径,尽管这种原初形态的儒学与当时缺乏升华性的儒学没有什么差别。在这里,我们不得不承认这么一个诙谐:正如共产主义是从资本主义走向资本主义的最快途径那样,《道德经》是从(假)儒学走向(真)儒学的最可靠的途径。

最后,将《道德经》置于一系列争辩的晚期阶段还有助于我们从另外一个重要角度去分析问题。在他 1925 年的经典性论文《主题》(Themes)中,托马契夫斯基(Boris Tomachevsky)这位经常被忽视但却仍然非常令人钦佩的俄国形式主义者(Formalist)指出,任何体裁,不管它是小说、连续剧或文学理论,都有一个走向讽刺、逆转和淫秽的倾向。其原因非常简单:任何文学形式和情节最终总会变成陈词滥调、僵化,从而需要新的"出版物"往更外向、而且往往是更下向(从而包括更为挑逗性的主题)的方向发展,其目的是在本领域内创作出更为新异的作品[②]。我认为我们还可以对托马契夫斯基的理论稍作延伸:

---

① 在这里,我的立场与拉法格基本一致,即《道德经》可以被称为格言体仅仅是因为它为非常独特的一套难题提供了应付方法,而不是因为它提供了独立的、放之四海而皆准的真理。见拉法格,《重新发现〈道德经〉的原意——关于历史解释学》(Recovering the Tao-te-ching's Original Meaning: Some Remarks on Historical Hermeneutics),收于孔丽维、拉法格,1998年,第 255—275 页。

② 参见托多若夫(Tzvetan Todorove)的法文翻译。收于《文学理论》(*Théorie de la littérature*),巴黎斯尔(Seuil)出版社 2000 年版,第 267—312 页。

一种特殊的体裁中的文学作品的逐渐枯竭迟早会导致后设层面(meta-levels),即,体裁本身及对这一体裁的需求被埋没在作品(actual content)中,从而被新的内容(material)所吞噬。因此,在西方文学中,我们经常会看到有关读小说的小说(或者更糟,有关写小说的小说,如海明威的《流动的飨宴》[A Moveable Feast])。同样地,我们对关于电影制作的电影也已经习以为常(如《黑暗之心》[Hearts of Harness]、《黑道当家》[Get Shorty]等)。前者是难得的成功作品之一,而后者则是最劣等的代表)。如果说《道德经》是发展中的良好政府讨论中的后起者的话,那么它可能不仅仅只是在对付儒家体系,而且还因为对后起作品的创新要求的压力而不得不推出一个更为生动、亲切的主题和"声音",不得不以各种有关话语、文本性、论证、及其需要的"深刻"评论来逗引读者。从这个角度来看,《道德经》的语言是在早期儒家、墨家、以及(在某种程度上)法家的话语的历史性压力下产生和生存着的。因而,连那个不受话语和时间制约的圣人形象,也是以以往的讨论为母体的。

拥有权威的权威

在了解了《道德经》起源的复杂性之后,让我们再来探讨一个关键问题:文本是如何建立起它是关于良好、有效政府——这个政府的主宰是对文本言听计从的圣人君王——的最可靠参谋的权威性的?正如白一平(William Baxter)和兹泊瑞安(Brook Ziporyn)等几位学者已经指出的,《道德经》文本缺少任何应有的人名、地点、时间和演讲情形[①]。简而言之,它基本上不附着于任何事物、飘飘然投向读者而不展示任何参照点。儒家文献往往依赖于孔子这一有血有肉的圣人来传播他对政府、文明和价值的看法,与之相反地,《道德经》并没有将自己

---

① 白一平(William Baxter)在《重新恢复〈道德经〉原义》(Recovering the *Tao te-ching*'s Meaning)一文中提到了这个现象。这篇文章被收于拉法格的《老子与〈道德经〉》一书。兹泊瑞安在2004年美国宗教学会的一次讨论会上进一步发展这个观点。

与某个发言人、学派或地域联系起来。同样地,文本中没有提供任何故事或真实环境来让读者感到它是一份早期讨论的记录。具有讽刺性的是,《论语》往往不被看成是一篇文本,因为它是孔子与学生间的讨论的记录;而《道德经》被认为更像一篇文本,因为它没有任何非文本的起源。因此,虽然从表面上来看,《道德经》似乎是处于劣势:一个"杂种"文本、没有明显的合乎情理人或事来担保它的存在和它的言论,但是通过仔细考察,我们会发现《道德经》采取了非常巧妙和有力的手段来解决这些合理性起源和权威性圣人的问题。这些手段反映了当时写作天才日益增多的现象。

《道德经》构建自己合法/完美起源的诀窍与布迪厄(Pierre Bourdieu)的宗教权威基本模式如出一辙①。布迪厄主张,宗教权威的标准要求有三个互相依赖的区域:1)一个真理的深远起源(deep origin)或过去的一个圣人、圣徒、神、或终极存在(Being)的完美形态;2)一种可以移动这个真理-完美的手段,它可以是回忆、文献、宗教仪式、宗教性遗物,也可以是以现代形式出现的一般原始资料的再世;3)一位原初真理-完美的现代发言人,他被授权来代表、阐释、传播这个原初真理-完美;他的听众完全相信他,因此给予他这种权力和合法性。简而言之,布迪厄认为宗教权威永远处在一个双向的过程中——穿梭于深远起源和现代运用间。也就是说,在宗教权威的任何时刻中,都有一个关注着某个宗教领袖人物(priest-figure)的听众。听众期待这个领袖人物担当原初真理和终极存在与这个现代团体的媒介。因此,建立宗教权威的诀窍在于通过使听众相信这位宗教领袖所传播的是彻头彻尾的真理和终极存在来引导听众对他的注意。

布迪厄还指出,听众往往会陷入一种"社会巫术"(social magic)而认为他们所见所闻是自然而成的,不假雕琢的。社会巫术出现在权威或领袖的追随者忘记他们自己是决定权威性的主宰那一刻。为了

---

① 有关他的观点的简要说明,见布迪厄《制度的礼仪》(Rites of the Institution),收于他的著作《语言与符号力量》(*Language and Symbolic Power*),哈佛大学出版社 1991 版,第 117—126 页。

达到社会巫术的效果，大多数宗教体系通过种种形式的扭曲事实来表现出一种自我确认(self-verification)。通常来说，他们对上面所提到的三个区域的解释往往是力图证明这三部分是如何顺次发展的。显然，让自我确认的语言在第一区域中体现出来尤其重要，因为只有这样才能解释这一基本区域，并回过头来解释这种解释基本区域的语言。或者，我们可以以更为强烈的形态来表达：权威需要通过证明它的权威来拥有权威。这个模式的美妙处在于它勾勒出从基督教到佛教、以及(我希望在下文中证实的)《道德经》和它的竞争对手等各种宗教话语的基本框架。事实上，我们几乎想不出有哪个宗教体系是不符合布迪厄的模式的。这可能是因为布迪厄模式指出了一个权威与时间之间的最根本的对立面：权威必须永远证明自己，而为了做到这一点，它必须建立一个永恒的起源以及能够在时间上传动这个起源的通道。

从儒家的情况来看，这个模式操作得还不错，但是它一个很明显的两重性：一方面，对他的学生和信徒来说，孔子被神化为真理的深远起源，但另一方面，孔子又是通往被他推崇为真理之源的周代的通道。但是这种双重性与布迪厄模式的整体逻辑并不冲突。事实上，这种双重性与其他宗教形象非常接近，比如耶稣和后期《道德经》中的老子，他们都被看成是深远起源和通向这个深远起源的媒介。因此，孔子最初的角色是他的时代的圣人——通过礼、乐、诗等媒体而回溯到周朝之完善，正如他能将周代的价值通过授课和自我表现而前移到他的时代那样。但是，这种形态接着又被加上了另一个层次：孔子的学生希望通过孔子言论和他的仪礼准则的文字记录来再现他的神圣性，他的文化遗产从而又由他的学生们传播到后代。因此，将仪礼及其文本说成是孔子所传可以使孔子追随者摇身一变而成为宗教意义上的合法信徒，而这些信徒又再担当起与孔子相近的角色，只不过隔了一宗而已。仪礼和信徒的这种孔子嫡传的标榜是企图维持与宗主——孔子的关联的结果。

对这一范式的了解对我们分析《道德经》颇有益处，因为《道德经》的最根本的辩论术之一似乎是排斥儒学的当代与完美过去间的媒介的地位。当然,这种针对儒家的非议仅仅是道家们的远大的论说工程的一部分。这个工程的真正目的是通过《道德经》中表面上看来更为简单的叙述来重新组建权威,这个权威是唯一能够与深远的"真"(即文中非常诱人的"道")相连接的媒介,而《道德经》则将这个"真"送到了君王读者的指尖。这里的关键是:《道德经》没有提供一套更为新颖的与深远之"真"沟通的内容(如可以取代儒家体系的伦理准则和智慧等),相反地,它创造了一套不同的语言,并以它来解释为什么在"彼"之中、在王国之中以及在自我中排除这个内容才是回归到完美的"道"的途径。所以,《道德经》再三强调,只有拒绝"彼"的内容(尤其是那些以尽善尽美的周代为典范的庶出的儒家概念)才能回归到"道",而且这些排斥行为还能将"道"推向当代①。

显然,这是《道德经》另一个诀窍:提供评论、采用一个以提供新价值为手段来废除先前价值体系(prior value schemas)的后设立场(metaposition);这一后设立场还向读者许诺信奉"无言教"而获得的智慧,而这个"不言之教"所提倡的信条之一正是抛弃先前的智慧话语②。既然《道德经》的内容是关于减低、甚至破坏"彼"之内容,那么,我们可以断定它的立场远不是简朴,因为它所用的简朴这个招法是对复杂环境的一个复杂的反应,这个简朴本身正是占优势的复杂性的系出物。一旦我们这么来看简朴的话,那么,我们有必要再回过头来重读所有讲到"无"的价值或"无心"的价值的片段以及所有《道德经》中吹嘘"少"和"缺"的价值的片段③。

虽然我们强调《道德经》中以拒绝来增加自己价值的手段,但我们

---

① 可以说美国文化中的"酷"(cool)与它有相同的构造,因为"酷"总是表现在拒绝(一些)"彼"的价值观和关注点,尽管这显然是希望得到"彼"的认可的绝望表现。因此,就像《道德经》中的许多修辞那样,"酷"建立在假定的对交互主观性的拒绝,尽管它这种打破交互主观性的姿态本身是通过交互主观性的压力和共同文化参照(shared cultural reference)的重演来展现的。例如:"如果我穿这件皮夹克的话你就会更喜欢我。模仿文化偶像迪恩(James Dean)象征着我厚颜无耻的独立精神和我对你的夹克的品味的假定的厌恶。"

② "无言教"出于第43章,而第二章则有"不言之教"语。第14章很清楚地表明了《道德经》成为走向完美过去的媒介的意图:"执古之道以御今之有。能知古始,是谓道纪。"

③ "无心"出现在第49章。

同时也注意到,这一文本的其他章节明显地以彻头彻尾的布厄迪姿态来将“道”描绘成一个“深远起源”;圣人不仅领会这个“深远起源”,而且还将这个知识传输成文字并最终传输给读者。我读《道德经》的基本方法是指出这个运作是如何进行的、以及重剂量的“社会魔术”是如何可以通过各种修辞学和哲学上的装饰而奏效的。我必须首先指出一个关键点,虽然《道德经》描绘了一个“道”-圣人-文本-读者的线性运动,但通过引诱读者想象自己也可能是圣人,《道德经》又给读者提供了一个更为直接的与“道”的连接——跳过了文本和圣人这两个环节。

事实上,这是《道德经》极其高明之处的一个表现:它建立了一个经由文本的从“道”至读者的通道,与此同时,它却还能赢得读者对文本的信任,虽然读者已被超越文本的烟雾深深吸引——这层烟雾正是由文本所倡议的独立指示对象(referents)所组成的,包括“道”、圣人以及繁复世态之前的完美古代。因此,《道德经》致力于让读者相信他应该超越文本——没有这个中介,他也能够领会文本的信息。从这个角度来说,《道德经》解决了儒学所面临的一个根本问题:孔子本人并没有学过《论语》之类儒家经典,因此,那些忠心耿耿地遵循儒家教育模式的学者永远处在一个一步之差的地位;即使他们全力争取进入价值和真实(authenticity)之域,他们时时有一种疏远感。[①]《道德经》则诱惑性地让读者去设想:一个更为健全的圣人产生于对其他有关圣人的观念和所有那些自我标榜的中介(《道德经》所提倡者当然是例外)的抛弃中,而一旦做到这一点,他本人与“道”的深远起源间就不再需要有媒介了。因此,《道德经》给读者提供了打破这种结构性疏远

① 值得注意的是在《论语》中孔子从来没有被描绘为一个读者。相反地,《论语》强调他的谈话,或更准确地说,他对他人的言行的随意但又完全可靠的口头评论。同样地,虽然孔子要求他的儿子(及别人)学《诗经》和礼(《论语·季氏第十六》),但他从未明确地谈到应该怎样读书、写作、阐释和记忆,尽管这些都是儒学传统的重心所在。简而言之,虽然孔子应该是一个最出色的文人,但他的才华却被很微妙地掩盖起来。这很可能是因为,当《论语》企图将孔子转化为一个经典性的阅读和解释的活文本(living-text)时,再将他描写为一个读者会太复杂。

的一个机会:跳过文本而得“道”成圣。也就是说,《道德经》的文学天才在于它将信息与媒介描绘成一体的艺术。更精确地说,《道德经》力图让读者信服地被吸引到一个缩短了距离的“一体”(oneness)中——虽然《道德经》在向读者传播“道”和圣人,但读者对它的文学代理人(literary agent)角色毫无察觉。

在我们考察一系列具体例证之前,我们有必要认识到一个惊人的事实。虽然战国时期其他有关政府的话语都有一个代言人,但从实质上来讲,《道德经》在建树权威中不仅没有一个具体的圣人形象,而且基本上很少依靠人类。因此,《道德经》给自己一个“活”导管(living conduit)的角色,在任何时间、任何地域,它都可以将“道”向前传送,将读者向后传送。事实上,我们可以这么断定:《道德经》代表了一个愈趋强烈的对文学的力量的认识:一旦完稿,文本可以被无尽止地使用下去,文字在每次阅读中再生,并从而可靠地担当起来回传递的功能。从这个角度来看,《道德经》中的这个格言式的、持恒的“声音”所代表的可能并不是有血有肉的圣人传统,而是对文学跳出时间制约来传输权威和意义的力量的学术性赏识。也就是说,《道德经》的出现是因为,在孔子崇拜日趋兴盛之下,学者们企图以创立一个全能的“道”和全能的圣人,并依靠他们来抵挡儒家议程及其嚣张。

为了阐明我的重读方式,让我们首先来考察一下以后成为现存版本《道德经》第一章的第一段文字:

> 道可道,非常道;
> 名可名,非常名。
> 无名天地之始;
> 有名万物之母。

尽管这是一个开头语式的放弃声明(disclaimer),但它却“声明”了许多内容。最明显的是,这一段话建立了一个似乎非常自信的“声音”——它有能力知道三个本质性方面。第一,它知道“道”,不仅仅是永恒的“道”,而且还包括那些在“彼”论说中出现的次等“道”。第二,这段话又暗示,它完全了解“彼”之论说并声明这些论说有本质上的缺陷。因此,《道德经》的声音从一开始就不仅仅自信它自己在本体论深度(ontological depth)上的知识,而且它还在“社会学角度上”了解其他论说对这一深度的扭曲。第三,这段引言的最后两行揭示了有关宇宙发展的知识:从无名的深远起源进入有名阶段,然后再进入“万物”阶段。虽然有些评论者立即将这一段话看成是对知识的反驳以及对无言之真的神秘崇敬,但这个观点没有看到其他一个重要方面:它明确地建立了知识与权威优于论说 (discourse)的原则;它表现出一种排除相反观念的渴望。

事实上,这段开头语还有另外两个很清楚的声明。第一,这段话制定了有关“道”与言论的关系的法规——“道”不可能在语言中找到。但我们怎么能真正知道这一点呢? 谁真的知道“道”与语言是水火不容的呢? 第二个声明称,这种关于语言的语言是不需要直接解释的。显然,作者们决定他们的言论不需要任何台阶和权威作前提。此外,关于宇宙起源的第三、第四行暗示:这一没有根基的开头语语言是阐释现在与深远起源连接的可靠来源。《道德经》的开头语避免提到这一有关终极存在的起源的陈述与终极存在的起源是什么关系,它显然邀请我们将两者合而为一:正如整个宇宙自然地从无名中流出那样,对它的解释也当如此。在这个诱人的幻想(fantasy)中,关于终极存在的阐述已经占据了一个超越时间、语言、以及显而易见地,百家争鸣的压力的地位①。至少来说,通过以这种轻松的自信来讲这些重要的事物,一个极为有力的权威显然将自己强加于读者头上。读者不由自主地想象,这个声音一定深谙这些事物、没有任何东西可以妨碍它关于终极存在、命名、以及世界起源的进一步阐述。简而言之,“道可道,非常道”句可以说是一个简练的对终极存在、语言、和现世(exist-

---

① 《圣经》中的《约翰福音》的开头语似乎与《道德经》形式相同——旨在将存在、神性以及话语合并在一起。

ence)的驯化,而现世又暗示性地给予《道德经》履行驯化的权力。

我在本文开头处批评了一些学者断章取义地分析《道德经》,我想我有必要在这里再举一些例子来更透彻地证明布厄迪的三个区域的模式是怎样在不同的段落中表现出来的。在马王堆帛书"道"部分的最后五章(第32—37章)中,有一段似乎颇为粘连的、反反复复的关于"道"的讨论。第32章的开头语几乎与第一章的第一段相同:

> 道常无名。
> 朴虽小天,下莫能臣也。
> 侯王若能守之,万物将自宾。
> 天地相合以降甘露。
> 民莫之令而自均。

在这段话中,文本的修辞所起到功能与布厄迪模式所预言的完全吻合。"道"是万物背后的"真",如果统治者知道怎样维持它,那么所有的治国难题都会消失,甘露般的和谐会自然而然地产生。第32章接着进一步延伸这个观点,它点明,得到这个"道"是与压制其他的政府话语以及各种语言体系分不开的:

> 始制有名。
> 名亦既有,夫亦将知止。
> 知止可以不殆。
> 譬道之在天下,犹川谷之于江海。

在这段文字中,避免制度和固定命名被赞誉为寻找长生之路以及将"道"带到现实世界来治理国家的途径。这段文字还廉价地提供一个幻想:一旦"道"统天下,国家的治理就会像川谷流归江海那么自然、那么不费力气。统治臣民本来是一个非常艰巨的战斗,但现在却水到渠成;臣民的崇仰和驯服(当然还有他们的赋役)都会像河流归海那样自然地流向朝廷。这种万能的“道”的承诺在《道德经》中处处可见。

接下来的第 33 章是一些颇为直截了当的有关知人和自知以及胜人和自胜方面的论述，因为篇幅有限，在此略而不谈。第 34 章展现了一组颇为刺激性的形象——这个冷漠的“道”是与良好政府相连的。而且，圣人的形象也被稍稍地重新调整以至他似乎就是“道”，从而，“道”的性格品质在这时成了圣人以及以圣人为榜样的读者-君王的模板：

> 大道泛兮；其可左右。
> 万物恃之以生而不辞，功成而不名有。
> 衣养万物，而不为主。
> 常无欲可名于小。
> 万物归焉，而不为主。
> 可名为大。
> 以其终不自为大。
> 故能成其大。

在这段文字中，我们观察到，这种对轻易、不费力气的承诺既可以用于“道”，也可以用于君王。“道”首先是以无拘无束的云雾似的实体出现的，但它能完成自己的任务，尤其是维持万物之生命。虽然万物并没有认识到它的功能，它的功绩也仍然默默无闻。“道”的这种无声而又非常成功的统治手段又随之成为圣人的榜样；一旦圣人依“道”而行，他也会成大事。当然，圣人之伟大并不是一成不变的，因为“道”还可以“名于小”；而且，圣人之伟大正是因为他没有以伟大人物自居。第 37 章中清晰地讨论了这种“道”、圣人和读者-君王的比拟，但这种摹仿(mimesis)的挑逗已在这里体现出来。

事实上，这段文字还呈献一些别的幻想。第一，在大千世界的背后存在着单独的“道”这一事物。这是一个演员兼经纪人之类的终极存在，他为宇宙万物提供一个纲领，虽然他从未声称自己是扮演这个角色的最佳人选。这个幻想有两个重要的暗示:1)自然很可能(也应该)是人文、特别是政府的反射;2)一旦遵从"道"的悄然支配和"道"的志向的榜样,像"道"那样来治理万物,良好政府便自然而成。这一章与第32章中的"侯王若能守之,万物将自宾"的论点是完全一致的。

第35章与它一脉相承,简要地承诺"道"这一典范所带来的太平盛世:

> 执大象天下往。
> 往而不害;安平太。
> 乐与饵-过客止。
> 道之出口:
> 淡乎其无味。
> 视之,不足见;
> 听之,不足闻;
> 用之,不足既。

这一章施展了一个二步舞伎俩,它可称是《道德经》的代表性特征。文本从一开始便向读者保证,一旦采用前一章的模式就会得到权力,只不过这个工作中的"道"在这里被称为"大象"(伟大形象)。但是,这一章又转向到对语言的探讨。值得注意的是:一,它将自己的论说与"道之出言"相提并论——这实在是一个颇为惊人的声明[①]。正如小布什在2004年共和党全国代表大会上发言中宣布"来自星月之外的对自由的呼唤"那样,《道德经》声称"道"不仅是宇宙之源,而且它还能以言论的形式出现,而更重要的是《道德经》的作者们懂得"道"的语言及其品性[②]。《道德经》将存在物(ontos)与存在论合而为一,从而它的讨论渐渐退后,以让作者(存在于文本中的圣人)与"道"在本质

---

① 我认为很值得将这个会说话的"道"的现象与第78章中的"圣人之言"相比。"圣人之言"还出现在第57章。

② 布什的发言公布在 www. whitchouse. gov/news/releases/2003/09/20040902—2. html。

上成为同一个"发言人"(speaker)。然后,《道德经》又以"无味"、"不足"定义等修辞来抨击自己,其目的在于解释,"道"的语言(包括《道德经》在内)与"道"本身基本上一样,两者都是无味的、无形的、无声的。但是,它最后又点明,两者时时存在、无穷无尽。

事实上,这一章所操作的是一个更为微妙的游戏,因为文本所描绘的"道"似乎在努力地按"道"的定义来表演。也就是说,文本的修辞首先对"道"下定义,然后又声明它(修辞)自己也正是那样的。从而,虽然它的自我否定妨碍了它的论述,但是,另一方面,它又满足了对优秀的、"合法的"的论述的期望,因为这正是"道"所言所行的方式。更何况,虽然文本以不足定义、缺乏清晰来形容"道"的特征,但这些不足之处从未影响《道德经》对"道"与良好政府的比拟以及关于这个比拟的讨论。因此,这是一个良好的、可行的"不足";这个"不足"显示了存在物与存在论间的一种同志之情。正如我们将在其他章节中看到的,这个"不足"断然地将其他话语置于容易受攻击的地位。

第36章玩要了一系列表面上似非而是的论点,如"将欲歙之,必固张之"等,接着,第37章对"道"的部分作了一个总结。它强调的是《道德经》的告诫会如何给君王带来权力、采用"无名之朴"的方法如何会使人得到支配世界的地位。接着,以"无名"之"道"开头,这一章许诺,作为宇宙之"真"的"道"可以被君王用来获得政治上的优势:

道常无名。
侯王若能守之,
万物将自化。
化而欲作,
吾将镇之以无名之朴。
无名之朴,
夫亦将无欲。
不欲以静,
天下将自定。

当然,我们会希望《道德经》对这个"无名之朴"有更明确解释,但是,我们至少可以大略地推想出"无名之朴"的概念的功用——它是一个诱人的修辞,可以很自然地从无名之"道"转到王朝国家,然后再转到天地之庄严。因为这一章在多处没头没脑地重复第32章的语句,这给我们一个机会来重构它的来龙去脉,使我们可以进一步了解这一章的主旨是什么。第32章称,抛弃制度和名称会带来"道"的降临;因此,简朴和无形被看成是良好政府的入场券。第37章的第一、第二句重复了这个观点,但是,它接着有一个重要的发展——果断地将简朴这个方针命名为"无名之朴",并声称实施这个方针将给国家带来安宁,即使它的臣民们"不欲以静"。

如果我们从远处来看第37章的话,我想我们可以看到一个颇为显著的模仿。这个模仿有三个互相制约的反射表层:第一,"道"虽无名,但它默默地、有效地主宰着世上万物;第二,仿效这个"道"的形象的政府一旦懂得如何像"道"那样操作——无声但有效、有力,这个政府自然会成功。第三个表层更为狡黠:对这个模仿的解释(即文本本身)寻求通过 出现在"道"以及以"道"为本的政府的效益中来以使自己与这两者连在一起。也就是说,"道"的形象的创造者给任何仿效"道"的政府权力之诺,然后给自己也戴上一个"无名之朴"的头衔。当然,虽然头戴"无名之朴"之冠,我们真正看到的是一个对仿照终极存在的概念非常着迷的政府的形象;而终极存在和政府之间的媒介则是一批精明的朝廷学者筹谋多年而编成的难以解读的文本。

这带来了一个有意思的难题:《道德经》的作者似乎已经知道,如果要让简单的"道"与政府之间的模仿显得有魅力,创造这个对比的中介必须消失。因为,模仿会搅乱一对一交往的观点显然是不应该存在的。换句话说,如果"道"真是简朴的话,那似乎就不需要那些关于它的简朴性解释,正如你不会想到在以"道"为本的国家可以找到有关以"道"为本的政府的理论。它的自相矛盾处在于,这两个"朴"的存在以及它们之间的相互替换都需要靠一个非常复杂的语言去阐明。为了克服这个难题,《道德经》创作了这些无拘于修辞、幻想和隐喻性游戏的"简朴"形象。

在了解了这个"道"、文本、以及对它们的告诫和原则言听计从的圣人-读者三者之间的模仿之后，我们有必要再来考虑这么一个现象：在《道德经》中，"道"被描写为读者追慕的对象；而这个读者又当是个君主（正如文本多次阐明的）。但如果"道"、文本、君王-读者间有这么一种套叠（telescoping）的关系的话，那么我们不禁要问，文本对"道"的描写在某种程度上是不是为了将它塑造成一个扭曲但又令人向往的成功君王的形象？这样来描写"道"是不是为了让君王们很轻易地喜爱上这个新捏造的形象——"道"（亦即作者们）从而对《道德经》情有独钟？这些问题又把我们带回到我在上文提到的一个观点：研究《道德经》的学者们可能对"道"是"国家"的一个附带现象这一点缺乏足够的认识。相应地，我们可能应该试图这么来考虑《道德经》的写作：它创造一个与阅读和辩论相对立的"道"的形象的目的恰恰是为了能在文字和争论领域中占上风。①

在探讨这个可能性之前，让我们至少有这么一个 共识：《道德经》文本中非常突出的否定、逆转、诡诈的转喻（trope）只可能是出于君王的视角。"德"部分的前几章更显著地发展了这些特点。第 39 章（这一部分的第二章）提供了一个关于政治权力、统一、以及以颠倒现存政治体系（或至少在表面上是如此）来获胜的多方位讨论。这一章相对来说颇为冗长，它一开始便以直截了当地强调在政治和宇宙秩序中获得"一"与保持"一"的地位的联系：

> 昔之得一者，
> 天得一以清；
> 地得一以宁；
> 神得一以灵；

---

① "爱冒险"的读者还可以尝试这么一个设想："道"可以被看成是拉康（Jacques Lacan）的《小客体 a》（*objet petite a*），它无处不在，却又难以获得，它是渴望和话语的镜子。

谷得一以盈；
侯王得一以为天下贞。

这一段开场白设置了几个幻想，并将它们排列在一个迷人的、与天地连接的秩序中。“一”在这里应当是指“道”，它显然促使万物发展成为它们应有的形态，或者更准确地说，成为人类希望它们所应有的形态。这个设置颇有提示性：归根结底，政治权力的定义是它拥有“一”；也就是说，一个良好政府是一个自然现象，就像宇宙秩序那样。显然，所有这些都暗示，有效的政府与清天、灵神有着同样的好作用。简而言之，我们所看到的是一个“在地同于在天”的自然秩序的连锁以及政治上的合法化。当然，这里就没有任何余地去怀疑政府的自然性或想象一个没有侯王的政府。

不过，更有意思的是文本中“一”的修辞性组构。在文本所列的一些例子中，“一”仅仅是使得万物成为更完善的“自己”的力量，但，对侯王来说，“一”又能带来封建政治的统一和安宁。虽然在这段开场白中没有详尽的 关于“一”的描写，但在以后的章节我们会读到它。我想，这个政治的“一”有两个主要任务：它需要将王朝中的各种不同意见的团体揉合在一起以防止它们相互争斗；它需要保证在高高在上的统治者和处于底层的老百姓之间（以及所有处于他们中间的人）有一个一体性的联结。

这一章的其余部分进一步阐明了“一”与政治上的统一的关系。它重复了开场白的观点，但却以逆转的形式来预测灾难性结果：“天无以清将恐裂。……侯王无以贞将恐蹶。”事实上，在文本对“一”的力量的重述中，关于侯王的句子被重新组构以至于它的真正意思是：“一”不仅是侯王“天下贞”的原因，它还是他们的“贵”出身以及他们能够处在社会最上层的动因。

接下来的句子为我们提供了文本提倡以摧毁其他有关现实的观

念来增强自己的权力的手段的出色例子[①]。在描述了“侯王无以贞将恐蹶”的可怕结局之后,《道德经》抛出了一个专门用于保持臣民驯服于统治者的策略——正如“一”所需要的那种一体化的努力。显然,这一章认识到,政治权力依赖于它之外的力量、包括下层臣民、穷人、以及最底层的民众(“贱”);此外,制造虚假的高与低之间的相似性可以掩盖两者间的分隔,这是解释这种分隔的最佳途径,也是保证统治者与被统治者间的合作的一个技巧:

> 故贵以贱为本,高以下为基。
> 是以侯王自称孤、寡、不谷。
> 此非以贱为本邪? 非乎?

这段话的第一句要求读者认识到统治者对被统治者的依赖,而这个社会现实是通过高和低的比喻来表现的。第二句则邀请读者去思考当时已经普遍使用的君主的谦称;“孤”、“寡”、“不谷”(没有粮食的人)。接着,它建议,这种自称方式可以带来贵贱等同的形象。从而,这一章开头语中的“一”在这里与重新命名“真实”的特别形式(以便造就统治者与被统治者为一体的形象)联系了起来。第一句中的“故”字清楚地点明,这一章开场白中使万物得以成形、天下得以安宁的“一”是与贵贱合体分不开的,而贵贱合体可以通过拥有权力、粮食、丰富物资者以相反的自称来实现,这样,臣民们便更愿顺从统治者,因为他们对权力的来源和用处有错觉,他们甚至对统治者创造和维护这

---

① 艾文贺的一个惊人的观点是,《道德经》的教义源于类似甘地和马丁·路德·金的领袖般的魅力。参见艾文贺《〈老子〉中的“德”的概念》(The Concept of de [Virtue] In the *Laozi*),收于齐思敏、艾文贺编,1999 年,第 239—257 页,尤其是第 252 页。在文章中,他提出,道家与儒家关于“人际道德心理学”(interpersonal moral psychology)看法是非常相似的。但是,他的观点的奇怪之处在于他认为《道德经》旨在提倡直截了当的真实性,但事实上,文本中有无数例子强调以欺瞒“彼”来创造、维护权力和稳定。艾文贺的观点非常典型地体现在这句话中:“道家的真实性(authenticity)旨在让个人以自发的、不假思索的性格来无拘无束地行事、来走过他的一生。”(第 246 页)

种错觉也有错觉。

第39章的结尾表明,灾难可以被用于创造政治权力:"故致数舆,无舆不欲。是故不欲琭琭如玉,珞珞如石。"在这一句中,作者特地指出政治权力来自于保持这种权力的假象,将无数辆乘舆说成没有乘舆,更广泛地说,掩盖叮当作响的、象征财富的玉,从而其政治权力就会像石头般坚强。在这里,"琭琭如玉"和"珞珞如石"的比喻有着双重含义:以石代玉还可以带来像石头一样牢固的政府控制,而玉则根本算不上坚硬之物。

第41章提倡这种以社会控制为目的的诡诈。文本首先描绘了一个以"道"为本的统治者所能获得的诱人的天下,然后提出,"建言"的具体过程。文本非常有效的两极对照方式在这里有更为广泛的范畴,但是,从第40章的内容来看,第41章的对比例子是用来向读者-君王证明老谋深算地颠倒社会现实所带来的好处。

上士闻道,勤而行之;
中士闻道,若存若亡;
下士闻道,大笑之。
不笑,不足以为道。

故建言有之:
明道若昧;
进道若退;
夷道若纇;
上德若谷;
大白若辱;
广德若不足;
建德若偷;
质真若渝。

大方无隅；
大器晚成；
大音希声；
大象无形。

道隐无名。
夫唯道善贷且成。[1]

这一章中的排比句顺序非常清楚地反映了《道德经》要说明政治权力来自于对这种权力的掩盖；而且这是一个信得过的策略，因为正如这一连串“建言”所保证的，它是“道”的基本操作方法。在这里，文本罗列一组由相反的因素造成的品性是为了进一步说服读者以君王“孤”、“寡”自称的妙处，而因为“道”也是以通过对立面来操作的，这种颠倒黑白和掩盖的手段应该是产生政治权力的秘诀。

因此，这些颇让现代读者欣欣然的互生互长的对立面在《道德经》中有着完全不同的功用：它们被用来支持关于通过故意搅乱“彼”方对你的权力和目的的评价来赢得权力的观点。这里的关键是，不仅应当将互生互长对立面的讨论看成是对某种政治上的故作姿态的推荐，而且文本同时还在塑造一个可以成为它想象中的成功政治权力之道的替身和镜影的“道”。因此，从修辞学的角度来说，“道”是政治现实的“奴隶”，而《道德经》是在这个政治现实中形成的，它又希望能影响这个政治现实。最终，《道德经》作者们只用了重复转喻（“少即多的政治表演技巧”）来讨论更为广泛的互生互长对立面。

当我们注意到下一章（42）承其血脉，重新回到君王以“孤”自称

① 这一段另一个有意思处是它将道的话语与道本身融合在一起。“闻”字可以解释为“听”，也可以解释为“听说”，即听别人讲到这个“道”。从第二句中，我们可以更清楚地看到，“闻道”确实可以理解成“听说道”。“若存若亡”的描述反映了一个真实的、有枝有干的“道”的讨论。当然，将“道”与有关“道”的讨论混为一谈是在《道德经》中随处可见的修辞方法。

时,这一章(41)中貌似玄乎的即兴反复与政治策略的联系就显得更明确了。在这一组排比句中,对终极存在的简略系谱的回顾最后与统治者们的谦称联系起来,其结论还是:就政治外表而言,少即多。这一结论反映在马王堆帛书版本的最后四句话中(但句子词序有颠倒),它表明,整个第42章的重要性是政治统治的长久,而这来自于以"以为教父"的态度来采用《道德经》的建议:

道生一;
一生二;
二生三;
三生万物。
万物负阴而抱阳。
冲气以为和。

人之所恶惟孤、寡、不谷。
而王侯以为称。
故物或损之而益;
或益之而损。

人之所教,
我亦教之。
"强梁者不得其死。"
吾将以为教父。

从这一章的风格和行进方式来看,我们基本上可以断定,在《道德经》的这段位文字中有一个包含几个反复的子主题的非常实在的主题程序。一个主要的子主题是"道"的宇宙观——"道"被用来唤起庄严、命运、总体性、和终结的感觉。因此,在这一章开始处再次提到宇宙起源会使得接在它后面的忠告显得非常有必要。而它们的并置则暗示,正如世界的产生那样,获取政治权力也必须依照《道德经》的主张。

事实上,这些创世形象并不是为了让读者赏心悦目而列在此处的。相反地,它们被用来作为强调政治参与的重要性的一连串证据中一部分。这个政治参与理论有两个特别的策略:首先,它声称维护个人在朝代政治中的权力的最佳方案是造成一个他的势力被削弱的假象;他可以在这个假象之下完成更多事业。因为《道德经》已经把"道"的功能描写成是政治现实的反射,文本从而强调,周密设置权力的错觉恰恰应是有效统治的目标——被误解的权力不会带来嫉妒或怨恨,因此最有可能不受阻碍地达到自己的目标①。

这个程序中的第二个子主题是在政治表现包装上的"少即多"的原则。也就是说,简朴和逆转不仅仅只是"道"的行为方式,它们还是有前途的政府的标志。这种政府能够隐瞒它们的财富,减低它们的曝光率和形象②。这两个子主题在其他章节中也经常出现,说明这种手段是非常有效的。虽然我并不认为我们应该将整篇《道德经》看成是这些子主题的发展,但可以说它大部分是在提倡错觉和假象的优势。以下,我将简略地概括出文本所提倡的各种欺瞒方式以及简朴的典范,然后,我会证明,《道德经》是如何将这种欺瞒和简朴与它所呈献的种种"道"的宇宙观轻轻松松地连接起来的。

仔细考察《道德经》中有关欺瞒的章节,我们可以很清楚地发现文本始终操作在交互主观性的区域中。对《道德经》来说,欺瞒只不过对"彼"的观点的有目的的重新调整——即在深谙对方观点后,以与这个观点"合作"的手段来制服它。从这个角度来看,《道德经》不仅提倡欺瞒,而且它还身体力行。也就是说,文本在实践它所鼓吹的各种迷惑"彼"、使之产生对"己"的错觉的方式。换言之,在我们考察了所有的欺瞒与简朴的各式主题后,我们可以颇有根据地断定,《道德经》

---

① 第 77 章以颇为相似的方式来表达这个主题。

② 比如,在第 17 章中,《道德经》称最出色的君王是那些别人"不知有之"者。

通过向读者显示怎样去诱惑及诱惑的好处来诱惑读者。《道德经》完成这个以诱惑来诱惑人的高度操作的诀窍在于,它不断地告诉读者诱惑和伪装是一个现实,因为“道”也是这样工作的。

因此,从本文前言所描述的百家争鸣的三角区(王室、说客、建议)的特点来看,《道德经》在成文过程中对这个领域的竞争性有着非常敏锐的感觉。更重要的是,它深深懂得,为了要在百家争鸣中取胜,它必须在两个方面做得十分精到:一,它必须通过排除相反理论来使自己的言论纲领更为有力;第二,它必须将君王从别的良好政府理论中引开,而这可以通过给君王提供幻想来实现。在这个幻想中,君王是“道”与臣民的中介(事实上,它是一个非常典型的儒家概念),而要达到这一步,君王可以仿效《道德经》中的“道”,由此而将“道”的力量转化到他与臣民的关系中。所有这些都证明,《道德经》的作者-编者非常清楚,在已有众多理论出笼的情形下,直截了当的游说已经不可能取胜。因此,唯一能够走出争鸣沼泽的方法是推出一个有关良好政府的后设理论(metatheory)。也就是说,道家对付君王和说客的难题的办法是,一旦这个难题解决了,所有的政府的难题都会消失。因此,《道德经》将自己的难题表现为君王的难题,当君王认为他在依照《道德经》的建议来解决自己的难题时,他事实上是在建立一个文本作者所企求的文本 读者关系。由此,文本希望得到王室的注意以及排斥其他竞争对手的难题也就一概迎刃而解了。

欺瞒之术

为了以更多的《道德经》段落来说明我的观点,我找到不少文本所描述和提供的欺瞒方式。比如,除了以有欠缺之意的词(如“孤”等)自称这一策略外,《道德经》第66章还提出,假装比臣民地位还要低的君王能更有效地统治这些臣民。这一章的引人注目之处是君王与圣人的身份标识合而为一,而更重要的是,我们可以看到君王如何以表面上的谦卑来达到他维护权力和控制的目的。

江海之所以能为百谷王者以其善下之。
故能为百谷王。

是以圣人欲上民，
必以言下之。
欲先民，
必以身后之。
是以圣人处上，而民不重，
处前而民不害，
是以天下乐推而不厌。
以其不争，
故天下莫能与之争。

这一章对表面上的权力逆转的提倡是与以上所讨论的一些章节中的程式一致的，即首先建立一个自然现象的主题（motif），然后提出略带自相矛盾的国家治理方面的建议，最后，以更为实质性的建议和评论结束。而第66章的特别有意思处是，它建议，圣人-君王应该口是心非，即使政治状态和权力结构没有任何变化①。与此同时，《道德经》又向读者保证，它会建立一个文本与读者间的互相信任关系，而关系的双方都对怎样利用欺瞒心领神会。也就是说，实际的政治权力高于一切对“彼”、对己、以及对观察者（如《道德经》中经常提到的神等）坦诚相见的道义上的义务。因此，在这一章（以及其他章节）中，成功的政治权力是合乎道德标准的行为的必要条件。而这种核心概念恰恰是现代学者们难以接受的。

在这之前的第65章也有着相同的操作模式，其基本主题（basic motif）是，知识是不应该传播的；相反地，君王应该以愚民政策来治国，

① 第7章提出了一个相似的建议。这一章也是遵循“宇宙现象——自相矛盾的逆转——结语”的模式的。

而且这个政策贯彻得越全面越好。这一章可能是针对儒家观点而提出的。儒家认为,一个政府的成功取决于君王对臣民的道德训诫,而这一点是通过他自己以身作则为臣民树立一个正直和仁义的榜样来实现的。《道德经》关于打破统治者与被统治者间的透明交互主观性的建议非常有意思,因为它依赖于深远的历史传统来使自己的观点合法化,然后又以后否定(postnegation)式的头衔——“玄德”自封,亦即承认这个建议否定普通的道德观念以便提供一个更超量级的道德观:

> 古之善为道者,
> 非以明民。
> 将以愚之。
> 民之难治以其智多;
> 故以智治国国之贼;
> 不以智治国国之德。
> 知此两者,
> 亦楷式。
> 常知楷式-是谓玄德。
> 玄德深矣,远矣,
> 与物反矣。
> 乃至于大顺。

几乎所有的读者都能一目了然地看清这段文字的主旨——倡议“不以智治国”之策、并将“民之难治”归咎于“以智治国”。显然,对《道德经》作者来说,良好政府来自于对臣民封闭信息,因为信息是民众抗拒的依据。赋予臣民知识就是在削弱统治者与国家的关系;而在《道德经》中,这个关系被人性化以至它可以善待之或不善待之。这一章的最后三行进一步强化了这个观点,它宣扬了改进后的德的深远,并随之将它与“道”和“大顺”连接起来。在这一章(以及《道德经》的其他一些章节)中,政治的功效是衡量“德”的标准,而它又被装饰成一个在宇宙学上等同“道”的概念,冠之夸张的术语以保证它的庄严和深沉。

我们还可以在《道德经》的其他章节中找到一些更为简单的欺瞒方式,它们只是提倡隐瞒个人的能动性(agency)。一个重复出现的转喻是,圣人完成一项业绩,而众人都只以为这个业绩是自然而然地形成的。比如,在第17章的下半段中,在强调了保持若隐若现的统治方法后,《道德经》推出一个犹犹豫豫、结结巴巴的圣人-君王,这位君主不仅完成所有的政业,而且平民百姓对他的行动毫无察觉:

> 信不足焉,有不信。
> 犹兮!其贵言。
> 功成事遂,
> 百姓皆谓:“我自然。”

当然,这个有口吃并且能使百姓觉得他无能的圣人-君主似乎比其他一些圣人-君主的形象更能解决难题。事实上,第17章的这段话与第18章有着直接的关联。第18章提供了另一种欺瞒。不过,这个情节是关于“彼”的欺瞒——“大伪”,而且,具有讽刺意义的是,《道德经》谴责了这种手段:

> 大道废,有仁义;
> 智慧出,有大伪;
> 六亲不和,有孝慈;
> 国家昏乱,有贞臣。

正如大多数读者已经察觉到的,这一章所列的仁、义、智、慧等优秀品质都应该打上引号,也就是说,《道德经》是在讽刺性地用这些“彼”的话语来证明它们不仅不真实,而且还会带来有害的结果[①]。因此,这一章力图让读者相信,道德话语(当是指儒家们的讨论)既是道德丧失的起因,也是道德丧失的结果。而重新得到道德以及所有益事的希望则在于政府对这些道德话语的废除,这个禁令不仅可以恢复"大道",而且还可以清除那些给国家带来昏乱的所谓的有德之臣以及那些旨在鼓吹儒家价值(仁、义、孝等)的党徒。

第19章重申了这个观点,而且还再一次使用了貌似褒义的"仁"、"智"等,其目的同样是为了显示"彼"的价值的荒谬以及否定它们的必要:

绝圣弃智,
民利百倍。
绝仁弃义,
民复孝慈。
绝巧弃利,
盗贼无有。

此三者,
以为文不足。
故令有所属,
见素抱朴,
少私寡欲。

除了强调摒弃其他价值话语的重要性之外,这一章的写作还反映出一种文学评论的风格。它清楚地表明前三行有关"圣"、"仁"、"巧"的句

① 我们必须将这一段中的这种借用"彼"的语言来羞辱或批评它的手段与《庄子》中经常出现的取笑性的转喻联系起来考察,《庄子》经常描写到孔子以及他的学生们的口是心非、言行不一。在这两个例子中,言论和争辩已经被对象化,并被重新配置在更为巧妙的、更为成熟的争论模式中。

子出于某种“文”本，但《道德经》作者-编者认为它还不够全面，因此，故又加上“令有所属，见素抱朴，少私寡欲”句①。

简而言之，在有关国家道德方面，第18章和第19章都有非常明确的“少即多”的说法，这个观点还在《道德经》的其他章节中以不同的形式来表达。下面，我将筛选一些论及“简”、“朴”的例子。不过，在离开“欺瞒”这一部分之前，我认为有必要提及一个现象：第19章清楚地表明，在百家争鸣的晚期再回归对“简朴”会带来新的复杂性，但同时它也带来了一个后设层面的思考。第18章中尤其明确地提出，对当时的道德话语的评判应该从它是否造成道德缺乏的角度着手。而《道德经》所创造的“道”也更应该是在绝对没有竞争对手的情况下体现出来的。但是，恰恰相反地，这个“道”（《道德经》所认可的唯一的真“道”）被丢失了，因为“彼”在无知或虚伪地谈论“道”。他们用于道德现实（moral realities）的词——仁、义、孝等——不仅索然无味，而且还妨碍了伦理的实现。在这里，伦理当然是指国家权力。

在这样的背景下，《道德经》所呈献的简朴是颇为复杂的，因为它旨在将“彼”的政治方案卷回到《道德经》的帷幕里。也就是说，这一章企图表明：正是因为“彼”在高谈阔论如何治政才导致了政府的失“道”；因此，一旦能使其他倡议者沉默，“道”就会回归。正如高叫“安静！”一般，言论的力量的功效只有在言论在表面上消失、不带任何参与争鸣的迹象时才会发挥出来。

简朴、然后少许

事实上，《道德经》中有不少为统治者、王国、话语、思潮等设计的

---

① 值得一提的是，这一章中有一个有意思的交互主观性在起作用：作者-编者们知道（或怀疑）大多数读者应该知道“绝圣弃智……”这段话的出处。因此他们觉得有必要承认这个事实，但接着又解释说，在这里引用这段话对阐述《道德经》的论点很有必要。简言之，这种“寒暄”（phatic）性的评语表明，在公元前4世纪晚期，中国已经有一个颇有密度的文学天地。

"简朴"方式,以往的《道德经》研究没有注意这种"简朴"方式,那是因为这些方式看起来非常复杂,这是由几方面的原因造成的①。首先,正如我们刚讨论到的,在试图重新调整被葛瑞汉(A. C. Graham)称之为"'道'的争议者们"(disputers of the Dao)的关系的过程中,简朴占据着极为显著的地位②。相同地,对简朴的提倡也应该被看成是争鸣已经达到一定成熟程度的标志——如果某种话语还处在简朴阶段的话,就不会有必要提倡简朴。正如19世纪提倡保持各竞争国传统风格的工艺美术运动只可能发生在欧洲和美国的工业化突飞猛进之际那样,作为一种反动性迷恋(reactionary fetish),《道德经》中的简朴显然是希望能通过与当时的流行观点反其道而行之来吸引注意力。此外,《道德经》的简朴之复杂性还表现在它显然是按照读者的欲望来组构的。也就是说,简朴的提出是有针对性的——那些深谙简朴的相反面(繁复、奢侈的生活)的君王。如果我们考虑到文本意向中的读者,简朴确实经常被描写为君王们可以获取的另一种消费品。简而言之,我们必须考虑这么一种可能性:正如现代社会中的野营以及牛仔裤那样,《道德经》中的简朴之所以有吸引力恰恰是因为它与读者的现实的不同以及它是以偶像迷恋的形式(fetish format)被推出的——简朴可以成为一种乐趣正是因为它是选择中的一种③。

---

① 有关战国之后中国文学中的复杂的简朴,可参见一篇极为优美、极有思想的讨论文章:宇文所安(Stephen Owen)的《自我的明镜——诗之为自传》(The Self's Perfect Mirror: Poetry as Autobiography),收于林顺夫(Shuen-fu Lin)、宇文所安编《抒情之音的生命力:后汉至唐的诗歌》(*The Vitality of the Lyric Voice: Shih Poetry from the Late Han to the T'ang*),普林斯顿大学出版社,1986年版。

② 有关战国时期争辩术的发展,参见葛瑞汉《"道"的争议者们:古代中国的哲学辩论》(*Disputers of the Tao: Philosophical Arguments in Ancient China*),欧本考特(Open Court)出版社,1989年版。

③ 这使人回想起拜能(Caroline Walker Bynum)对 特纳(Victor Turner)的批评。她认为,特纳过度概括了放弃的价值(value through renunciation)这个概念而没有提及放弃是有财有势者和(从历史上来说)男性的特权。如果放弃是贫穷的另一个形容词的话,"放弃"便远不会那么有吸引力。见拜能《妇女的故事、妇女的象征:特纳阈限理论批评》(Women's Stories, Women's Symbols: A Critique of Victor Turner's Theory of Liminality),收于氏著《分裂与救赎》(*Fragmentation and Redemption: Essays on Gender and the Human Body in Medieval Religion*,地带[zone]出版社1992年版),25—51页。

《道德经》中简朴的内容不少，首先让我们来考察一下第 3 章中一个颇为直接的例子。在这段话中，《道德经》向读者-君王保证：如果他简化国家中的生活的话（通过压制竞争、压制对稀罕之物的欲望），他就能控制他的领域。这段话的关键是一个明确的概念——统治者应当通过制约他的臣民的欲望，从而使他们变得柔顺和易摆弄：

> 不尚贤，使民不争。
> 不贵难得之货，使民不为盗。
> 不见可欲，使民心不乱。
>
> 是以圣人之治：
> 虚其心，
> 实其腹。
> 弱其志，
> 强其骨。
>
> 常使民无知无欲。
> 使夫智者不敢为也，
> 为无为则无不治。

与上文提到的一些例子一样，这一章假设统治者可以通过调整别人的利益来满足他的利益。因此，它向读者-君王保证，当他能控制别人的欲望时，他就能控制国家。而实现这种欲望控制的途径是通过剥夺臣民的知识和教养、中止儒家和墨家的以礼仪启蒙百姓的方法。因而，在圣人的政府中，君王和臣民间有一个非常重要的分隔，而这个君王的职责是通过以《楚门的世界》般的手法来缩短“彼”的眼界[①]。也就

① 译者注：《楚门的世界》（*Truman Show*）是一个 1998 年出品的美国故事片。它描述了楚门的“美好生活”，但这只不过是电视台安排的热门电视剧。楚门其实生活在一个摄影棚中，他的妻子、朋友、邻居都是电视台雇用演员，只有主人公楚门自己不知情。

是说，在圣人的国家中，所有的臣民都是肚中实实、脑中空空的；正如他们的强壮身体是为了劳役，他们的平庸是为了不让他们参与政治。显然，这个幻想的前提是，君王必须排斥儒家/墨家的让民众受教育、关心政治的方案，并回归到一个简单的二元（统治者与被统治者）化的状态。

第80章进一步夸大这个简朴的诱惑，它的劝告是：设立小型封闭的村庄部落，并采用第3章提到的办法来控制臣民的食物和欲望。值得注意的是，这一章还叮嘱读者，在百姓对生活起居颇为满意后要尽量限制他们的行动范围，使他们没有移居他乡、在别的国度寻找更好的生活的愿望：

> 小国寡民。
> 使有什伯之器而不用。
> 使民重死而不远徙。
> 虽有舟舆，无所乘之；
> 虽有甲兵，无所陈之。
> 使民复结绳而用之。
> 甘其食，
> 美其服，
> 安其居，
> 乐其俗。
> 邻国相望，
> 鸡犬之声相闻，
> 民至老死，不相往来。

正如第3章那样，这一章提倡一种不好武器、不思交往和进取的社会化。由于孤陋寡闻，民众们珍惜他们的生命、衣食、及其风俗习惯——这正是因为他们没有将自己与别人比较的愿望。《道德经》进一步解释道，在减少臣民的生活内容的同时，君王又必须把他们当成他自己的孩子一般来抚养他们。在整个段落中,没有一处是指导读者应该如何将这些孩子培养到成人的。事实上,这正是《道德经》的目的所在:它企图让统治者相信,良好统治如同一个家庭,它只有一个家长。在这个家庭中,其他的成员只能是顺从的、天真无知的臣民,他们丝毫不知政府操纵了他们的活动领域,因此,虽然他们听到(君王为他们设置的)地平线之外的声音,他们所理解的只是同样的鸡窝狗棚里的噪音。在下文中,我将概括出这个"唯一的成人"是应该如何工作的;具有讽刺意义的是,它与敦促野心勃勃的君王佯装婴孩并不矛盾。

简化臣民生活的益处在《道德经》中有多种表达形式,不过,让我们暂时将它的转喻按下不提而先来考虑文本是如何为君王构造各种简朴的——这些简朴只能用于君王自身,而它们的功效却能传遍整个王朝。在某一层面上,《道德经》提倡君王应该躬行节俭。他应该克制对奢侈开支的放纵。而且,与上面提到的封闭型小国相应地,君王应该居安懒动。比如,第 47 章主张:

> 不出户知天下;
> 不窥牖见天道。
> 其出弥远,其知弥少。
> 是以圣人不行而知,
> 不见而名,
> 不为而成。

在这个简短的章节中,君王尽可能地不出游、不与外界接触,但他却仍然有效地维持他的统治权。

更为错综复杂的简朴表现形式与抛弃"彼"有关:圣人应该放弃"彼"对他的认知和接受。事实上,正如下面的引文显示的,他应该远离任何会被别人观察到的、会被"彼"评论到的行动范围。比如,第 24 章讨论到,中止所有为得到"彼"之赞许而作的表现可以使君王获得权力。

企者不立;
跨者不行;
自见者不明;
自是者不彰;
自伐者无功;
自矜者不长。

其在道也,曰:
“馀食赘形。”
物或恶之。
故有道者不处。

为了打破交互主观性等通常结构,《道德经》还建议君王在自己周身建立一堵墙,这样,“彼”就不能像往常那样渗透进来。也就是说,圣人的简朴是对“彼”的双重拒绝:首先,他们被拒绝在君王的思路之外——他不必担忧“彼”关于他的想法和行为的舆论;第二,“彼”被拒绝在他的朝廷之外,因而他们从不可能知道他和他的议事日程。第52章还强调了自我封闭式的价值——它能带来安全和长寿。这一章的有趣之处还在于它的开头句即兴重复了宇宙之母的主题:

天下有始,
以为天下母。
既得其母,以知其子,
复守其母,没身不殆。
塞其兑;
闭其门;
终身不勤。
开其兑;
济其事;

终身不救。

这里,《道德经》给君王提供了一个新的、牵连到“母”的关系,在这种新的设置中,君王甚至拒绝一切正常关系,而蜷缩到一个权力、轻易、独立的状态中。

臣民隔绝于世的益处在第56章中有略微不同的表现,这一章竭力引导读者去想象一个与“彼”的彻底分裂,但同时又保证,这个分裂会“自然”地给君王留下权力、使他无敌于天下:

知者不言;言者不知。
塞其兑,
闭其门,
和其光,
同其尘,
挫其锐,
解其纷,
是谓玄同。

故不可得而亲,
不可得而疏。
不可得而利,
不可得而害。
不可得而贵,
不可得而贱。
故为天下贵。

第56章运用了与其他许多章节相同的一个模式:推翻普通观念中对权力、价值来源的标准,提供一个更为出色的权力观和价值观,而这个新的结果。

第57章可能是这一主题的最彻底的申明，它坦然宣称，权力和国家的稳定依赖于欺瞒手段、并需要时时以怀疑的眼光来治政。此外，它还明确地指出，君王应当通过剥夺臣民抵制他的工具和知识来达到这些目标。而具有讽刺意义的是，到了这一章的末尾，伪装出色的君王又得以无忧无虑、安谧恬淡：

以正治国；
以奇用兵；
以无事取天下。

吾何以知其然也哉？
以此，天下多忌讳，而民弥贫；
人多利器，国家滋昏；
民多伎巧，奇物滋起；
法令滋彰，盗贼多有。

故圣人云：
我无为，而民自化；
我好静，而民自正；
我无事，而民自富；
我无欲，而民自朴。

显然，这段文字中的幻想是彻头彻尾的"少即多"——君王的欲望应当被减弱并代之以安宁，民众的欲望和资源应该被缩小到最低程度。君王要使民众变得像没有雕琢过的木头那样简单，这样他才能像第一行所许诺的那样来"取天下"①。

① 这一章中另一个值得注意的地方是，它婉转地将叙述者的声音（"吾何以知其也然哉？"）与"圣人云"揉合起来。在文本中，"圣人云"也是以第一人称在说话。

家 庭 事 务

在《道德经》中,各种简朴和权力的转喻还经常运用有关虚构家庭的幻想。在有些章节中,“道”以母亲的身份说话,而在其他一些章节中,君王被邀请来扮演婴儿的角色。这种虚构的家庭还向外伸张,比如,《道德经》邀请读者去想象对待臣民如同对待自己的孩子一样。在讨论《道德经》如何将读者的幻想同时定位为像“道”一样的母亲以及她的婴儿之前,让我们先来考察一下《道德经》中阐述统治者以母“道”治国的方法的一些章节。比如,第59章在重新讨论了第57章中的几个主题后又把这些主题连接到另一种承诺:简朴将给统治者带来通往“国之母”的途径,从而给王朝带来长久和平安。与《道德经》中其他章节相同,第59章建立在一个进化型的逻辑上(如果你有X,那你就会得到Y),但是它又提供了一种类似嵌套中国娃娃的套叠方法,直到最大的娃娃将其他娃娃全部套住。为了做到这一点,这一章在结尾处留给读者一个诱人的概念,有一位“国之母”这样的人物来提供良好政府所必需的安全:

> 治人事天,莫若啬。
> 夫唯啬,是谓早服。
> 早服谓之重积德。
> 重积德,则无不克。
> 无不克,则莫知其极。
> 莫知其极,可以有国。
> 有国之母,可以长久。
> 是谓深根固柢,
> 长生久视之道。

这段文字推崇拥有“国之母”的价值,并且将其益处与其他有关统治者的简朴与顺从的告诫连接起来。也就是说，《道德经》在向统治者保证，一旦他懂得如何顺从以“道”自居的“国之母”，他就会得到臣民对他的顺从。这里，我们发现一个很好的文本中常见的顺服-统治双缝接头结构的例子：只有那些懂得如何装配整个顺从之链并将自己也恰当地嵌入其中的统治者才会得到权力。这一恰当的自我嵌入会带来一系列的摹仿——统治者与被统治者行为相同，尽管他们的身份标识完全相反。当然，这与《福音书》中的耶稣并没有什么两样：耶稣是一个十全十美的牧羊人因为他曾是一头十全十美的羔羊[①]。

《道德经》关于良好政府必须镜映一家之母的观点值得我们进一步对之分析。一方面，我们可能会想，正如文本中的许多其他转喻那样，作者们只是希望用反其道而行之的手法来陈述一个颠倒其他学派的立场的行动计划。也就是说，母亲形象会在文本中出现是因为，至今为止，在百家争鸣中，父亲形象一直是支配性主题（dominant motifs）[②]。另一方面，我们也可以想象文本可能极为聪明地认识到一个众所周知的现实：在实际生活中，母亲在家庭中拥有相当的权力，尽管正规的符号体系并不完全承认这一点。从这个角度来看，《道德经》的观点应该是：“虽然政府的权力似乎体现在竞争性的、表面上的自我呈现——语言、财富、武力，但正如家庭事务那样，权力也可以在幕后生效，就像母亲们通过狡诈、辨别力、可抵赖性（deniability）来推动她们的主张那样。”

除了这两个解释之外，还有一个第三种可能：“道”作为母亲的表达方式是《道德经》诱惑读者的总体纲领的一部分。这个诱惑方案始于刚才讨论到的第59章中的欲望结构。我们最终发现，宇宙之“真”并不是一个不可能与之建立关系的客观存在，它也不是会让人肃然生

---

① 事实上，《道德经》也使用了牧羊人这一主题来形容圣人（见第22章），但是，正如《福音书》那样，这种领头者的角色并不与婴儿-圣人的主题冲突。

② 这个推测与《道德经》第67、68、69章中对文本不同于其他学派及普通道德观念的沾沾自喜是一致的。

畏、焦虑的父亲形象[①]。相反地,《道德经》提供给读者一个幻想:宇宙的至"真"是最亲的人(自己的母亲)的折射,而且它对人类的回应也与母亲相同,一旦你体现出应有的顺从,她会对你关怀备至。也就是说,《道德经》中最大的宇宙性是以个人的最私密的"彼"的形式呈现的。因此,第59章让君王想象他与"真"、历史、和他的王朝的生命的关系只不过是他最亲密、最自然的母子关系的重演。它的奥妙之处在于,这一私密之"彼"和宇宙性的合而为一是圣人的独一无二的特权,正如《道德经》经常提到的。《道德经》从来没有提到民众应当回归母"道"(mother-Dao),相反地,他们应该回归到统治者。这个统治者应该表现出自己是母"道"的成功再造;而且即使在统治者懂得了如何扮演子兼国之母的角色之后,民众也只能回归到统治者(而不是国之母)那里。

这种枢轴运作的一个很好的例子是第20章中的后半段。它颇为详细地描写了圣人-君王的与众不同之处:他比他们更像孩子。因此,虽然民众"察察",但这个以第一人称陈述的圣人却依然"闷闷"。这一章的最后一行总结了这个观点,并进一步显示,圣人的简朴把他拉回到喂养育他的道母:

我愚人之心也哉!
俗人昭昭;
我独昏昏。
俗人察察;
我独闷闷。
澹兮!其若海;
飂兮!似无所止。
众人皆有以;

① 在探索这个观点时,我们不应该忘记,我们往往带着父家长的希望和假设来看待《道德经》中的许多段落。比如,第54章在表面上似乎提出了一个非常儒教化的方案:家族的绵延、个人道德对家、乡、邦的正面影响。

而我独顽且鄙。
我独异于人,
而贵食母。

这一段话的独特之处在于它的第一人称自述,读者似乎能察觉到其中感受和张力。它的节奏、反复、以及感叹性的语气给人一种文本少有的感觉——它似乎在邀请读者与这位圣人一起来为他欣喜,欢呼他虽独异于人,却像海一样飘飘然而无需支撑。这个幸福的命运来自于圣人与众不同的“食母” 的欲望。从这一点来推测,这一段文字对简朴和顽鄙的推崇是 “复原”(regression)策略——将练达高雅的读者-君王从成人阶段拉回到“俗人”和“顽鄙”世界中,随后再进一步复原到儿童阶段以便让母亲再一次喂养他——的一部分。事实上,在这一章的前半段中,文本提到圣人“婴儿之未咳”,这使我们更有理由相信它是在提倡一种特殊的复原。在这个复原模式中,个人高居于民众之上是通过避免民众所提供的文化和博雅之“道”(包括种种精到之论)、回归到美妙的简朴来实现的。这个简朴是通往宇宙终极模式的途径,而在这个宇宙中,个人既可以新的姿态“食母”(《道德经》的第20章所显示的显然是一种新的信息),但它又是一个生活中最古老、最简单的现象的重复①。

第55章的前半段进一步阐明了重新发现这种升华的婴儿期的兴奋感,在这里,《道德经》的德之大师被描绘成一个婴儿,他没有教养、没有文化,但却是力量-权力(power)和生命力的体现:

含德之厚,
比於赤子。
毒虫不螫;

---

① 关于对《道德经》中的母亲形象的不同解释,参见陈张婉莘(Ellen Marie Chen)《道为大母以及母爱在中国哲学形成中的影响》(Tao as the Great Mother and the Influence of Motherly Love in the Shaping of Chinese Philosophy),《宗教史》(*History of Religions*)第14卷第1期(1974年),第51—65页。

猛兽不据；
攫鸟不抟；
骨弱筋柔，而握固；
未知牝牡之合而全作，
精之至也。
终日号而不嗄，
和之至也。

在这里，《道德经》向读者提供了一个莫名其妙的幻想：对德的完全认同应该是一种成人的、发展中的行为，但在这一章中却被形容为一个对德或其他任何文化因素毫无概念的新生婴儿。更有甚者，《道德经》还向这位圣人许以种种古怪的保障——他会像婴儿一样对毒虫猛兽有一种天生的免疫力。这段话中最有意思的地方是“精之至也”，暗示婴儿的勃起能力。这里，作者-编者似乎找到了一个最有效的例子来说明力量-权力的概念。在以上所引的许多章节中，《道德经》一再强调：逆转和复原带来权力和稳定，而文化上的修养和文化上的卓越则往往预示着“道”、长寿、朝政稳固的终止。男婴的勃起可以恰到好处地用来说明这个观点，因为这个男婴对男女性别、甚至性一无所知，但他的器官却似乎已可以随时行动。《道德经》还将这种未有对象之前就已显而易见的、功能齐备的自然生命力与婴儿的终日号叫的能力联系起来。毫不奇怪地，它似乎在证明，文化越少越好、而采用这个态度处世会给人带来更多的力量-权力。男婴的勃起是一个最有效的路标，指示着读者走向十全十美的原初，在那里读者可以重新获得用之不竭的力量-权力以及生命力，因为它不带任何复杂性。

第 10 章中也探讨了通过最低限度要求政府（Minimalist government）的政策和回归到婴儿阶段来获得权力这一主题。在这一章中，文本堆叠了一组逆转的、丰富的修辞，邀请读者去想象自己正是那位有成就的婴儿（虽然他同时又想象自己是一个多产的母亲——给予众生生命，并以“玄德”而不是知识来统治他们）。此外，这一章还是《道

德经》的所有劝言中唯一带有静修(meditation)性质的文字:

> 载营魄抱一,能无离乎?
> 专气致柔,能如婴儿乎?
> 涤除玄鉴,能无疵乎?
> 爱国治民,能无为乎?
> 天门开阖,能为雌乎?
> 明白四达,能无知乎。
>
> 生之畜之。
> 生而不有;
> 为而不恃长而不宰。
> 是谓玄德。

在这一段话中,作者-编者搜集了一些在其他章节中的分别出现的转喻。"报一"在第22章中提到;而第19、20、65章中提到"无知",意指君王的统治中没有"知"的成分,或者更准确地说,君王"知"道他的统治必须排除"彼"的"知"以及通向"知"的途径。扮演操纵生育之谷的女性角色在第28章中有讨论。但是,这一章中的"专气致柔"、"涤除玄鉴"两句则是一个新概念,它所反映的可能是早期静修传统的建立。不过,依我之见,它的内容似乎并没有对《道德经》话语的成形有什么影响。相反地,这两句话所体现的正是《道德经》所描写的玄德之政所需技巧的一半中的一部分。这一章的体裁非常清楚地表明,"专气"术只是文本一再提倡"少即多"统治风格的一部分。因此,我们可能更应该将这一含糊提及的静修传统与这一章的总体内容联系起来——它是一组"天门开阖"之类的半空想性追求(semifantastic pursuits)中的一个内容。《道德经》用这些半空想性追求来赢得读者对它所形容良好政府的基础的准确性的信服,这个良好政府当然是不会有儒家的道德观和其他一些奢侈追求的。

结　论

从根本上来说，当我们仔细地思考《道德经》在有关伦理和治政的一系列复杂争辩中的位置时，文本中的各种反讽、否定、简朴、自然主义风格显然反映了一种整体上的练达（sophistication），这种练达不仅反映在文本主动地与读者建立一种关系上，而且还反映在这种文本-读者关系被很成功地放置在各种竞争话语的领域中这一点上。而且，《道德经》这种在运用简朴上的练达似乎还反映了交互主观性的重要性影响了文本的两种关系的组构。第一个关系是文本与读者的关系，它的轴心是对读者的持续不断的诱惑——力量-权力、安逸、享乐以及治国的成功等的种种许诺。为了让它的劝诫更迷人，文本还以加入了一个深远历史的主题，这一可以追溯到无名祖先的历史是文本话语的支撑；之后，文本又再进一步往前推移到万物初生的阶段、最终到达"道"作为母亲的境界。对交互主观性的注重还反映在文本所组建的另一个关系——君主统治者与他王国中的臣民的关系。这个关系是建立在单向的、由上至下的知识以及不动声色地破坏相互认知的基础上的。然而，这种关系却又应该模仿母亲与孩子间的互利共生（mutualism），至少在读者-君王的想象中是如此。这两种关系通过简朴这一主题而产生关联：读者-君王不出所料地被文本的建议所吸引，相信他可以通过排斥所有"彼"话语、蜷缩到一个成人婴儿的简朴来获得力量-权力和安逸。同样重要的是，正如简朴可以成功地将国家与君王、君王-国家与"道"连接起来那样，它也可以将读者-君王与解释这一切的文本连接起来，即使是在它"读者的简朴"的提议消失在它自己所定义的简朴中时。由此，通过运用各种自然主义现象——水、云、沉默、婴儿般欲望，《道德经》居然出色地将它的简朴教条变成非教条，或者更准确地说，变成了一个简单的、"无言"的有关宇宙之"真"的讨论。因此，《道德经》中一些章节会给人以文本在说"道"的语言的感觉、似乎"道"与关于"道"的文本最后合而为一也就不足为奇了。

为了从强调“文本的工作”(works of the text)以及文本的纯文学性质[①]的角度去读《道德经》,本文提出,《道德经》中许多被当代学者认为是宗教性的、神秘主义的表现(如内在的智慧、圣人的简朴、无拘于传统的自由等)根本不是有关这些方面的诚心诚意的讨论。我认为,它们应该被看成是在为推进《道德经》的纲领而精心策划的计谋中起着重要作用的一组附带现象。因此,如果尼采在《道德系谱学》(*On the Genealogy of Morals*)和《黄昏的偶像》(*Twilight of the Idols*)中敦促我们去思考道德产生于人类进入正规宗教的文字史早期的权力之争和宗教支配中,我想,我们也有很好的理由在读《道德经》的伦理学时将注意力放到理解文本的“道德”以及文本对道德下定义的权威是如何结合起来以使读者信服圣人的真实性、他的完美经历、以及经由文本的话语而即刻获得的这种完美性。也就是说,《道德经》似乎并没有坦诚陈述圣人的真实经历的意图。在这种以诱惑读者为上的宗旨下,《道德经》的作者完全有理由来塑造一个非历史的圣人,他(假设)知道“道”、也知道懂得“道”会如何在统治中国这一真实世界中起作用。从这一点来看,《道德经》中经常出现的天真和自然似乎只是出于文学上和辩论上的考虑,它们与提倡“嬉皮”风格的公社(communion)以及自然、“彼”、或甘地式的非暴力主张几乎是风马牛不相及的。历来那种将《道德经》看成是一份有民主意识、人文性、甚至是女权主义文献的现象不仅是作者的诡计的证明,而且还反映了我们可能仍然被蒙蔽在尼采希望通过理性和发展来驱除掉的晨雾中。尼采曾津津乐道于宗教之虚伪:“从摩奴(Manu)到柏拉图到孔子,以及犹太教和基督教的领袖们从来没有怀疑过他们说谎的权力。”[②]但他似乎没有考虑到某些宗教领袖、作者、编者居然会提倡以说谎为上德。这种扭曲完全

---

① 纯文学性质(thoroughly literary nature)是指它的艺术品的性质。这个艺术品的设计是与交互主观的期待中的读者的反应一致的,它是建立在重新估价共享世界中的参照(reference)和解释(interpretation)的基础上的。

② 尼采,《黄昏的偶像》,荷林代尔(R. J. Hollingdale)译,伦敦,企鹅(Penguin)出版社1990年版,第58—59页。

改变了我们对宗教、真理、伦理学的真正内容的认识[①]。

最后,我还必须谈到我的分析的思路。有心的读者自然会寻思我是怎么想象出一系列作者-编者经过几代努力后留给我们现在这个版本的。他们在百家争鸣中属于哪一派?那么有学问的人怎么可能提倡终止教育?他们怎么可能主张君王避免所有别的说客而他们自己又希望能被君王所用呢?本文因为篇幅关系无法对这些问题作详细探讨,而且,我认为,目前为止,我们可能还无法真正回答这些问题。不过,我认为我们值得考虑以下几点。第一,不管这些学者是什么身份,他们绝对知道如何出色地完成任务,即,从《道德经》经过了一系列的编辑和扩充,以及一些基本主题在文本中反复出现(特别是在郭店本之后的扩充部分中)这两点来看,我们不得不做出这样的假定:晚期文本的作者-编者完全理解早期作者-编者的种种花招,并按照他们的模式和策略对文本作进一步扩充。当然这只是说明,这一系列作者-编者懂得文本对交互主观性的利用,并(或多或少)成功地重复使用它。在我看来,这显然证明后期作者-编者认可了文本的策略,并自信他们可以在原来的基础上进一步扩大,尽管他们的手法有时显得有点笨拙。也就是说,有些《道德经》读者(当是公元前四世纪晚期或三世纪早期)能够看出最初版本的意图,逃过了它的诱惑和邀请,并加以补充材料来进一步提高它的设置的诱惑力。如果这个推断是正确的话,那么,那些由读者转变成的作者-编者体现了一个非常练达的阅读以及思考阅读的行为模式,他们对语言和诱惑可以如何打动未来读者有着非常敏锐的感觉。简而言之,如果《道德经》是逐渐成形的话,那么我们应该去想象一群颇为灵巧的反讽读者-作者。

从这个角度来看《道德经》的话,我们越来越难(像以往有些学者那样)去想象它是一群诚挚的静修大师留下的作品,因为文本有太多的文学创新、创造力、以及口是心非的地方。正如上文已经探讨过的,文本的

---

① 众所周知,孔子在讨论到保护家庭成员时也曾提倡说谎。他讲到:“父为子隐,子为父隐,直在其中矣。”(《论语·子路第十三》)

基本主题,如欲望、对“彼”的操纵、简朴治政的价值等,似乎与静修传统相距颇远。当然,这并不排除一些两者交叉的地方,朝廷文人可能会从他们所熟悉的处在萌芽状态的静修传统中借用一些语言和形象。即使是在这种情况下,它与罗浩(Harold Roth)以及其他学者所建议的那种禅宗大师-门徒的讲经之类的模式还是有很大距离的。

最后,在研究这些作者-编者时我们必须意识到,《道德经》原初版本是在楚国王室的“东宫之师”的墓中出土的。而且,这位太子的老师的墓中还葬有许多其他论说性著作,正如韩禄伯所形容的,这个墓葬是“哲学图书馆”。这说明,这组《道德经》竹简是这位东宫之师向朝廷或王太子提供建议的火药库的一部分①。也就是说,《道德经》原初版是王室顾问上呈给统治者或未来统治者的种种学说中的一种。一旦我们放弃受西方主义影响(Occidental-tinged)的有关中国思想家只可能专治一家的假设,一旦我们采用拉法格(Michael LaFargue)关于《道德经》应被看成是针对其他学派的矫正型论说的看法的话,那么我们可以很容易地想象一个以各种形式来推销《道德经》的成熟的学术机构(scholarly apparatus)。虽然这个机构可能希望王朝简朴化真的会起作用,但是,它也可能非常担心学术特权的普及化。当然我们很难猜想出早期王朝学士阶层在读了《道德经》后会怎样看待自己以及怎样以《道德经》中的观点来表达自己的,但是,当时儒家学者正在提倡有教无类(妇女除外),当时学费低廉到等于一条腊肉(《论语·述而第七》),一个有地位的朝廷文人可能会对一个提倡更简朴、更等级化的理论非常有同感。正如出生于(意大利)移民家庭的美国最高法院大法官阿里托(Samuel Alito)会自豪地加入以抵制录取女生、美国黑人、西班牙后裔出名的保守的“普林斯顿焦虑者校友会”(Concerned Alumni of Princeton)那样,我们不难想象朝廷学士们会对帝王关闭给予公众教育和力量-权力的渠道有兴趣,虽然他们希望能维护自己的特权,特别是他们向朝廷提供有关如何免除特权的特权。

---

① 韩禄伯,1989年,第5页。

《道教中的女性》前言

戴思博(Catherine Despeux)　孔丽维(Livia Kohn)　著

姚　平　译

道教是传统中国中土生土长的高层次宗教,它植根于哲学基础,借助长生不死之术而得以扩展,并通过宗教团体、宗教仪式结构以及源远流长的宗派体系来表达它的信仰。道教是一个多元化的传统,在其两千五百年的历史中,它与妇女有着层层关联,这种关联的复杂性与其他宗教对妇女的模棱两可、自相矛盾的错综态度颇为相似。许多宗教都认为母性、性、繁殖、玄奥的知识以及神秘的力量与女性紧密相连,它们对这些性质也非常赞赏。但是这些宗教同时又置妇女地位于男子之下,认为她们是次等的自然造物、不纯洁、不可靠,并在不同程度上压制妇女①。

道教中的妇女地位的复杂性尤其令人注目,因为道教处于一个非

---

① 关于各种宗教中的女性,参见普拉斯克(Judith Plaskow)、罗美洛(Joan Arnold Romero)编《妇女与宗教》(*Women and Religion*),学者出版社(Scholars' Press),1974 年；卡莫迪(Denise Lardner Carmody)《妇女与世界宗教》(*Women and World Religions*),英国阿宾登(Abingden)出版社,1979 年;法尔克(Nancy Auer Falk)、格罗斯(Rita M. Gross)编《沉默的世界:非西方文化中的妇女宗教生活》(*Unspoken Worlds: Women's Religious Lives in Non-Wetern Cultures*),哈泊-罗(Harper & Row)出版社,1980 年;夏玛编(Arvind Sharma)《世界宗教中的妇女》(*Women in World Religions*),纽约州立大学出版社,1987 年;夏玛编《宗教与妇女》(*Religion and Women*),纽约州立大学出版社,1994 年;夏玛编《世界宗教中的女圣徒》(*Women Saints in World Religions*)纽约州立大学出版社,2000 年;金(Karen King)《妇女与女神传统》(*Women and Goddess Traditions*),福特斯(Fortress)出版社,1997 年;扬(Serinity Young)编《妇女与世界宗教百科全书》(*Encyclopedia of Women and World Religions*),迈克米兰(Macmillan)出版社,1999 年。

常微妙的位置:虽然女性是道教理想中宇宙之源的阴的象征,但以儒家思想为本的根深蒂固的父权社会是一个难以避免的现实。在宇宙观上,道教把女性看成纯洁的宇宙力量"阴"的象征。"阴"是宇宙运转不可或缺的动力,它与"阳"的力量平等,有些道教宗派甚至认为它超过"阳"。道教还将作为万物之源、宇宙之本的"道"与女性联系起来,把"道"描写成万物之母。在道教中,崇拜和尊敬女性的观念非常普遍,它赞扬妇女与宇宙的连接,以及她们的生殖和养育的本性。

然而,道教一直生存在一个父权制、父系制、从夫居、男尊女卑的正统儒家社会的大环境中。中国传统文化将妇女藏于深闺大院,禁止她们参与公共决策及重大社会议题①。在儒家思想中,只有儿子会受到重视,唯独他们可以延续家族的血脉,承担光宗耀祖的责任。女孩常常不被计入儿辈中,她们往往受到歧视,被看成是一个负担,因为她们最终会出嫁、为别人延续血脉。儒家传统认为,除了学一点治家之道外,女孩子不值得受教育。此外,女性的生理周期使她们变得不洁,不适宜担当重要的职责。

在儒家化的中国,妇女的身份是依据与男性的关系而界定的:她们或是女儿、妻子、母亲,或是寡妇。《礼记》一书早已点明了她们遵循"三从四德"的义务。儒家有关妇女的经典之作——刘向(约公元前77—公元6年)的《列女传》说道:"以言妇人无擅制之义,而有三从之道也。故年少则从乎父母,出嫁则从乎夫,夫死则从乎子,礼也"②根

① 伊沛霞,《内闺:宋代的婚姻和妇女生活》(*The Inner Quarters: Marriage and the Lives of Chinese Women in the Sung Period*),加利福尼亚大学出版社,1993年,第7—8页。

② 《列女传》卷3。参见波姆巴彻(Stephen Peter Bumbacher),《出家:中世纪道教和佛教中的女性》(Abschied von Heim und Herd: die Frau im mittelalterlichen Daoismus und Buddhismus),《亚洲学》(*Asiatische Studien/Etudes Asiatiques*),第52卷(1998年),第674页;奥哈拉(Albert Richard O'Hara),《〈列女传〉所见早期中国的妇女地位》(*The Position of Woman in Early China According to the Lieh Nü Chuan*),海泊里昂(Hyperion)出版社,1980年;玛瑞娜·宋(Marina Sung),《中国的列女传统》(The Chinese Lieh-nü Tradition),收于圭索(Richard Guisso)、约翰内森(Stanley Johannesen)编《中国妇女——历史研究的新动态》(*Women in China: Current Directions in Historical Scholarship*),费罗(Philo)出版社,1981年;瑞丽(Lisa Raphals),《共沭光华:早期中国女性与妇德之显现》(*Sharing the Light: Representations of Women and Virtue in Early China*),纽约州立大学出版社,1998年。

据这个模式，男性掌握着妇女生活和活动的完全支配权；他们决定女儿的培养和待遇；他们可以虐待、休弃妻子；视寡妇为无用的弃物[①]。而遗弃妻子理由包括无子、淫、不顺父母、口舌、偷窃、妒、恶疾等[②]。许多妇女甚至还得不到明媒正娶的妻的地位；妾、婢等女性是没有财产权和法律地位的[③]。

6世纪的诗集《玉台新咏》中收有一篇关于妇女困境的感人描述，它的作者是晋代官员兼学者傅玄(217—278)。这首诗写道：

> 苦相身为女，卑陋难再陈。
> ……
> 女育无欣爱，不为家所珍。
> 长大逃深室，藏头羞见人。
> 垂泪适他乡，忽如雨绝云。
> 低头和颜色，素齿结朱唇。

---

① 缠足是中国古代控制妇女的方法之一。它使妇女成为身份地位的象征和怪异的消费品的象征。见高彦颐(Dorothy Ko)，《缠足中的性》(The Sex of Fottbinding)，收于迥(Patricia Beatie Jung)、亨特(Mary E. Hunt)、巴拉克里希南(Radhika Balakrishnan)编，《好性：世界宗教中的女权主义观》(*Good Sex: Feminist Perspective from the World's Religions*)，罗格斯大学出版社(Rutgers University Press)，2001年，第151页。参看李豪伟((Howard S. Levy)，《中国的缠足》(*Chinese Footbinding*)，绕尔斯(Rawls)出版社，1966年；佩泊(Jordan Paper)编，《穿过黑暗：女性精神世界的比较性研究》(*Through the Earth Darkly: Female Spirituality in Comparative perspective*)，康特能(Contnuum)出版社，1997年，第91—92页；高彦颐，《女性铭刻——缠足》(Footbinding as Female Inscription)，收于《儒学再思考——中国、日本、朝鲜、越南的过去与现在》(*Rethinking Confucianism: Past and Present in China, Japan, Korea, and Vietnam*)，加利福尼亚大学出版社，2002年，第158页；伊沛霞，1993年，第266页。杀女婴的现象在中国历史上也很普遍。参见高罗佩(Robert van Gulik)，《中国古代房内考》(*Sexual Life in Ancient China*)，布瑞尔(Brill)出版社，1961年，第111页；卡莫迪，1979年，第68页。此外，寡妇的地位很低，并被社会所嫌弃。见沃特纳(Ann Waltner)，《明代与前清时期的寡妇与再婚》(Widows and Remarriage in Ming and Early Qing China)，收于圭索、约翰内森，1981年，第131页。又，参见荷木格兰(Jennifer Holmgren)，《北朝的婚姻、亲属制度和权力》(*Marriage, Kinship and Power in Northern China*)，英国维瑞伦(Variorum)出版社，1995年；华若碧(Rubie Watson)、伊沛霞编，《中国社会中的婚姻与不平等》(*Marriage and Inequality in Chinese Society*)，加利福尼亚大学出版社，1991年；伊沛霞，1993年。

② 《列女传》卷2。高罗佩，1961年；第266页；波姆巴彻，1998年，第678页。

③ 华若碧、伊沛霞，1991年，第233—234页。

跪拜无复数，婢妾如严宾。
情合同云汉，葵藿仰阳春。
心乖甚水火，百恶集其身。
……

不过，这些凄惨的妇女生活的画面所反映的只是一种儒家体系中的理想模式，它并没有在中国历史上完全实现。实际上，在中国社会中妇女有相当的自由和责任。举例来说，下层妇女必须出门辛勤工作，她们不仅要持家，而且还要做农活、做生意①。她们与男性自由交往，并没有被禁锢在自己的家中②。堕为青楼女子自然会成为残忍的鸨母的奴役对象，但在某些境遇下，她们也能找到机会“发展她们在文学、音乐、艺术方面的才能”③。同样地，上层社会的女性也在政治上和文化思想上发挥了她们的能动性。除了教育儿子外，她们还给丈夫出谋划策，从而影响了政策的制定和社会现实④。这些女性不仅对夫家来说举足轻重，而且还与本家保持密切的联系，因此她们担当着组成社会联盟和巩固政治结合的重要责任⑤。况且，虽然上层社会的妇女不能与家族之外的男子自由交往，但她们往往组成在地方上有重要作用的女性网络。

此外，母亲是儒家美德——孝道的对象。儒教思想体系要求儿辈尊重母亲并顺从她的意愿。儒家学者们并不是彻头彻尾的厌恶女人者，他们承认阴的重要性。儒家学者敬畏地球的神圣性，也非常尊重他们的母亲——她们往往是主治一家的女家长，是对儿子的

---

① 高彦颐，《闺塾师：明末清初江南的才女文化》（*Teachers of the Inner Chambers：Women and Culture in Seventeenth-Century China*），斯坦福大学出版社，1994 年。

② 白馥兰（Francesca Bray），《技术与社会性别——明清时期的权力组织》（*Technology and Gender：Fabrics of Power in Late Imperial China*），加利福尼亚大学出版社，1997 年。

③ 伊沛霞，1993 年，第 5 页。

④ 瑞丽，1998 年，第 4 页、259 页。

⑤ 撒切尔（Melvin P. Thatcher），《春秋时期的贵族婚姻》（*Marriages of the Ruling Elite in the Spring and Autumn Period*），收于华若碧、伊沛霞，1991 年，第 45 页。

世界观有极大影响的教育家①。当然，在古代中国社会中，妇女的影响是有限的。

值得指出的是，社会准则也在逐渐变化，比如，在唐朝，夫妇双方"义绝则离"成为法律规定。自宋朝起，妇女在婚后仍可保持她们的嫁妆，并可以单独积累财富②。明清时期，女性文学水平有普遍的提高，一个明显的反映是，至少有三千部由女性所著的诗集流传下来③。此外，寡妇也并不见得仅仅是受害者和被摒弃者，她们往往成为独立自主的能人，如果她们继续守节，社会会对她们大加褒扬④。

在传统中国，绝大多数女性选择为人妻为人母的道路而少有追求个人事业的⑤。然而，即使女性的活动范围基本上是在内闺，这也并没有被看成是一种限制和约束。传统的中国家庭有它"强调互相爱慕、合作关系和责任分担的婚姻关系"的一方面⑥，因此，居家本身也是一种安宁和庇护的象征。因政治动乱或经济困境而不得不走出内闺的

---

① 波姆巴彻，1998 年，第 681 页；佩泊 1997 年，第 48 页。女性教育儿子的重要性在当代日本也很显著，其主要特征是所谓的"甘え"，即婴儿对母亲的爱的依赖。岡田(Doi Takeo)，《依赖解剖学》(*The Anatomy of Dependence*)，东京讲谈社，1973 年。

② 伊沛霞，《六至十三世纪间婚姻财产的变化》(Shifts in Marriage Finance from the Sixth to the Thirteenth Century)，收入华若碧、伊沛霞，1991 年，第 97—132 页；又，伊沛霞，1993 年，第 6 页。

③ 管佩达(Beata Grant)，《女性继承人》(Female Holder of the Lineage:Linji Chan Master Zhiyuan Xinggang [1597—1654])，《明清研究》(*Late Imperial China*)，第 17 卷第 2 期(1996 年)，第 53 页；孙康宜(Kang-yi Sung Chang)、苏源熙(Haun Saussey)编《传统中国的女作家诗文选集》(*Women Writers of Traditional China: An Anthology of Poetry and Critics*)，斯坦福大学出版社，1999 年。

④ 伊沛霞，1993 年，第 5、204 页；荷木格兰，《北朝的寡妇守节:〈魏书〉中的列女传》(Widow Chastity in the Northern Dynasties:The Lieh-nü Biographies in the Wei-shu)，《远东史论文集》(*Papers on Far East History*)第 23 卷(1981 年)，第 165—186 页；曼素恩(Susan Mann)，《清代亲族、阶级、团体网络中的寡妇》(Widows in the Kinship, Class, and Community Structures of Qing China)，《亚洲研究杂志》(*Journal of Asian Studies*)，第 46 卷第 1 期(1987 年)，第 37—56 页。

⑤ 伊沛霞 ，1993 年，第 7 页。

⑥ 曼素恩，《为婚姻培养女儿:清代中期的新娘与妻子》(Grooming a Daughter for Marriage:Brides and Wives in the Mid-Ch' ing Period)，见华若碧、伊沛霞，1991 年，第 208 页；欧大年(Naniel Overmyer)，《民间佛教:传统中国晚期的非正统宗派》(*Folk Buddhist Religion:Dissenting Sects in Late Traditional China*)，哈佛大学出版社，1981 年，第 93 页。

妇女往往会表露出她们对内闺世界的和平、宁静和安全感的向往[①]。留在家中,处在一个熟悉的环境中,履行她们胜任的职责,既能起到女性对自己的角色认同和自我价值的确信的作用,还有助于维持应有的社会秩序。因此,在儒家化中国,虽然乍看起来女性地位低下,没有独立性,但实际上她并不是完全没有权益和自由的[②]。

在这种大环境中,道教妇女的角色表现得很复杂。从规范上来说,道家学说反映了主流社会的妇女观;道教女信徒们多是已婚的,她们参与社会所认可的活动,并受儒家观念的约束。道教受主流思想的影响的另一个反映是,有不少道教习俗在性或社会关系方面利用了妇女。然而,道家思想又超越了主流价值观,道教中的许多内容赞扬女性化的宇宙之"阴"、崇仰重要的女神和女仙。所有这些都起到了为妇女提供楷模的作用。此外,道家学说还给妇女提供了一个社会选择,为她们开创了独立追求自身目标的途径——或是自行修身,或成为巫师、女冠、女炼师,或追求长生不老之术。

本书各章通过对史料的全面考察和整理来展现道教妇女观和妇女社会地位的变化。这种对史料的运用方式与地质学家运用地质学报告非常相似:通过注明地质形态结构的变化,我们可以看到不同时期的"地表状况"。显然,在道教中一个重复出现的主题是对女性身体

---

① 高彦颐,2001 年。

② 关于儒家社会中的妇女,参见高罗佩,1961 年;卢蕙馨(Margery Wolf),《台湾乡村的妇女与家庭》(*Women and the Family in Rural Taiwan*),斯坦福大学出版社,1972 年;卢蕙馨、维特克(Roxane Witke)编,《中国社会中妇女》(*Women in Chinese Society*)斯坦福大学出版社,1975 年;圭索、约翰内森,1981 年;欧大年,1981 年;克里斯提瓦(Julia Kristeva)《中国妇女》(*About Chinese Women*),伯亚斯(Marion Boyars)出版社,1986 年;周(Ray Chow),《妇女与中国的现代性》(*Women and Chinese Modernity*),明尼苏达大学出版社,1991 年;华若碧、伊沛霞,1991;高彦颐,1994 年;白馥兰,1997 年;曼素恩,《兰闺宝录——晚明至盛清的中国妇女》,斯坦福大学出版社,1997 年;佩泊,1997 年;瑞丽 1998 年;宋汉理(Harriet T. Zurndorfer)《前言》(Introduction),宋汉理编,《中国帝制时期的妇女》(*Chinese Women in the Imperial Past*),布瑞尔出版社,1999 年;曼素恩、程玉茵《在儒家的视野下:中国历史中有关社会性别的文献》(*Under Confucian Eyes: Writings on Gender in Chinese History*),加利福尼亚大学出版社,2001 年;王蓉蓉,《中国思想文化中的妇女》(*Women in Chinese Thought and Culture*),哈克特(Hackett)出版社,2003 年。拒绝接受传统模式的女性往往会得到不好的名声,例如武则天、慈禧等。

的控制。当这一控制的定义和方式改变时，道教文化中妇女的角色和机会也随之变化。一些与之有关的议题也相应产生，如，对性身体的控制、道教经典、身体补养、礼仪道具，以及人体作为人界与神界之间、微观世界和宏观世界之间的通道等。本书将向读者展示妇女在道教中是如何以各种理想形态和历史性人物出现的；它还将证明，这些女性角色既反映了中国文化的总体态度，也反映了道教信仰中的种种宗派格局。将道教中的妇女角色归类划分不免有点过于简单化，但我们还是可以大致分辨出五种形象，这些形象分别在道教史中的某个时期占主导地位。本书将按时代顺序来描写这些角色：它始于母性和女神形象，因为大量早期资料有这类记载；终于妇女体内修炼，因为这类文字迟至明清阶段才出现。这五种角色和形象是：

1. 母亲，她是生命的赋予者和宇宙的哺育力量——在古代道教中，这个观念反映在《道德经》（公元前 350 年）的哲学观点以及道教母神中。

2. 妇女作为宇宙中阴的力量的代表，与男性或阳相辅相成。阴无所不在，性和繁殖是阴的体现——在汉朝道教中，这个观念盛行于长生不老术以及 2 世纪时期的一些早期道教团体中。

3. 妇女作为神圣的教师和玄秘文献的传授者，通过教授和交流，赋予弟子道的力量——体现在第 4 世纪的上清道中。

4. 妇女是超自然沟通能力、医疗能力和医术的拥有者。这个观念导致了有势力的女道士、道教宗派创始人及宗教领袖的出现——从中世纪一直到帝国晚期（唐朝至明朝）。

5. 女性身体是仙化的主要成分和程序的容器，这在内丹术的词汇中反映得最清楚——盛行于明清时期及近代。

“道”之为母

在中国文化中，对母亲的尊崇充分表现在古代的《道德经》这部被传为是道教大圣——老子所著的箴言集里①。这本著作将道描写为伟大的母亲和滋养万物的水(宇宙的基本因素之一)。道具有柔软和孱弱的女性特质②。

道作为母亲,是万物生长之本,也是归根复命之地,它是宇宙和滋养一切的力量的精华和来源③。《道德经》用多种描述来形容道(第1、20、25、32、34章),道是宇宙的子宫,它孕育万物并滋养万物;世间的任何一个事物都是一个复杂的有机体的一部分,而这个有机体最终回归到道,并被道所包容④。因而,得道之人坚信道是万物之母,他们听任一切变迁和转换(甚至是死亡)自然发生,并认为这一万物之母是宇宙的神秘中枢。正如陈张婉莘(Ellen Marie Chen)指出的,在道教中,宇宙是一个"在同一时刻的物质会出现生命的迹象,然后恢复到死后的平静"的地方⑤。

其他学者也证实了《道德经》中母亲的支配地位的观念,一些学者还将道与神话般的大母联系在一起⑥。但也有学者指出,在《道德经》中,阴是阳的互补物,而世间圣人的得道并不是通过将自己转化成阴,

---

① 见汉里克斯(Robert Henricks),《老子道德经——郭店出土的惊人新文献的翻译》(*Lao Tzu's Tao Te Ching: A Translation of the Startling New Documents Found at Guodian*)。哥伦比亚大学出版社,2000年;拉法圭(Michael LaFargue)《〈道德经〉之道》(*The Tao of the Tao-te-ching*),纽约州立大学出版社,1992年。

② 欧大年,1981年,第92页。

③ 里德(Barbara Reed),《道教》,见夏玛,1987年,第162页。

④ 陈张婉莘(Ellen M. Chen),《道为大母以及母爱在中国哲学形成中的影响》(Tao as the Great Mother and the Influence of Motherly Love in the Shaping of Chinese Philosophy),《宗教史》(*History of Religions*),第14卷第1期(1974年),第57页;陈张婉莘,《中国早期道教中虚无与母的原理》(Nothingness and the Mother Principle in Early Chinese Taoism)《国际哲学季刊》(*International Philosophical Quarterly*),第9卷第3期(1969年),第391—405页。

⑤ 陈张婉莘,《〈道德经〉中有肉体不朽的理论吗?》(Is There a Doctrine of Physical Immportality in the Tao-te-ching?),《宗教史》,第12卷(1973年),第235页。

⑥ 见李约瑟(Joseh Needham),《中国科学技术史》第二卷《科学思想史》(*Science and Cilizaiton in China, vol. II: History of Scientific Thught*),剑桥大学出版社,1956年;戴闻达(J. J. L. Duyvendak),《道德经》(*Tao Te Ching*),伦敦莫瑞(John Murray)出版社,1954年,第56页。关于大母神话,见诺伊曼(Erich Neumann),《大母:原型分析》(*The Great Mother: An Analysis of the Archetype*),普林斯顿大学出版社,1963年;普莱斯顿(James J. Preston)编,《母亲崇拜:主题和衍变》(*Mother Worship: Themes and Variations*),北卡罗莱纳大学出版社,1982年。

而是通过融合阴阳两极并修炼成一个具有非阴非阳体格的人[1]。道教这种非阴非阳的理想持续发展到晚期,并体现在对各种母神的描述中。

除了对母亲的突出强调外,《道德经》还将道与雌性动物联系起来(第6、10、28、61章),并运用各种象征手法来暗示它的包容性和潜伏状态——如空洞的容器(第4章)、吼叫(第5章)、玄(第1章)、水(第6、78章)和山谷(第6、28、32章)等[2]。它还强调道之包容万物(第27、32章)、均等施善(第32章)以及如母爱般地珍惜所有事物(第67章)。它指出雌性可以以静的质量超越雄性(第61章),为达到与道合一,修行者必须守其雌(第28章),以磨炼其韧性和柔性[3]。

显然,《道德经》中的女性化形象并不完全是给予和滋养,她也包含了与阴相关联的一些隐暗因素,如软弱、静止、被动、黑暗、空洞和冷漠等。它揭示出女性更为阴暗、诡秘甚至是怪异的一面,虽然在《道德经》中这些特点是被赞誉为超越和调节世间的支配性模式的因素,但它也因而将妇女与阴暗和卑下等性质联系起来。这个现象反映了中国文化的主流观念,即鼓励妇女秘守内闺,培养使其能被轻易控制的贞洁、谦卑、温顺和唯唯诺诺之类的女德。由此可见,《道德经》所着重强调的两点——母性及女性的阴暗、虚弱和冷淡特征——都反映了传统中国对待女性的态度。不过,《道德经》同时又对这些态度作了相应的调整,赋予女性正面价值并将她与男性的无情和狡诈作对比,以之阐释世道。

妇女与宇宙之阴

道家思想中关于女性的另一个主要观点是在汉朝时期(公元前

---

① 安乐哲(Roger Ames),《道教与厌恶女性观念》(Taoism and the Androgynous Ideals),见圭索、约翰内森,1981年,第43页。

② 陈张婉莘,1974年,第53页。

③ 同上,第51页。

206年—公元220年)阴阳宇宙论的影响下形成的。在这个构图中,妇女被看作是阴的代表,与阳互补,是支配整个生命的两个动力之一。在某些情况下,阴甚至有更高的价值。例如中医体系认为,五脏(肝、心、脾、肺、肾)储存和滋养了维持生命所必需的能量——“气”,它们是健康和寿命的关键,这些人体器官被归类为阴。与它们相应的是被统称为六腑的阳性器官(胃、膀胱、胆囊、大肠、小肠)。这些器官活动力强,其功能主要是消化和排泄;它们显然是次要的器官。①。

在2世纪道教团体成型之前,阴阳宇宙观的体现仅限于实用范围——通过修炼气功来达到长寿和不朽的境界。这些修炼者并不认为自己是“道家”,但他们中有些人被后世的道教经籍推为道家先宗。他们利用阴阳系统来改变他们的饮食习惯、呼吸和举止,其目的在于纯化人体中的气并使其发挥出最大的潜能,从而获得最大限度的生命力。这一修炼传统的参与者有男性也有女性,但男性显然在所谓的“房中术”中利用了女性。最早的有关记载出自于马王堆帛书(公元前168年)②。

为了通过吸取女性伴侣的“气”而增强自己的“气”,汉代的房中术教授男性尽可能多地与不同的女性(最好是年轻健康的女性)行房。在达到性高潮之际,女性会分泌出“精”(“气”的一种表现形式),而男性自己则从不射精。相反地,男性行房目的在于体验性欲、以超然的专心和身体对会阴的压力来防止精液流出,并想象自己的精液由脊椎升上脑部。这一所谓的“还精补脑”术在当今社会里显然会被看成是

---

① 见满晰博(Manfred Porkert),《中医的理论基础:感应系统》(*The Theoretical Foundations of Chinese Medicine: Systems of Correspondence*),麻省理工学院出版社,1974年;卡普特查克(Ted J. Kaptchuk),《无人编织的网:中医理解》(*The Web That Has No Weaver: Understanding Chinese Medicine*),纽约,康顿-威德(Congdon & Weed)出版社,1983年;刘(Yanzhi Liu),《传统中医备要》(*The Essential Book of Chinese Medicine*),哥伦比亚大学出版社,1988年。

② 夏德安(Donald Harper),《公元前2世纪文书中所描写的中国古代房中术》(The Sexual Arts of Ancient China As Described in A Manuscript of the Second Century B. C.),《哈佛亚洲学刊》(*Harvard Journal of Asiastic Studies*),第47卷(1987年),第459—498页;夏德安,《早期中医文书:马王堆文书》(*Early Chinese Medical Manuscripts: The Mawangdui Medical Manuscripts*),伦敦,保罗(Kegan Paul)出版社,1999年。

一种吸血鬼式的性爱，它怂恿男性只注重女性的“气”的价值，并使用完女性后将她们丢弃①。

这种采阴补阳术背后的原理实际上是假设妇女拥有取之不尽的阴，她们也不会因为男女交接而受害。而且，因为男性使用了高度的技巧，她们还体验到了妙不可言的性高潮。但另一方面，这一时期的道家性学认为女性往往不会自愿地被男性利用，因此，当时的性学作品将男女交接描写成一种战争，而打胜仗的诀窍就在于让对手对这个较量一无所知。中古时期的养生文献《玉房秘诀》引冲和子言道：

> 养阳之家，不可令女窃窥此术，非但阳无益，乃至损病。所谓利器假人，则攘袂莫拟也……彭祖曰：夫男子欲得大益者，得不知道之女为善②。

除西王母以及其他一些在男性身上运用相同的方法的早期创先性女仙外，妇女往往是这类广为流传的房中术修炼过程中的受害者。而如果妇女胆敢尝试进攻性的性行为或乱交的话，她们往往被贴上“狐狸精”的标签。在中国神话传统中，这类妖精具有超自然的力量，她们从狐狸或是其他动物开始修炼，积聚魔法力量，经过几个世纪后

---

① 见引于《医心方》卷28。参见瓦尔(Douglas Wile)，《房中术：中国性学经典》(*Art of Bedchamber：The Chinese Sexology Classics Including Women' s Solo Meditation Texts*)，纽约州立大学出版社，1992 年；石原明(Akira Ishihara)、李豪伟，《性之道》(*The Tao of Sex*)，哈泊-罗出版社，1970 年。关于这些性爱修炼与道教的关系，参见李约瑟，1956 年；高罗佩，1961 年；石原明、李豪伟，1970 年；张(Jolan Chang)，《性爱之道：中国古代的心醉神迷之法》(*The Tao of Love and Sex：The Ancient Chinese Way to Ecstasy*)，纽约都腾(Dutton)出版社，1977 年；谢满泰(Mantak Chia)、麦寇文(Michael Winn)，《道教的爱的秘诀：修炼男性性能力》(*Taoist Secrets of Love：Cultivating Male Sexual Energy*)，纽约阿罗拉(Aurora)出版社，1984 年；贺贝来(Isabelle Robinet)，《道教史中的上清经》(*La Révélation du Shangqing dans l' histoire du taoïsme*)，法国远东学院出版社(l' Ecole Francaise d' Extrême-Orient)，1988 年；利德(Daniel P. Reid)《健康、性与长寿之道》(*The Tao of Health, Sex, and Longevity*)，塞姆-舒特(Simon & Schuster)出版社，1989 年；瓦尔，1992 年；朱(Valentin Chu)，《阴阳蝴蝶：中国古代性爱秘诀》(*The Yin-Yang Butterfly：Ancient Chinese Sexual Secrets for Western Lovers*)，塔撤尔(J. P. Tarcher)出版社，1994 年。

② 文章片断出自日本的一本 984 年成书医学著作及有关于长寿的材料。它并没有被编纂在《道藏》中。

才成精，并掌握了变为人形之术。为了增强法力甚至达到终身成仙的目的，她们必须吸取阳气，而且最理想的是年轻精壮男子的阳气。她们的捕捉对象往往是孤单的年轻学子，与他们发生性关系，最终使他们因精竭气绝而死①。

西方人多以为中国古代的房中术历来是与道教有关的，但事实上，在道教形成之前，这些技巧已经被融会在长生不老术中，而且在不同社会阶层都有其信奉者。道教将这类房中术融入自己的理论体系，但在此后的十个世纪中，道教与房中术的关系并不是一成不变的：房中术时或被排斥，时或被接受，其命运完全取决于当时的社会大环境。

例如，在 2 世纪时期最早的道教组织太平道和天师道中，男女交接被升华为宗教仪式。太平道和天师道以执着的千禧年主义信仰(millenarian belief system)、仪式化的等级制度、高尚的生活方式和强大的团体凝聚力而著称，并成为以后十个世纪中的逐渐发展壮大的有组织的道教(organized Daoist religion)的榜样②。与《道德经》和道教主流文化一致，在太平道和天师道中，母亲和女家长都受敬重，她们往往担当着领导者的角色，或是作为团体领袖之妻，或是作为资深的炼师或祭酒。此外，年轻女性则是入教仪式的主要参与者。

早期道家认为男女交接是阴阳调和的最直接的方法，这一观念延续了中国古代关于性交的信仰：性交不仅是个人身心健康所不可或缺的，而且也是宇宙正常运转的一个环节。比如，作为天地之中介的皇

---

① 关于狐狸精和她们的事迹，见瓦特斯(T. Watters)，《中国的狐狸神话》(Chinese Fox Myths)，《皇家亚洲学会(华北分会)杂志》(*Journal of the Royal Asiatic Society, North China Branch*)，第 8 卷(1874 年)，第 45—58 页；翟林奈(Lionel Giles)，《中国神仙众相》(*A Gallery of Chinese Immortals*)，伦敦莫瑞出版社，1916 年；克拉泊(Alexander Krappe)，《远东狐狸精传说》(Far Eastern Foxlore)，《加利福尼亚民俗学季刊》(*California Folklore Quarterly*)，第 3 卷(1944 年)，第 124—147 页；约翰逊(T. W. Johnson)，《远东狐狸精传说》(Far Eastern Foxlore)，《亚洲民俗学研究》(*Asian Folklore Studies*)，第 33 卷(1974 年)，第 35—68 页；韩瑞亚(Rania Huntington)，《唐代传奇中的老虎、狐狸及其他动物》(Tigers, Foxes, and Other Animals in Tang-Dynasty Chuanqi)，《中国文学论文集》(*Papers on Chinese Literature*)第 1 卷(1993 年)，第 42—59 页。

② 见汉德斯克(Barbara Hendeischke)，《早期道教运动》(Early Daoist Movements)，收于孔丽维编《道教手册》(*Daoist Handbook*)，布瑞尔出版社，2000 年，第 134—164 页。

帝必须保持一个与阴阳气的发展相协调的规律化的性生活,"宫廷里的女师是调节和监管君王和他的嫔妃们的性关系的专家,她们的职责是确保君王所幸各级嫔妃之日与《礼记》所定的周期相吻合"①。与之相同,宗教性的男女交接也往往是乡村中农民庆祝春季到来的节日活动的一部分②。

早期道家也同样认识到阴阳互动会导致气的纯一状态及与道的融合。这种阴阳互动可以表现在肉体的交会上,也可以表现在意念和知性的交会上③。无论是哪种形式,阴阳双方都有它固定的角色:阳——创立和形成;阴——转化和变质。在道家们所设想的性交中,真正的高手应该懂得如何摆脱欲望、将性高潮与享乐分开。因此性交本身并不重要,重要的是性交的效果——让气和谐运行,沿着身体内部的循环路线为行事者提供维生要素和滋补品,而不是让这些人体精液像废物一样被排出体外或浪费在激情的宣泄中。道家强调在交合中内重于外、无形重于有形,其目的在于让阴阳和谐之力得以最大程度的发挥,从而使个人、团体甚至整个宇宙获益④。

太平道和天师道均将性交仪式列为入道仪式的一部分,称其为"合气"。从此后一些零散资料中我们至少可以得知,"合气"是一个繁复的仪式,在这个仪式中,男子的性能量(黄气)与女子性能量(红气)如宇宙能量般地融合在一起⑤。这个仪式当在静室中进行,除男女双方外,还有一位道教大师和一位教授者在场。修炼者先以缓慢、规范的姿势并配以静修来创造一个神圣的空间,然后通过想象来建立男女双方的气的和谐乃至宇宙的气的和谐。例如第三节《思白气》曰:

---

① 高罗佩,1961 年,第 42—43 页。

② 参见葛兰言(Marcel Granet)《古代中国的节日与歌谣》(*Festivals and Songs in Ancient China*),都腾出版社,1932 年。

③ 里德,1987 年,第 165—166 页。

④ 戴思博,《古代中国的长生不死者》(Immortelles de la Chine ancienne),巴黎帕蒂斯(Pardès)出版社,1990 年,第 36 页。

⑤ 施舟人(Kristofer M. Schipper),《道教寺院制度》(Le Monachisme taoïsme),收于兰奇欧提(Lionello Lanciotti)编《三至十世纪时期亚洲宗教寺院》(*Incontro di religioni in Asia tra il terzo e il decimo secolo d. C.*),意大利奥尔斯奇(Leo S. Olschki)出版社,1984 年,第 203 页。

> 各思丹田白气,大如六寸面镜,出在两眉中间,渐大光明照耀之头上,下灌身帀体,彻见五脏六腑,九宫十二室,四支五体,关节筋脉,孔窍营卫,表里一切,莫不朗然。①

之后,修炼者告知他们大师和众神,他们将进行合气。这个过程以十分精准、根据天文学定位的仪式性动作来完成。与此同时,修炼者需要有高度的集中力并通过性分泌物的回归来保持自己体内的精华和充沛的精神。与正常性高潮发泄相反,性分泌应该通过脊柱而流进大脑,以起到滋养大脑、增强本人体质以及社会和谐的作用。上升的气还可与天府的神灵交流,让他们将所有修炼者"撤除死籍,著名长生玉历"②。

在这个合气实践中,女性充当着平等的角色。她们被视为团体中的重要成员,承受属于她们的职责和利益。天师道超越了古代视阴为黑暗、软弱、冷漠的观念,在其信奉者中确立了一个更为新型的对女性的尊敬和重视。不过,太平道和天师道都没有能使合气实践长久持续下去。太平道信徒们认为他们的宗教领袖是最合适的皇帝人选,184年,他们揭竿而起,企图推翻汉朝,最终因屡次武力镇压而灭亡。天师道则卷入了政治斗争,于215年投降曹操③。在这之后,他们被迫迁移到中国北方,分散在各地。虽然他们建立了一些新的天师道小团体,但是当地人对他们的性行为和其他修炼法颇为猜忌、轻蔑。渐渐地,天师道的主要教条与当地信仰融合起来,并由之而出现了一些新的观念,这一过程转化了合气入道仪式,并将道教中的妇女形象提高到了一个新的层面。

---

① 《上清黄书过度仪》,《道藏》第1294卷。参见戴思博,1990年,第29—30页。这是4世纪时期的上清派文献,但它保留了一些早期(约2至3世纪)的道教原理和修炼方法。

② 同上。又,参见石泰安(Rolf Stein)《论2世纪时期道家政治宗教运动》(Remarques sur les mouvements du taoïsme politico-religieux au IIe siècle ap. J.-C.),《通报》第50卷(1963年),第1—78页;严善炤《初期道教与黄赤混气房中术》,《东方宗教》第97卷(2001年),第1—19页。

③ 见李豪伟,1956年;小林正美,《六朝道教史研究》,创文社,1992年。

神圣的教师

415年,北魏道教理想家寇谦之(365—448)为改革天师道而著《云中音诵新科之诫》,声称为太上老君所授;364—370年间,东晋杨羲(330—386)在南方传授《上清经》。[①] 在这两本道教经典中,女性少有以平等的性伙伴的形象出现的,更为多见的妇女形象是教师和方术大师,她们提供有关个人及团体修炼的授课和秘诀。

例如,上清派第一宗师魏华存(252—334),本是高官之女,从天师道[②],后嫁给一位有声望的道家信徒和官员,生有两子。此后,魏华存另辟静室修炼,潜心修道。299年,她称有众真人密授道经,传以口诀,遂成为拥有主持宗教仪式权力以及行政责任的祭酒。317年东晋建立前战乱之际,魏华存全家避难于建康(今南京),此后她更是冥心斋静,又得到著名真人的来访[③]。最后,她在当时佛、道教活动的集聚点——湖南南岳衡山得道[④],被称为南岳夫人。仙举之后,南岳夫人曾造访杨

---

① 关于寇谦之的新道教,见马瑞志(Richard B. Mather),《寇谦之与北魏王朝的道教神权政治》(K' ou Ch' ien-chih and the Taoist Theocracy at the Northern Wei Court, 425—451),收于威尔曲(Holms Welch)、石秀娜(Anna Seidel)编,《道教面面观》(*Facets of Taoism*),耶鲁大学出版社,1979年,第103—122页;孔丽维,2000年。关于杨羲和《上清经》,参看贺贝来,1984年;司马虚(Michel Strickmann),《梁武帝镇压道教中的道教的巩固》(A Taoist Confirmation of Liang Wu-ti' s Suppression of Taoism),《美国东方学会杂志》(*Journal of the American Oriental Society*),第98卷(1978年),第467—474页;司马虚,《茅山宗上清的启示》(Le Taoïsme du Mao chan:Chronique d' une Révélation),法国汉学研究院,1981年。

② 里德,1987年,第167页。

③ 戴思博,《道教中的妇女》,(Women in Daoism),收于孔丽维《道教手册》,2000年,第384—412页。

④ 见佛雷(Bernard Faure),《中国宗教传统中的空间与地点》(Space and Place in Chinese Religious Traditions),《宗教史》,第26卷(1987年),第337—356页;罗布森(James Robson),《南岳的多形空间》(The Polymorphous Space of the Southern Marchmount),《远东亚洲丛刊》(*Cahiers d' Extreme-Asie*),第8卷(1995年),第221—264页。

羲,传宝经多卷,并口授指示[①]。

上清派的其他重要女真人包括:西王母、紫微夫人和上元夫人。作为教师,她们继承了一个古代的传统——女性大师、女传授者。这个传统最早出现在关于长生不老术,尤其是房中术的文献中,如素女、采女、玄女等,她们都指导过黄帝,还有关于性满足的文献传世[②]。

在上清派中,这类有知识的女性被称为"女真",以与男子之"真人"相对。"真"这个字的意思是"完美"、"纯粹"、"真正"。但也有文献以意为"贞洁"、"纯正"的同音字"贞"代之,这两个字偶尔可以互换[③]。因此,《开化真经》称"贞女"需要修行的品德是:端正、孝顺、寡而守节。它反映了传统中国社会对女性品行的要求,与《女诫》[④]如出一辙。

上清派仿效传统中国社会的女性典范,鼓励禁欲并推崇清静无为的女性角色。但它还是保持了以男女交接为入道仪式环节之一的原则。所不同的是上清派将"合气"转移到了神仙之界。[⑤]据《真诰》记载,为真人代言的杨羲称:

---

① 见波姆巴彻,1998 年,第 690—691 页;波姆巴彻,2000 年,第 520 页。关于魏大人,参见何曼(Rolf Homann),《黄庭经中的仙人》(*Die wichtigsten Körpergottheiten im Huang-t' ing ching*),库默(Alfred Kümmerle)出版社,1971 年,第 19—21 页;司马虚,1981 年,第 142 页;贺贝来,1984 年,第 402 页;戴思博,1990 年,第 56—60 页。关于魏夫人崇拜,见薛爱华(Edward H. Schafer),《女神:唐代文学中的龙婆雨女》(*The Divine Women: Dragon Ladies and Rain Maidens in Tang Literature*),加利福尼亚大学出版社,1977 年。魏夫人传记还被收入元朝的《通鉴后纪》。

② 高罗佩,1961 年,第 121—125 页。

③ 戴思博,1990 年,第 32 页。

④ 《女诫》是汉代女学者班昭所著的一本关于女性顺从的文献。见高罗佩,1961 年,第 98—103 页;宋,1981 年;凯乐(Theresa Kelleher),《儒教》(Confucianism)。又,参见夏玛,1987 年,第 144—147 页;曼素恩,1991 年,第 213—214 页;佩泊,1997 年,第 63—64 页;瑞丽,1998 年,第 236—246 页。关于《女诫》以外的女子训诫读物,见瑞丽,1998 年,第 246—257 页;汉德林(Johanna Handlin),《吕坤的新听众:女性教育程度对 16 世纪中国思想的影响》(Lü Kun's New Audience: The Influence of Women's Literacy on Sixteenth-Century Thought),收于卢蕙馨、维特克,1975 年,第 13—38 页。

⑤ 波姆巴彻,2000 年,第 521 页。

> 夫真人之偶景者，所贵存乎匹偶，相爱在于二景。虽名之为夫妇，不行夫妇之迹也。是用虚名，以示视听耳。苟有黄赤存于胸中，真人亦不可得见，灵人亦不可得接。①

关于偶景术有一整套专门的技巧介绍，它要求修炼者想象太阳和月亮的纯洁之气在自己的眼前出现，然后想象在纯气之中出现一个仙女。通过长时间的修炼，仙女的身影会逐渐变大，变清晰，以至能感受她的肉体。仙女将嘴唇紧贴修炼者，由此将仙气传给他以增强他的生命力。而且，经过长期的求爱和反复的静修，仙女甚至会在他身边躺下，为他讲述仙界知识和经验②。与偶景术原理类似的一个技巧是，修炼者静修阴阳之力的结合或静修仙男仙女在自己的体内，如道之父在脑内、道之母在肾内，等等。

上清派将肉体的交媾列在次要位置，并认为这种男女交接不可能使修炼者达到最高的真人境界。正如《真诰》卷5所说：

> 若但行房中、导引、行炁，不知神丹之法，亦不得仙也。若得金内神丹，不须其他术也，立便仙矣！若得《大洞真经》者，复不须金丹之道也，读之万遍毕，便仙也。

上清道对长生的理解从肉体的长生不朽转移到了运用超然法力而得成仙登天。因此，对道教经籍的精通以及正确的静修方式远比体格锻炼和运气重要。与这个转变相应，上清派对男女交合的态度也显得模棱两可，对天师道也不乏攻击。据《真诰》记载，紫微夫人曾感叹道：

> 夫黄书赤界，虽长生之秘要，实得生之下术也。非上官天真流軿晏景之夫所得言也。此道在长养分生而已，非上道也。有怀

---

① 波姆巴彻，1998年，第691页；戴思博，1990年，第58—59页。

② 见薛爱华，《太玄玉女》(The Jade Women of Greatest Mystery)，《宗教史》，第17卷(1978年)，第387—397页。

于淫气，兼以行乎隐书者，适足握水官之笔，鸣三官之鼓耳！玄挺亦不可得恃，解谢亦不可得赖也。(卷2)

按上清派的理论，肉体上的阴阳调和已不足以达到长生不死。正因如此，妇女作为平等的性伴侣的角色也不再重要，她们更多是被理想化为有着神仙力量的道的秘诀的传授者、解密者；她们能与求长生不老之术修炼者密切交流，但这种交流不一定是性爱。道教中的这种妇女角色一直活跃到唐朝末年，大量的唐代诗歌反映了道士和文人对女仙的追慕①。

宗派创始人和宗教领袖

在唐朝及以后各代，越来越多的妇女入道受箓。在唐朝的1687所道观中就有550所是女道观。在道教中，女性与男性在受箓仪式、等级和在道内的地位方面都是相同的。她们或担当神媒支持各类道教仪式，或做修隐的女道士，追求自身修炼、保持清心寡欲、同时又与外界广泛交流。入道受箓的妇女来自社会各阶层，道教在当时为女性提供了一条真正打破传统生活模式的道路。

同时，妇女也被尊崇为可以通灵的预言家、医治者、灵媒及巫师。她们开创了许多新的道教运动，并在已经存在的种种道教宗派中担当负责人和领袖。在8世纪，正统道教开始与各种地方崇拜融合起来，特别是在滨海以及东部和南部的中心地带。各种女神崇拜(如各种女性河神、山神、巫女和教派创立者等)多建寺立像，进香祈祷者男女均有之②。

一个因女性支持而发展起来的地方崇拜是清微派，其第一代祖师

---

① 见柯素芝(Suzanne Cahill)，《关于金母的思考：杜光庭的西王母传》(Reflections of a Metal Mother：Tu Kuang-t'ing's Biography of Hsi Wang Mu)，《中国宗教杂志》(*Journal of Chinese Religions*)，第13卷(1985年)，第127—142页。

② 参见薛爱华，1973年。

是唐代女道祖舒[1]。祖舒在遍受各等符箓之后造访桂阳,谒见灵光圣母,得授清微大法及符箓驱邪之道。13 世纪时,清微派继承人编本宗先祖谱牒,列祖舒为清微始祖[2]。

宋朝时期,临水夫人派系盛行。临水夫人本名陈靖姑,生于 767 年,虽然她有天赋的超然神力,但还是在一个祈雨仪式中不幸身亡,当时仅 24 岁,而且怀有身孕。临水夫人的神力在死后开始显现,渐渐地,她被崇奉为妇女、儿童和乩童的保护神。临水夫人崇拜最初是在她故乡闽地(今福建省)发展起来的,它在宋代得到广泛传播。其主要追随者是能通过巫道与另一世界沟通的巫术师、镇魔师、驱邪法师及巫医等。临水夫人崇拜极为兴盛,也被许多地方道士及文人所接受,它至今仍在台湾流传[3]。

这个时期另一位重要的女真人是曹文逸(活跃于 1119—1125 年),她是一位著名的诗人,也是《大道歌》的作者。宋徽宗(1101—1126 年在位)闻其名而召之入京,赐以官号。曹文逸曾注疏道经多篇,被誉为"文逸真人"。因为她信奉内丹,清代的道教谱牒多将她派列为内丹宗派(尤其是清静派)祖师之一。这些事迹记载在鬼画符道场及北京白云观大量的碑刻中。

12 世纪末期,宋朝受到来自中亚势力的威胁,全真道因之兴起。全真道的创始人公开向上层社会表明他们是能够抵制蛮夷、拯救中国文化的道教信徒。全真派妇女在许多重要道观担当主持,她们也是道教领袖的妻子或母亲、或是地方团体的关键人物。在全真派的最早的七个大师中有一位是女性——孙不二(1119—1182)。

孙不二出生于山东一个地方世家,她受过很好的文字训练,后嫁与以"马半州"闻名的马钰(1123—1183),生有三子。在 1167 年王重

---

① 参见任继愈《中国道教史》,上海人民出版社,1990 年,第 565—566 页。

② 戴思博,2000 年,第 390 页; 波尔兹(Judith M. Boltz)《道教文学概观——10—17 世纪》(*A Survey of Taoist Literature: Tenth to Seventeenth Centuries*),加利福尼亚大学出版社,1987 年,第 38—39 页。

③ 参见伯施尔(Brigitte Berthier),《临水夫人》(*La Dame du bord de l'eau*),法国人种学学会(Société d'ethnologie),1988 年; 戴思博,2000 年,第 391 页。

阳云游到他们的故乡之前，马、孙夫妇俩过着安逸平静的生活。被王重阳点化后，他们都成了非常活跃的道教信徒。孙不二成为宁海地区全真派领袖，修行于金莲堂。她的功绩使她获得了“清静散人”的称号，并受第三次（也是最高的）全真箓，从此成为宗派内的长老，有教授和主持授箓仪的权力①。孙不二崇拜在宋代以后兴盛不衰。

在这些代表性的事例中，妇女以她们的功绩和对道教的虔诚信仰而获得很高的宗教地位。她们与男性密切合作，并因掌握神媒和医治的能力而提高了自己的地位。因为她们母性和心灵感知力，她们被视为道教的宝贵财富、修道成真的关键人物，以及长生不死传统的保持者。

内　丹　术

在传统的内丹术中有一种特殊的女子修炼。自宋朝以来，内丹术在道教中成为主流，它也是全真派的主要修炼方式②。从中世纪开始，

---

① 戴思博，2000 年，第 392 页。

② 关于内丹术，参看李约瑟《中国科学技术史》第五卷《炼丹术的发现和发明（续）：内丹》（*Spagyrical Discovery and Invention-Physiological Alchemy*），剑桥大学出版社，1983 年；贺贝来《内丹对道教和中国思想的原创性贡献》（Original Contributions of Neidan to Taoism and Chinese Thought），收于孔丽维《道教静修与长生不死术》（*Taoist Meditation and Longevity Techniques*），密歇根大学出版社，1989 年，第 295—238 页；贺贝来，《道教内丹术：合众为一》（*Introduction a l' alchimie interieure taoïste：De l' unité de la multiplicité*），1995 年；鲁（Kuan-yü Lu），《道教瑜伽——炼丹术与长生不死》（*Taoist Yoga-Alchemy and Immortality*），伦敦莱德（Rider）出版社，1970 年；克里瑞（Thomas Cleary），《悟真篇：张伯端的道教炼丹经典》（*Understanding Reality：A Taoist Alchemical Classic by Chang Po-tuan*），夏威夷大学出版社，1987 年；克里瑞，《金华宗旨：有关生命的中国经典著作》（*The Secret of the Golden Flower：The Classic Chinese Book of Life*），哈泊出版社，1992 年；威尔姆（Richard Wilhelm），《太乙金华宗旨：一本关于生命的中文著作》（*The Secret of the Golden Flower：A Chinese Book of Life*），企鹅（Penguin）出版社，1984 年；巴尔德里安—侯赛因（Farzeen Baldrian-Hussein），《秘传正阳真人灵宝毕法——11 世纪的炼丹术要说》（*Procédés secret du joyau magique：Traité d' alchimie taoïste du XIe siécle*），法国二洋（Les Deux Oceans）出版社，1994 年；巴尤谢－彻莫尼（Baryosher-Chemouny），《追求长生不死：宋代的内丹术》（*La quête de l' immortalité en Chine：Alchimie et payasage intérieure sous les Song*），法国德维（Dervy）出版社，1996 年；斯卡（Lowell Skar）、普里伽迪欧（Fabrizio Pregadio），《内丹》（Inner Alchemy），收于孔丽维，2000 年，第 467—497 页。

道士们就致力于追求修道成仙术。除了注重气的运行和扩充外,他们还尝试以矿物和植物成分来炼制金丹。唐朝时期,他们将注意力转移到了内在的修炼,并以各种金丹术词汇及炼丹过程来描述这种内在的修炼,这就是所谓的内丹术。内丹术企求通过以意念方式利用体内器官而达到“成仙”的目的。通过相反两极在体内合一以及一系列的运转,修炼者可以将组成生命的形与神重新结合,并从尘世的繁复回归到与道合一,因此而得以结神丹、获仙道。

宋朝时期就有多种炼丹传统。有些传统结合内丹和外丹,另一些则将两者分开。许多炼丹传统继承了上清派的想象(景)方式并以炼丹术语言来表达它。一般来说,女性的身体被认为是理想的内丹转化的容器。女性修炼者和男性修炼者的修炼程序相同,但是,她们的起点与男性不一样,因此在修炼过程中比男性更有优势。她们的特殊需要和修炼动作导致了专门为女性设计的内丹术的出现,这就是女丹。

内丹术在多方面继续延用古代道教的基本修炼方式:还精补脑、体内运气、修炼三焦(腹、胸、脑)五脏、积聚体内精气以及静修等。内丹术藉着中国文化中的感应符号体系,将早期道家用以形容道的词汇直接用来形容炼金丹的化学过程。

内丹术的原理是人体的三种能量(精、气、神)运转变迁,最后回归到道[①]。在第一个阶段,修炼者结合体内各种阴阳因素使之凝成灵珠、长成真种子。第二个阶段象征十月养胎,最后胎儿以光的形态出世。按内丹理论,胎儿当头顶诞出,因为内丹修炼过程反常道而行之。在第三阶段,闪亮的神在可以自由离开后又重新进入体内。最后神升华而与宇宙大虚完全合一。

从有关明清时期盛行的女丹的文献来看,性别的差异只在内丹术三阶段中的第一阶段出现。男性以“服白虎”法来炼精化气,而女性则在“赤龙”(月经)上下功夫,逐渐减少经流量并最终停经。这个过程就是俗称的“斩赤龙”,它最早出现于1310年的一篇文献中。月经中

---

① 斯卡、普里伽迪欧,2000年,第488页。

止象征着修炼者达到了既是孕妇又是未成年的女子的状态。经血等同于男子的精液，在修炼后会升华并带来“新血液”，有些文献称之为“白凤髓”。

“赤龙”和“白虎”这两个表述词将普通的身体内的液体转化为新的、更高层次的神力。当这些文献描写性交和经期的分泌物时，它们往往使用日常用语和医学词汇，比如“精”、“月血”及“月水”。但是，在内丹术理论中，物与神是不能有分裂的，因此一种可以同时表示体质和精神转化的象征性语言便应运而生，以至于有以“斩赤龙”一词来形容停经这种体质上的反应①。“斩赤龙”标志着修炼长生不死过程中的一大进展，它也是炼虚还道中最关键的第一步，它使修炼者得以恢复真气和天赋的宇宙力量。正如女仙、阴的势力的代表、神圣的教师和超然的女道士那样，在内丹术中，理想女性是成功的道的修炼者，她们在纯化道和激化道方面作出了重要的贡献。

道教妇女和中国社会

道教在其历史过程中与妇女和女性化有着多层面的、错综复杂的关系。它遵从儒家社会的主流思想，赋予母亲及女家长极高的荣誉，也赞赏与母性有关的生殖、养育、照料等品质。同时，道教也跟随儒家学者将已婚妇女置于她们的丈夫的从属地位，道教不允许妇女擅自入道，她们必须在得到丈夫允许之后才能将她们的名字记录在天师名册中。

道教还以同样的传统方式对待未婚女性，她们必须得到自己家庭的允许才能加入道教组织或入道观。入道受箓不仅带来社会地位的转变，它还有经济上的义务和承诺，因此这些家庭颇为社会所看重。虽然非道教家庭女儿入道也时有所闻，但大部分希望入道的年轻女性来自有道教背景的家庭，她们自愿继承家庭的传统。然而，不管她们

---

① 戴思博，2000 年，第 406 页。

是否与道教传统有关，道教显然承认年轻女性可以有婚姻以外的信仰上的追求和向往，道教也为她们提供了一个逃避父权和夫权约束的可行的、体制化的选择。更重要的是，这个选择（正如佛教所主张的①）声称，最实在、最有效的孝道和家族义务是关注已经在另一个世界的祖先，并通过与神交往为现世社会服务。因此，家中有女儿入道不仅被社会所接受，而且在某种情况下还是颇值得向往的。

虽然道教对妻子和母亲的生活影响不大，为有宗教天赋的未婚女性提供的机会也有限，但它给寡妇和离婚妇女的生活所带来的变化却是实质性的。这些女性往往因被主流社会所避讳而出家成为炼师、女冠，这个选择使她们可以在道内得到与男性平等的级别和地位，过着相当程度上的独立和自由的生活。同样的，被弃之妾、退隐的女妓、年老的歌姬等在道教组织中也能得到庇护和新生命，使她们得以避开尘世，专注于内心的安宁。因为不受父母或丈夫的控制，这些有限的（liminal）女性形象无疑是对儒家社会秩序的一种威胁，但是，她们却为道教提供一个很好的机会。她们既成熟又能干，也往往有一定的经济能力。她们或建立道观，或担任神媒和医师，为道教组织的形成和发展做出了巨大贡献。

所有道教妇女都在形成自己的观念和模式的过程中以道教理想女性为楷模。这些理想女性记载在神话、仙人故事、历史文献和有关女性身体的描绘中。她们的形象反映了道教妇女是如何看待自我、如何孜孜不倦地在与道合一的过程中成熟起来的。

---

① 寇爱伦（Alan Cole），《中国佛教中的母与子》（*Mothers and Sons in Chinese Buddhism*），斯坦福大学出版社，1998 年。

古代中国吸血鬼式的性文化及其宗教背景

金鹏程(Paul R. Goldin) 著

王蓉蓉 译

《玉房秘诀》是一本长寿指南,旨在说明具有充足空余时间的男性如何与自己的妻妾相处,概括出一个关于性爱练习的养生法,如果习而久之就会实现长生不老。它的原著已佚,但那些有价值的片段仍然被保存了下来,收在《医心方》中。《医心方》是一本关于中国医学的日文选集,由丹波康赖(912—995)编纂于公元982年。尚存的片段显示出《秘诀》真实地展示了房中术的风俗画,并且介绍了一些详细的步骤。在近代这种过程称为吸血鬼式的性爱(sexual vampirism)①。

所有的人类都是由宇宙最基础的物质——气组成,这种气在男人和女人达到性高潮时以一种特别集中的形式(又名:"精"、"精华"或"精气")释放出来(对于男性,精即是精液;对于女性,精即是阴道的

编者注:感谢作者金鹏程教授对本译文的校订。本译文删节了原文中的一些脚注。译者感谢潘峰、张璐在翻译过程中的帮助。

① 参见高罗佩(R. H. van Gulik),《明代有关性欲的彩色书刊》(*Erotic Colour Prints of the Ming Period*),《莱顿汉学丛书》(*Sinica Leidensia*),第62卷(2004年),第12页;金鹏程、高罗佩,《古代中国的性生活:一个关于中国性和社会的初步报告》(Sexual Life in Ancient China:A Preliminary Survey of Chinese Sex and Society from Ca. 1500 B. C. Till 1644 A. D.)《莱顿汉学丛书》,第57卷(2003年)。应当指出,并非所有古代房术指南都教授吸血鬼式性爱。在《医心方》中的其他一些文章,例如《素女经》和《洞玄子》,多次声明他们指定的练习对男性和女性都有益处(尽管经常以不同的方式)。但在《医心方》的所有文章中,《玉房秘诀》提出了最为极端的吸血鬼式性爱的概念——把它作为剥削异性的一种方式。

分泌物)。房中术的提倡者指出,在性交的过程中,如果一方能够在不释放自己任何液体的情况下吸收性伴侣生殖器的液体,那么这一方将补足、增长自己的气而使伴侣消耗气。而且,如果重复不断地和她行房中术,那么她最终将精尽人亡。(基于这个原因,实践者应该去找年轻处女实践,因为她们还没遭受到过多的萎靡遗精。)可见,房中术指南的最终目的在于一方在防止自己精液流失的同时去诱导性伴侣充足的性高潮①。

从《秘诀》中占有那些单纯易受骗的女孩为出发点,很显然它的读者是男性②。然而,在一个结合点,文章也谈到女人们也能像男性那样简单地使用这些方法的可能性,并附加上颇为难忘的先例。我们在《医心方》中看到:

> 《玉房秘诀》云:冲和子曰:"非徒阳可养也,阴亦宜然。西王母是养阴得道者也。一与男交而男立损病,女颜色光泽,不着脂粉。常食乳酪而弹五弦,所以和心系意,使无他欲。"又云:王母无夫,好与童男交,是以不可为世教。何必王母然哉?③

---

① 参看金鹏程《中国古代性文化》(*The Culture of Sex in Ancient China*),夏威夷大学出版社,2002 年,第 6 页注解 20 中的引文和近代的严善照《马王堆汉墓の房中养生の竹简についての研究》,《中国出土资料研究》第 5 卷(2001 年),第 48—68 页和第 8 卷(2004 年),第 39—62 页。在某些情况下,目前尚不清楚《秘诀》是否要求男子射精、不射精或逆行射精,即是否男性需要完全抑制射精或使精液再射回自己的体内。当文章谈到"还精补脑"(参见下文)时,很显然"逆行射精"也包括在内。

② 特别参看费侠莉(Charlotte Furth),《反思高罗佩:中国传统医学中的性和生殖》(Rethinking Van Gulik:Sexuality and Reproduction in Traditional Chinese Medicine),收于柯临清(Christina K. Gilmartin)、贺萧(Gail Hershatter)、罗丽莎(Lisa Rofel)和魏台玉(Tyrene White)编,《性别化中国:妇女、文化与国家》(*Engendering China:Women, Culture, and the State*),哈佛大学出版社 1994 年,第 135 页;严善照,《多御少女の房中術に關する醫學的檢證》,《日本医史学杂志》第 48 卷第 2 期(2002 年),第 205—217 页。

③ 引用自李零提供的纪念刊《中国方术考》附录,修订版,北京:东方出版社,2000 年,第 515 页(在引文时我在原文的基础上对标点符号自由地做了一些改动)。《医心方》的完好版本是不容易得到的。翟双庆及其他人编的《医心方》(北京:华夏出版社,1993 年)提供了被圈点的版本和基本的批判性注释,但有一些错字。

西王母是一个长寿的女神。在西方著作中，她的称号常被译为"Queen Mother of the West"①(其实是错误的)。以上段落在逻辑上不难理解：如果男人能借助消耗性伴侣的气，同时又保存自己的阳精，从而达到长寿；那么女人也应该能达到相同的效果：消耗男伴侣的气的同时保存自己的阴精。这一段落以一句警示结束：男士们，千万不要将秘诀公之于世。不然的话，女人们会纷纷仿效之，导出丈夫蓄积的气，以得永久与男童们在美食和弦乐的伴随下尽兴纵欲②。

这一对西王母的描写与她的传统形象形成了鲜明的对比。据我所知，只有近代的一份关于女神的研究中曾经提及了这个传说③。大多数研究却聚焦在西天极乐世界，她在上千年的运动中扮演的角色，以及她的传说中隐约可见的天文概念④。(这种沉默的一部分原因可能是，相对来说《秘诀》还未引起注意，但更主要的原因则是汉学家们

---

① 在《孔子之后》(*After Confucius: Studies In Early Chinese Philosophy*，夏威夷大学出版社，2005 年)和《中国古代性文化》中，我坚持翻译为"Spirit Mother of the West"。

② 参看恩格勒特(Siegfried Englert)《古代和近代中国妇女的地位和性倾向资料》(*Materialien zur Stellung der Frau und zur Sexualität im vormodernen und modernen China*)，法兰克福，海格-和辰(Haag & Herchen)出版社，1980 年，第 58 页；克尔坦马克(Max Kaltenmark)，《列仙传》(*Biographies légendaires des Immortels taoïstes de l' antiquité*)，巴黎：法国学院(Collège de France，Institut des Hautes Études Chinoises)，1987 年，第 182 页，注 3 评论相似的神象征着一个叫女几的女人(有时写为女丸)；出自张金岭《新译列仙传》，古籍今注新译丛书(台北：三民出版社)，1997 年，第 66 页。

③ 戴思博(Catherine Despeux)、孔丽维(Livia Kohn)《道教中的女性》，三松(Three Pine)出版社，2003 年，第 38 页。

④ 最知名的研究有：富路豪夫(Manfred Frühauf)，《西王母》(*Die königliche Mutter des Westens: alten Dokumenten Chinas*)中的西王母，中国古代版本 46，波鸿(Bochum)：普罗杰特(Projekt)出版社，1999 年；柯素芝(Suzanne Cahill)，《超凡和神圣的情欲：古代中国的西王母》(*Transcendence and Divine Passion: the Queen Mother of the West in Medieval China*)，斯坦福大学出版社 1995 年；鲁惟一(Michael Loewe)，《通往天堂之路：中国人对永生的追求》(*Ways to Paradise: The Chinese Quest for Immortality*)，恩威因-海曼(Unwin Hyman)出版社，1979 年，第 86—126 页；石秀娜(Anna Seidel)对最后的工作进行的复查——《汉代古墓中不朽的标志》(Tokens of Immortality in Han Grave)，《努门》(*Numen*)第 29 卷第 1 期(1982 年)，第 79—114 页，特别是第 99—106 页。更多的参照，查看金鹏程《孔子之后》，第 159 页，注 51；路罗(Sheri A. Lullo)，《汉代对女圣人的描写》(Female Divinities in Han Dynasty Representation)，收于林德福(Katheryn M. Linduff)，《性别与中国考古》(*Gender and Chinese Archaeology*)，罗门-立特尔菲德(Roman and Littlefield)出版社，2004 年，第 259—287 页。

在对待涉及到性的书籍时的犹豫。)类似地,很多史料包含了关于西王母的传记资料,但唯有《玉房秘诀》提到她的不老来自于玉床上的功夫。例如,最常见的引证记载,杜光庭(850—933)即断言她是由于道而生成,并且在出生的那一刻已经升天。杜光庭承认她的女子气(他将她的传记归在女仙类中),不只一次地陈述了她统治阴精;然而,不出所料地,他拒绝将这种概念与房中术连在一起。反而,他将西王母定位于传统道教所创立的上界官僚体系中①。

为什么《秘诀》没有提及西王母神力的其他方面呢?有一些相互联系的答案。首先,《秘诀》的准确年代并不清楚,它可能出于汉代(公元前206年—公元220年)的某个时期,远早于像杜光庭所写的那种标准的西王母传记。但是无论《秘诀》可能有多古老,它仍然无法与《穆天子传》相比。《穆天子传》已经将她描绘成一个住在遥远西方的女神,迷人而又纯洁,用盛宴和歌舞款待穆天子②。因此,《秘诀》的读者可以隐约领会到文中的不尊之感。他期望知道更多的关于西王母在举止道德方面的传说,他也会被这种将之塑造成一个性吸血鬼的非传统描述所震惊。

但是如果将《秘诀》的这段话看作是一个粗俗的笑话,那会是一个错误。《秘诀》的风格并不是诙谐的;相反,文章十分冷静地分析了单纯有节制地吸取别人气的益处和危险。此外,它关于西王母的记载还

---

① 《墉城集仙录》中的"金母元君"。完整的传记由柯素芝翻译。见王蓉蓉(Robin R. Wang)《中国思想和文化中的女性形象》(*Images of Women in Chinese Thought and Culture: Writings from the Pre-Qin Period through the Song Dynasty*),海克特(Hackett)出版社,2003年,第346—365页。关于杜光庭,查看维热兰(Franciscus Verellen)《杜光庭》(*Du Guangting* [850—933]: *Taoïste de cour à la fin de la Chine medieval*),法国波卡德(De Boccard)出版社,1989年。

② 《穆天子传》(四部备要),3.1a—2a。这部传奇故事于公元前281年在一个古墓中被找到,至少尘封于5个世纪以前。著作被重新发现后,经过了篡改,那看来好像是一个实在的界限,因事实而变得复杂,但是卷3很可能最真实。查自马修(Rémi Mathieu),《穆天子传》(*Le Mu tianzi zhuan: Traduction annotée, étude critique*),法国大学出版社(Presses universitaires de France),1978年,第101—124页;以及马修在鲁惟一编《中国古代文献》(*Early Chinese Texts: A Bibliographical Guide*)中关于《穆天子传》的介绍。加利福尼亚大学东亚研究所(Institute of East Asian Studies),1993年,第342—346页。

涉及到中国古代宗教信仰中的另一些主题。具体来说，这篇西王母的神话的描述极其非道德，极其非道教，极其入世①。

说它是非道德的，这是因为文中提到西王母没有凭借优秀的道德和贞洁善良的品行得到她女神的称号；相反的，所有的细节都暗示西王母本来是一个和其他女人一样的普通女子，只不过是通过房中术拥有了超凡力量。正如那个强调警示性的结尾所示，超凡的是房中术技术，而不是西王母。所以每一个能借鉴同样的私密知识的女人，都可以用它来达到相同的效果。房中术的练习就像畅饮灵丹妙药：只要药是上等的（不是世间江湖医生所卖的假药）②，它在有罪过的人身上也能生效。这一对道德的不闻不问值得我们将它与汉代关于成仙的理论作比较③。对比《太平经》④中对神话的注释：

> 白日升天之人，自有其真。性自善，心自有明。动摇戒意不

---

① "入世"（this-worldly）这个标签借鉴自李约瑟（Joseph Needham），《中国科学与文明》，剑桥大学出版社，1954 年，第 2 卷，第 71—127 页。（这是在他早期论述［卷Ⅱ，第 139—161 页］的基础上作出了改进。）我同李约瑟主要的意见分歧是关于他把今世不朽理解为是"在道教庇护下的特殊性"（第 2 卷，第 83 页），在以下的讨论中将予以说明。

② 一个众所周知的故事：一个沿街叫卖的小贩声称带了一种长生不老的草药到一个皇宫中，一名宫殿的官员听说这件事后，偷吃了这种草药。这就使国王陷入了一个两难的境地：如果他无视这一罪行，就意味着他宽恕盗窃，但如果他处决他的下属，这也同时证明了长生不老药是假的，他的皇宫里有骗子。原文在《战国策》中的《有献不死之药于荆王者》（上海古籍出版社，1978 年，第 544—555 页）。类似地，韩非（死于公元前 233 年）讲述了一个故事，一个庸医自称知道长生不老的秘密，但是在他教给学生之前自己却死了。选自陈奇猷《韩非子新校注》的《外储说左上》，上海古籍出版社，2000 年，第 676 页。

③ 关于汉代宗教从无道德到有道德的转变过程，蒲慕洲有简短的评论，《追寻一己之福：中国古代的信仰世界》（*in Search of Personal Welfare*：*A View of Ancient Chinese Religion*），纽约州立大学出版社，1998 年，第 207 页。

④ 对于《太平经》复杂的原文史实叙述的概要，见汉德里斯克（Barbara Hendrischke），《早期道教运动》（Early Daoist Movements），收于孔丽维《道教手册》（*Daoism Handbook*），布瑞尔（Brill）出版社，2000 年，第 143—145 页；坎德尔（Barbara Kandel）早期的研究《太平经：全民福利经的起源和传承——一篇非官方文献的历史》（*Taiping Jing*：*The Origin and Transmission of the "Scripture on General Welfare" — The History on an Unofficial Text*），汉堡：东亚民族与社会出版物 75（*Gesellschaft für Natur- und Völkerkunde Ostasiens Mitteilungen* 75），1979 年。

> 倾邪，财利之属不视顾，衣服粗粗，衣才蔽形，是升天之人行也。天善其善也，乃令善神随护，使不中邪。天神爱之，遂成其功。是身行所致，其人自不贪世俗大营财物①。

在《太平经》的另一处，天师同意一位不知名的真人②的说法，某种药物可能会使人长生不老，但是他在这一表面上的让步是为了驳斥这种无道德的长生。因为天师接着声明，天宫储存有大量的长生不老药，但它用来分发给有贤德者，就好像人间的君主储存大量的谷物，用来恩赐给平民百姓：

> 今天地实当有仙不死之法、不老之方，亦岂可得耶？
>
> 善哉，真人问事也。然，可得也。天上积仙不死之药多少，比若太仓之积粟也；仙衣多少，比若太官之积布白也；众仙人之第舍多少，比若县官之室宅也。常当大道而居，故得入天。大道者，得居神灵之传舍室宅也，若人有道德，居县官传舍室宅也。天上不惜仙衣不死之方，难予人也。人无大功于天地，不能治理天地之大病，通阴阳之气，无益于三光四时五行天地神灵，故天不予其不死之方仙衣也。此者，乃以殊异有功之人也③。

在《太平经》的宇宙中，只有在上天认可了一个人的品行后，这个人才可能成仙；而品行不正的人在未得到上天允许的情况下，绝不可

---

① 王明，《太平经合校》，中华书局，1960 年，第 596 页。

② 关于《太平经》中的天师和真人，见汉德里斯克《〈太平经〉中天师和真人的对话》，收于李焯然和陈万成编《道苑缤纷录》，香港：商务印书馆，2002 年，第 186 页；大渊忍尔，《道教史の研究》第 1 卷《初期の道教》，东京：创文社，1991 年，第 105—108 页；蜂屋邦夫，《太平经における言辞文书——共、集、通の思想》，《东洋文化研究所纪要》92（1983 年），尤其是第 38—43 页。

③ 《太平经合校》，卷 47，第 138 页。

能得到正确的成仙之道，也不可能登上天宫①。房中术必然会变得没有价值。

可能反映了天师道最早时期思想的《老子想尔注》具有相同的风格②。它尖锐地批判了类似《玉房秘诀》所介绍的方法：

> 道教人结精成神，今世间伪伎诈称道，托黄帝、玄女、龚子、容成之文相教。从女不施，思还精补脑，心神不一，失其所守，为揣悦不可长宝。③

---

① 参看坎拜尼(Robert Ford Campany)，《以书为生：中国古代躲避命运的50种方法》(Living off the Books: Fifty Ways to Dodge *Ming* in Early Medieval China)，收于鲁普克(Christopher Lupke)编，《命的重要性：中国文化中的支配、命运和祸福》(*The Magnitude of Ming: Command, Allotment, and Fate in Chinese Culture*)，夏威夷大学出版社，2005年，第139页；李刚，《汉代道教哲学》，成都：巴蜀书社，1995年143页；大渊忍尔，第119—133页；考藤马科(Max Kaltenmark)，《太平经的意识形态》(The Ideology of the *T'ai-p'ing ching*)，收于威尔须(Holmes Welch)、石秀娜，《道教面面观：中国宗教论文集》(*Facets of Taoism: Essays in Chinese Religion*)，耶鲁大学出版社，1979年，第41页。关于《太平经》中的忏悔的重要性，见土屋昌明《〈太平经〉中的忏悔与自我意识》(Confession of Sins and Awareness of Self in the *Taiping jing*)，收于孔丽维、罗浩(Harold D. Roth)编，《道教标示：历史、教派体系、宗教仪式》，夏威夷大学出版社2002年，第39—57页；又，参见贺贝来(Isabelle Robinet)，《道教历史中的上清启示》(*La révélation du Shangqing dans l' histoire du taoïsme*)，法国学院远东出版物137(*Publications de l' École Française d' Extrême-Orient*)，1984年，第1卷第68页。关于一些(没有共鸣的)局外人关于道教医疗术的评论，参见《三国志》中的《张鲁传》，中华书局，1959年，《魏志》，卷8，第263—266页；余嘉锡，《世说新语笺疏》(周祖谟等修订)，上海古籍出版社，1993年，第1卷，第40页；第20卷，第708页。

② 参看柏夷(Stephen R. Bokenkamp)，《早期道教著作》(*Early Daoist Scriptures*)，加利福尼亚大学出版社，1997年，第58—62页，以及第75页注88中关于"异见"(dissenting voices)的讨论。《想尔注》显得有些古怪而被排斥在《道藏》之外，现在，由于在敦煌发现的一部手稿而被熟知(*S* 6825)。"想尔"这个标题很可能指"它想你"(当然，"它"指"道")。见柏夷，第61页；大渊忍尔，第298页；饶宗颐，《老子想尔注绪论》，《福井博士颂寿记念东洋文化论集》，早稻田大学，1969年，第1169页。

③ 饶宗颐，《老子想尔注校笺》，香港大学出版社，1956年，第12页。对照第十段："不教之勤力也。勤力之计出愚人之心耳，岂可怨道乎？"(参见柏夷，第84页)。

房中术历来被当作"古代道教"①的表现,所以,读到古代道家毅然否认那些观点一定会使一些学者感到惊奇。但是随着对道教的理解不断加深②,大多数学者已将道教看作是与古代长寿传说有根本区别的一种运动,而我的关于《玉房秘诀》中长生不老的思想不属于道教的分析看来几乎是多此一举。

然而,它又值得我们去研究,因为它并不仅仅是挑字眼而已。道教的天才性在于它构建了一个宏伟的由神仙神灵执掌的上界官僚体系。它是以世间的汉代朝廷作为效仿对象的。作为一个超自然的统治机构,它更为有效、更为公正。疾病是鬼注的产物,神士们将其释放出来去惩罚那些坏人。避免这种苦难的唯一方法就是与这个统治机构协调:让天宫认识到你的超凡道德而把你看做值得委任的人;或者,如果一个人的德行由于某种原因被忽视,可以向天上的统治者提出申诉,指出你受灾的不正当。为什么道教成

---

① 举一个最近两位杰出的学者混淆这两个解释的例子,见李零和麦克马克(Keith McMahon)的《马王堆原文有关房中术内容与术语的使用》(The Contents and Terminology of the Mawangdui Texts on the Arts of the Bedchamber),《早期中国》(*Early China*),第17卷(1992年),第183页(李零,《中国房中术考》)。在西方,长寿的保健学与道教信仰的合并追溯到克瑞尔(Herrlee G. Creel)的开创性但却无效的标题"Hsien Taoism",即他在《什么是道学和其他中国历史文化的研究》(*What Is Taoism? and Other Studies in Chinese Cultural History*)中所提出的(之加哥大学出版社,1970年,特别是第7页起)。所有克瑞尔有关道学方面的著作由于他失败地引用了《道藏》中的一篇原文而遭破坏,尽管现今的标准版本已经使用十年了。在中国,甚至是在古代,这一问题被无信仰者一般提及的长寿的保健学和道学,不加区分地作为"道术"、"道家"等的现实复杂化了。见斯维因(Nathan Sivin),《道学与科学》(Taoism and Science),收于氏著《中国古代医学、哲学和宗教信仰:研究与反思》(*Medicine, Philosophy and Religion in Ancient China: Researches and Reflections*)第七章,《集注本收集研究系列》(Variorum Collected Studies Series)CS 512,阿施盖特(Ashgate)出版社,1995年,特别是第2—10页;还有他著名的《"道"字作为困惑的来源:特别是关于科学与宗教在传统中国的关系》(On the Word "Taoist" as a Source of Perplexity: With Special Reference to the Relations of Science and Religion in Traditional China)现在被重新印刷,作为同一册书的第六章。最近对克瑞尔的批评参见柯克兰(Russell Kirkland)《道教:不朽的传统》(*Taoism: The Enduring Tradition*),伦敦:罗特莱杰(Routledge)出版社,2004年。

② 参见维热尔兰的概述,《道教》(Daoism),《亚洲研究杂志》(*Journal of Asian Studies*)第54卷第2期(1995年),第322—346页。它是对石秀娜的《1950—1990西方道家研究年鉴》(Chronicle of Taoist Studies in the West 1950—1990)这篇文章的最全更新。石秀娜文见《远东杂志》(*Cahiers d' Extrême-Asie*)第5卷(1989—1990年),第223—347页。

为社会思潮,而不仅仅是一个精致的幻想?这是因为它的信仰:如果一个没有一定权威的人向超凡世界作祷告的话,这种祷告会马上被丢弃。这种条件使得道士作为天和人间的全权媒介,他们以此为生计。道教的这种教义使得它成为一个有组织的宗教(organized religion)①。

显而易见的,这是与《玉房秘诀》中世界观不相似的。因为,房中术既不是道教的,也不是原始道教的(proto-Daoist)②。西王母并没有依赖一个祭司的服务去施展她的魔法,而最著名的道教性仪式——"合气"——只能在道士的面前来实现③。《玉房秘诀》也没有提及上天众神对西王母的运作给予任何协助或阻碍。因为,这样的设想会带来许多不便之处,它不能解释为什么它们自身的运动不足以保证成仙登极乐。道教与《玉房秘诀》之间那道形而上的鸿沟在寻求长生不老的一种特殊方法中更加明显,它就是道教的尸解。诈骗者放了一具其他人的尸体在古墓里(有时用一个没有生命的物体代替死尸),并放上一封献给上界宫廷的疏文,指称此尸体是诈骗者的身体。这种方法可以使他的名字从生死簿中由生籍转到死籍,而受骗了的恶魔不会再去

---

① 关于道教的发展及其对疾病的认识,参见司马虚(Michel Strickmann)《中国的神秘医术》(*Chinese Magical Medicine*),斯坦福大学出版社,2002 年,第 1—57 页。又,尼克森(Peter Nickerson)关于《冢讼》的讨论,收于柏夷,第 230—260 页;黎志添(Chi-Tim Lai),《六朝时期天师道对民间信仰的反对》(The Opposition of Celestial-Master Taoism to Popular Cults during the Six Dynasties),《亚洲要闻》第 11 卷第 1 期(1998 年),尤其是第 15 页。

② "原始道教"很多被滥用于一些评论性的文学作品中,可能最真实的要参考官僚宗教信仰,石秀娜从古墓学中杰出地重建了这一段。见《墓志文献中所见汉代宗教踪迹》(Traces of Han Religion in Funeral Texts Found in Tombs),收于秋月观英编,《道教と宗教文化》,东京:平川书店,1987 年,第 21—57 页。又见夏德安(Donald Harper),《汉代共同宗教中现世与冥界的契约》;张勋燎,《东汉墓葬出土的解注器材料和天师道的起源》,《道家文化研究》第 9 卷(1996 年),第 253—266 页。没有其他的东西使我觉得更有用。

③ 最好的记述是施舟人(Kristofer Schipper)的《道教身体》(*The Taoist Body*),加利福尼亚大学出版社,1993 年,第 150 页。又,小林正美,《六朝道教史研究》,创文社,1990 年,第 357—366 页。大渊在他的书中第 334 页处认为《想尔注》对房中术非常批评,它反映了天师道没有教授合气。我相信这反映出了对两种实践之间不同点的误解。

打搅他①。

道教相信宇宙的秩序是由天制定,并由专职守护的官员来维持的。而《玉房秘诀》的宇宙并不包含原动者(Prime Mover),也不包含超越世界的指挥者去加速宇宙轮盘的旋转。这个宇宙完全是靠各式各样的气集中在一起才能存在的,虽然大多数的气的聚集体都会自然地消散、分解,在特殊的情况下有的气也许会无限期地持续存在。换一种说法,衰退并不是生存最本质的特征。

与其他的宗教比较起来,《玉房秘诀》的这个观点是最独特、最重要的。现世神仙信仰在古代中国非常普遍,以至于懂行的读者会轻易地将《秘诀》看成这种信仰的一个例证。但是,在此之前,我们不妨先把这个信仰放入世界历史的角度来考察。例如,在古希腊,现世神仙不但不被证实,反而处在前后矛盾的边缘②。所有永生的都是神;所有神都是永生的③;如果之前有凡人达到长生,要么那是因为他有超凡的祖先(就大力士来说),要么靠众神的超自然能力变得永生(阿拉卡涅和普忒瑞拉奥)。在希腊,对于普通人类来说,用凡常的手段获得神性

---

① 关于"尸解"(各种语言中)最详尽的研究报告是蔡雾溪(Ursula-Angelika Cedzich)的《尸体解救、替身、更换姓名、诈死:中国古代外表的变形与长生不老》(Corpse Deliverance, Substitute Bodies, Name Change, and Feigned Death: Aspects of Metamorphosis and Immortality in Early Medieval China),《中国宗教杂志》(*Journal of Chinese Religions*)第29卷(2001年),第1—68页;又参见坎拜尼《以书为生》,尤其是第129—138页;坎拜尼《像天堂和地球一样永久生存:葛洪〈神仙传〉翻译及研究》(*To Live as Long as Heaven and Earth: A Translation and Study of Ge Hong's* Traditions of Divine Transcendents),加利福尼亚大学出版社,2002年,第52—60页;吉川忠夫《日中无影——尸解仙考》,吉川忠夫编《中国古道教史研究》,同朋舍,1992年,第175—216页。

② 尽管关于古中国和古希腊比较研究的近著(特别是在社会和医学领域)有不少,可我还没有看到对这两种文化间这个关键性的不同点的研究。我能找到的最近的讨论是普特(Michael J. Puett)《成仙:上古中国的宇宙学、牺牲品、自身神力》(*To Become a God: Cosmology, Sacrifice, and Self-Divinization in Early China*),哈佛燕京学院,2002年,第80—121页。但是普特没有提及自然界的长生不老。又参看李约瑟,第2卷,第72—76页。

③ 参看莫福特(Mark P. O. Morford)和兰纳顿(Robert J. Lenardon)《古典神话》(*Classical Mythology*)第7版,牛津大学出版社,2003年,第128页;尼尔森(Martin P. Nilsson, 1874—1967)的名著《希腊宗教历史》(*A History of Greek Religion*),菲尔登(F. J. Fielden)译,牛津:可利伦顿(Clarendon)出版社,1952年,第157页。

是一件不可思议的事情——而这正好发生在西王母身上。她的技能可能具有超凡的力量，但那些技能就如最自然的各式健身操，任何幸运的人都可以练习，并且学会它们。

不可置疑，有很多原因解释了为什么在古代中国容许有这个现世神仙的存在，但是最有希望的一条分析线索是否认老化的不可避免性。这是《秘诀》的一个明确前提，也是《秘诀》最受抨击的观点①。对老化的最有力批判大部分来自王充（公元27年—约公元100年），他是一位在去世后被公认的中国理智型知识分子。在一篇题名《道虚》的高谈阔论的结尾处，王充写道：

> 道家或以服食药物，轻身益气，延年度世。此又虚也。
>
> 夫服食药物，轻身益气，颇有其验。若夫延年度世，世无其效。百药愈病，病愈而气复，气复而身轻矣。凡人禀性，身本自轻，气本自长，中于风湿，百病伤之，故身重气劣也。服食良药，身气复故，非本气少身重，得药而乃气长身轻也；禀受之时，本自有之矣。故夫服食药物除百病，令身轻气长，复其本性，安能延年？
>
> 至于度世。有血脉之类，无有不生，生无不死。以其生，故知其死也。天地不生，故不死；阴阳不生，故不死。死者，生之效；生者，死之验也。夫有始者必有终，有终者必有始。唯无终始者，乃长生不死。人之生，其犹水也。水凝而为冰，气积而为人。冰极一冬而释，人竟百岁而死。人可令不死，冰可令不释乎？诸学仙术，为不死之方，其必不成，犹不能使冰终不释也。②

---

① 参看潘尼（Benjamin Penny），《长生不老与超凡》（Immortality and Transcendence），收于孔丽维《道教手册》，第112页；余英时，《中国汉代思想中的生活与长生不老》（Life and Immortality in the Mind of Han China），《哈佛亚洲研究学刊》（*Harvard Journal of Asiatic Studies*）第25卷（1964—1965年），第109页。

② 黄晖，《论衡校释》（附刘盼遂集解），《新编诸子集成》版，中华书局，1990年，第7卷，第338页。

这里王充采用了两种被广泛模仿的辩论策略[①]。首先,他承认药物的确有一定的效力,但是承认这个观点只是为了缓和更多关于长生不老的过分的托词:在他看来,药物能做到的仅仅是修复人受损的身体机能,使其达到原来的健康状态;它们并不能增强身体机能使其超越原本的自然状态。王充的第二个论点,即类似于我们物质不变定律:气的本身是不可摧毁的(给人深刻印象的断言在一篇简洁的声明中传达出来,即阴和阳不生不灭——也暗指气是缺乏意志的),但是有生命的事物,如瞬间结合体的气,最终必然分解[②]。无生命的物体如天和地则会永久持续,但是没有任何一种生物,人或神,能永久地与男童性交[③]。

虽然现在王充被普遍地引用,但他的论点早已在桓谭(公元前43年—公元28年)残存的文章片段中出现过了。桓谭是比王充早两代的政治家和作家。他写道:

> 余尝过故陈令同郡杜房,见其读老子书,言:"老子用恬淡养性致寿数百岁。今行其道,宁能延年却老乎?"

> 余应之曰:"虽同形名,而质性才干乃各异度。有强弱坚毳之

---

① 举例来说,荀悦(148—209)在他的《申鉴》"俗嫌"篇里陈述了实质相同的观点:一部分人可能会享受不寻常的过长的一生,但是没有一个人能忍受超越命运规定的终止期。类似地,药物能使人恢复健康,却不能带来长生不老。钱培名校订《国学基本丛书》版,第3卷第18页;参看陈启云(Chi-yun Chen)《荀悦与中古儒学》(*Hsün Yüeh*[*A. D.* 148—209]:*The Life and Reflections of an Early Medieval Confucian*),剑桥大学出版社,1975年,第144页。

② 参看祖福瑞(Nicolas Zufferey),《王充》(*Wang Chong*[27—97?]:*Connaissance, politique et vérité en Chine ancienne*),彼得-朗(Peter Lang)出版社,1995年,第262—266页。

③ 王充一度特别提到房术,并说:素女对黄帝"陈五女之法,非徒伤父母之身,乃又贼男女之性。"(《命义》,《论衡校释》第二卷,第55页。)又参见刘达临,《中国古代性文化》,修订版(银川:宁夏人民出版社,2003),第348—513页。另一本只有一些片段被保存在《医心方》的房术手册。我在原文中找不到任何特定的段落写"陈五女之法",但是经常有这样的陈述"法之要者,在于多御少女而莫数泻精"(李零,《中国房中术考》,第510页)。《秘密指南》回应了这一观点:"青牛道士曰:数数易女则益多,一夕易十人以上尤佳。常御一女,女精气转弱,不能大益人,亦使女瘦瘠。"(李零,《中国房中术考》,第514页。)

姿焉。爱养适用之直差愈耳。譬犹衣履器物,爱之则完全乃久。”余见其傍有麻烛,而予垂一尺所,则因以喻事,言:“精神居形体,犹火之然烛矣,如善扶持随火而侧之,可毋减而竟烛。烛无火亦不能独行于虚空,又不能后然其予。予犹人之耆老,齿堕发白肌肉枯腊而精神不为之能润泽。内外周遍则气索而死,如火烛之俱尽矣。人之遭邪伤病,而不遇共养良医者或强死。死则肌肉筋骨,当若火之倾刺风而不获救护,亦过灭则肤余干长焉。”

余后与伯师夜然脂火坐语。镫中脂索而炷燋秃将灭息,则以示晓伯师,言:“人衰老亦如彼秃炷矣。又为言前然麻烛事。”

伯师曰:“镫烛尽当益其脂易其烛。人老衰彼自蹶缵。”

余应曰:“人既禀形体而立,犹彼持镫一烛及其尽极安能自尽易?尽易之乃在人。人之蹶党亦在天,天或能为他。其肌骨血气充强,则形神枝而久生;恶则绝伤,犹火之随脂烛多少长短为迟速矣。欲灯烛自益易以不能,但从敛傍脂以染渍其头,转侧蒸干使火得安居,则皆复明焉,及本尽者亦无以然。今人之养性,或能使堕齿复生白发更黑肥颜光泽,如彼从脂转烛者。至寿极亦独死耳。”①

曹植(192—232)记录了一段有关联的情节:

有桓君山者,其所著述多善。刘子骏尝问人,言:“诚能仰嗜欲阖耳目,可不衰竭乎?”

时庭中有一老榆,君山指而谓,曰:“此树无情欲可忍,无耳目

---

① 僧佑(445—518),《弘明集》,(《大正新修大藏经》LII. 2102),5. 29a-c.

可阖,然犹枯槁腐朽,而子骏乃言可不衰竭,非谈也。"①

桓谭和王充的观点中最重要的不同在于:桓谭似乎认同上天会安排增加我们的生命这个可能性,就如人类可以给长明灯加更多的油脂,或者用一根新的蜡烛取代一根快要熄灭的。但他没有探究任何细节,如上天怎样或为什么以这种方式保佑我们。而第二条引证唐突地排除了长生也许是上天对我们在人世间道德行为奖赏的自然愿望这一可能性。王充在他的篇章中否认天是有生命的存在,并由此驳斥这种庄严的拟人的观念,即将天强加于人世间。不过,除此之外,桓谭和王充的看法基本相同②,他们所有鲜明的形象化描述,都不过是陈述了大多数中国人的信念:没有超凡力量的介入,长生不老是不可能达到的。(如果认为这种观点是儒家的特性那就错了。王充是知名的直接批判儒家的少数早期思想家之一。)③如果说这种怀疑的声音在公元第一个世纪增大了一点,那正是因为传统的观点受到了从未有过的质疑,连传统文人学士也参与了这个质疑④。

为什么人们会怀疑衰退是生命内在的属性呢?这个问题最佳的答案来源于《庄子·内篇》。它论证道,我们对世界根深蒂固的判断力

---

① 道宣(596—667)《广弘明集》(《大正新修大藏经》LII.2103),5.118c—119a.

② 钟肇鹏在《桓谭评传》中比较了桓谭和王充;钟肇鹏、周桂钿合著的《桓谭王充评传》,南京大学出版社,1993年,第59—71页。

③ 见祖福瑞《王充关于孔子学说的评论》(Wang Chong critique-t-il Confucius),《中国研究》(*Études chinoises*)第14卷,第1期(1995年),第25—54页。

④ 巴拉兹(Etienne Balazs)的《中国文明与官僚主义》(*Chinese Civilization and Bureaucracy: Variations on a Theme*,耶鲁大学出版社,1964年,第187—254页),仍然是这个时代思想史中一个最好的概论。又参见,蒲慕洲,第160页;陈启云《汉晋六朝文化、社会、制度——中华中古前期史研究》,台北新文出版社,1996年,176—178页;陈启云,《后汉的儒家、墨家及道家思想》(Confucian, Legalist, and Taoist Thought in Later Han),《剑桥中国史》第1卷,杜希德(Denis Twitchett)、鲁惟一编,剑桥大学出版社,1986年,第767—807页;德米维尔(Paul Demiéville)(1894—1979),《汉代到隋朝的哲学与宗教》(Philosophy and Religion from Han to Sui),出处同上,第808—872页。

已经被人与人的交往扭曲了①。如果我们摒弃了这些糟粕，我们会真正认识到对无知的人来说像奇迹一样的各种自然现象。衰退只是看上去是不可避免的。《庄子·逍遥游》写道：

> 肩吾问于连叔曰："吾闻言于接舆，大而无当，往而不反。吾惊怖其言，犹河汉而无极也，大有径庭，不近人情焉。"连叔曰："其言谓何哉？"曰："藐姑射之山，有神人居焉，肌肤若冰雪，绰约若处子；不食五谷，吸风饮露；乘云气，御飞龙，而游乎四海之外；其神凝，使物不疵疠而年谷熟。吾以是狂而不信也。"连叔曰："然。瞽者无以与乎文章之观，聋者无以与乎钟鼓之声。岂唯形骸有聋盲哉？夫知亦有之。是其言也，犹时女也。之人也，之德也，将旁礴万物以为一。世蕲乎乱，孰弊弊焉以天下为事？之人也，物莫之伤，大浸稽天而不溺，大旱金石流、土山焦而不热。是其尘垢粃糠，将犹陶铸尧、舜者也，孰肯以物为事？"②

我们没有明确地被告知神人怎样获得其崇高境界，但文章提供了一些重要的线索。首先是"不食五谷"③。在晚期的圣徒传记文学中，这个特点被描写成一个真实行为：不吃谷物变成是可以无忧无虑长生

---

① 见伯琳(Judith Berling)，《〈庄子〉中的个人与整体》(Self and Whole in Chuang Tzu)，收于孟若(Donald J. Munro)编，《个人主义与整体主义：儒家与道家价值研究》(*Individualism and Holism: Studies in Confucian and Taoist Values*)，密歇根大学出版社，1985 年，第 101—120 页。

② 郭庆藩，《庄子集释》，王孝鱼校订，《新编诸子集成》版，中华书局，1961 年，卷 1，第 26—31 页(《逍遥游》)。最后的两句话在这里被省略了；这个版本选自连叔言的一部分，但我相信它们组成了一个独立完整的章节。

③ 见阿瑟(Shawn Arthur)，《没有粮食的生活：辟谷与道家养生》(Life without Grains: *Bigu* and the Daoist Body)，收于孔丽维编《道家养生法：传统榜样与现代实践》(*Daoist Body Cultivation: Traditional Models and Contemporary Practices*)，三松出版社，2006 年，第 91—121 页，坎拜尼《中国古代与中古时期的超凡菜式的含义》(The Meanings of Cuisines of Transcendence in Late Classical and Early Medieval China)，《通报》(*T'oung Pao*)第 91 卷第 1—3 期(2005 年)，第 7—24 页；同上，《与天堂和人间共存》，第 22—24 页；爱斯克德森(Stephen Eskildsen)，《早期道教思想中的禁欲主义》(*Asceticism in Early Taoist Thought*)，纽约州立大学出版社，1998 年，第 43 页；力维(Jean Lévi)，《道教中的避谷》(L' abstinence des céréales chez les taoïstes)，《中国研究》(*Études Chinoises*)第 1 卷(1982 年)，第 3—47 页。

不老的象征。然而,在《庄子》中,这只是神人不愿意从囿化中得益的象征;采用这种简单的方式,他只能束缚他自己。取而代之的是,他在大自然中找到更纯粹的营养品。在古代中国——典型的农业社会——拒绝食用谷类相当于排斥整个人类经济①。在一个农民的思想中,这无疑是疯狂的自毁。但对于神人来说,摒弃文明社会的产物非但不是障碍,反而能对文明社会中的腐坏成分产生免疫力。鉴于像肩吾一样的人,目光短浅,和瞎子聋子几乎一样。高尚的故射山居民不拥有世俗的东西,但是可以远游于世外桃源,这是普通人所不能想象的②。

《庄子·齐物论》还对极度的温度和环境都无法伤害神人这个细节作再三的描述:

> 至人,神矣!大泽焚而不能热,河汉冱而不能寒,疾雷破山风振海而不能惊。若然者,乘云气,骑日月,而游乎四海之外。死生无变于己,而况利害之端乎!③

这一段是《庄子》第2章《齐物论》中对话的高潮。在《齐物论》里,"辩"被描写为一种人的特件,这个特性是从有限的观点来纵观五花八门的世界。绝对的标准完全是人为定出来的。感知到"热"还是"冷"是以一个人的感觉作为参照;神人,将整个宇宙作为他感知的参

① 参见,《墨子七患》:"凡五谷者,民之所仰也。"吴毓江《墨子校注》,孙启治校订,《新编诸子集成》,中华书局,1993年,第36页。

② 非常相似的论证,但又不同的形而上学基础被发现于《维摩诘所说经》,由鸠摩罗什(344—413)翻译:以他们对"不二"的理解为武装,佛和菩萨有祈祷奇迹的能力,正如《不思议品》中所述("以须弥之高广内芥子中无所增减的能力"为开端)。这种言辞和《庄子》的相似之处对后汉时期的复苏有确定的贡献。参见许理和《佛教征服中国》(*The Buddhist Conquest of China*:*The Spread and Adaptation of Buddhism in Early Medieval China*),布瑞尔出版社,1972年,第132页。关于《庄子》对鸠摩罗什的学生僧肇(384—414)的影响,见陈少明,"《齐物论》及其影响",《学术史丛书》,北京:北京大学出版社,2004年,第122—136页。

③ 《庄子集释·齐物论》,第96页。又参看《庄子集释·大宗师》,第226页:"登高不栗,入水不濡,入火不热。"

照;所以不受任何差别的阻碍。他在任何一种剧烈刺激下都能保持极端的尊严,因为他拒绝对凡人看成两个极端的对立面的现象作出区别。但是神人那种控制超越对立的魔力,事实上就如其他人类活动一样自然;就如西王母做爱的技巧,这种技巧是任何人都可以得到的,只要他们愿意去发现。而反自然却恰恰是那些狭隘和贪婪的生活方式。我们为生计和营利所付出的一个代价,是失去驾驭白云及在炙热的沼泽上翱翔而不受伤的能力。

另一个代价则是我们的健康。没有什么比被利用更危险的,特别是从商业的角度来看。(如同接与自己宣布:"人皆知有用之用,而莫知无用之用也。"①)树能做有用的木材就会首先被砍伐;体格健全的臣民就会首先被征作徭役②。只有毫无明显的经济价值的生物才能度过他们自然的岁月。这个观点以很多故事及寓言来举例说明,其中最有力一个例子是关于"匠石"的故事③:

> 匠石之齐,至乎曲辕,见栎社树:其大蔽牛,絜之百围,其高临山,十仞而后有枝,其可以为舟者旁十数。观者如市。匠伯不顾,遂行不辍。弟子厌观之,走及匠石,曰:"自吾执斧斤以随夫子,未尝见材如此其美也。先生不肯视,行不辍,何邪?"曰:"已矣,勿言之矣!散木也,以为舟则沉,以为棺椁则速腐,以为器则速毁,以为门户则液樠,以为柱则蠹。是不材之木也,无所可用,故能若是之寿。"

---

① 《庄子集释·人间世》,第186页。

② 《墨子校注·亲士》似乎借鉴了这个观点:"今有五锥,此其铦,铦者必先挫。有五刀,此其错,错者必先靡。是以甘井近竭,招木近伐,灵龟近灼,神蛇近暴。"("灵龟"几乎肯定与神骨有关;注释者认为"神蛇"同样被运用在占卜仪式中。)

③ 参看斯瓦夫鲁德(Rune Svarverud),《无价值事物的价值:根据庄子所说的没有价值的树的王国》(The Usefulness of Uselessness:The Realm of Useless Trees According to Zhuāngzǐ),出自安德尔(Christoph Anderl)、爱弗林(Halvor Eifring)编,《中国语言与文化》(*Studies in Chinese Language and Culture:Festschrift in Honour of Christoph Harbsmeier on the Occasion of His 60th Birthday*),赫尔墨斯(Hermes)出版社,2006年,第162页。

匠石归，栎社见梦，曰："女将恶乎比予哉？若将比予于文木邪？夫柤、梨、橘、柚，果蓏之属，实熟则剥，则辱，大枝折，小枝泄，此以其能苦其生者也，故不终其天年而中道夭，自掊击于世俗者也。物莫不若是。且予求无所可用久矣，几死，乃今得之，为予大用。使予也而有用，且得有此大也邪？且也，若与予也，皆物也，奈何哉其相物也？而几死之散人，又恶知散木？"匠石觉而诊其梦。弟子曰："趣取无用，则为社何邪？"曰："密！若无言！彼亦直寄焉，以为不知己者诟厉也。不为社者，且几有剪乎！且也彼其所保与众异，而以义喻之，不亦远乎？"①

这棵栎社树虽然罕见，但却不会永生，因为它自己也承认它将不久于世。那么，前面说到的神人最终会不会遭遇同样的灭亡的结果呢？这是一个引起很大争议的问题。因为，总体来说，《庄子》对自称在长寿练习方面的专家持怀疑态度：

吹呴呼吸，吐故纳新，熊经鸟申，为寿而已矣；此道引之士、养形之人、彭祖寿考者之所好也。②

对生命的孜孜以求反映了人们不懂得生与死相互依存这一原理。《庄子》提到："方生方死，方死方生。"③也就是说，《庄子》基本上建议对死亡持平静的态度④。只有默认死亡才能超越人类恐惧死亡的愚昧心理。

但是如此细微的差别并不会总是对积极的实践者造成影响，现

① 《庄子集释 · 人间世》，第 170—174 页。

② 《庄子集释 · 刻意》，第 535 页。

③ 《庄子集释 · 齐物论》，第 66 页。

④ 关于我这种针对死亡的态度的讨论，参见《〈庄子〉的身心问题？》（A Mind-Body Problem in the *Zhuangzi*?），收于库克（Scott Cook）《在世界中隐藏世界：关于〈庄子〉的不规则话语》（*Hiding the World in the World*：*Uneven Discourses on the Zhuangzi*），纽约州立大学出版社，2003 年，第 226—247 页。

存的《庄子》传本甚至包括了两三段赞赏肉体永生的文字。从现代学者眼光来看,这些字句很可能是伪赘之文①。在后汉和六朝时期,当《老子》和《庄子》成为了高度文化修养的代表,他们的名字变成了美誉和长寿的代名词,尽管事实上这些文章根本没有提出不死的学说②。我们已经看到,桓谭的朋友杜方在翻阅《道德经》时向往着青春永驻,虽然《道德经》的最终目标是"死而不亡"(第33章):抛弃成仙的理想,而向人的灵魂与永恒的道结合为一努力③。

如上述所说,在中国,吸血鬼式的性从来没有被认为是唯一可能达到现世长生不老的方法;许多有影响的关于长生不老的文献介绍了炼丹术、食疗、体操、冥想甚至吸液术的方法④。然而,性交(即《玉房秘诀》这类文献所提到的掠夺性的性交)显然形成了长寿的技巧中的分支。值得一提的是,它之所以能成为长生不老学的一个分支是因为中国性观念中两个基本特点。很显然,对一个在不同的性传统和神学传统下长大的人来说,一个人可以通过性交而直达长生境界这个观点一定很离奇,说不定还非常荒唐。

---

① 见葛瑞汉(A. C. Graham)译,《庄子·内篇》(*Chuang-tzŭ: The Inner Chapters*),伦敦艾伦-恩因(Allen & Unwin)出版社,1981年,第176页。

② 最奇怪的转变发生在墨翟(约死于公元前390年)身上。墨翟从未讨论过人体长生学的古代哲学家(至少在任何他尚存的文献或是后人的文献中都未提及),但是在六代的原始资料中,他被说成是一个炼丹高手及赋有长生术的高人。查看施舟人《墨子》,收于施舟人、维热兰编《道教经典:道藏的历史指南》(*The Taoist Canon: A Historical Companion to the* Daozang),芝加哥大学出版,2004年,第1卷,第63页;坎拜尼,《与天堂和人间共存》,第329—330页、第508—510页;杜仁特(Stephen W. Durrant),《墨翟的道教神化》(The Taoist Apotheosis of Mo Ti),《美国东方学会杂志》(*Journal of the American Oriental Society*),第97卷第4期(1977年),第540—546页;邵瑞彭,《墨子入神仙家之杂考》,《胡适文存三集》,郑大华校订,《胡适全集》,安徽教育出版社,2003年,第3册,第683—686页。

③ 陈张婉莘(Ellen Marie Chen),《〈道德经〉里是否有人体长生的学说?》(Is There a Doctrine of Physical Immortality in the Tao Te Ching)一文始终未被超越过。见《宗教史》(*History of Religion*),第12卷第3期(1973年),第231—249页。

④ 很多关于这个的传说都由孔丽维查证并校订,见《道教的冥想和长寿绝技》(*Taoist Meditation and Longevity Techniques*),密歇根大学出版社,1989年。然而,这本书的论说没有区别真正的道教技巧(如内丹、由魔力引起的冥想)及与道教无关的这类技巧。一些道教实践者将与道教无关的方法(如体操、药物吸收等)结合在一起来自我修炼。

首先,虽然这个观点有点过于张扬,但它再一次反映了中国古代性观念中的一个特点,即性交并不被认为是罪孽的。当然,各种权势者在道德上、法律上、政治上或宗教上都设法对性伴侣和性交场所进行限制①。关于乱伦和通奸的禁令是针对性伙伴的典型范例,而反对在神圣的区域内性交(比如,在父母面前;某些道教经文禁止在野外性交,因为赤身裸体会冒犯一些苛刻的神灵)则是对性交场所的限制②。但是性欲和做爱(特别是非淫的)从来没有被贬为一种类似基督教观念中的原罪。只要伴侣们不是无道德地或者非法同居,那么他们可以自由行事、为所欲为。这种态度使得足以胜任的任何人(在实践中,这通常指各种性经验富有的男性)将摄取合法性伴侣之精以滋养自身看成是等同于摄入食物和药物。

最后,我们也很难不注意到这种性观念所反映出的彻底唯物主义的世界观。人,和其他的所有物质一样,是气的集合体,能够被很自然地操控和消耗,如果他懂得怎样去做的话。《秘诀》这类指南频繁地提醒读者,不正确的或过多的运用这些技巧会导致受害者死亡,至少会引起衰老。但这种警示的目的在于让实践者不去毁灭自身拥有的财富;而不是为那些妾室们呼吁,或是基于有目的地毁坏人生是不道德的行为的想法。在中国古代,许多人对人体只不过是气的聚集物这种观点非常反感,因而,可以想象,对吸血鬼式的性爱最严厉的批判会来自于道家宗教传统。在道教看来,道德是不可能用纯物质主义的宇宙观去解释的。

---

① 苏成捷(Matthew H. Sommer),《晚期封建中国的性、法和社会》(*Sex, Law, and Society in Late Imperial China*,斯坦福大学出版社,2000 年)第 30—65 页评述了封建王朝对待性的观点的标准,它直到 18 世纪才得到公认,并在清朝时期复位了其根本的方向。我论述早期封建王朝社会两性规则的基础来源于《古代中国的性文化》第 75—109 页。

② 参看《女青鬼律》卷 3《道律禁忌》。又参看尼克森文,第 259 页注 43;艾伯哈德(Wolfram Eberhard),《中国东部和南部的地区文化》(*The Local Cultures of South and East China*),布瑞尔出版社,1968 年,第 132 页。

《唐宋时代的宗教与社会》前言：宗教与历史背景总览

格里高里(Peter N. Gregory)　伊沛霞(Patricia B. Ebrey)　著

左　娅　译

中国历史上最著名的两位皇帝分别是中唐的玄宗(713 至 755 年在位)和北宋末的徽宗(1101—1125 年在位)。这两位君主均在前期辉煌治绩之后悲剧性地结束了统治;他们均被迫退位在都城沦陷之后。在对此二者的比较之间,唐宋之间的某些变化正呼之欲出。

公元 710 年,唐玄宗继位并成功地清除了武氏家族的势力。两年后,玄宗亲政并开始限制外戚与佛寺的势力。这两者在武后掌权时期发展势头猖獗。为了解决由于耕民弃田而带来的税收减少的问题,玄宗重新颁布均田令。尽管向南移民的势头一直健稳,但是过半人口依然居住在北方。在非汉族节度使统领下的军事势力,沿着直入中亚的丝绸之路,掌控着中国内陆以外的大片土地。这些军事布置有效地制约着西北边境上的吐蕃、突厥、契丹、回鹘等异族势力,以防其攘肌及骨。

玄宗的都城长安容纳了百万子民,成为当时世界上最大的都市。这个国际大都市吸引了来自亚洲各地的商人和旅行者。来自异域的骏马、珍奇、乐器、纺织品甚至宗教为唐长安洛阳的贵族生活增添无穷新奇乐意。政府抽收大量税粮以应都城人口之需;大运河承担了南谷北调的重要使命。尽管每年政府要铸币三十万贯,钱币依然供不应求;故即使立下斩令,造假者仍屡禁不止。

中国历史上最著名的三大诗人王维(701—761)、李白(701—762)和杜甫(712—770)均生活在玄宗一朝。他们的诗才为当时的贵族们所称颂仰慕。玄宗一朝擢进士20至32人之间。进士出身的官员成为当时朝堂中的翘楚。然而门第依然与文才等量齐观。713年,两百卷《姓族系录》奏上,以供玄宗重审其时大族的形势。720年以后,贵族重新占据了朝堂主导。李唐宗室的李林甫于736年擢升为宰相,他尤其是一个以门第为傲的重要人物。

玄宗自即位之初即着力于限制佛教势力,但他本身并非反佛者。截至739年,唐土上计有约三千佛寺与两千尼庵。玄宗尤崇新传入之密教;印度的善无畏、金刚智和中亚的不空被奉为"开元三大士"即为一例。726年玄宗诏请善无畏在奉先寺译出《大毗卢遮那成佛神变伽持经》;742年吐蕃入侵安西之时,玄宗执香炉,不空诵《仁王密语》14遍。玄宗对道教也尤有兴趣,故国家对道教的供养也达到了史无前例的境界。725年,他在泰山举行封禅大典。在此之前,唐代的封禅只举行过两次。

玄宗有30位皇子和29位公主,但在民间他总以晚年对杨贵妃的宠幸而闻名。被杨贵妃收为义子的安禄山于755年发动叛变,玄宗不得不逃离都城,并在部下的胁迫下赐杨贵妃自缢。已年逾古稀的玄宗在重重打击之下,让位于自己的儿子。

四百年后,即公元1100年,宋徽宗于19岁时登基。在他的时代,政治的焦点并不在于外戚权力的膨胀或者平民与贵族之间的摩擦。官僚与知识阶层的矛盾主要集中在由王安石发起的改革派与保守派之间。矛盾双方都试图从儒家经典中获取自己的理论基础。徽宗选择了改革派,并于即位次年任命蔡京(1046—1126)为宰相。反对改革的保守派领袖们甚至被禁止踏入都城。保守派的文论被全面封杀。官员和应试士子们被禁止引用被列为保守派的前贤们的作品,譬如司马光(1019—1086)、程颐(1033—1107)和苏轼(1036—1101)。

在这两位君主相间的四百年间,中国的外部环境发生了很大的变化。8 世纪早期佛教成为风行全亚洲的宗教。12 世纪早期佛教已在印度衰微，伊斯兰教在诸多前佛教地区兴起。契丹人建立起一个强大的游牧与农耕结合的辽国。与勍敌为邻，北宋因此不可能享有唐玄宗时代辽阔的疆域。

尽管疆域有限，宋徽宗时代的人口却是唐玄宗时代的两倍（约一百万人）。有一半人口居住在农耕条件好的南方。政府不再干涉土地的自由买卖。货币流量是唐代的十到二十倍。1107 年，约两千六百万贯纸币在市场上流通，且不提铜币与银钱。都城开封位于大运河的北端，与重要的煤矿与铁矿都相去不远。其人口密度与长安相当，而其商业化程度则另胜一筹。北宋政府积累了向商人抽税的经验，政府主要的税收来源已经变成了商业税。

进入 12 世纪的中国之繁荣可能是改革派要求扩大政府职权的信心来源。各种民政福利项目开始启动，譬如救助贫困的医疗场所以及公共墓地。一套由中央到地方的完整的官学系统建立起来；中央三舍官学的毕业生直接升贡。1112 年，从二十万州县学生中脱颖而出的 700 个学生成功地通过了毕业考试。数年后太学中的这些精英们已经成为国事议论中不可忽视的声音。

宋徽宗对道教情有独钟。1114 年他下令编成《政和万寿道藏》，乃中国历史上第一部全部刊行的《道藏》。这部道藏包括了宋徽宗亲自执笔的《御注道德经》及其他经文。1116 年道士林灵素（1076—1120）被召入京主持宫中斋醮并宣讲灵霄教义。他说徽宗赵佶系上帝长子并册其为教主道君皇帝。徽宗对道教的崇信导致了他对佛教的限制。为了使神霄道观广布于全国各地，很多佛寺被强行改造为道观，佛僧被强行改造为道士。1120 年佛寺被禁止扩张所有土地，戒仪许可在 5 年内也不再颁发。

徽宗可能是一个天分很高的画家和书法家。他不仅利用皇家的资源建立起一个画藏（其目录包括六千多幅画），他还自创了“瘦金体”和花鸟画的独特风格。他的画风非常有影响力，他要求画院中的画师模仿他的风格。在民间传说中，徽宗对艺术和宗教的迷恋是其亡国之起因。北宋政府和金人联手对抗辽人;金人反过来于1126年攻打开封,徽、钦二宗为其掳至北方。徽宗于1135年54岁时崩于缧绁之中。

除了对这两位帝王的比较之外,晚唐宋初时代尚有许多值得关注的动向。特别是军人开始登入权力舞台中心,新的政治机构出现等等。但是对这两位帝王的比较强调了这些变化的波澜壮阔:人口翻了一番,商业化和城市化进展巨大,印刷术推广,书价落至原来的十分之一左右,儒家经典以及佛经、道经都集结出版,受教育阶层大幅度增长并且众趋之于科举试场,儒释道的新"宗派"改变了教际关系和它们的社会政治角色。

这些变化的宏大程度不应使我们忽视了其中的连续性。国际形势虽然发生了变化,但是本土政府依然掌权。习经的儒生们依然被招纳为政府官员。佛寺依然是帝王的心头患。个人们——譬如前述两位皇帝可能为儒、释、道的教义所吸引。人口中的大多数仍是日复一日没有变化的农民。理解这些制约变化的因素与促成变化的因素同样重要。

早年成名的内藤湖南首先提出唐宋变革论并将宋代视为"现代"。他特别强调了贵族体系的衰落以及科举精英的兴起,城市的扩张,和民间文化形式的发展。之后的学者往往强调经济的发展是其他所有发展的根本所在。现下没有人会怀疑巨大的经济和人口发展的存在,但是我们也认识到地方经济的发展不是同步的,先进地区与落后地区的发展不是线性的①。对特定地区的研究极大地帮助我们了解经济发展的社会政治意义以及政府在不同的情况下所采

① 郝若贝(Robert M. Hartwell),《宋代中国的人口、政治和社会变迁:750—1550》(Demographic, Political, and Social Transformations of China 750—1550),《哈佛亚洲学刊》(*Harvard Journal of Asiatic Studies*),第42卷(1982年),第365—442页;麦克德莫特(Joseph O. McDermott),《空地与争议地:宋代土地权属的问题》(Charting Blank Space and Disputed Regions: The Problems of Sung Land Tenure),《亚洲研究学刊》(*Journal of Asian Studies*),第44卷(1984年),第13—41页。

取的不同措施①。

贵族的没落和科举精英的兴起不是一个简单而突然的历史事件。一个重大的进展发生在隋代(581—618)。官员选举制度被改革，大族子弟不得由地方官委任为地方低级官吏，须由吏部经手。故为了出仕贵族子弟们必须达到中央政府所确立的标准。他们在唐代依然获得了相当程度的政治成功，但是这要归功于选举制度的弹性和大量空缺的职位。他们的自主性始终受到了很大的限制②。北宋初期科举精英的兴起不仅源于科举体制，同样也是国家鼓励教育的结果。国家赐予地方学校土地③。但是，即使在北宋，唐代贵族的很多特点为在北宋之初权力顶端的家族所模仿。至1100年，政治上最成功的家族都居住在汴京，互相联姻无论祖籍，并令其子嗣历代为官④。

科举体系之膨胀的社会意义被现代学者们反复考量。有学者认为科举制度是维持社会地位而非获得社会地位的工具。在某个州，在北宋建立以后的几十年间，大部分通过进士考试的士子来自至少有一代历史的地方精英⑤。尽管进士人数呈六七倍速度增长，官家子弟依

---

① 斯波义信，《长江下游地区的城市化和市场的发展》(Urbanization and the Development of Market in the Lower Yangtze Valley)，收于海格(John Winthrop Haeger)编《宋代中国的危机与繁荣》(*Crisis and Prosperity in Sung China*)，亚利桑那大学出版社，1975年；罗文(Winston Wan Lo)，《宋代的四川：中国政治一统的个案研究》(*Szechuan in Sung China: A Case Study in the Political Integration of the Chinese Empire*)，台北：中国文化大学出版社，1982年；韩明士(Robert Hymes)，《官员与绅士——两宋江西抚州精英阶层研究》(*Statesmen and Gentlemen: The Elite of Fu-chou, Chiang-Hsi, in Northern and Southern Sung*)，剑桥大学出版社，1986年；万志英(Richard van Glahn)，《溪穴之国：宋代四川的扩张、稳定和开化》(*The County of Streams and Grottos: Expansion, Settlement, and the Civilizing of the Sichuan Frontier in Song Time*)，哈佛大学出版社，1987年。

② 姜士彬(David G. Johnson)，《中古中国的寡头政治》(*The Medieval Chinese Oligarchy*)威斯特维(Westview)出版社，1977年，特别是第131—141页的内容；伊沛霞，《早期帝国的大族：博陵崔氏的个案研究》(*The Aristocratic Families of Early Imperial China: A Case Study of the Po-ling Ts'ui Family*)，剑桥大学出版社，1978年，特别是第93—113页的内容。

③ 李弘祺(Thomas H. C. Lee)，《宋代中国的官学和考试》(*Government Education and Examination in Sung China*)，香港中文大学出版社，1985年。

④ 郝若贝，1982年，第405—425页。

⑤ 同上，第419页；韩明士，1986年，第29—61页。

然享有相当特权获得出身,荫举依然占有很大比例①。但是,那些由布衣出身进至官绅的群体也体现了相当的政治和社会意义②。

城市化进程、日益发达的网络、跨地区商业活动的繁荣以及不断壮大的受教育阶层的壮大都在影响宗教思想和活动的传播。它们不仅促进了地方宗教的传播,同样也促进了知识精英和平民阶层之间的互动。在准备参加科举考试的人中,既有勤学苦练者,也有学力不逮者。所以各县各乡都有学校和知识阶层的分布。普通农民,或为他们的邻居,佃户或者亲戚,都更有机会与他们接触。地方士绅们慷慨资助佛寺和道观的修筑,以此来显示他们的公共关怀。地方官员亦需履行职责监督其宗教活动,甚至也要主持仪式和资助其建设。宗教活动遂成为受教育阶层和平民阶层日常接触的平台;这种接触的影响很可能大大超出了宗教的范畴。

宗教的几个基本走向

除了在这一百年间发生一些巨大变化,中国宗教的一些核心主题与前代依然保持一致。在考量变化之前,有必要先考察其连续性。中国宗教史上最核心的宗教行为莫过于祖先崇拜。祖先崇拜的中心地位与一系列的宗教活动和思想都有关系。它建立在生死连续性的信仰上。而生死之所以可以连续,皆因生者与亡者均由气成之。这种信仰非常重要,成为人类普遍关系的一种诠释模型。对祖先的敬与畏反映了家族在价值体系中的神圣意义。它亦与对孝道的强调有联系。儒家对孝道的重视是其道德运动的根基所在。孝道的一个重要要求

---

① 贾志扬(John Chaffee),《宋代科举》(*The Thorny Gates of Learning in Sung China: A Social History of Examinations*),剑桥大学出版社,1985 年;以及罗文《宋代中国的官制介绍》(*An Introduction to the Civil Service of Sung China*),夏威夷大学出版社,1987 年,第 79—114 页。

② 戴仁柱(Richard L. Davis),《宋代中国的朝廷与家族,960—1279》(*Court and Family in Sung China, 960—1279: Bureaucratic Success and Kinship Fortunes for the Shihs of Ming-chou*),杜克大学出版社(Duke University Press),1987 年,第 79—114 页。

就要生子延续香火,以免祖先拜祭流于衰微。

祖先在商代的神谱中就占据核心地位。吉德炜(David Keightley)指出,商代的宗教与政治秩序可用叠放的两个三角形图示①。上面的三角是被神化了的王室宗亲。其顶点是上帝。他可影响到整个国家的兴旺。譬如,他可以庇护收成或者战争;他可操纵雷雨风电旱涝,都城兴亡,君王安康以及疾疫。在上帝之下,商王的祖先按昭穆次第落座。辈分愈高,其祖先神行使的权力则愈去人性化,他们根据自己的座次对整个国家行使影响力。而新逝的祖先则仍可以危害生者。祖先神与上帝之间可有互动。

处于下方的三角是商王。对政治权力的控制力度与于他与祖先在祭祀中的互动好坏紧密相关。这两个空间之间的影响是相互的。时王倚赖于祖先,祖先亦有赖于时王的粢盛与牺牲。王权与王对祖祭的控制之间的关系是本册文集中反复出现的一个主题②。

正如商王与祖考,后世的中国的神与他们的信徒之间也存在着互相倚赖的关系。信徒望神恩赐,神亦享受信徒供奉。在中国的宗教活动中确凿存在这样一种互动关系③。在832年发生的一场旱灾中,白居易(772—846)指责黑潭龙道:"我实有望于龙,物不自神,龙岂无求于我?若三日之内,一雨霶沱,是龙之灵,亦是人之幸。"他警告另一个

---

① 吉德炜(David Keightly),《执着的宗教精神:商代的宗教和中国政治文化的起源》(The Religious Commitment: Shang Theology and the Genesis of Chinese Political Culture),《宗教史杂志》(*History of Religions*),第17卷第3—4期(1978年),第211—225页。吉德炜在《商代占卜》(Shang Divination: The Magico-Religious Legacy)一文中进一步阐发了他的观点,收于罗斯芒特(Henry J. Rosemont, Jr.)编《中国早期宇宙观的探索》(*Explorations in Early Chinese Cosmology*),学者(Scholars)出版社,1984年,第11—34页;以及《商代中国的合法性》(Legitimation in Shang China),发表于在1975年6月在加州阿斯罗马(Asilomar)召开的" 中国皇权统治的合法性学术讨论会"(The Conference on Legitimation of Chinese Impeiral Regimes)。

② 见张光直(Kwang-chih Chang),《早期中国及其人类学意义》(Ancient China and It's Anthropological Significance),《象征》(*Symbols*),1984年春、秋卷。他认为中国早期文明的发展是"交流手段的可获性"而不是生产的手段(第2页)。同样见于张的《美术、神话与祭祀》(*Art, Myth, and Ritual*),哈佛大学出版社,1983年。

③ 但这个不适用于佛教和女性神祇。见桑格仁(P. Steven Sangren),《中国宗教符号中的女性:观音、妈祖及无极老母》(Female Gender in Chinese Religious Symbols: Kuan Yin, Ma Tsu, and the "Eternal Mother"),《标示》(*Signs*)第9卷第1期(1983年),第4—25页。

神祇，“而不知坐观田农，使至枯悴，如此则不独人之困，亦唯神之羞。”①如果某个神祇不显灵，信徒就会停止供奉，遗弃其庙观，另立他神。一个神祇越灵验，香火就越旺。同样，香火越旺，该神祇就越显灵验。

不断膨胀的国家权力也开始向神灵的世界扩张。民间的神谱开始屈从帝国的官僚体制。这个过程在宋代有了大规模不可逆扭的进展，并为中国宗教在后代的基本形态打下了雏形。国家开始行使迁、谪神祇的权力。作为国家权力的代表，一位儒家背景的官员的权力要比臣属于他的任何一个神祇都更值得敬畏。据博尔茨(Judith Boltz)指出，这个过程常常要经过一场耗费巨大的斗争。在帝国晚期，甚至有地方官将神祇塑像拖出其庙观而鞭挞之的情形，以示对它玩忽职守的惩戒②。

吉德炜提出的最有启发的一点是商代的宗教和政治在思想形态上的表达是一体的③。因此他提出中国政治文化中强调的“世俗”以及“理性”的观念在商代的宗教行为和思想中就有体现。商代宗教的一个显著特征，就是我们可以用世俗世界的规则来理解神灵的世界：商代的祖先崇拜具有等级化、合约性、模式化、去人性化、理性化等一系列特征；正可用韦伯的“官僚政治”的概念来概括④。祖先的权威建立在他的宗族序列上，与他本人的道德品质无关。在韦伯看来，权威基于职位而不是出任职位的个人。这一点可以广泛地运用于中国的

---

① 威利(Arthur Waley)，《白居易的一生(772—846 A. D.)》(*The Life and Times of Po Chü-i*)，伦敦：艾伦-恩因(Allen & Unwin)出版社，1949年，第148页。

② 参见寇恩(Alvin P. Cohen)，《早期中国对雨神的要挟》(Coercing the Rain Deities in Ancient China)，《宗教史杂志》第17卷第3—4期(1978年)，第244—265页。

③ 吉德炜的这个观点是对“神灵世界是政治世界的镜像”的观点的反驳：宗教信仰和操作有它们自身的社会现实性。……宗教与社会合作地互动……产生了离任何一方都不可的效果。(吉德炜，《执着的宗教精神》，第222页)

④ 按照吉德炜的说法，“官僚的”指“典型的官僚行为和价值”。他将“官僚”定义为“男人或者女人，特别是专家，他们的行为由其头衔或者及权限所定义。他们彼此系统化地以非人性的、常规化的方式互相联系；这个过程在一套明确的法规和责任界定的等级化系统中实现。官僚们的指任和升迁建立在一套协议的、书面的标准上，比如功绩和年资。”(吉德炜，《执着的宗教精神》，第212页，脚注12)。

宗教世界(并同样适用于皇帝和禅宗的祖师),并可以说明权威对维持礼仪秩序的迷恋①。国家对具有潜在威胁的个人魅力总是抱有疑虑和警觉,不管其来自地方或是宗教势力;故国家总是尽其所能将它们规整到已有的宗教表现形式中去。

正如商代王室用于祭典的概念更加适用于西方语境中的世俗世界,中国的世俗世界反过来也拥有一些宗教色彩。世俗和宗教之间模糊的区分是我们理解儒家思想"宗教"的那一部分的重要因素。儒家思想在西方学家常常被错误地概括为一种彻底的世俗政治与道德体系。而在儒家思想中,人类社会本身就是神圣所在;宗教意义来自于个人在人类社会对自身定位的寻找,并不源自他界或者彼岸②。故礼仪的重要性源于它对人类的互动的神圣化③。

一方面祖先崇拜和宗亲组织带有官僚等级的色彩,另一方面官僚机构本身也成为宗教权力的结构和神灵世界的一种喻象。早在汉代黄泉就被想象为一种官僚机构式的冥灵统治④。后代形成的道教神谱中的仙与真人就是脱此原形而来⑤。祁泰履(Terry Kleeman)指出,宋代的道教神谱开始和民间神谱融合,形成一个庞大的官僚体系,包括

---

① 儒家强调道德的首要性来控制因强调个人领导力可能发生的独裁倾向,但是个人领导力的重要性又为对礼仪的强调再次肯定。孟子和告子之间有关义究竟是内在还是外在的经典争论就是围绕个人领导力展开的。

② 斯密斯(Jonathan Z. Smith)的"此岸化"的概念(与"乌托邦"相对)特别适用于中国的情况。见他的《符号对社会变迁的影响:立足之地》(The Influence of Symbols on Social Change: A Place on Which to Stand),《崇拜》(*Worship*)第44卷(1970年),第457—474页。

③ 见芬伽瑞特(Herbert Fingarette)很有启发意义的讨论《孔子——俗或圣》(*Confucius-the Secular as Sacred*),纽约:哈泊-柔(Harper and Row)出版社,1972年。

④ 石秀娜(Anna Seidel),《墓葬材料中所见的汉代宗教》(Traces of Han Religion in Funeral Texts Found in Tombs),收于秋月观映编,《道教与宗教文化》,东京:春秋社,1987年,第27页。第46—47页有对该冥灵体系的简要总结。

⑤ 见石泰安(Rolf Stein),《二世纪道教的政治宗教活动》(Remarques sur les mouvements du taoïsme politico-religieux au IIe siècle ap. J. C.),《通报》(*T'oung Pao*)第50卷第1—3期(1963年),第1—78页;以及石秀娜,《皇家之宝藏和道教之神圣:道教于伪经中之起源》(Imperial Treasures and Taoist Sacraments: Taoist Roots in the Apocrypha),收于司马虚(Michel Strickmann)编《密教与道教研究:纪念石泰安》(*Tantric and Taoist Studies in Honour of R. A. Stein*),卷二,《汉学与佛学丛刊》(*Mélanges chinois et bouddhiques*),第21卷(1983年),第291—371页。

天官与地官。宋代的变革奠定了帝国晚期的基本格局。故现代中国宗教的官僚气可以追溯到更古代①。

当神谱被官僚化后,神祇们也带上了士大夫的特征。换言之,它们也被儒家化了。在这个过程中,兽形神和自然神往往转化为已逝去的英雄或者官员化身的神。这种行为不单单只具有教化的意义,它反映了人们认知官僚权力的真实情形。神祇们像官僚一样需要贿赂才肯显灵。十殿阎罗的故事就反映了这个现实。中国官僚式的断判改变了简单机械的地狱轮回。

皇权与神权同样都与天命相关。天命的概念早在西周建立之初就提出了。在朝代循环更替中,有昭昭之德的君王即可维持其统治。倘其失德,天必须降灾祸以示惩戒。失德之人必失天命。天命不于常,天下失序则天即赐命于他人。政治与宗教之权力的融合故能为保天命与帝王之德行之间的因果所加强。帝国统治因此而戴上了神授的色彩。天成为一种能加涉人类社会的道德力量。故历史可以被解读为天愿的一种反映。帝王是天地交涉中的调和者。他的德行保证了两者之间的和谐。天命同样赐予了帝王"天子"的神圣地位。这些联系反映了普天之下,莫非王土的天下一统的帝王观。

尽管天命一般与儒家思想联系在一起,石秀娜(Anna Seidel)认为在道教的发展中,其图谶符箓的发展亦与其对天命的借鉴有关②。比如道教的传授仪就采用了与天命有关的术语。同样的术语也用在六朝时道教封禅仪式中③。而且,诸项在仪式中传授的符、箓、图等都是"汉代皇家'宝'传统的发扬,是对保天命的保证"④。

第三组影响中国宗教思想发展的是李约瑟所谓的系统形成在汉

---

① 比如,武雅士(Arthur P. Wolf)的经典研究《神、鬼和祖先》(Gods, Ghosts, and Ancestors),收于武雅士编《中国社会中的宗教和礼仪》(*Religion and Ritual in Chinese Society*),斯坦福大学出版社,1974年,第131—182页。

② 见石秀娜的《皇家之宝藏和道教之神圣》。

③ 同上,308—309页。

④ 同上,292页。

代的"有机宇宙观"①。宇宙被视为一个自生、自足和自我调适的有机体;部分与部分之间以应同关系相依存。这种观点包括著名阴阳、五行和气等概念。阴阳是混沌元气之初分,包括天地、明昧、冷热、动静等。宇宙万物都是从它们的互动和制衡中生发出来的,并且按照它们的互动节奏运行。五行既是一种基本的力量,又是物质的基本特质。作为一种基本的力量,它们处在永动的循环运动中②。所以人们将它们与朝代更替联系起来。汉代的谶纬中存在大量有关五行更替和政治兴衰的主题。作为物质的基本特性(譬如流动性、固态性、热等),它们代表了物质的基本种类,并与其他的种类系统互相呼应,譬如季节、方位、味嗅、颜色、音律、律历、数字、朝代、器官、五官和感觉等等。在这些互相呼应的种类之间,产生了同类感应的理论。故人类生活的方方面面在宏观和微观的层面上都与外界的各种力量不断地交换感应。气则是一个西文词汇中没有合适对应的概念。它涵盖了一些在西文概念中互相对立的成分,譬如能量和物质,精神和物质等③。从字源上讲,该字代表的是气息或者气体。它是宇宙的基本成分,它也是五行互相作用的介质。

尽管这些基本的宇宙论并不是本书论述中的重点,它们却是中国

---

① 见李约瑟,《中国科学的基本思想》(The Fundamental Ideas of Chinese Science),《中国的科学与文明》第2卷《科学思想的历史》第13章,剑桥大学出版社,1956年。"同类感应"的宇宙观由满晰博(Manfred Porkert)在《中医的理论基础:感应之系统》(*The Theoretical Foundations of Chinese Medicine: Systems of Correspondence*,麻省理工学院出版社,1978年)中进一步阐发。也见马绛(John Major),《神话、宇宙论和中国科学的起源》(Myth, Cosmology, and the Origins of Chinese Science),《中国哲学杂志》(*Journal of Chinese Philosophy*),第5卷(1978年),第1—20页。

② 五行有相生与相克两种次序:相生是木生火、火生土、土生金、金生水和水生木。相克是木克土、金克木、火克金、水克火,土克水。

③ 葛瑞汉(A. C. Graham)在《两个中国哲学家:二程兄弟的新儒学》(*Two Chinese Philosophers: Ch'eng Ming-tao and Ch'eng Yi-ch'uan*,伦敦:龙德-衡佛瑞[Lund Humphries]出版社,1958年)中列出了这个词的一系列意义:"气,一个常见而模糊的词,既出现在口语中,也出现在哲学中。它囊括了英文中的一系列词。气非常具体,它可能是呼吸。它是生命之源,死后会散去。我们呼气且吸气,当我们生气时,当肢体麻木时,可以感受到它的起落。我们在气味中闻到它,感受到它的冷和热,感受到它如同人的气质,或一首诗的活力,或者春天的气息,或者秋天的凋败。我们可以看到它沉淀为雾。物质是沉淀密集和惰性的气。"

思想世界中的基础成分。它们与各种民间信仰和活动有关联,并不从属于任何一种特殊的传统。它们是中医和风水术的理论基础,它们同样反映在华严宗的辩证与宋儒的宇宙论中。它们在道教的理论和实践中占有重要地位。它们同样代表了一些与西方宗教迥然不同的基本走向。有机宇宙观包括了宏观与微观之间的互相融合。人类故此成为自然秩序中的一部分。所以宇宙就产生于一系列自然孕育的过程中,无须一位超越的神来创世。创世的推动力与治世的准则都蕴含在宇宙运转之中。

中国宗教的一个譬喻

尽管唐宋时期的宗教仍有大片留白以待我们探索,这个时期宗教的多样性和复杂性却是确实可知的,并且,一些重大的变化也在发生中。为了简便起见,我们可以将中古时期的中国宗教归结为四个非平等的传统:儒、释、道三大制度化宗教以及形态更为弥散的民间宗教。与民间宗教不同的是,儒、释、道三教都有作为理论基础的经典。它们都是不同程度等级化的组织,其首领都是他们高级教士①。与局限于地方的民间宗教相比,三大教的教义是普适性的。

尽管这四个传统是被分开讨论的,必须时时铭记在心的是它们之间有着非常频繁的互动。比如对道教的理解就必须有赖于来自佛教与儒教的信息,另一方面,它与民间宗教之间的关系也非常紧密。许理和的一个譬喻可以用来做一个很好的概括:儒、释、道是三座共享底座的金字塔尖②。塔尖由弥散混杂的民间宗教底座中拔出,开始形成不同的传统。这个譬喻不能被简单地理解为更高的传统从民间传统

---

① 或者,就儒家而言,是儒家中与高级教徒相应的人。见列维(Jean Levi)的《六朝与唐代的神域与官府的权力斗争》(Les fonctionnaires et le divan: luttes de pouvoirs entre divinités et administrateurs dans les contes dex Six Dynasties et des T'ang),《远东研究》(*Cahiers d'Extrême-Asie*),第2卷(1986年),以及《天官》,《人》(*L'homme*)第101(1987年)卷。

② 见许理和(Zürcher),《佛教对早期道教的影响》(Buddhist Influence on Early Taoism)的结尾处,《通报》第65卷第1—3期(1980年),第146页。

中生长而出,因为其中的互动很复杂,既有向上流动,也有向下流动的趋势[1]。金字塔尖越高,它们之间的差异就越明显,它们也就愈加局限在一个职业的、有读书识字能力的精英群体中。相反的,从塔尖向下走,越接近基座,就越难分辨是佛教、道教还是儒家。

在这三大传统中,佛教是最为高度组织化的,所以它的层次与界限也是最容易辨认的。故它也最适合用来说明许理和这个譬喻。概括地讲,佛教包括三个分层。最上层是严格遵守戒律的僧尼。他们是被称为"出家人"的职业宗教人士,寻求的是佛教教义所定义的救赎。尽管在现实中很多僧尼并不企望在自己的有生之年中实现佛性的最终境界,但是他们的职业在某种程度上规定了他们的走向。他们同样是一个受国家承认的既得利益集团,享有免税、免劳役、免兵役的特权。在他们之下的一个阶层是俗家居士。他们寻求佛、法、僧三宝一体的佑护,修五戒(杀、盗、淫、妄语、饮酒)。他们供养僧尼团体并茹素(全年或者定期斋戒)。唐宋时期虔诚的居士也定期参加课诵和捐助开光仪式。这个群体的特点是他们自觉地奉行佛法,尽管在生活中他们所奉行的更多的是诸如行善积德之类的近似理念,而不是追求佛性的终极境界[2]。这一群体不可避免地影响着第三分层。最底层的群体不认同他们是佛教中人,但是他们间或参与民间佛教仪式,也间或向菩萨祈福。商人会在苦旅归来后还愿为菩萨再塑金身。妇女会向观音求子。这个群体并不认同佛教的救赎观,他们向菩萨寻求的是有关健康、财富、子嗣和运气的世俗福利。

当然,这三个分层中存在着极大的差异性,譬如社会地位、教育、

---

① 见雷德斐尔德(Robert Redfield)的经典著作《农业社会及其文化:对文明的人类学研究》(*Peasant Society and Culture: An Anthropological Approach to Civilization*),芝加哥大学出版社,1956 年。

② 终极救赎和近似救赎之间的区别由比雷菲尔德(Carl Bielefeldt)在《无心与顿悟:一件镰仓禅宗文献中的救赎观》(No-Mind and Sudden Awakening: Thoughts on the Soteriology of Kamakura Zen Text)中阐发,收于布斯威尔(Robert E. Buswell, Jr.)和吉梅罗(Robert M. Gimello)编《解脱之路:佛教中的道及变化》(*Paths to Liberation: The Marga and Its Transformations in Buddhist Thought*),夏威夷大学出版社,1992 年,第 476—478 页。

性别、天赋和动机等等。尽管客观性因素诸如社会地位和性别总是重要的差异指标,但是更为主观的因素譬如虔诚度和执着度就宗教本身的语境而言有着更加重要的作用。它们可以消解由客观因素造成的俗世中的种种区分。佛教故此可以建立起自己的独立的分层体系。于是,它对出身平民但聪颖上进的寒士很有吸引力,他们可以藉此获得一份更有社会荣誉的职业(在社会流动性较宋为低的唐代这个现象更加明显)。尽管佛教没有给妇女提供同等的地位,但是它却为妇女提供了一个可以逃避传统婚姻家庭束缚的空间。佛教徒的合法既得利益地位同样吸引了一批意图逃税和逃役的人。寺院的檐角同样也庇护着冻馁与无业流民。

除了教内等级外,还存在一个更为细密的等级划分。最高层是精英的核心,他们或专精一经,或擅长一仪。他们是出任名寺住持或获得皇家供养的最有力人选。这个最精英的阶层不是一个金字塔尖,而是数个,譬如天台宗、禅宗等。只有在这个等级上,佛教宗派的划分才是具有真正意义的。众僧尼之下,有等待受戒的行者。另有一个介于僧俗之间的群体,"非常规性"的僧人,他们并不被佛教组织或者世俗权威承认是正规僧人,但是却被他们当作僧人对待。

在世俗群体中存在巨大的差异性。各个社会阶层的混合对于理解最底层的状态是一个非常重要的因素。譬如七月五日举行的盂兰盆节就聚集了从最精英的佛教徒到最底层的白丁乡民。尽管各个社会阶层都参与这些仪式,但是对于不同的阶层它们有着不同的意义。故宗密在《盂兰盆经疏》中强调了目莲孝子报恩的思想。对于乡民们来说,盂兰盆节更多是驱散了他们对于鬼神的恐惧①。

尽管我们对道教的组织情况了解的不如佛教多,道教同样可以看作

---

① 姜士彬对目莲救母故事的意义及晚期帝国时期在戏剧中被放大的效果有精彩阐述。见《行胜于言:中国仪式性戏剧的文化意义》(Actions Speak Louder Than Words: The Cultural Significance of Chinese Ritual Opera),收于姜士彬《仪式化戏剧,戏剧化仪式:中国民间文化中的"目莲救母"》(*Ritual Opera, Operatic Ritual*: "*Mu-lien Rescues His Mother" in Chinese Popular Culture*),伯克利:中国民间文化出版计划,1989 年,第 1—43 页。

三个等级的分层体系,类似的因素也在这个体系中发挥作用。但是,与佛教不同的是,职业道士与平民之间的划分在道教的体系中没有那么明显。施舟人认为,在唐代存在一个融合一切道教传统的大体系①。教内的等级按照三洞体系划分,从而也反映了道家的三个主要传统:最低是正一,其次是灵宝,最高是上清。各传统中的宗师传戒,众道士受箓。道士受箓之后,箓牒中有护身将帅,协助受箓者在主持斋醮时斩妖除邪。不同的受箓者应担当不同的仪式,完成不同的任务,但其中的具体划分尚不是很明晰。最底层可能与俗家佛弟子相对应。只有被传初真戒后一个人才算是真正的出家。"出家"一词更多体现的是在教内的职业化程度,而不是与俗世之间的分离。据施舟人对敦煌卷子的研究,很多唐代的道士是住在家里并有婚姻生活的,并不是如设想中住在道观里或者四处游方。宋代的情况则更加复杂,随着道教新运动的兴起,各种界限显得更加松疏。本书中的几个章节都体现了这个问题,譬如柏林(Judith A. Berling)笔下的白玉蟾(1194—1229)和王喆(1112—1170)都可以在很大程度上游离在道教组织之外。全真教在晚宋和元代逐步成为有组织的教派。在这三个分层以下,是并不自我认同为道教徒,但是会向道教诸神祈福,或者参与醮仪的群众。进京赶考的举子们会礼拜文昌星求保佑入贡。

儒家没有任何与庙观类似的组织,也没有诸如"出家"的戒仪。相反,存在两个互相竞争的等级系统:官僚与学术。唐宋两代都将儒家经典作为选拔官员的标准,所以官员是儒家精英的一部分。这些官员同时也参与组织皇帝的祭天地典仪,处理各种行政事务。但是官员们远远不止扮演吏的角色,他们可以是军师、财务官、校勘、史官、台谏或者教师。他们的职责在各方面协助皇帝治国。

未从政的儒生们也可能因为他们的学识赢得社会尊重。在选官竞争激烈的宋代,知识界领袖特别呼吁知识独立于政治。正如万安玲

---

① 施舟人,《敦煌文献中所见的道教的受戒等级》(Taoist Ordination Ranks in the Tunhuang Manuscripts),收于瑙多夫(Gert Naudorf)、海因兹(Karl-Heinz Pohl)和舒密德(Hans-Hermann Schmidt)编《东方的宗教与哲学》(*Religion und Philosophie in Ostasien*),纽曼(neumann)出版社,1985 年,131 页。

(Linda Walton)所指出，在南宋这些儒生们已经通过建立书院实现了这一理想的组织基础。

儒教的中间阶层是研习儒经但是没有出任官职的儒生们。许多屡试而不中的儒生需要用其他方式来谋生。他们仍可维持士大夫的生活方式，尽可能地维持其风度与价值观。儒教的底层与佛教、道教的底层一样定义困难。是否存在一个群体可被称为"儒教俗弟子"？这个群体是否应包括那些接受儒家父慈子孝、兄友弟恭、夫义妇听、长惠幼顺价值观的平民？它是否应包括参与祭祖和守丧的人？如果是的话，它无疑囊括了所有的中国人。但是，如果它包括的只是那些遵从儒教但是不参与儒教不主张的其他仪式活动，譬如佛教仪式的人，它所涵盖的范围就小得多。

必须警醒的是，我们现在所讨论的模式只是一个譬喻。正如任何其他譬喻，用它来概括唐宋时期中国宗教的丰富性实在是过于简化了。有些学者甚至会认为，以它的等级分层结构来理解中国宗教，会过分地强调"精英"传统在整个中国宗教图景中的分量。总有例外发生在这个譬喻划分的界限之间。譬如在佛教里，菩萨戒就是僧俗皆可受，并常常举行囊括千人的大型仪式。任何一个阶层的人都可以朝拜圣山，比如五台山。有些人受到佛教末法观的影响，对出家修行生活报有保留态度，认为末法时代应该有更为决绝的解决方式①。三阶教主张普信普敬，不仅消除了僧俗佛教徒之间的区别，也消除了信佛与不信佛之间的区别。《莲花经》中的常不轻菩萨不仅见佛拜佛，见菩萨拜菩萨，甚至也拜异教神祇和鬼神②。未来佛弥勒的救赎被寄予热望。

---

① 佛教有关衰落的文献是预言性的。最新的有关研究是娜蒂耶(Jan Nattier)《佛教的末世预言》(*Once Upon a Future Time*: *Studies in a Buddhist Prophecy of Decline*)，伯克利：亚洲人文(Asian Humanisties)出版社，1991 年。

② 矢吹庆辉是这个运动的第一个研究者。更多的最新意见见赫巴德(Jamie Hubbard)《末法时期的救赎》(*Salvation in the Final Period of the Dharma*: *The Inexhaustible Storehouse of the San-Chiao-Chiao*)，威斯康星大学博士论文，1986 年，以及陆威仪(Mark Lewis)《对三阶教的镇压:伪经的政治性》(The Suppression of the Three Stages Sect: Apocrypha as a Political Issue)及富安敦(Antonino Forte)《中国佛教正统的相对性》(The Relativity of the Concdept of Orthodoxy in Chinese Buddhism)，皆收于布斯维尔编《中国佛教疑伪经》 (接下页注)

这些观点都在削弱着各种已有的教内界限[①]。其中最有影响力的是对西方净土的信仰，凡能念诵阿弥陀佛名号的人必定能往生极乐世界。

我们的譬喻同样可以用来总结各个传统之间纵向和横向的异同。顶层与基座的社会构成体现了宗教变化的结构。这种表现远远精确于“高”与“低”、“精英”与“平民”之间的对比表述[②]。中国社会本身在宋代就在走向进一步复杂化，所以这些分层的结构也在进一步复杂化。总的来说，三大传统各自的分层基本是互相平行的。佛教和道教的最高层可能比儒家更具有开放性。当然，其程度也是和当时的社会大背景相关的。在宋代社会更高的流动性以及更加复杂的社会构成的对比下，佛教和道教的开放性可能没有在唐代那么明显和重要了。

能被我们的譬喻说明的另一点是，不同宗教自觉强调与发展自身特点的过程，也同时是它们趋同的过程。不同传统的顶层能够互相映射说明传统之间存在着平行的互相影响。三大传统的底层吸收的基本都是同一社会阶层的人士。尽管他们之间可能存在着教义之争，但是他们彼此之间的交流恐怕要好过与其传统之内的更低级的宗教徒。对社会荣誉和供养的争取以及自觉地对自身差异性的强调可能是导致如下现象的重要原因：一方面，各个传统的内容都不相同，另一方面，他们的结构却都是类似的。比如宋代禅寺里的祖庭（见福克 Foulk 文）就和新儒学的书院（见 Walton 文）有类似的结构，其中举行的礼仪的基本流程也是类似的。尽管它们可能并不像它们所声明的那样不同，各个传统还是热衷于用不同的方法阐释这些仪式。在宋代，儒释道三大传统“宗”的观念都在不断加强；教内权威按照谱系的结构不断

（接上页注）（*Chinese Buddhist Apocrypha*），夏威夷出版社，1990 年。这个运动在与国家及正统佛教组织冲突之后已经被彻底镇压了，如果没有敦煌文献的话，我们对它的情况和在唐代的繁荣程度几乎一无所知。

① 见许理和，《月光王子：中古中国早期的救世论和末世论》（Prince Moonlight: Messianism and Eschatology in Early Medieval Chinese Buddhism），《通报》第 68 卷第 1—3 期（1982 年），第 1—75 页，以及司马虚《灌顶经》（The Consecration Sutra: A Buddhist Book of Spells），收于布斯维尔编《中国佛教疑伪经》，第 75—118 页。

② 亦可见姜士彬在《晚期帝国时期的民间文化》（*Popular Culture in late Imperial China*）前言中提出的九分法，加州大学出版社，1985 年。

传承。谱系传承同样也再次强调了师徒之间的伦理关系。

佛　教

佛教总以其外来宗教的身份与中国的其他宗教相区分。佛教最早传入中国的证据约在公元一世纪。但是它真正开始深入中国文化却是在东汉灭亡之后。在政治分裂的动荡时期，汉代的正统——儒教日益式微，被"蛮夷"所控制的北方地区开始接受佛教的影响。这个过程漫长且不均匀，发展脉络也南北有异。更为复杂的是，就在这三个半世纪里，印度佛教本身也发生了巨大的变化。这一时期正是大乘佛教在中亚扩张势力并最终影响到中国的时期。在中国重新进入隋唐大一统时代后，佛教开始真正深入中国社会的每个方面。唐代中国甚至可以被称为佛国。

佛教彰显了中国第一次与另一个高级文明的相遇①。佛教在中国的发展是一部非常引人入胜的世界文化交流史。佛教极大地改变了中国文化的面貌，同时其本身也在中国文化的影响下发生了很大的改变。印度佛教反映的是很不相同的世界观和宗教观。这些观念对中国传统价值观有着很大的挑战。在印度，佛教是一场广泛的弃世以得救赎的宗教社会活动的一部分。按照他们的观点，中国宗教的核心——宗族和社会责任应是个人应当回避的。结缚与解脱，道与俗正反映在僧尼与俗世的社会区分之中。

道俗之间的尖锐差异被大乘佛教的发展所缓解。大乘佛教在印度成形，然后传入中国。大乘佛教发展出一套成熟的消解道俗之别的教义体系，它认为道俗之间的隔阂正是造成人不能脱离轮回的错误。解脱并不在于要脱离与俗世的结缚，而在于要看到世界的两重性，正如莲花可以出淤泥而不染。从5世纪开始，中国的佛教教徒们着眼于大乘教义发展出一套独特的汉传佛教体系。但是这一点一直不被新

① 在与西方文明相遇之前，这是最重要的一次相遇。

儒学及其现代的拥趸所承认。

教义上的这些发展为实际操作层面上的变化打下了基础。在实际的宗教生活,佛性最终成为共同的终极目标。大乘普度众生的同时,大乘佛教的神谱中有一系列的佛和菩萨不仅能够提供救赎,还能提供观识。往生西方净土给平民们带来的希望使佛教能给各阶层带来成熟的救赎承诺。

除了教义和实际操作中的变化,早期的道俗二元化依然体现在佛教的社会组织,即其寺院生活中。佛教以"弃世"为姿态的寺院修行制度从来就是儒家抨击的对象。这种离世的态度对普天之下莫非王土的皇权造成了威胁,而且大量耗费社会资源的佛教组织也常常引起地方政府的不满。

现代学者普遍认同唐代是佛教在中国走向成熟的时代,汉传佛教的各个宗派,天台、华严、净土和禅宗都已成型。这些传统所倡导的观念,譬如众生皆有佛性,众生都有可能觉悟成佛,俗世可以求得救赎等都成为中国佛教后来发展的根基。

唐代佛教的发展为后代打下的根基不仅仅只限于教义。唐代的寺院组织也发生了划时代的变化。寺院修行生活的基本形式,譬如打坐、课诵、受戒、寺院的组织形式以及最基本的政教关系都是在初唐形成的。随着汉传佛教的发展,中国也逐渐取代了印度成为东亚佛教的中心圣地。唐代政府批准册封佛教圣山,一系列朝圣点在全国范围里建立起来。五台山的文殊菩萨甚至吸引了印度来的朝圣者。

尽管将唐代作为汉传佛教的形成时期是很合理的,随之而来的一个推论往往是宋代是一个佛教走向不可挽回的衰落的时代。对唐宋时期的禅宗的研究尤其体现了这一点。禅宗研究集中了当代中国佛教研究中的精英力量。它往往被作为"汉化"最彻底的一种佛教形态,被作为范式来研究佛教在中国被内化的过程。介于禅寺亦是宋代最主要的佛教组织,它的发展也折射了佛教在唐宋时期发展的一些问题。

尽管禅宗"以心传心"的传统可以追溯到 7 世纪末期和 8 世纪早

期,但是这种观点所基于的理论并不认为禅宗在宋以前就有了一个固定的成型模式。心传理论将中国的祖师与印度源流连接起来,形成一条不中断的传统。这条传统将禅宗在中国的发展追溯到 6 世纪上半叶的达摩祖师。其传承理论可归纳为“不立文字,教外别传。直指人心,见性成佛”。宋代禅宗学者视唐代为黄金时代,也视 8 世纪晚期和 9 世纪的禅师们为典范。在这个观点背后,隐含着在宋代禅宗已经失去了其典范地位的推论。这个推论以及其后的各种版本促成了现代日本学术界的观点,即宋代中国禅宗的组织化和综合化是禅宗真意的凋败。由于日本学界对欧美学界的巨大影响,西方学者直到最近才开始意识到这个误区,并开始试图避免它的影响。

正如福克(Griffith Foulk)所指出,这样一种历史观念与宋代禅宗的理想和对自身的认识更有关,与唐代的真实情况并无直接联系。随着敦煌卷子中的禅宗文献的被发现,学者们可以逐步摆脱对宋代文献的依赖。在敦煌材料带来的新曙光中,学者们开始重写宋代禅宗史①。现在学界已经清楚的是,唐代的禅宗并不是一个统一的、清晰定义的概念。相反,唐代的禅宗呈现出很大的差异性。敦煌禅宗文献和宗密的著作都表明不存在一个具有清晰定义、绝对意义上的“禅宗”。相反,有一系列意见相左的传统分别强调不同的观念和宗教行为。禅宗所改造的一部分教义,是汉传大乘佛教各传统的共同财产;一些更加学院化的佛教传统和疑伪经中对这些教义都有阐发②。禅宗的独特之处可能在于发展出了一种新的修辞形式;这种形式建立在一种基于对

---

① 一些最近的著作包括:马克瑞(John R. McRae),《北宗与早期禅宗的形成》(*The Northern School and the Formation of Early Ch' an Buddhism*),夏威夷大学出版社,1986 年;佛雷(Bernard Faure),《中国佛教中对正统的追索》(*La volonté d' orthodoxie dans le bouddhisme chinois*),巴黎:国家科学研究中心,1988 年;格里高里编,《中国思想中的顿悟与渐悟》(*Sudden and Gradual Approaches to Enlightenment in Chinese Thought*),夏威夷大学出版社,1987 年。

② 见格里高里,《宗密与佛教的汉化》(*Tsung-mi and the Sinification of Buddhism*),普林斯顿大学出版社,1991 年;布斯威尔,《禅宗意识形态在中国和韩国的形成》(*The Formation of Ch' an Ideology in China and Korea*),普林斯顿大学出版社,1989 年。

两分法中潜在危险的高度敏感上①。

如果说唐代的禅宗作为一个独立的宗教应当受到质疑,宋代的禅宗则代表了佛教组织的典范。约四分之三的宋代佛教寺院被皇家授名为禅寺②。尽管宋代探讨禅宗历史的人常常将唐代立为黄金时代,但这恰恰正是宋代禅宗活力和创造力的体现。从历史的角度说,只有到了宋代禅宗才进入自主的时代,所以宋代才是禅宗的黄金时代。

对宋代禅宗的日益重视同样使我们逐渐摆脱宋代对唐代禅宗的溢美的影响。一个重要结果就是宗派意识形态定义的禅宗被解构了。研究者们需要从禅宗与中国佛教之间的连续性,以及与本地宗教意识与操作的关联来考虑禅宗的情况。佛雷(Bernard Faure)的研究体现了这种方法的成果③。他着重研究了禅宗的"类邪教"(cultic)的一面,以示其与民间宗教之间的关联。类似的,伯恩保(Raoeul Birnbaum)在其文章中虽不专攻禅宗,但是他对神灵崇拜、圣山、显灵的研究体现了对中国佛教跨界研究的价值④。这些研究方法帮助我们打破中国佛教限于自身的研究视野,并将其置于更广阔的中国宗教研究视野中去。

如果说敦煌文献是禅宗历史重写必不可少的材料的话,它在帮助我们理解佛教与民间宗教之间的关联的问题上扮演着同样重要的角色。在这方面的研究中,最重要的文献莫过于八世纪前期的敦煌变文。梅维恒(Victor H. Mair)在其里程碑式的著作中指出印度的看图讲唱是如何传入中国的。变文不仅体现了佛教"民间"的一面,更重要

---

① 见《神会与早期禅宗中的顿悟》(Shen-hui and the Teaching of Sudden Enlightenment in Early Ch'an Buddhism),收于格里高里编《顿悟与渐悟》。

② 见本书中福克的文章。

③ 见《当下的言辞:中国禅/日本禅的文化批判》(*The Rhetoric of Immediacy: A Cultural Critique of Chan/Zen Buddhism*),普林斯顿大学出版社,1991 年。

④ 比如《文殊之谜研究》(*Studies on the Mysteries of Manjusri*),中国宗教研究学会,1983 年;《唐代佛教圣山传统及其语境》(Thoughts on T'ang Buddhist Mountain Traditions and Their Context),《唐研究》(*T'ang Studies*),第 2 卷(1984 年);及《一个寺院的体现》(The Manifestation of a Monastery),《美国东方学会杂志》(*Journal of the American Oriental Society*),第 106 卷(1986 年)。也见吉梅罗(Robert M. Gimello)《张商英在五台山》(Chang Shang-ying on Wu-t'ai Shan),收于韩书瑞(Susan Naquin)与于君方编《进香:中国的朝圣与圣地》(*Pilgrims and Sacred Sites in China*),加州大学出版社,1992 年,第 89—149 页。

的是,这种看图讲唱的形式影响了中国文学和戏剧的叙述形式①。

变文中最重要之一种莫过于目莲地狱救母的故事。这个佛教传说是盂兰盆节的来由。太史文指出这个节日不仅是基于经典的和民间的佛教资料,更与整体的中国民间宗教的符号表现有莫大关联。变文中更加通俗的版本强调了孝道的中心地位,而鬼节提供了一个将对孝道的重视与民间仪式结合的机会②。

很多已经散佚但是在敦煌文献中又重见天日的文献由于与佛教组织有冲突而被列为伪经③。对这些文献的排斥和镇压恰恰反映了经典的形成过程。德野京子指出在374至730年之编撰的佛经目录很多都具备这种镇压功能。大多数被列为伪经的文献都被视为挑战国家和正统佛教权威的异端④。当然,目录中列为真经的很多文献事实上也是伪经,只不过它们将自己伪饰为印度真经的翻译而已。这些"经典"与"非经典"的伪经为我们研究民间宗教提供了丰富的信息,学者们才刚刚开始发掘它们的价值。他们的研究向我们展示了五、六世纪佛教与道教在民间的融合,以及某些文献中体现出的道教的末日审判意识⑤。布斯韦尔(Robert Buswell)对《金刚经》的研究表明,对其他伪经的研究有利于厘清已成为中国佛教基石的汉化教义的性质⑥。

---

① 见梅维恒(Victor H. Mair),《敦煌民间文学》(*Tun-huang Popular Narratives*),剑桥大学出版社,1983年;《唐代变文》(*T'ang Transformation Texts*),哈佛大学出版社,1989年,以及《图画和表演:中国的看图讲唱及其印度起源》(*Painting and Performance: Chinese Picture Recitation and Its Indian Genesis*),夏威夷大学出版社,1989年。

② 见太史文(Stephen Teiser),《幽灵的节日:中国中世纪的信仰与生活》(*The Ghost Festival in Medieval China*),普林斯顿大学出版社,1988年。

③ 《大正藏》的第85卷收入了56种从敦煌卷子中重新恢复的此类文献(Nos. 2865—2920)。

④ 见德野京子(Kyoko Tokuno),《对中国佛教目录中的本地经典的审视》(Evaluation of Indigenous Scriptures in Chinese Buddhist Bibliographic Catalogues),收于布斯威尔编《中国佛教疑伪经》。

⑤ 见司马虚《灌顶经》及许理和《月光王子》。

⑥ 《禅宗意识形态在中国和韩国的形成》(The Formation of Ch' an Ideology in China and Korea: The Vajrasamadhi-Sutra, A Buddhist Apocryphon),普林斯顿大学出版社,1989年。

道　教

道教作为"中国本土的高级宗教"却是一个很难描述的概念①。道教作为一场宗教运动应追溯至2世纪的天师道运动。司马虚(Michel Strickmann)认为道教徒必须是那些尊张道陵为天师的人。东晋兴起的茅山宗、宋代大发展的符箓派系以及当代台湾的道士都奉为太上老君授权的张天师为教祖②。

天师道在很多方面与老庄哲学不同。后者仍然常常被认为是道教信仰的起源。石秀娜认为道教起源于"民间宗教的狂欢";老庄哲学对道教发展的影响类似于希腊哲学对基督教的影响③。她亦认为道教的符箓体系与汉代的谶纬学说渊源很深④。其中公元前1世纪的《太平经》的名称就对道教后代的发展产生了深远的影响。谶纬的产生间接源于汉代统治者对失天命的恐惧,他们遂发展出对这种政治隐语预言的强烈兴趣,因为他们相信天命有征兆⑤。到了东汉,这些谶纬经号

---

① 石秀娜在其《西方的道教研究编年,1950—1990》(Chronicle of Taoist Studies in the West, 1950—1990)中作了一个权威的学术回顾并附一份详细的文献目录,《远东研究》(*Cahiers d' Extrême-Asie*)第5卷(1989—1990年),第223—347页。有关道教的简短学术回顾可见包德林(Farzeen Baldrain)的总结文章及拉格威(John Lagerwey)的《道教宗教群体》(The Taoist Religious Communisty),见于《宗教百科全书》(*The Encyclopeida of Religion*),纽约迈克米兰(Macmillan)出版社,1987年,第14册,第288—317页。我们要感谢柏夷(Stephen Bokenkamp)教授对这个部分提出的建议。

② 司马虚在几处不同的地方都提出了这个观点,比如在《陶弘景的炼金术》(On the Alchemy of T' ao Hung-ching)中,该文收于威尔须(Holmes Welch)和石秀娜编《道教面面观》(*Facets of Taoism: Essays in Chinese Religion*),耶鲁大学出版社,1979年,第165—166页,以及他的评论文章《历史、人类学和中国宗教》(History, Anthropology, and Chinese Religion),《哈佛亚洲学刊》,第40卷(1980年),第207—211页。

③ 在石秀娜所著《道教:中国非官方的国教》(*Taoismus: Die inoffizielle Hochreligion Chinas*)一书中有详细阐发(东京:Deutsche Geselleschaft für die Natur und Vökerkunde Ostasiens,1990年)。

④ 见石秀娜的《皇家之宝藏和道教之神圣:道教于伪经中之起源》。

⑤ 亦见康德谟(Max Kaltenmark),《灵宝:有关一个道教术语的札记》(Ling-pao: note sur un terme du taoisme religieux),《法兰西学院年鉴》(*Annuaire du Collège de France*),1968年第67卷,411—415页。

称可以隐示天命之征兆。由于它们涉及到政权的合法性，所以它们对政权存在潜在的威胁，而且图谶托名天意，甚至可以成为夺天下的凭证。王莽利用图谶“符命”作为改制的根据，东汉光武帝刘秀以符瑞图谶起兵。它们能被如此利用，也就会被如此禁止。从事谶纬的方士们不得不转移地下。

继石泰安(R. A. Stein)之后，石秀娜认为今四川早期的道士(即太平教和天师道)致力于重建汉代的大一统精神；该时期的道教组织是以汉代的官僚机构为原型的①。这种对官僚机构的模仿说明道教并不是以反政府的姿态发展起来的。215年，天师道张鲁降曹操，从此以后，道教与国家的基本关系就确定下来：道教是证明政权合法性的一部分，同时国家也供养道教。尽管道教吸取了很多民间宗教的因素，但是它总是在自身定义中强调与民间宗教的区别②。并且，在镇压或者规范民间宗教的行动中，道教总是和国家站在一条战线上。道士们自我认同与皇帝处在同一天曹体系中，所以他们没有什么理由要去推翻世俗政权。

道教的神仙也被认为与民间神祇有性质上的不同：它们属于天界而不是地界。他们不接受某些地方信仰中的血祭，因为他们是神仙，而不是死灵。他们也不会像某些淫祀那样强制性地施用自身的威力。他们也不会像民间神祇那样承诺带来物质上的福利。这些神仙与人体器官处处对应，这种微观与宏观之间的同类感应使道士们能在静坐冥想中将精气吸入相应的器官。道教的神仙是天官的一部分。著名道士在仙逝以后会加入这个天阶体系，获得称号。

很多道教经典和天命征兆之间的关系也决定了它的性质。它们的思想价值往往被忽略，其预言价值则是关注的重点。道经的传度正是初真戒的核心所在。道士只有授得“法箓”才能获得神力，名

---

① 见石秀娜之《皇家之宝藏和道教之神圣：道教于伪经中之起源》及石泰安《道教的政治宗教运动》。

② 石泰安，《从2世纪到7世纪的道教之宗教及民间诸层面》，收于威尔须和石秀娜编《道教面面观》，第53—81页。

登天曹，成为有道位神职。法箓中记录的神灵受道士调遣召唤，这种观念与国家有权控制神灵与自然的看法是相关的。法箓与戒律的传度也证明道教确实是与民间信仰有别的一种知识阶层的宗教。施舟人强调道教发挥其作用主要是通过焚烧古汉语写就的灵符来实现的①。

4 世纪和 5 世纪的茅山宗和灵宝宗是道教的形成时期。杨羲(330—386)自称得到三茅君、魏华存等仙真的降临，陆续写出一系列上清经传。这些经书继而由陶弘景(456—536)整理并注释。这些道经建立在早期天师教以及葛洪(283—343)的炼丹术及《抱朴子》的基础上。他们将修炼之术与仙班座次联系起来②。《灵宝经》则是由葛巢甫编撰于 4 世纪末期，其后由陆修静(406—477)编定。灵宝派比其茅山前辈在天曹中走得更高。他们也吸收了一些时兴的大乘佛教的观念。茅山宗以思神、诵经求长生不老；灵宝宗则阐扬十方有度人不死之神，以符箓科教来代替思神诵经。灵宝派决定了道教礼仪在后世的基本形式③。

道藏在 4、5 世纪之交时开始出现雏形。陆修静在《三洞经书目录》中将道经编为三洞；这种划分形式在后世一直延续了下去。最高级是上清或者茅山经，次之是灵宝经，第三是三皇经。在 6 世纪出现

---

① 见施舟人，《道教仪式中的文书》，见武雅士编《中国社会中的宗教和礼仪》，第 310—324 页。亦见他的《道教中的白话法事与文言科仪》(The Written Memorial in Taoist Ceremonies)，《亚洲研究杂志》第 45 卷第 1 期(1985 年)，第 21—58 页。

② 见司马虚，《茅山：道教与贵族》(The Mao Shan Revelations: Taoism and the Aristocracy)，《通报》第 63 卷(1977 年)，第 1—64 页；以及《茅山道教》(*Le taoïsme du Mao Chan: chronique d' ure révélation*)，法国大学出版社，1981 年；《陶弘景的炼金术》；及贺贝来(Isabelle Robinet)的《道教历史上的上清》(*La révélation du Shangqing dans l' histoire du taoïsme*)法兰西远东学院出版社，1984 年，卷 1，第 2 页。

③ 见柏夷，《灵宝经》，收于司马虚编《密宗与道教》卷 2，434—486 页。也见贝尔(Catherine Bell)，《道教仪式中的文献的仪式化和仪式的文献化》(Ritualization of Texts and Textualization of Ritual in the Codification of Taoist Liturgy)，《宗教史》，第 27 卷第 4 期(1998 年)，第 365—392 页。有关道教仪式的研究见拉格威《中国社会和历史上的道教仪式》(*Taoist Ritual in Chinese Society and History*)，纽约：迈克米兰(Macmillian)出版社，1987 年。

了四辅以辅助三洞分类法①。

尽管我们对唐代的道教知之甚少,但是可以推测的是这是一个六朝道教成就得以巩固的时期②。尽管7到9世纪之间没有新的运动再出现,道教在唐代享受着半官方的特权地位。唐皇室李氏号称自己是老子传人,对道教的推崇同时也是为皇室的粉饰。唐初期的皇帝将道教与国家祭祀及皇家宗室联系在一起。7世纪末期一个由国家支持的全国范围内的宫观网络业已形成。在高宗(649—673)治内,皇家公主受戒的行为开始出现③,并且《道德经》开始进入科举考试的书目。道教在玄宗(713—756)时期获得了最大程度的国家支持。《唐玄宗御制道德真经疏》的出现使《道德经》的重要性更进一步。他还在科举考试中增加道举出身一科,在全国范围内建立道教学校,将老子列为皇家先祖,并将五岳神列入道教神谱④。玄宗亦致力于在全国范围内搜集整理道经,建立道藏。尽管玄宗以后的唐代帝王没有维持他的这种热情,但是他们依然尊老子为始祖,称自己为"神仙苗裔"。

道教的再一次大发展发生在宋代。符箓、派系、神谱都有了进一步的扩充。大量的民间神祇进入道教的天曹。11世纪早期,道教再一

---

① 见包尔兹(Judith Magee Boltz)的《道教文献》(Taoist Literature),收于《宗教百科全书》第14卷,第317—329页;及柏夷和包尔兹有关道教文献的文章,收于尼安浩瑟(William H. Nienhauser Jr.)编《传统中国文献-印第安纳大学读本》(*The Indiana Companion to Traditional Chinese Literature*),印第安纳大学出版社,1986年,第138—174页,以及包尔兹的《十世纪至十七世纪道教文献一览》(*A Survey of Taoist Literature: Tenth to Seventeenth Centuries*),伯克利:东亚研究中心,1987年。也见大渊忍尔《道教经典的形成》(The Formation of the Taoist Canon),收于威尔须、石秀娜《道教面面观》,第253—267页。

② 最详尽的有关唐代道教的研究是齐慕实(Timonthy Barrett)的《唐代的道教》(Taoism under the T'ang),收于杜希德编《剑桥中国史》,卷4:隋唐,第2部分,剑桥大学出版社,1990年;亦见傅飞岚(Franciscus Verellen)《杜光庭(850—933)》,法兰西学院,1989年。

③ 有关金仙与玉真两位公主的出家的故事,见班恩(Charles D. Benn),《洞神道戒传授》(*The Cavern-Mystery Transmission: A Taoist Ordination Rite of A. D. 771*),夏威夷大学出版社,1991年。

④ 见班恩,《宣宗皇帝的道家思想的宗教因素》(Religious Aspects of Emperor Hsuan-tsung's Taoist Ideology),收于恰培尔(David W. Chappell)编《中古中国社会的佛教与道教》(*Buddhist and Taoist Practice in medieval Chinese Society*),夏威夷大学出版社,1987年,第127—145页。

次成为官方宗教。但一直到 12 世纪徽宗时期一场真正的复兴才发生。这次复兴源于朝廷的新动向。宋徽宗崇尚神霄教,册己为教主道君皇帝,号称天有九霄,而神霄为最高,故天下道教教派皆臣于灵霄。其核心经典是六十一卷的《度人经》;该经原为灵宝经,仅一卷。在徽宗所建道藏中,《度人经》冠群经之首,这种安排在后世一直延续①。

神霄派崛起在北宋饱受边疆异族纷扰之苦的时刻。宋徽宗曾封东晋道士许逊为"神功妙济真君"以求其佑护国家。许真君以能驱魔行医,且有孝悌之心而闻名。他是公元 3 至 4 世纪的人物,其崇拜始于晚唐。1129 至 1131 年之间,正当宋廷南渡之后,新教派兴起,为净明忠孝道的出现打下了基础②。

徽宗时期的道藏也包括了天心派的经典③。该派重内炼与符箓。其后清微派崛起,综合了早先的道教仪式及后起的雷法和密法④。这些内炼法超越了早期道教的静思法。道士们不仅能使神仙显灵,还能使神灵附体。包尔兹在他的文章中指出,因为这些仪式的威力,很多县令开始寻求它们的帮助以稳固自己对地方动乱势力的控制。

道教的一些新发展也发生在金代,但是延续下来的只有王喆发起的全真教。该教派吸取了儒家和禅宗的部分思想,成为一代羽翼丰满的修行教派。

民 间 宗 教

民间宗教是一个很难界定的概念。"民间"一词的定义就非常棘

---

① 见司马虚,《最长的道经》(The Longest Taoist Scripture),《宗教史》,第 17 卷 3—4 期(1978 年),第 331—351 页。也见包尔兹《十世纪至十七世纪道教文献一览》,第 26—30 页。

② 见施舟人,《唐代的道教仪式和地方崇拜》(Taoist Ritual and Local Cults of the T'ang Dynasty),收于司马虚编《密宗与道教:纪念石泰安》,第 812—834 页,及包尔兹《十世纪至十七世纪道教文献一览》,70—78 页。

③ 包尔兹,《十世纪至十七世纪道教文献一览》,33—38 页。

④ 同上,38—41 页。

手[①],且研究资料的问题在民间宗教研究中尤为突出。民间教派往往口耳相传,不留文字。很多我们不得不依赖的文字材料带有知识阶层的偏见。文字材料的零碎和性质差异也使我们不能对民间宗教有一个整体的了解,而且会导致我们愈加相信精英和民间信仰之间有着不可逾越的距离。很多民间宗教之所以"民间"是因为它吸引了社会各阶层的人的参与。所以"民间"不应当被简单地理解为"精英"的对立面[②]。民间宗教一般的形态比较弥散,没有一个高度组织化的教士群体。它地域化和不系统的特点导致其中的差异性和不稳定性。所以对它的历史概括也往往是不可靠的。

我们不能将民间宗教视为一个完全区别于三大教的独立自主的宗教传统,尽管它确实包括了很多这三大教中没有的内容。尽管儒释道三个传统经常强调自己与民间传统的不同,它们的自身传统中事实上包含了很多民间因素,这些因素从来就没有真正被三大教的组织真正控制过,比如某些朝拜中心、朝圣行为、神迹、征兆和驱魔术等等。

民间宗教以家庭和社区为中心,它们直接与人们对健康、长寿、财禄、福祇的愿望相关。所以,它们传递的是整个中国社会共享的价值和理念,其中我们在前文已经顺便提到过不少了,比如祖先崇拜、家宅守护神和区域性神灵,一年一度的庙会、自然神崇拜、占卜、鬼神信仰、妇女血光、驱魔术等。很多宗教行为都源于史前时代,但是它们并不稳定。六朝时,儒、释、道三教普遍反对民间信仰。但是,从唐代开始,政策开始由打压走向招安。到了宋代末年,民间神谱已经具备了维持到现代的基本结构。在这个过程中,很多非人性、令人恐惧的民间神

---

① 见贝尔《宗教与中国文化:对"民间宗教"的检视》(Religion and Chinese Culture: Toward an Assessment of "Popular Religion"),《宗教史》第29卷第1期(1989年),第35—57页。

② 张商英(1043—1122)提供了一个很好的例子。尽管他来自社会精英阶层并精通儒家经典及佛教道教,他在一篇短文中提到一次去五台山的朝圣经历,其中一些灵验经验完全是民间宗教的内容,见吉梅罗《张商英在五台山》。韩森(Valerie Hansen)有关于"民间宗教"与"文献宗教"之间的区别的讨论,见《变迁之神:1127—1276》(*Changing Gods in Medieval China*),普林斯顿大学出版社,1990年,第13页。欧大年(Daniel Overmyer)在他对中国宗教的总结中把民间宗教定义为"全体人口的宗教,除了一些被刻意区分的人,比如正规道士、佛教徒,儒家学者和扮演公共角色的政府官员",《宗教百科全书》,第3卷,第281页。

都戴上了更加文明开化的面具,比如演变为战神、前朝官吏或者道教仙师。

宋代政府大规模封神的举措就可以说明民间神招安的状况。根据韩森的研究,在 11 世纪 70 年代时封神数量突然增多,12 世纪初年徽宗时期再次猛增,此后,一直有陆续册封[1]。政府对神祇的承认,正如对佛教和道教的支持一样,为国家获得了更多神灵的佑护。将神灵包装为官吏增加了现任官吏的权威。将民间神谱官僚化与政府势力向民间的渗透是同时进行的。另一方面,民间对政府的势力扩张的抵制也往往是通过宗教形式实现的。神灵们代表不同的群体和组织。通过推广自己的信仰可以为该群体或组织获得更多的注意力。

尽管神仙比凡人更有威力,但是他们遵循凡人的逻辑来发挥威力,且有时施恩有时复仇。当神灵们日益人性化,人们也越来越倾向于从自身的角度考虑他们的需求。他们不仅要求肉、粮、酒作为供品,他们同样要求有塑像、庙宇和神号。一个神的塑像和庙宇是它的权力的一种体现。如果其维护状况不佳,神力本身就要打折扣。如果金身重塑或者庙宇重建,则必有新威显赫。神祇们通过通灵、托梦等方式显灵,凡人们则通过扶鸾等种种通灵术来了解神的意愿。得到官方承认意味着登堂入册;地方官员每年春秋两季会在该神庙宇中主持仪式,并且政府会资助庙宇的维修。

神与人之间的互惠互利关系导致民间神谱经常随着社会变化而变化。学者们相继指出神谱中的变化如何反映更为广阔的社会变化。姜士彬(David Johnson)指出城隍神崇拜的扩张与唐宋之际新兴商业精英以及城市作为商业中心的发展有关[2]。韩森则认为城隍神的起源与佛教的毗沙门天王有关。

当神祇们纷纷脱下兽皮、进入官僚系统时,民间宗教也有被迫转入地下或者在儒释道之外边缘生存的一面。这些神力往往能出其不

---

① 韩森,《变迁之神:1127—1276》,第 80 页。

② 见他的经典文章《唐宋时代的城隍崇拜》(The City-God Cult of T'ang and Sung China),《哈佛亚洲学刊》,第 45 卷第 2 期(1985 年),第 363—457 页。

意地打乱现有秩序。于是,人们遂发明新的驱魔术,譬如天心和雷法来应对它们。包尔兹在文中谈到了这个现象。

儒家思想

佛教、道教与民间宗教都是在儒家思想所主张的以祖先及帝王为主导的氛围中发展起来的。这些宗教与儒教之间的关系是复杂的,它们之间是谁影响谁也往往很难确定。其间也有各种平行发生的影响不能用单线性的模式来解释。在实际操作的层面上,这些宗教需要处理和以儒家士大夫为主体的政府之间的关系。这种关系导致给他们的发展的方向和势力范围带来了一定的限制,也导致他们为了获得供养必须作出一定的妥协。

这些宗教的竞争性也刺激了儒家思想在唐宋时期的转型。儒家思想的复兴被归功于一系列伟大的思想家,他们在基本的大方向上一致,在很多具体的问题上有分歧。所有的新儒家思想家,从晚唐的韩愈到南宋的朱熹,都致力于追寻他们自己时代的儒家新理想和新道德,比如一个父慈子孝的稳定的社会秩序。他们试图建立一个不受异端影响的儒家正统。有很小一部分儒学思想家比如张载、程氏兄弟和朱熹试图对宇宙和人性的系统理性解释以用来取代佛教和道家的宇宙观。

最早的新儒家强调他们与前代的不同。他们宣称自孟子之后,在佛教和道教等异端的影响下,真正的大道就已丢失。20 世纪的思想史学者在更加局外的立场上也普遍接受这一论断。从汉代开始,儒家就开始被视为有衰微僵化之势,热衷于玄想和寻求精神价值的人们纷纷投靠道教和佛教。儒学的式微和汉代中国帝国乃至于中华文明的衰微是基本同步的——汉帝国分崩离析,北方胡族政权林立。唐代重新大一统的局面也带来了儒学复兴的局面,带来了知识阶层对儒家思想新的兴趣。在 8 世纪末和 9 世纪的动乱中,韩愈、柳宗元和李翱等人发出了从儒家经典中寻找治世之道,即"圣人之道"的呼声。

现代学者与新儒学最大的区别在于他们在审视新儒学的发展史

时不会刻意回避佛教的作用。晚唐和北宋的主张儒学复兴的士大夫们无疑对佛教抱有很大的敌意,他们希望清除佛教在中国的影响。然而他们所提出的问题、所阐述的概念无一不证明他们无法摆脱身处后佛国时代的历史情境。他们已经无法像汉儒那样描述人类和宇宙,而且他们不得不面对自身理论的本体论问题。禅宗在中唐的兴起尤为重要。和佛教的其他传统相比,禅宗所谓心、性的观念更容易为儒学背景的士大夫们接受①。

在过去的十年里,各种研究丰富了我们关于政局、佛教、新儒学各个领域中变化的相互联系的认识。唐代早期儒学的生命力和创造力要高于我们的估计,但是它无疑是被国家所操纵的。初唐儒生为帝王们重建礼仪古制,并强调自己的这些活动是为国家所急需的②。其后,士大夫们致力于办学、修史、撰文和注经③。魏侯玮(Howard Wechsler)和麦大维(David McMullen)都指出,国家对儒家的支持和对佛教和道教的扶持以及士大夫个人对释道的投入是共同存在的。国家和学者都无意采取绝对互相排斥的态度,或者绝对地划清界线。这种多元化的态度同样影响了对儒家经典的阐释的差异性,"当皇帝兴味盎然地参与佛教和道教的不同信仰系统时,儒家经典的阐释传统中的差异性便并不是大事了"④。

安禄山叛乱揭开了一段乱世,同时也引起了思想界的大动荡。过去支持儒家学者活动的国家组织开始失势,儒生们也开始重新寻找自己的政治文化定位。包弼德(Peter K. Bol)通过讨论士大夫之学将唐代前后期之间的转变与社会精英性质的变化联系起来。在贵族社会的唐早期,世家大族子弟可通过门第做官,学者们主要以保存延续文

---

① 冯友兰在《中国哲学史》中强调了佛教的启发作用,第 2 卷。英文版,卜德(Derk Bodde)译,普林斯顿大学出版社,1953 年,特别是 407—424 页。

② 见魏侯玮(Howard J. Wechsler),《丝帛之奠》(*Offerings of Jade and Silk: Ritual and Symbol in the Legitimation of the T' ang Dynasty*),耶鲁大学出版社,1985 年。

③ 见麦大维,《唐代的国家与学者》(*State and Scholars in T' ang China*),剑桥大学出版社,1988 年。

④ 同上,259 页。

化传统为己任,尤其是文学,也包括礼仪等。在这种环境中,文化传统的价值在于它是个人与经典的权威之间的媒介。但是从晚唐开始,部分学者开始抛弃这种形式的传统而直接向经典本身寻求圣人之道。这种趋势在文学领域中也可以见到①。

韩愈历来被视为11世纪新儒学运动的先驱。对韩愈而言,文、道是统一的。他所提倡的古文不仅是一种文学体裁,也是藉以载道的媒介。韩愈以激烈的反佛姿态而著称,主张人其人,火其书,庐其居(令僧人还俗,焚佛书,毁佛寺)。但是,据蔡涵墨指出,他所处的社会环境中佛教势力极大,韩是不可能不受到佛教影响的②。

很多宋初的新儒学领袖是涉政颇深的,他们所处的历史背景对于理解他们的政治观念有重要意义。范仲淹(989—1052)、欧阳修(1007—1072)、司马光(1019—1086)和王安石(1021—1086)都有深重的社会政治危机感。他们是出于治国的理念和目的来发展自己的儒学理论的③。这些政治家同样也支持致力于复兴儒学的学者。范仲淹先后举荐了胡瑗(993—1059)、李觏(1009—1059)和孙复(992—1057)入太学任直讲。和儒学政治家们相比,这些儒师们对儒学的视野较窄,他们继承了韩愈的排佛言论。孙复就认为佛老异端之说坏圣人之道是对儒士们的巨大羞辱。

知识阶层人数的稳健增长使儒家思想这座山峰的中部力量不断

① 包弼德,《斯文》(*"This Culture of Ours": Intellectual Transitions in T'ang and Sung China*),斯坦福大学出版社,1992年。

② 蔡涵墨(Charles Hartman),《韩愈与唐代对统一的索求》(*Han Yü and the T'ang Search for Unity*),普林斯顿大学出版社,1986年。有关这个时期其他的重要思想家,见巴瑞特(Timothy H. Barrett),《李翱:佛家,道家或新儒家?》(*Li Ao: Buddhist, Taoist, or Neo-Confucian?*),牛津大学出版社,1992年,及陈弱水,《柳宗元及唐代的思想变化:773—819》(*Liu Tsung-yüan and Intellectual Change in T'ang china, 773—819*),剑桥大学出版社,1993年。

③ 特别是刘子健(James T. C. Liu)的文章《宋初的改革家:范仲淹》(An Early Sung Reformer: Fan Chung-yen),收于费正清编《中国思想及相应机构》(*Chinese Thought and Institutions*),芝加哥大学出版社,1957年,第105—131页;《宋代的改革:王安石(1021—1086)和他的新政改革》(*Reform in Sung China: Wang An-shih (1021—1086) and Hist New Policies*),哈佛大学出版社,1959年和《欧阳修:11世纪的新儒家》(*Ou-yang Hisu: An Eleventh-Century Neo-Confucianist*),斯坦福大学出版社,1967年。

发展,也为11世纪的思想界热潮打下了基础。思想领袖们吸引了数以百计的生徒,他们中大部分人都是志向科举入仕的。但是他们所学并非只在试场上发挥作用,他们也与自己的老师讨论更加抽象的话题,比如圣人之性和还复圣人之道等。科举考试作为一项越来越重要的入仕手段使士子们不得不重新思考国家、知识阶层和社会之间的关系。因为很高比例的知识精英选择赶赴试场,国家对思想运动和精英的走向的影响力都是史无前例的。出于应试心理,士子们必须花费大量的时间用来准备考试科目;学者们则在不断地争论合适的科目究竟应该是什么。他们所争论的不仅是思想问题,也是政治问题。这些问题包括:国家是否应该推广办学,科举是否应试诗赋,科举是否能公允断人等。范仲淹、韩琦(1008—1075年)和王安石等先后发起了官员选拔制度的改革。这些改革不仅变革了考试科目,也促成了国家学校体制的膨胀。受教育阶层的增长也从一个方面解释了为什么在南宋之际程颐对修身正心的强调比王安石的治国平天下更加有吸引力。程颐赋予了个人更多的自主性从自身寻找真理,修身比事君更加根本。士大夫正心诚意而行之则能兼济天下。入仕虽好,但非必经之道。尽管程颐来自官宦之家,但是他的主张越来越为地方意识增强的士大夫们所接受。这些士大夫的入仕机会也在日益缩小中[①]。

朱熹在南宋极大地发展了程颐的主张。朱对新儒学发展的个人推动作用是有目共睹的[②]。除了现代学术对朱熹的关注之外,有一点

---

① 见包弼德《斯文》。

② 1982年召开的国际朱熹研究学术会议出版了一卷包括三十种研究的论文集,见陈荣捷(Win-tsit Chna)编《朱熹和新儒家》(*Chu Hsi and Neo-Confucianism*),夏威夷大学出版社,1986年。亦见伽德纳(Daniel K. Gardner)《朱熹和道学》(*Chu Hsi and Ta-hsüeh*),哈佛大学出版社,1986年;伽德纳《学以致圣:朱子语录选编》(*Learning to Be a Sage: Selections from the Conversations of Master Chu, Arranged Topically*),加州大学出版社,1990年。蒙罗(Donald Munro)通过朱的想象讨论了他的理论分类。蒙罗的研究提出了朱熹思想中的主要张力,即自我的道德觉醒和对外在权威的服从之间的张力,见他的《人性的意象》(*Images of Human Nature: A Sung Portrait*),普林斯顿大学出版社,1988年。朱作为一个教育家和思想领袖见于狄百瑞(Wm. Theofore de Barry)和魏斐德编《新儒学教育:形成时期》(*Neo-Confucian Education: The Formative Stage*),加州大学出版社,1989年,特别是狄百瑞、包弼德所撰的章节。

看法也是今天大家所普遍接受的:程朱在思想史上的核心地位是一个后人的重建的结果。包弼德指出,北宋的主流思想家是王安石和苏轼[①]。葛艾儒(Ira Kasoff)认为张载是一个独立思想家,和程氏兄弟没有传承关系[②]。田浩(Hoyt Tillman)则在文中说明了12世纪学者们之间活跃的互动关系[③]。

新儒学发展的背景包括了前文所讨论的丰富的宗教因素。尽管新儒学的发展可以按照其内部发展逻辑来描述,但是越广泛地考虑其背景,新见就越多。蒙罗(Donald Munro)经常用佛教的观点解释朱熹的思想。格里高里在其对宗密的研究中指出,朱熹对人性的看法是基于唐代佛教的观念[④]。新儒学所处的环境中,道教和民间宗教同是不可忽视的因素。士大夫们对民间宗教的批评是我们研究这些信仰的好素材之一[⑤]。风水、丧葬和其他民间仪式与生死、守丧和祭祖等代表儒家宗族观的社会活动都息息相关[⑥]。

学者们今天普遍不再将儒家思想视为一个绝对的世俗思想体系。新儒学非常热衷于终极意义、人类宇宙的本体论的讨论[⑦]。进一步讲,儒学的思想领袖们同样经营各种仪式以加强他们的话语权和辅助他

---

① 见包弼德《斯文》。

② 见葛艾儒(Ira E. Kasoff),《张载的思想(1020—1077)》(*The Thought of Chang Tsai [1020—1077]*),剑桥大学出版社,1984年。

③ 见他的《功利主义儒家—陈亮对朱熹的挑战》(*Utilitarian Confucianism: Ch'en Liang's Challenge to Chu Hsi*),哈佛大学出版社,1982年,和他最近的《儒家论述与朱熹之执学术牛耳》(*Confucian Discourse and Chu Hsi's Ascendancy*),夏威夷大学出版社,1992年。亦见罗文(Winston Wan Lo)《叶適的生平和思想》(*The Life and Thought of Yeh Shih*),香港中文大学,1974年。

④ 见他的《宗密与佛教的汉化》。亦见余英时《唐宋转折中的思想突破》(宣读于1986年亚洲研究学会年会"中国历史上的转折点"讨论组)和吉梅尔《对北宋文字禅的初步研究》(宣读于1989年"中国的宗教与社会,750—1300"学术会议)。吉梅尔探讨了禅僧与士大夫之间的社会交往和两个传统中对积累的书面文化传统的态度的分裂之间的相似处。

⑤ 见韩森《变迁之神》。

⑥ 见伊沛霞《儒学和家族礼仪》(*Confucianism and Family Rituals in Imperial China: A Social History of Writing about Rites*),普林斯顿大学出版社,1991年。

⑦ 见陈荣捷编《朱熹和新儒学》和杜维明《儒家思想:创造性转化的自我》(*Confucian Thought: Selfhood as Creative Transformaiton*),纽约州立大学出版社,1985年。

们的精神追求，这些仪式和他们所反对的异端仪式并没有什么实质上的不同。比如书院中就要祭祀先圣。一些儒师也在私宅里设有先祖神龛，其虔诚并不亚于平民之于神祇。

回到有关"山峰"的譬喻，唐宋之间儒学的复兴和转向正是儒家思想山峰的一次重建。与佛教和道教的情况类似，唐代早期这座山峰的底层由受过高等教育、并身居社会阶层高位的人组成。唐宋之际，在政府轨道之外的儒师和文人成为儒学复兴的领袖。儒学山峰的中部阶层随着教育和科举考试的普及而增长膨胀。一方面，人口中受儒学教育的比例增大，另一方面，平民则有更多机会与儒学士大夫发生接触，并从他们那里间接或者直接地聆听到儒家的传教。这并不是说儒学已经从释道异端那里赢回了人心。但是，儒学在民间的影响力确实大大增强了；在民间信仰和仪式中的渗透保证了儒学的思想控制力。

本章中勾勒的社会与宗教总览是处在不断发展的过程中的。每个传统在 12 世纪的情形都不同于在 9 世纪。它们都与社会、经济和政治的变化息息相关：人口增长、城市化进程、商业化、印刷术的进步、与中亚之间的交往、南方的安定和动乱等等。具有同样意义的是，儒释道和民间宗教之间的变化也是密切关联的。尽管我们是分开讨论各个传统的，但是它们不具备严格的自主性。在这个时期里，任何一个传统的变化对其他传统都有复杂的影响。国家儒学在初唐的兴起发生在国家供养佛教和道教的背景中。唐代佛教教义的成熟吸引了一批强调自己与佛教无关的士大夫。佛教寺院组织在社会、政治、经济方面的成就为其他社会组织所模仿，不仅仅是道观和书院，还包括义仓和族田。佛教中对毗沙门天王、文殊菩萨和观音的崇拜与佛教以外的种种崇拜相类似，譬如本册中讨论的城隍、文昌。其影响传递的链接是很难条分理析的。儒学的方向调整对放松地方宗教管理的官员们产生了影响。这些例子都说明了这个时代的变化彼此关联、环环相扣的性质。

许理和(Erich Zurcher)《佛教征服中国》三版序言:社会史与文化之间的对峙

太史文(Stephen F. Teiser) 著
左 娅 译

这本五十年前问世的名著在2007年再版的意义不仅仅限于一次再版。它标示了早期中国佛教研究史上的里程;它体现了在过去的半个世纪中该领域的进展以及这本著作的奠基性意义。

为什么要重刊一本经典著作?两代西方学者自彼时起开始研讨类似的课题,从相同的材料中发展出新的学术理论。与《佛教征服中国》初刊的年代相比,今天的佛教学者们对佛教与民间社会之间的交叉地带有着更加强烈的兴趣。中国宗教成为宗教研究中的一个成熟学科。很多该领域中的学者对中国传统的繁复性有着充分了解;他们开始质疑儒、释、道与民间传统的四分法。与此同时,随着中国的"文化大革命"的结束和教育机构的重建,中国的本土学术传统也得以重生。在过去的二十年里,中文开始挑战日文成为中国佛教研究的主要研究语言。中国学者也开始成为诠释新出材料的先锋力量,比如艺术品、文书和石刻碑文。当然,作为长期的中国传统文化研究学术中心之一的日本学界也依然执其牛耳。

为什么重读《佛教征服中国》的意义并不仅在于回顾五十年代佛教和中国研究的状况,也在于该书中提出的论点?为什么把《佛教征服中国》作为一本历史著作来理解依然很重要,而不是仅仅将它视为其时代的一个标志?为了回答这些问题,我们必须首先回顾该著作的主题和重点。然后,我也将讨论它的学术背景以及该领域中的最新动向。

《佛教征服中国》的观点

《佛教征服中国》最重要的观点并不在于有关其主题的任何假设,而在于处理该主题的方法。该著作强调了早期中国佛教的“社会环境”(第1页)。许理和认为这种视角的必要之处在于任何一种宗教都不仅仅是“观念的历史”(history of ideas)。佛教在中国更是一种“生活的方式”(a way of life)(第1页),尤其体现在佛教僧团的形成过程中。许理和所做的并不是讨论4世纪至5世纪的中国佛教哲学,而是研究一个特地时代特定地点的特定社会阶层。他的兴趣不在于佛教的整体,而是在于一个“非常重要但是数量相对有限的佛教群体”,即上层知识阶层以及参与该阶层文化生活的受教育的高级僧侣(第2页)。许将该“士大夫”(gentry)阶层定义为“受教育并有机会入仕”的男子(第4页)。他进一步阐述了该阶层占有土地和物质财富以及除官入仕的精确情形。在该书第二版(1972年)的序言中(第8页),他注明道他可能需要修改自己的措词以适应其时对早期中国社会阶层研究的新成果。但是,有关该阶层的定义、获取权力的方法、其重要性以及数量的有限在《佛》一书的三版中都没有改动。他在第二章中对西域来华僧人(比如安世高、支谶、康僧会和昙无谶)、佛教文献和政府支持的讨论是非常精审的,但就该书而言,它们仅仅是第三、四章主要论证的背景而已。这些章节重点关注土著精英的产生;它们依时代、地区和人物顺序展开了对中国本土僧人道安、慧远等人的讨论。

第五章和第六章讨论的是印度和中国思想之间的互动;这是本书的第二个主题。许理和在这个自汉代即始的论辩中据得一席:源自印度的佛教何以适应华夏国情?有一些答案是完全否定的:佛教乃是反对孝亲祭祖、拒绝奉上敬王的夷狄之教,故应排禁之。其他的声音则从不同角度为接受佛教寻找依据:佛教的“涅槃”之说与老子哲学中的“无为”实无本质上的区别。受现代国际社会交流与冲突的启发,许理和的贡献在于他能拟新言以矫旧论。他并不视中国、印度为两个完全分隔的系统,反之,他试图消解双方自成一体的孤立性质。这本著作体现的是中国和印度的思想在业已汉化的语境中发生的交融,而不是标题中所戏言的"征服"。西来的传道和译经者并没有将一个完全不同的印度佛教思想体系移植到中国的土壤上。相反,译经者事先有意识地选取了中国读者希望接受的内容。中国的士人并没有脱离自己的语境来研习印度与中国思想中的相应或者不相容之处;相反,中国的知识阶层用自身已有的概念来谈论佛教。故《佛教征服中国》一书用了大量的篇幅来讨论士大夫佛教的思想环境,譬如所谓的"前佛教"或者"本土的"玄学和清谈。与"征服"(conquest)、"汉化"(Sinification)等相比,许理和更偏向于使用"适应"(adaptation)、"互渗"(acculturation)、"选择"(selection)、"吸收"(absorption)、"重构"(restructuring)、"杂糅"(hybridization)和"分隔"(compartmentalization)等术语①。在第五、六章中他对亲佛者和排佛者的分析至今仍是英文学术中的至精微者。阅读这些章节,读者不由惊叹于冲突中的各方是如何使用相同的术语、臧否与修辞技巧的。以下我们可以见到许理和在分析欧洲和中国的思想互动中也扮演着同样的诠释角色。

为了推动社会史和文化之间的对峙这两大主题的稳妥展开,许理和精心筛选了他所用的材料。最重要的材料主要是两种。一种是早期著名僧尼的传记和汉文藏经的形成历史。第二种是被他称为"护教和宣传性的文献";它们是道俗佛教徒用来替佛教信仰辩护的著作。其中包括对佛教往生、因果等概念的阐释,对佛教的批评的反驳,以及为"沙门不敬王"的宗教独立性的辩护。对于新读者或者其他领域的专家来说,许理和对一手材料的选择之细致是可感知的。但是我们必须慎重地考虑被他剔除出去的材料,也应正视与他观点不符的其他传统的重要性。许理和有意识地回避了大量由梵文和其他印度语言翻译过来的佛经。他在其他文章中提到过,那些经典实为难以消化之财

① 有关这些术语的系统解释,见许理和 1980a、1989c。

富,仅仅它的篇幅就似乎证明它是了解中国佛教的重要依据。但是许理和认为这些材料是有一定误导性的:"我们作为历史现象的中国佛教的认识已经为貌似丰富的材料的存在所模糊化"(许理和 1982b,161)。《佛教征服中国》中使用的材料以及从印度原典翻译过来的经典都只为中国人口中极小的一部分人所利用,约百分之二至百分之五。以下我们将见到,在《佛教征服中国》出版之后,许理和开始转向研究这些译经,并就它们提出了一系列的新问题和新解答。不管基于怎样的材料,他一直忠于将材料运用在解答社会史的基本问题上。他写道:"除了常规的语言文献学的问题,每一种材料都应当以如下方法审视:它是在哪一层面上产生的,作者是谁,资助者是谁,面向的公众是谁。"(许理和 1982b,174)

许理和的学术生涯和《佛教征服中国》的思想背景

让我们循许公之思路来审视《佛教征服中国》的作者。许理和直至中学毕业接受的是经典教育系统的训练,在莱顿大学他以中国研究为专业。他的主要导师是莱顿汉学研究中心的创办人、早期中国思想研究的杰出学者戴闻达(Jan J. L. Duyvendak)(1889—1954)。本科毕业之后,许理和在斯德哥尔摩在喜仁龙(Osvald Sirén)的指导下学习中国艺术,并发表了一篇有关艺术的文章。但是随后他决定在博士学位期间专攻早期中国佛教。20 世纪 50 年代的西方学者几乎没有机会去中国做实地研究,许理和也不例外。新成立的中华人民共和国正处在土改、大跃进、韩战和中苏关系恶化的浪潮冲击中。故许理和负笈巴黎从师于著名佛教思想学者戴密微(Paul Demiéville)。许理和提交给莱顿的博士论文是《佛教征服中国》的雏形。1961 年许理和被聘为莱顿大学的远东历史研究教授。这个教职从前为殖民历史研究所设,自许理和接替之后,它被更新为"东亚史,特别是中西交通史"。许理和的教学内容包括中国通史及中国历史材料的讨论课,以及他有关中国与耶稣会士的研究讨论课,而非中国佛教。1969 年他创建了当代中国资料中心(Documentation Centre for Contemporary China)。该机构成为其研究领域的一大推动力。1975 年至 1992 年他是汉学杂志《通报》的合作编辑。1993 年他以六十五岁高龄退休。在从教学和行政事务中抽身之同时,他还在继续研究和写作。尽管他的教学和研究经历覆盖了中国历史上的所有时期以及历史、文学、宗教、哲学、政治、经济等各个领域,他的主要研究精力还是投放在中国传统与外来宗教的关系中。

《佛教征服中国》成书之时的 50 年代末,研究中国佛教的主要模式有哪些?中国佛教研究的学者是何许人等,有何意图,又受哪些指导思想的制约?

其时中国佛教研究主要受三种并不互相排斥的学术理论主导。第一种是将佛教视为一种世界宗教。它在 1881 年由戴维斯(Thomas W. Rhys Davids)创立的巴利文献学会(Pāli Text Society)的支持下发展起来的。该学会与英国在南亚的殖民事业息息相关。它致力于发现印度、斯里兰卡、尼泊尔和东南亚的巴利语和其他印度语言写就的佛教经典的研究和保存。该学会的命名即表明他们认为巴利文文献是早期印度佛教最可靠的历史材料。对佛教研究的阐释兴趣集中在其源头:最接近佛教起始的任何事实都被认为是可信和宝贵的。印度之外的佛教经典的重要性仅在于它们体现了佛教是如何跨越文化和语言的障碍向外传播的。这种佛教研究方法对汉传和藏传的译经进行考量,着重观察它们在何种程度上忠实于梵文原典。持这种方法的一些学者认为佛教只是一种哲学而不是一场宗教运动:它关注的是知识论立场、抽象思辨、默想和个人道德,而不是魔力、政治权力和礼仪①。在《佛教征服中国》中许理和回应了这种立场。他否认印度中心论,坚持认为中国历史背景是研究中国佛教的最适宜的历史情境。许理和以中国境内产生的文献为主要材料,而不是印度原典翻译过来

① 有关巴利文献学会和早期佛教研究中的阐释学,见 Almond 1988;De Jong 1997;Hallisey 1995; Masuzawa 2005; Silk 2004.

的经、律和论。他立为标准的不是印度原典，而是佛教汉传之前的中国本土思想。早期传佛者必须向这些思想妥协。许理和对佛教在中国能获得“去政治化”的地位更是没有任何幻想。《佛教征服中国》强调了佛教有着对社会生活、中国家族结构和政治秩序的深远影响；这些影响从一开始就是为亲佛者和排佛者所争论不休的话题。

20 世纪 50 年代日本学界在中国佛教研究中亦扮演着重要角色。对日本的佛教研究的影响主要来自两方面：日本佛教的组织结构和欧洲学界。从 18 世纪德川政府将人口户籍交给佛寺管理之后，日本人民开始习惯于严格地自我认同于某个佛教宗派。宗派组织在早期现代日本非常重要；甚至学院中的佛教研究也不能逃脱佛教宗派主义的控制。1932 至 1936 年出版的望月信亨的《佛教大辞典》对许理和的《佛》一书有着重大影响，尽管许并未在脚注中注明。1942 年冢本善隆发表的对北魏佛教的研究也是产生影响者之一。另一方面，《佛教征服中国》同时似乎也在反驳这些观点。许理和的研究方法是与在早期中国佛教发展中寻求现代宗派根源的学者们背道而驰的。正如最近的学术研究表明，唐以前甚至是宋代的所谓宗派创始人或者先驱基本都是不符合事实的[①]。另一方面，许理和与其他现代同仁一样，有赖于日本学术中最精华的辞章训诂之学。

第三个对许理和影响至深的研究模式是中国历史学家汤用彤(1893—1964)的《汉魏两晋南北朝佛教史》。该书初版于 1938 年。这本经典之作至今仍是各种语言的唐前期佛教研究中的权威。汤本科就读于清华大学，然后赴哈佛攻习梵文和巴利文，于 1922 年返回中国。40 年代他任教于北京大学哲学系；1949 年以后，他依然是共和国时代教育的重要参与者，曾任北京大学副校长和几届政协委员。汤的佛教史比许的著作跨越了更长的历史时段；它涵盖了五、六世纪并涉及了北朝佛教。在很多方面，汤的著作为《佛教征服中国》提供了基础

---

① 有关如何判断早期中国佛教中的“教派”问题，见汤 1938：718—719 页；汤 1962；汤 1963；汤 1986：128—248 页，尤其是 128—210 页；Weistein 1987. 对宗派划分的研究模式最彻底的批评来自于禅宗研究。见 Faure 1991；Faure 1993；Foulk 1993；McRae 2003：1—21 页。

和框架。它们之间的互相覆盖从汤著的章节目录中即可窥得一斑。其二十个章节如下:

第 一 章　佛教入华诸传说
第 二 章　永平求法传说之考证
第 三 章　四十二章经考证
第 四 章　汉代佛法之流布
第 五 章　佛道
第 六 章　佛教玄学之滥觞
第 七 章　两晋际之名僧与名士
第 八 章　释道安
第 九 章　释道安时代之般若学
第 十 章　鸠摩罗什及其门下
第十一章　释慧远
第十二章　传译求法与南北朝之佛教
第十三章　佛教之南统
第十四章　佛教之北统
第十五章　南北朝释教撰述
第十六章　竺道生
第十七章　南方涅槃佛性诸说
第十八章　南朝成实论之流行与般若三论之复兴
第十九章　北方之禅法净土与戒律
第二十章　北朝之佛学

汤与许之间的共同兴趣包括:对中国本土哲学背景的强调,特别是道教;地理上的多样性和地方性历史的重要性;基于一手材料的对问题的具体方法论分析;对印度和中国之间双向交流的兴趣;南北中国的巨大分裂;中国佛教中宗派的萌芽;以及律的重要性。两位学者都不甚重视(但并不是忽视)从印度和中亚经典翻译成中文的材料中的哲学内容。许理和基本上是略去了它们，而汤仅将它们列为他的第十五章中的六分等级——即注疏、论著、译著撰集、史地编著、目录和伪书——中的第三位。

这些相近之处并不能掩盖他们之间的重要不同。许理和非常关注社会阶层，故事实上他是就同样的材料提出了一个新的问题和一系列新的解答。与汤相比，他对辩护性言论更有兴趣；撇开鸠摩罗什不论，许认为在佛教汉传的头四个世纪里这些文献是最重要的。我认为许理和对汤用彤的倚赖是该著作的一个长处。汤著是一本有深度的对一手材料的复杂性有充分阐发的现代指导性手册；因此该书是一切早期中国佛教研究必不可缺的启蒙性著作。许理和对汤著的运用体现了两大现代学术传统之间的关联；这种关联既存在于过去，也关乎未来。

自 1959 年始，没有一种涉及相同历史时期的西文中国佛教史著作出版面世。1985 年确有一本冢本善隆的北魏（386—594）佛教史的英文翻译出版，但是基于冢本在时间和空间上的限制，他与许理和之间的交叠是很有限的。陈观胜（Kenneth Ch'en）的《中国佛教史概论》基本上是一本通论著作。尽管陈力图作一部通史，但是该书最丰富的两部分是早期和唐代。早期史部分陈观胜大量依赖《佛教征服中国》和汤用彤的《汉魏两晋南北朝佛教史》的研究；唐代部分则主要是他自己的个人研究。其他接受西方训练的学者（比如戴密微，李华德［Walter Liebenthal］林阿［Arthur E Link］，廖明活及罗宾森［Richard H. Robinson］等）在这一时期也发表了早期学派或者个人的个案研究。他们对哲学的显著兴趣是对《佛教征服中国》的补充。这些对佛教义理的研究都默认接受了许理和对早期佛教的社会史分析，并都将自己的论证出发点建立于其上。

尽管日本学者在早期中国佛教的研究中一直很活跃，但是日本学界过去四十年里的中国佛教通史类著作却普遍忽略了《佛教征服中国》①。这一时期研究佛教的中文学术主要分为两个阵营：一个在 1998 年以前，

① 比如鎌田茂雄 1982，小林正美 1993。

一个在1998年以后。1998年是重要的一年,因为在这一年由李四龙和裴勇翻译的《佛教征服中国》全本在中国出版了(许理和1998)①。在这本书的中文翻译面世以前,谭世宝曾以与汤用彤类似的方法讨论过许讨论的话题。彭自强运用《佛教征服中国》的方法来分析佛教和道教之间的互相融合以及佛教辩护性文献的意义。王青则广泛地采纳许理和的思路来分析阿弥陀佛、弥勒、观音等信仰的社会背景。

早期中国佛教研究的新动向

应以怎样的依据来批判许理和的著作呢?《佛教征服中国》在哪些方面被批评过?在它出版之后,学界又有哪些进步呢?对这本著作的批评主要集中在两个有争议的方面,而许理和自己则展开了好几个在《佛教征服中国》中未曾完全展开的领域的研究。

社会史研究有着长足的进步;这些进步体现在对中国社会在早期、中古和现代的组织形式的争论和重新定义中。当许理和撰写《佛教征服中国》的时候,他采取的是宗教研究的"中间路线"。中国的马克思主义学者譬如侯外庐(1956—1960)将佛教哲学视为一种理想主义,一种只能由马克思列宁主义彻底的唯物主义思想来修正的唯心主义。在唯心与唯物之间,许理和就像研究欧洲史的年鉴学派一样对精神和物质的因素予以同等的重视。他坚持认为经济因素和政治形态决定宗教面貌。许理和亦向读者备忘该书的结论只适用于中国社会中的一小部分精英,即士大夫阶层。他汲取了对中国社会结构其时最新的研究,如唐长孺的早期著作以及他在引用目录中提到的其他学者。与此同时,早期中古社会的学术研究也在不断进展中。唐长孺(1957,1983)在不断修正他的结论。他对该时代的土地制度和租佃契约关系的讨论不断深入。宫崎市定(1992)对九品官人法的精审研究

① 这是一个很好的翻译,译者们间或加入自己的注脚。在后序中他们加入了对许和汤的研究方法的异同的分析。他们认为,汤参透了佛教的"心法"而许则以社会科学方法厘清"心所法"(许1998:628—631页)。

为理解士大夫阶层提供了一个更好的分层解释,而在此之前,许理和视该阶层为一个不可分割的整体。毛汉光(1988,1990)专攻墓志材料;他描绘了一幅包含有更多地区和时代多样性的图景,比单从士大夫角度出发要复杂得多。随着对早期中国社会结构讨论的深入,许理和的一些有关宗教和社会结构之间的契合的结论也无需再加以改动。

另一个与《佛教征服中国》相关的是该研究模式之下潜伏的两个文化相遇并发生改变的问题。我在前文已提到过,这本著作的一个主要论点是印度佛教与中国式生活之间的互动十分复杂,双方在这个过程中都处在变化之中。我亦注意到他在描述这个过程时选用了富有弹性的语言,并且他避免将双方具体化。但是,文化冲突这个概念暗含着两个实体之间的根本对立或者实质性的不同:一方面是“印度”、“印度佛教”或者“佛教”,另一方面是“中国”。在过去二十年的社会科学和人文科学研究中,将现代意义上的民族国家或者国家文化的概念强加于前现代的政治问题上的倾向越来越受到批判。汉化的研究模式不论其如何改进,都不可能摆脱“中国”的标准。汉化模式描述了一个佛教被中国化的过程,但是它却不加辨析地接受了一个不能够自明的“中国的”(Chineseness)的定义。“中国”(China)和“中国的”(Chineseness)本来就是在特定的历史情境中建构出来的非单一性质的概念。因此,今天的学者们开始用新的眼光审视中国佛教[①]。与此同时,我们对印度佛教的理解也处于变动之中。学者们开始相信早期印度的佛教徒与中国的佛教徒一样,也关心修福积德和奉亲事祖[②]。当我们对传播方(印度)和传播事物(佛教)的认识发生改变之时,也是我们应当重审接受方(中国)之时。学者们对中、印这两个不同文化实体的可靠性的质疑,也理所当然地延伸到将中国佛教视为文化互动之产物的论断中去。

《佛教征服中国》中的其他问题和论之不逮处已被许理和自己所

---

① 典型的佛教汉化研究模式见陈 1973;Gregory 1991;胡 1937。有关批评和替代的模式,见 Elverskog 2006;Gimello 1978; Sharf 2002:1—30 页;太史文 2000。

② DeCaroli 2004; Egge 2002; Schopen 1997。

修改,而且他就其中的一些问题继续发表了大量文章。自其学术生涯早期起,许就开始关注早期佛教译经的语言学特征。首先,早期佛经是其时中文口语的重要留证。这些译经保存了大量公元1至4世纪的口语词汇和口语语法;这些语言现象在任何其他传世文献中都难觅踪迹了。1977年许在《中文教学联盟学刊》(Journal of the Chinese Language Teachers Association)上发表了第一篇有关这些早期文献的研究①。该文分析了公元150年至220年五组不同的翻译者在二十九种经文中是如何造成各色语言学特征的。这些译经包含了约1000个复音词,其中绝大多数是双音词。同时期的书面汉语却以单音词为主。这些经文可被视为半口语半文言,它们还体现了一些其他口语特征(比如趋向动词的使用,代名词和指示代词的有限使用,文言书面语中不可或缺的助词的缺失,等等)。所以,早期佛教译经是研究最初几个世纪的口语的好材料。这个论断并不是许理和首先提出的,但是他却是第一个用佛经来做系统、彻底和成熟研究的人。在他的文章面世之后,世界各地的学者们纷纷加入到这个工程中来。早期中国文学的学者们对佛经中的词类和语法尤其有兴趣②,佛教学者们则开始分析某些特定译者的词汇特色③。

许理和在这个领域的研究旨趣并不限于汉语的口语与文言。哪怕是在分析语法,他的目的也在于更好地理解佛教汉传中的社会和思想动力。在一篇晚些的文章中,他总结了他对语法和语汇的研究如何能够帮助我们理解早期译经的过程④。许从早期佛经中保存的大量口语因素开始,分析了译经者们的日常工作流程。从一件梵文或者巴利文的原件到一件文言或者半文言的译品,其中没有一个人对原件或者译品有着完全的把握。来自印度或者中亚的翻译讲母语、识梵文并对中文口语有些许了解。但是他对文言往往一无所知。另一方面,中方

① 许1977;中文译本许1987b。亦见许的后续研究:许1991;许1996;许1999。
② 见曹1990;Harbsmeier 1981;梁2001;梅1994;朱1992。
③ 见Boucher 1996;Harrison 1993;辛岛1998;辛岛2001;Nattier 2003。
④ 许1991。

翻译的口语文言都很熟练，但是却不谙梵文。故在此流程中有很多环节：外来翻译首先唱梵文经（往往是口耳相传而不是书面的）然后提供一个中文口语的初稿，由中方翻译笔录下来。中方翻译再着重对初稿进行润色修改，使其更具文言风格。由于双方都有叶障目，成品中不可避免地充斥着重复、误读和修正过的痕迹。许理和的研究揭示了早期佛教的社会语言学特征，西来僧人的重要性和后来在鸠摩罗什的译经中成为标准的语言学特征。

中国和日本最有影响的研究传统习惯于将佛教与道教并驾并揭示这看似分离的两个传统不能被彼此孤立[①]。在《佛教征服中国》中许理和采用了这种方法用于讨论道教哲学，在他后期的一些研究中用于讨论道教运动。许仔细地梳理了包括天师、上清和灵宝传统的 123 种材料以揭示佛教对道教的影响[②]。在结论中他厘清了受影响较大和较小的部分。佛教的宇宙论强烈地影响了道教中道场的概念；大乘理念在道教中渗透；佛教的因果和往生说改变了道教关于罪业的看法。但也有一些重要领域与佛教的影响绝缘，譬如建立在气的基础上的宇宙论，长生不老的理想，和道教对宗教文献的理解。在其他的作品中，许理和同样讨论了道教对佛教的影响[③]。他强调了道教关于末世、末劫以及开劫救人的思想的重要性。他认为，尽管印度佛教并不缺乏末世论和救世论的因素，但是 3 至 6 世纪之间的中国佛教中的类似思想应该归功于道教的影响。他认为我们似乎应该放弃关于两个不同宗教之间互相影响的这种说法。因为毕竟我们所谓的“中国佛教”和“道教”只不过是我们在塔尖上所见的景象，是由寺院组织和教士团体的成立所造成的局势。在这个层次上，这两大传统之间的区别是非常明显的。但是，如果向下观之，它们之间存在着相当的互相覆盖，到了最底层则几乎是完全混杂的了[④]。最新的研究都在继续审视或者改进

① 比如汤 1957；吉岡 1959—1976。

② 许 1980b。

③ 许 1982a；许 1982c。

④ 许 1982a，47 页。

这些结论。学者们亦遵循着这个基本模式来研究佛教和道教的救世论、仪轨、治疗仪式、驱魔、死亡仪式、寺院生活、经藏的概念,等等[①]。佛教与道教应当并驾研习是无可置疑的。

许理和做出贡献的另一领域是民间佛教。在《佛教征服中国》中他就已经注意到,在士大夫阶层的佛教经文中有驱魔、极端的禁欲主义、秘术 以及向往极乐再生的民间愿望。许反复强调的事实是这些材料只与中国人口中极少的一部分有关。他晚期的作品开始关注"大众"佛教;或者用他的话说,一种"日常的"(normal)(或者也可以说"规范的"[normative])佛教:"如果我们试图定义一种'日常的'中古佛教的话,我们首先必须理解什么是'非日常的'。"他通检了一部分早期的传记资料以观察"大量的小道末流传统,比如民间的与经典、大师、盛大的仪式和大规模供养无关的佛教形态"[②]。许理和置身于一个更广阔的学术运动中。有些学者用石刻史料来研究民间佛教的行事,其他的学者从社会学和教义两方面来分析碑文中记录的供养行为[③]。在5世纪以前,精英阶层以下的中国社会和经典层次以下的佛教情境在史料中已经难觅踪迹了。造像、庙宇、碑刻、墓葬和其他美术史料对于理解这个时代的佛教是重要的资料[④]。自5世纪至10世纪,有关史料大幅度增多;这必须归功于敦煌文献中的大量壁画、经卷、寺院文书、民间文学和日常资料。许理和用这批资料来研究佛寺中的教育系统和文化水平[⑤]。世界各地的学者们倚赖敦煌文献以研究制度史、日常宗教行事、禅宗和佛教表

---

① Bokenkamp 1983; Bokenkamp 2004; Campany 1993; Davis 2001; 小林 1990; Kohn 2003; Seidel 1970; Seidel 1984b; Strickmann 1996; Strickmann 2002; 傅 1992。

② 许 1982b: 162,165 页。也见 Strickmann 1994;许 1990a:43—94 页;许 1995f。

③ 5世纪至6世纪的北方的情况见刘 1993;侯旭东 1998。

④ 英文著作中的代表作见 Abe 2002; Rhie 1999;王 2004; 巫 1986。许 1995a 综述了中国佛教文献中的艺术的系统讨论,是 Soper 1959 的补充。

⑤ 许 1989a。

演艺术①。

早期中国佛教的学者们为西来传佛的僧人们的故乡所吸引是自然而然的。在中古中国对世界的描述中,今天青海和新疆地区的帝国和城邦,加上尼泊尔、印度、巴基斯坦和阿富汗的部分领土皆由"西域"一词所囊括。许理和用中文史料也进行了一些中亚佛教的研究②。其他一些学者则更仔细地梳理了非汉文卷子中的有关中亚的史料③。

文化冲突

我在前文已述,将《佛教征服中国》的主题仅仅理解为中国佛教是不妥的。这本著作阐明了有关如何研究宗教、如何处理文化之间的互动等大主题。许理和在他后来的研究中对这些问题都有后续追索。早在1962年他初登莱顿讲台时所作的有关中国现代史的讲座中,他已用辩证的措辞提出有关文化交通的问题。他演讲的题目"误解的对话"(Dialoog von Misverstanden)既体现了交流,也体现了隔绝④。将许理和视为是"绝境"(aporia)论者或者是后殖民主义批评家是不符合历史事实的,但是对跨文化的物质思想交流感兴趣的现代学者能从许理和的研究方法中受益颇多。许理和的第二个感兴趣的领域是16、17世纪基督教和西方思想文化在中国的情形。在一系列的研究中他根据该时期有关传教士或者由传教士写就的文献来讨论各种向中国观

---

① 制度史研究见竺沙1982;湛如2003。有关寺院经济,见谢1956;姜1987。有关僧尼的日常生活,见郝1998。有关年度节日,见谭1998;太史文1988;童1996;王1996。有关来世,见Soymie 1966—1967;太史文1994。有关民间表演,见梅1989。有关禅宗,见篠原1980; 柳田2004。

② 许1968;许1990b;许1999a。

③ Nattier 1990;Skjaerv ø2002;Zieme 1985; Zieme 1992; 许1999b。

④ 在文中他提到中国现代史中一些这样的冲突。他主要关注儒家思想以外的思潮,譬如现代西方科学、基督教、女性主义和欧洲政治哲学在中国的政治文化中是如何被接受、被讨论和被定性的。他建构了一幅现代中国是如何在网状的各种力量中调停的。

众译介西方或基督教思想的方法①。同样的意趣指引着他探索犹太教在开封的情况，和“文化大革命”期间西方对中国的看法②。似乎只有辽金元与回回民族不在他的兴趣范围之内③。

所以，文化之间的冲突交流成为许理和学术生涯中的标志性成就并不意外；与他类似的是他的同事谢和耐(Jacques Gernet)——1975年至1992年法兰西学院中国社会思想史讲座教授，《通报》的合编者。和许理和一样，谢和耐的学术生涯也是以中国佛教拉开序幕的。谢研究过敦煌文献中的禅宗写本，但是他的成名作是《中国5—10世纪的寺院经济》④。在这本著作中，他利用敦煌文献讨论了渗透在中国各社会阶层中的佛教行事。在此书之后，他转向研究基督教在中国，尤其是最早几代耶稣会士在中国的经历⑤。1988年，应谢和耐之邀，许理和在巴黎就一个宏大的主题发表演讲：为什么由外来僧人传入中国的佛教能够如此彻底地渗透进中国社会的方方面面，而17、18世纪的耶稣会士却失败了？他认为，其答案与这两教之间传教与诱劝改宗的策略之大不同有关。许理和将它们有关同化的不同之处总结如下：

> 在接触和有意识的引介中同时进行的外部渗透；没有接受特别教育的僧人和精心训练的传教士；教士团体和独门单户的住宅；独立于受传教士控制的教团以外的俗家弟子；诱劝改宗以及强加的同一性；职业教士明确的角色分工和“传教文士”(missionary-literatus)的双重角色。相异之处众多。然而共同之处则在于它们都是受耶稣会控制监督的机制。其矛盾之处恰在于这正是基督教在中国的软肋；而佛教的力量则来自于它的缺乏组织、信

① 许1971;1978;1985b; 1987b; 1988; 1990a; 1990d; 1993a; 1993b; 1995c; 1997a; 1997b; 2000; 2001; 2004; 2006a; 2006b.

② 许1995b;1973a; 1973b。

③ 尽管我们或许也应该知道，许理和的儿子Erik Jan Zürcher是研究现代土耳其和奥斯曼帝国历史的。见Erik Jan Zürcher 1984;1991;2004。

④ 谢1956;英译本，谢1995。

⑤ 谢1982;英译本，谢1985;第二版，谢1991。

仰的自发性和中央控制的彻底缺失。①

在许理和眼中,中西文化交流同样是一场观念的竞赛。许理和间或对谢和耐关于传统中国文化心态与文艺复兴晚期的天主教思想缺乏契合度的观点表示赞同。但是,在一些重要的个案研究中,他也试图证明基督教的外来特征能够在中文中清楚地表述。跨文化阐释,尽管并非持久,但如能假以合适的策略,还是能够成功的。许理和并不预设一道不可逾越的文化或语言的鸿沟的存在,在回答这个问题之前他仔细地审视跨文化交流的内容和语境。他写道:

> 有关早期福建基督教的丰富信息给我们提供了一个重新审视有关西方宗教义理和中国之反应的假想的机会。它再次肯定了容纳政策是最有效的传教方法;它不仅仅是一种策略,也是一种文化职责所驱。这与谢和耐所提出的中国人基于自身深植的文化观念无法消化基督教的基本理念的结论是刚好相反的。在《日记》中我们看到了截然相反的例子。它清楚地揭示了这样一种结构:传教士和高层皈依者隶属于一个流动的全国范围的网络,而地方信徒则是“静止的”(sedentary)。它同样揭示了西方传教士扮演的诸多角色中的矛盾之处:他们带来了上帝之国,但是从一开始这个上帝之国就是自我分裂的。②

不同的道德和思想前提(它们本身也是复杂多变的)会在不同文化对峙时显现出来,这贯穿在许理和研究中的一条主线。或如他所说:“文化之间正如个人之间,真理诞生在他们的友爱与冲突之间。”③不管冲突是发生在印度佛教与中国之间、天主教与中国思想之间,抑

① 许 1990a:37 页。有关对佛教“容纳政策”和基督教传教方法的进一步比较,见谢 1985:64—104 页。

② 许 1990c:456 页。

③ 许 1990a:37 页。有关“道德和思想前提”,见许 1990a:13 页。

或是现代国际文化、政治、经济的争端中,《佛教征服中国》都有其深远持久的意义①。

参考文献

A. 许理和著作

1955.《佛教在中国初传时代的政教关系》(Zum Verhältnis von Kirche und Staat in China während der Frühzeit des Buddhistmus),《俗世》(*Saeculum*),第 10 卷第 1 册,73—81 页。

1956.《国画和书法中的临仿品与伪品》(Imitation and Forgery in Ancient Chinese Painting and Calligraphy),《东方艺术》(*Oritental Art*),第 1 卷第 4 册:141—156 页。

1959.《佛教征服中国 - 佛教在中古中国早期的传播与适应》(*The Buddhist Conquest of China: The Spread and Adaptation of Buddhism in Early Medieval China*),2 卷,布瑞尔(Brill)出版社(第 2 版:1972;中译本:1998)。

1962a.《佛教:在文字、地图和图像中的起源与传播》(*Buddhism: Its Origin and Spread in Words, Maps, and Pictures*),罗德里奇及科根保罗(Routledge and Kegan Paul)出版社。

1962b.《误解的对话:接受莱顿远东历史研究教授教职的演说,1962 年 3 月 2 日》(*Dialoog der Misverstanden: Rede Uitgesproken bij de Aanvaarding van het ambt van Hoogleraar in de Geschiedenis van het Verre Oosten aan de Rijksuniversiteit te Leiden op 2 maart 1962*),布瑞尔出版社。

1968.《中文史料中的月氏与迦腻色伽》(The Yuezhi and Kaniska in Chinese Sources),收于巴斯杉(A. L. Basham)编《迦腻色伽年代考:

---

① 我要感谢伊维德(Wilt Idema)提供的有关许理和学术生平和荷兰汉学界的信息。陈怀宇、艾尔曼(Benjamin A. Elman)、古德曼(Howard L. Goodman)、海马天(Martin Heijdra)、沙夫(Robert H. Sharf)和杨(Stuart H. Young)在修改过程中提出意见,特此感谢。

伦敦学术讨论会,1960 年 4 月 20—22 日》(*Papers on the Date of Kaniska: Submitted to the Conference on the Date of Kaniska, London, 20—22 April, 1960*),346—390 页。澳大利亚国立大学东方研究中心(Australian National University Centre of Oriental Studies),东方研究专著系列(Oriental Monograph Series),布瑞尔出版社。

1971.《中国的第一场反基督教运动(南京:1616—1621)》(The First Anti-Christian Movement in China [Nanjing, 1616—1621]),《荷兰东方学报:荷兰东方学会纪念莱顿 50 周年专刊,1970 年 5 月 8 日至 9 日》(*Acta Orientalia Neerlandica: Proceedings of the Congress of the Dutch Oriental Society, Held in Leiden on the Occasion of Its 50th Anniversary, 8th–9th May 1970*),布瑞尔出版社。

1972.《佛教征服中国——佛教在中古中国早期的传播与适应》修订本(*The Buddhist Conquest of China: The Spread and Adaptation of Buddhism in Early Medieval China*),两卷,布瑞尔出版社。

1973a.《中国及第三世界》(China en de Derde Wereld),许理和、福柯玛(D. W. Fokkema)编《今日中国,制衡及文革》(*China Nu, Balans van de Culturele Revolutie*),260—288 页,阿贝德斯培(Uitgeverij de Arbeiderspers)出版社。

1973b.《弁言:历史回顾》(Inleiding: een historische Terugblik),许理和、福柯玛编《今日中国,制衡及文革》,7—36 页,阿贝德斯培出版社。

1977.《最早的佛经译文中的东汉口语成分》(Late Han Vernacular Elements in the Earliest Buddhist Translations),《中文教学联盟学刊》(*Journal of the Chinese Language Teachers Association*),第 13 卷第 3 册,177—203 页(中文译版 1987 年)。

1978.《反思:西方的扩张和中国的反应》(Western Expansion and Chinese Reaction: A Theme Reconsidered),韦思林(H. L. Wesseling)编《扩张与反应:欧洲的扩张与亚非的反应》(*Expansion and Reaction: Essays on European Expansion and Reaction in Asia and Africa*),

59—77 页。海外历史比较研究,莱顿欧洲扩张史研究中心出版系列(Comparative Studies in Overseas History, Publications of the Leiden Centre for the History of European Expansion),莱顿大学。

1980a.《佛教在古代官僚帝制中国之经验》(Buddhism in a Pre-Modern Bureaucratic Empire: The Chinese Experience),纳瑞(A. K. Narain)编《佛教历史研究:威斯康星大学佛教史国际学术研讨会论文集,1976 年 8 月 19 至 21 日》(*Studies in the History of Buddhism: Papers Presented at the International Conference on the History of Buddhism at the University of Wisconsin, Madison, WIS, USA, August, 19 - 21, 1976*),401—411 页,新德里 B. R. 出版公司。

1980b.《佛教对早期道教的影响:经籍佐证一览》(Buddhist Influence on Early Daoism: A Survey of Scriptural Evidence),《通报》(*T' oung Pao*)第 66 卷第 1—3 册,84—147 页。

1982a.《早期中国佛教的末世观与救赎观》(Eschatology and Messianism in Early Chinese Buddhism),伊维德(W. L. Idema)编《莱顿汉学研究:莱顿汉学研究中心 50 周年庆典研究会论文集,1980 年 12 月 8 至 12 日》(*Leyden Studies in Sinology: Papers Presented at the Conference Held in Celebration of the Fiftieth Anniversary of the Sinological Institute of Leyden University, December 8 - 12, 1980*),34—55 页。

1982b.《中国佛教研究展望》(Perspectives in the Study of Chinese Buddhism),《皇家亚细亚学会学报》(*Journal of the Royal Asiatic Society*),161—176 页。

1982c.《月光童子:早期中古中国佛教的救赎论与末世论》(Prince Moonlight: Messianism and Eschatology in Early Medieval Chinese Buddhism).《通报》第 68 卷:1—75 页。

1984.《玉门之外:中国、越南和韩国的佛教》(Beyond the Jade Gate: Buddhism in China, Vietnam and Korea),毕侌(Heinz Becherts),贡布里希(Richard Gombrich)编《佛教世界:社会与文化背景中的佛教僧尼》(*The World of Buddhism: Buddhist Monks and Nuns in Society and Culture*),193—211 页,纽约事立于纸(Facts on File)出版社。

1985a.《中国佛教史的再诠释》(Mah ā Cina: La reinterpretation bouddhique de l' histoire de la Chine),《1985 年年会纪要》(*Comptes rendus des séances de l' année 1985*),476—492 页。金石与纯文学研究学会(Académie des Inscriptions et des Belles-lettres),巴黎杜兰(Auguste Durand)出版社。

1985b.《天主与魔神:一件晚明基督教写本中的异谈》(The Lord of Heaven and the Demons: Strange Stories from a Late Ming Christian Manuscript),南道夫(Gert Naundorf),卜松山(Karl-Heinz Pohl)编《东亚的宗教与哲学:汉斯· 施泰宁格 65 华诞纪念文集》(*Religion und Philosophie in Ostasien: Festschrift für Hans Steininger zum 65. Geburtstag*),359—375 页。柯宁豪森纽曼(Köninghausen und Neumann)出版社。

1987a.《佛教在中国》(Buddhism in China),伊利亚德(Mircea Eliade)编《宗教百科全书》(*The Encyclopedia of Religion*),16 卷,第 2 卷:414a—12a 页,迈克米兰(Macmillan)出版社(1989 年重刊)。

1987b.《艾儒略与 17 世纪中国的人文背景》(Giulio Aleni et ses relations avec le milieu des lettrés chinois au XVII siècle),兰契奥蒂(L. Lanciotti)编《威尼斯与东方》(*Venezia e l' Orient*),107—135 页,里奥欧士奇(Leo S. Olschki)出版社。

1987c. 许理和《最早的佛经译文中的东汉口语成分》,蒋绍愚译,《语言学论丛》第 14 卷,197—225 页(许理和 1977 中译版)。

1988.《太平天国运动中的清教理想》(Purity in the Taiping Rebellion),梵比克(Walter E. A. van Beek)编《追索净真:清教运动之动力》(*The Quest for Purity: Dynamics of Puritan Movements*),203—215 页。穆通德歌列特(Mouton de Gruyter)出版社。

1989a.《唐代的佛教与教育》(Buddhism and Education in Tang Times),狄百瑞(Wm. Theodore de Bary),贾志扬(John W. Chaffee)编《新儒学教育之成型时期》(*Neo-Confucian Education: The Formative Stage*),19—56 页,加州大学出版社。

1989b.《佛教在中国》(Buddhism in China),北川(Joseph M. Kitagawa),卡明斯(Mark D. Cummings)编《亚洲史中的佛教》(*Buddhism in Asian History*),139—150 页,迈克米兰出版社(许理和 1987a 重印)。

1989c.《历史视角中的佛教对中国文化的影响》(The Impact of Buddhism on Chinese Culture in a Historical Perspective),斯科如普斯基(Tadeusz Skorupski)编,《佛教遗产:伦敦大学亚非学院佛教遗产研讨会论文集,1985 年 11 月》(*The Buddhist Heritage: Papers Delivered at the Symposium of the Same Name Convened at the School of Oriental and African Studies, University of London, November 1985*),117—128 页,佛教研究中心(Institute of Buddhist Studies)。

1990a.《佛教、基督教和中国社会:法兰西学院的研讨会、论文和讲座》(*Bouddhisme, christianisme et société chinoise: Conférences, essais et leçons du Collège de France*),朱里亚德(Julliard)出版社。

1990b.《汉代的佛教与西域》(Han Buddhism and the Western Regions),伊维德、许理和编《秦汉中国的思想和法律:何四维 80 华诞论文集》(*Thought and Law in Qin and Han China: Studies Dedicated to Anthony Hulsewé on the Occasion of His Eightieth Birthday*),莱顿汉学院(Sinica Leidensia),第 24 卷,布瑞尔出版社。

1990c.《简介》(Introduction),许理和、兰根朵夫(T. Langendorff)编《九十年代的人文学科:荷兰之视角》(*The Humanities in the Nineties: A View from the Netherlands*),9—12 页,斯维茨才特灵戈(Swets and Zeitlinger)出版社。

1990d.《耶稣会士在晚明福建》(The Jesuit Mission in Fujian in Late Ming Times: Levels of Response),维米尔(E. B. Vermeer)编 《十七、十八世纪的福建省之沉浮》(*Development and Decline of Fukien Province in the 17th and 18th Centuries*),417—457 页,布瑞尔出版社。

1990e.《总结》(Summing Up),许理和、兰根朵夫编《九十年代的人文学科:荷兰之视角》,355—372 页,斯维茨才特灵戈出版社。

1990f. 许理和、兰根朵夫编《九十年代的人文学科:荷兰之视角》,斯维茨才特灵戈出版社。

1991.《早期佛教文献之新见》(A New Look at the Earliest Chinese Buddhist Texts)筱原亨一(Koichi Shinohara),休浜(Gregory Schopen)编《从波罗奈到北京:纪念冉云华教授,佛教与中国宗教论文集》(*From Benares to Beijing: Essays on Buddhism and Chinese Religion in Honour of Prof. Jan Yün-hua*),277—304 页,马赛克(Mosaic)出版社。

1993a.《向儒家的赞礼:晚期帝国中国的基督教与正统》(A Complement to Confucianism: Christianity and Orthodoxy in Late Imperial China),黄俊杰、许理和编《中国的规范与国家》(*Norms and the State in China*),71—92 页,莱顿汉学院,布瑞尔出版社。

1993b.《晚明的乡约:韩霖的〈铎书〉》(Un "contrat communal" chrétien de la fin des Ming: Le livred' admonition de Han Lin [1641]),詹嘉玲(Catherine Jami)、德罗绘(Hubert Delahaye)编《欧洲在中国:十七、十八世纪的科学、宗教和文化交流,1991 年 10 月 14—17 日》(*L'Europe en Chine: Interactions scientifiques, religieuses et culturelles aux XVIIe et XVIIIe siècles, actes du colloque de la Fondation Hugot [14 - 17 octobre 1991]*),3—22 页,高等中国研究备忘(Mémoires de l' Institut des Hautes Études Chinoises),高等中国研究中心(Institut des Hautes Études Chinoises)。

1993c. 黄俊杰、许理和编《中国的规范与国家》(*Norms and the State in China*),71—92 页,莱顿汉学院,28,布瑞尔出版社。

1994.《中产阶级之游疑:点石斋画报中所反映的宗教态度》(Middle-class Ambivalence: Religious Attitudes in the Dianshizhai huabao),《中国研究》(*Étudeschinoises*)第 13 卷 1—2 册: 109—143 页。

1995a.《中古中国的佛教艺术:宗教视角》(Buddhist Art in Medieval China: The Ecclesiastical View),K. 繁库(R. van Kooij)和范德维(H. van der Veere)编《佛教艺术的功能与意义:1991 年 10 月 21—24 日莱顿大学讲座》(*Function and Meaning in Buddhist Art: Procee dings of a Seminar Held at Leiden University 21 - 24 October 1991*), ed., 1—20 页。艾格贝佛斯特(Egbert Forsten)出版社。

1995b.《最后的离散:开封的犹太人》(In de Uiterste Diaspora: de Joden van Kaifeng),荷兰皇家科学院(Koninklijke Nederlandse Akademie van Wetenschappen),文学系刊新系列(Mededelingen van de Afdeling Letterkunde, Nieuwe Reeks),第 58 卷第 2 册,荷兰皇家科学院。(1995 年在威尔金森[Wilkinson]的演讲中有英文总结。)

1995c.《滥觞:十七世纪中国对基督教创世论的回应》(In the Beginning: 17th-Century Chinese Reactions to Christian Creationism),黄俊杰、许理和编《中国文化中的时间与空间》(*Time and Space in Chinese Culture*),132—166 页,莱顿汉学院,布瑞尔出版社。

1995d. 与黄俊杰合撰《中国的时间与空间之文化理念》(Cultural Notions of Space and Time in China.),《中国文化中的时间与空间》,3—14页,莱顿汉学院,布瑞尔出版社。

1995e. 与黄俊杰合编《中国文化中的时间与空间》,莱顿汉学院,布瑞尔出版社。

1995f.《道安的匿名经籍》(Obscure Texts on Favourite Topics: Dao'an's Anonymous Scriptures),施密特格林泽(Helwig Schmidt-Glintzer)编《另一个中国:纪念鲍尔 65 华诞文集》(*Das andere China: Festschrift für Wolfgang Bauer zum 65. Geburtstag*),161—181 页,沃分布特勒研究丛书(Wolfenbütteler Forschungen)62,奥托哈拉索维茨(Otto Harrassowitz)出版社。

1996.《早期佛经中的口语成分:一种判断优先材料的尝试》(Vernacular Elements in Early Buddhist Texts: An Attempt to Define the Optimal Source Materials),《汉学理论文萃》(*Sino-Platonic Papers*)第 71 卷,1—31 页。

1997a.《1630—1640 年艾儒略在福建:媒介与信息》(Aleni in Fujian, 1630—1640: The Medium and the Message),厉匹娄(Tiziana Lippiello)、马雷凯(Roman Malek)编《西来学者:艾儒略(1582—1649)及

基督教与中国的对话》(*Scholar from the West: Giulio Aleni S. J. [1582—1649] and the Dialogue between Christianity and China*),595—616 页,布莱斯安那文化年刊(*Annali Fondazione Civiltà Bresciana*)9,华裔学志系列(Monumenta Serica Monograph series)42,布莱斯安那文化基金会及华裔学志。

1997b.《艾儒略的中国传记》(Guilio Aleni's Chinese Biography),厉匹娄、马雷凯编《西来学者:艾儒略(1582—1649)及基督教与中国的对话》,85—127 页,布莱斯安那文化年刊 9,华裔学志系列(Monumenta Serica Monograph series)42,布莱斯安那文化基金会及华裔学志。

1998. 许理和,《佛教征服中国》,李四龙、裴勇译,海外中国研究丛书,江苏人民出版社。(许理和 1972 中文译版。)

1999a.《超越边界的佛教:外来之参与》(Buddhism across Boundaries: The Foreign Input),许理和、桑德尔(Lore Sander)编《超越边界的佛教:中国佛教与西域论文集,1993 年》(*Buddhism across Boundaries-Chinese Buddhism and the Western Regions: Collection of Essays, 1993*),1—59 页,台湾佛光山佛教文教基金会。

1999b. 与桑德尔合编《超越边界的佛教:中国佛教与西域论文集,1993 年》,台湾佛光山佛教文教基金会。

2000.《晚明的基督教社会活动:王徵和他的人道社》(Christian Social Action in Late Ming Times: Wang Zheng and His "Humanitarian Society"),梅耶尔(Jan A. M. De Meyer),恩格弗里特(Peter M. Engelfriet)编《信仰相系:中国宗教与传统文化论文集,纪念施舟人(Kristofer Schipper)专辑》(*Linked Faiths: Essays on Chinese Religions and Traditional Culture in Honour of Kristofer Schipper*),269—286 页,莱顿汉学院,布瑞尔出版社。

2001a.《中国与西方:欧洲的形象及影响》(China and the West: The Image of Europe and Its Impact),犹哈利(Stephen Uhalley, Jr.)、吴小新编《中国与基督教:负重担的过去,可期冀的未来》(*China and Christianity: Burdened Past, Hopeful Future*),43—61 页,沙普(M. E.

Sharpe)出版社。

2001b.《徐光启与佛教》(Xu Guangqi and Buddhism),詹嘉玲、恩格弗里特、布鲁(Gregory Blue)编《晚明中国的治国与思想创新:有关徐光启(1562—1633)的跨文化总结》(*Statecraft and Intellectual Renewal in Late Ming China*: *The Cross-cultural Synthesis of Xu Guangqi* [*1562—1633*]),155—169 页,布瑞尔出版社。

2002.《南来讯息:五世纪的中国宫廷佛教与外来关系》(Tidings from the South: Chinese Court Buddhism and International Relations in the Fifth Century A. D.),富安敦(Antonino Forte)、马西尼(Frederico Masini)编《终身东行:白佐良(1923—2001)纪念论文集》(*A Life Journey to the East*: *Sinological Studies in Memory of Giuliano Bertuccioli* [*1923—2001*]),21—43 页,京都意大利东亚研究学院(Kyoto: Italian School of East Asian Studies)。

2004.《跨文化作像:耶稣会士与中国》(Transcultural Imaging: The Jesuits and China)《景风:基督教与中国宗教文化学刊》(*Jing Feng*: *A Journal on Christianity and Chinese Religion and Culture*)第5卷第4册:145—161 页。

2006a.《十七世纪中国佛教的忏悔与基督教的忏悔》(Buddhist Chanhui and Christian Confession in Seventeenth Century China),钟鸣旦(Nicolas Standaert)编《恕罪:明末清初中国的忏悔》(*Forgive Us Our Sins*: *Confession in Late Ming and Early Qing China*),华裔学志系列55,华裔学志学院。

2006b.《口铎日抄:李九标笔记,一个晚明基督徒的日记之译介》(*Kouduo richao*, *Li Jiubiao's "Diary of Daily Admonitions," a Late Ming Christian Journal*: *Translation with Introduction and Notes*),华裔学志系列,56,华裔学志学院。

B. 其他著作

阿部(Abe, Stanley K.)2002.《常像》(*Ordinary Images*),芝加哥大学出版社。

阿尔蒙德(Almond, Philip C.)1988.《大不列颠对佛教的发现》(*The British Discovery of Buddhism*),剑桥大学出版社。

柏夷(Bokenkamp, Stephen R)1983.《灵宝经的相关史料》(Sources of the Ling-pao Scriptures),司马虚(Michel Strickmann)编《密教与道教研究:纪念斯坦因》(*Tantric and Taoist Studies in Honour of R. A. Stein*)第2卷,《汉学与佛学丛刊》(*Mélanges chinois et bouddhiques, 21*),434—486页,比利时高等中国研究中心(Institut Belge des Hautes Études Chinoises)。

—— 2004.《蚕与菩提树:灵宝取代佛教的努力及我们取代灵宝的努力》(The Silkworm and the Bodhi Tree: The Lingbao Attempt to Replace Buddhism in China and Our Attempt to Place Lingbao Daoism),劳格文(John Lagerwey)编《宗教与中国社会:法国远东学院百周年纪念专刊》(*Religion and Chinese Society: A Centennial Conference of the École françaised' Extrême-Orient*),317—339页。两卷本,香港中文大学出版社及法国远东学院。

布澈(Boucher, Daniel). 1996.《三世纪佛经的翻译过程:竺法护的翻译范式研究》(Buddhist Translation Procedures in Third-century China: A Study of Dharmaraksa and His Translation Idiom),宾夕法尼亚大学博士论文。

康拜尼(Campany, Robert F.)1993.《早期中古中国佛教的神示与道教的阐译》(Buddhist Revelation and Taoist Translation in Early Medieval China),《道教资料》(*Taoist Resources*)第4卷第1册,1—30页。

曹仕邦. 1990. 中国佛教译经史论集. 东初智慧海,16. 东初出版社。

陈观胜(Ch'en, Kenneth K. S.)1964.《佛教在中国:历史回顾》(*Buddhism in China: A Historical Survey*),普林斯顿大学出版社。

—— 1973.《佛教在中国的转变》(*The Chinese Transformation of Buddhism*),普林斯顿大学出版社。

竺沙雅章. 1982.《中国佛教社会史研究》,东洋史研究丛刊,34,

京都同朋社。

孔滋(Conze, Edward)1960.《许理和 1959 书评》(Review of Zürcher 1959),《中道》(*The Middle Way*)第 34 卷第 4 册,173—176 页,重印版见孔滋 1975《对佛教的进一步研究》(*Further Buddhist Studies: Selected Essays*),182—185 页,卡斯尔(B. Cassirer)出版社。

戴维斯(Davis, Edward L.)2001.《宋代的社会与超自然现象》(*Society and the Supernatural in Song China*),夏威夷大学出版社。

德卡罗利(DeCaroli, Robert)2004.《印度民间宗教与佛教的形成》(*Haunting the Buddha: Indian Popular Religions and the Formation of Buddhism*),牛津大学出版社。

戴密微(Demiéville, Paul)1956.《佛教向中国哲学传统的渗透》(La pénétration du bouddhisme dans la tradition philosophique chinoise),《世界史学刊》(*Cahiers d'histoire mondiale*)1956 年第 3 卷第 1 册,19—38 页,重印于 1973 年《佛教研究选刊》(*Choix d'études bouddhiques*),241—260 页,布瑞尔出版社。

艾格(Egge, James R.)2002.《福音与南传佛教中业的形成》(Religious Giving and the Invention of Karma in Theravada Buddhism),科尔尊亚洲宗教研究(*Curzon Studies in Asian Religion*)。

艾尔维斯克格(Elverskog, Johan)2006.《我大清帝国:蒙古人、佛教和晚期中华帝国》(*Our Great Qing: The Mongols, Buddhism and the State in Late Imperial China*),夏威夷大学出版社。

福尔(Faure, Bernard)1991.《当下的言辞:中国禅/日本禅的文化批判》(*The Rhetoric of Immediacy: A Cultural Critique of Chan/Zen Buddhism*),普林斯顿大学出版社。

—— 1993.《禅意之内外:知识论立场上的禅宗研究》(*Chan Insights and Oversights: An Epistemological Critique of the Chan Tradition*),普林斯顿大学出版社。

弗科(Foulk, T. Griffith)1993.《宋代禅宗中的迷思、礼仪和寺院修道》(Myth, Ritual, and Monastic Practice in Song Ch'an Buddhism),

格里高里(Peter N. Gregory)、伊佩霞(Patricia B. Ebrey)编《唐宋时代的宗教与社会》(*Religion and Society in Tang and Song China*),147—208页,夏威夷大学出版社。

谢和耐(Gernet, Jacques)1956.《中国五至十世纪的寺院经济》(*Les aspects économiques du bouddhisme dans la société chinoise du Ve au Xe siècle*),法国远东学院系列(Publications de l'École françaised'Extrême-Orient),39,法国远东学院(英文译版:谢和耐1995)。

—— 1982.《中国与基督教:作用与反应》(*Chine et christianisme: Action et reaction*),历史研究系列(Bibliothèque des histories),巴黎伽里马(Gallimard)出版社[英文译版谢和耐1985,第二版谢和耐1991。]

—— 1985. 罗德(Janet Lloyd)译《中国和基督教的影响:一场文化冲突》(*China and the Christian Impact: A Conflict of Cultures*),剑桥大学出版社,人文科学出版社(谢和耐1982译本)。

—— 1991.《中国和基督教:第一次对峙》(*Chine et christianisme: La première confrontation*)修订本,历史研究系列,巴黎伽里马出版社。

—— 1995. 傅飞岚(Franciscus Verellen)译《中国五至十世纪的寺院经济》(*Buddhism in Chinese Society: An Economic History from the Fifth to the Tenth Centuries*),哥伦比亚大学出版社(谢和耐1956译本)。

吉梅罗(Gimello, Robert M.)1978.《有关佛教"汉化"的几点思考》(Random Reflections on the 'Sinicization' of Buddhism),《中国佛学研究学会会刊》(*Society for the Study of Chinese Religions Bulletin*)第5卷,52—89页。

格里高里(Peter N. Gregory)1991.《宗密与佛教的汉化》(*Tsung-mi and the Sinification of Buddhism*),普林斯顿大学出版社。

罗德哈夫(Haft, Lloyd)编,1993.《西来文章:中国传统中的西方文献,许理和六十五华诞纪念文集》(*Words from the West: Western Texts in Chinese Literary Context, Essays To Honor Erik Zürcher on His Sixty-Fifth Birthday*)莱顿非西方研究中心(Centre of Non-Western Studies)。

哈利斯(Hallisey, Charle)1995.《南传佛教中的取与弃之道》(Roads Taken and Not Taken in the Study of Therav a da Buddhism),洛佩茨(Donald S. Lopez)编《佛祖的管理员:殖民语境中的佛教研究》(*Curators of the Buddha: The Study of Buddhism under Colonialism*),31—62页,芝加哥大学出版社。

哈布斯梅尔(Harbsmeier, Christoph)1981.《古汉语句法诸方面》(*Aspects of Classical Chinese Syntax*),斯堪的纳维亚亚洲研究中心(Scandinavian Institute of Asian Studies)45,科尔尊出版社。

哈里森(Harrison, Paul M.)1993.《最早的大乘佛教中文译经:有关支讖译经的几点想法》(The Earliest Chinese Translations of Mahāyāna Sûtras: Some Notes on the Works of Lokaksema),《佛教研究回顾》(Buddhist Studies Review)第10卷第2册,135—177页。

郝春文1998.《唐后期五代宋初敦煌僧尼的社会生活》,唐研究基金会丛书,中国社会科学出版社。

哈特(Hart, Roger)1999. 《翻译世界:十七世纪中国的不可兼容性和存在之问题》(Translating Worlds: Incommensurability and Problems of Existence in Seventeenth-Century China),《姿态:东亚文化评论》(*Positions: East Asia Cultures Critique*)第7卷第1册,95—128页。

侯外庐、赵纪彬、杜国庠1956—1960,《中国思想通史》,五卷本,人民出版社。

侯旭东1998.《五六世纪北方民众佛教信仰:以造像记为中心的考察》,东方历史学术文库. 中国社会科学出版社。

—— 1998b.《误译丛生的一部书——佛教征服中国中译本琐议》,《中华读书报》1998年8月19日,http://www.gmw.cn/01ds/1998—08/19/GB/212%5EDS1107.htm.

胡适1937.《中国的印度化:文化借鉴的一种个案研究》(The Indianization of China: A Case Study in Cultural Borrowing),哈佛三百年

文理学术讨论会(Harvard Tercentenary Conference of Arts and Sciences)编《制度、思想和艺术中的个性、重合和借鉴》(*Independence, Convergence, and Borrowing in Institutions, Thought, and Art*),219—247 页.哈佛大学出版社。

姜伯勤 1987.《唐五代敦煌寺户制度》,中华历史丛书,中华书局。

德容(De Jong, J. W.)1997.《欧洲和北美的佛教研究简史》(*A Brief History of Buddhist Studies in Europe and America*),佼成出版社。

鎌田茂雄 1982.《中国仏教史》第一卷《初伝期の仏教》,东京大学出版社。

辛嶋静志 1998.《昙无谶译〈莲华经〉词汇集释》(*A Glossary of Dharmaraksa's Translation of the Lotus Sutra*),佛教辞章义理丛书(*Bibliotheca Philologica et Philosophica Buddhica*)1,东京国际高等佛教研究所(The International Research Institute for Advanced Buddhology),創価大学。

—— 2001.《鸠摩罗什译〈莲华经〉词汇集释》(*A Glossary of Kumarajiva's Translation of the Lotus Sutra*),佛教辞章义理丛书 4,东京国际高等佛教研究所,创価大学。

小林正美 1990.《六朝道教史研究》,创文社。

—— 1993.《六朝佛教思想の研究》,东洋学丛书,创文社。

孔丽维(Kohn, Livia)2003.《中古道教的修行生活:跨文化视角之一种》(*Monastic Life in Medieval Daoism: A Cross-Cultural Perspective*),夏威夷大学出版社。

栗山茂久 1999.《身体的表述与希腊和中国医学的分歧》(*The Expressiveness of the Body and the Divergence of Greek and Chinese Medicine*),纽约地带(Zone)出版社。

梁晓虹 2001.《佛教与汉语词汇》,佛光文选丛书.佛光出版社。

李华德(Liebenthal, Walter)1968.《〈肇论〉:僧肇之论》(*Zhao Lun: The Treatises of Sengzhao*),修订版,香港大学出版社。

林阿(Link, Arthur E)1958.《释道安传》(Biography of Shi Dao'an),《通报》第46卷,1—48页。

—— 1961.《最早有关三藏的记载》(The Earliest Chinese Account of the Compilation of the Tripitaka)第一、二部分,《美国东方学会会刊》(*Journal of the American Oriental Society*)第81卷第2册,87—103页;第81卷第3册,281—299页。

廖明活(Liu, Ming-Wood)1994.《中国的三论宗思想》(*Madhyamaka Thought in China*),布瑞尔出版社。

刘淑芬1993.《五至六世纪华北乡村的佛教信仰》,《历史语言研究所集刊》第63卷第3册,497—544页。

梅维恒(Mair, Victor H.)1989.《唐代变文:佛教对中国民间俗文学和戏剧兴起的影响》(*Tang Transformation Texts: A Study of the Buddhist Contribution to the Rise of Vernacular Fiction and Drama in China*)哈佛燕京学术丛书,28,哈佛大学出版社。

—— 1994.《佛教与书面的俗语:民族语言的形成》(Buddhism and the Rise of the Written Vernacular: The Making of National Languages),《亚洲研究学报》(*Journal of Asian Studies*)第53卷第3册,707—751页。

毛汉光1988.《中国中古社会史论》,台北联经出版事业公司。

—— 1990.《中国中古政治史论》,台北联经出版事业公司。

增泽智子(Masuzawa, Tomoko)2005.《世界宗教的被创造,或者,欧洲的普遍性在世界多元化中的存留》(*The Invention of World Religions, or, How European Universalism Was Preserved in the Language of Pluralism*),芝加哥大学出版社。

麦克雷(McRae, John R)2003.《参透禅宗:中国禅宗中的应对、变化与谱系》(*Seeing through Zen: Encounter, Transformation, and Genealogy in Chinese Chan Buddhism*),加州大学出版社。

宫崎市定《宫崎市定全集》第七卷《六朝》,岩波书店。

望月信亨1954—1963.《佛教大辞典》塚本善隆修订第三版,十卷本,世界聖典刊行协会。

那体慧(Nattier, Jan)1990《中亚佛教语言之圣与俗》(Church Language and Vernacular Language in Central Asian Buddhism),《守护神》(*Numen*)第 37 卷第 2 册,195—219 页。

—— 2003.《郁伽长者会之菩萨道》(*A Few Good Men: The Bodhisattva Path according to the Inquiry of Ugra [Ugrapariprccha]*),佛教传统研究(Studies in the Buddhist Traditions),夏威夷大学出版社。

彭自强 2000.《佛教与儒道的冲突与融合:以汉魏两晋时期为中心》,儒道释博士论文丛书,巴蜀书社。

瑞玛里琳(Rhie, Marylin Martin)1999—.《中国和中亚的早期佛教艺术》(Early Buddhist Art of China and Central Asia),两卷。第一卷《东汉、三国、西晋时代的中国,巴克特里亚及中亚的鄯善》(Later Han, Three Kingdoms and Western Jin in China and Bactria to Shanshan in Central Asia);第二卷《东晋十六国时代的中国,吐木休克、库车和焉耆》(The Eastern Jin and Sixteen Kingdoms Period in China and Tumshuk, Kucha and Karashahr in Central Asia),《东方研究手册:中国部分》(*Handbook of Oriental Studies, China*),布瑞尔出版社。

罗宾森(Robinson, Richard H.)1967.《印度和中国早期的中观派》(*Early Madhyamika in India and China*),维斯康星大学出版社。

休浜(Schopen, Gregory)1997.《骨、石、僧:印度佛教修行之考古、金石及文献研究》(*Bones, Stones, and Buddhist Monks: Collected Papers on the Archaeology, Epigraphy, and Texts of Monastic Buddhism in India*),佛教传统研究系列,夏威夷大学出版社。

石秀娜(Seidel, Anna K.)1970.《早期道教救赎论中的至真君主形象》(The Image of the Perfect Ruler in Early Taoist Messianism),《宗教史》(*History of Religions*)第 9 卷,216—247 页。

—— 1984a.《太上灵宝老子化胡妙经(敦煌 S. 2081)》(Le sutra merveilleux du Ling-pao supreme, traitant de Lao Tseu qui convertit les barbares [le manuscript S. 2081]),苏远鸣(Michel Soymié)编《敦煌研

究》(*Contributions aux études de Touen-houang*),305—352 页,巴黎远东学院。

—— 1984b.《道教的救赎论》(Taoist Messianism),《守护神》第 31 卷第 2 册,161—174 页。

沙夫(Sharf, Robert H.)2002.《理解并接受中国佛教:〈宝藏论〉解读》(*Coming to Terms with Chinese Buddhism: A Reading of the "Treasure Store Treatise"*),黑田研究所(Kuroda Institute),东亚佛教研究(Studies in East Asian Buddhism)14,夏威夷大学出版社。

篠原寿雄编 1980. 《敦煌仏典と禅》,讲座敦煌 8,大东出版社。

斯尔科(Silk, Jonathan A.)2004.《佛教研究》(Buddhist Studies),巴斯韦尔(Robert S. Buswell, Jr.)编《佛教大百科全书》(*The Encyclopedia of Buddhism*)两卷本,94a—101a 页,迈克米兰美国工具书(Macmillan Reference USA)出版社。

斯科加尔沃(Skjaervø, Prods Oktor)2002.《大英图书馆所藏的新疆于阗文献:目录及翻译》(*Khotanese Manuscripts from Chinese Turkestan in the British Library: A Complete Catalogue with Texts and Translations*);第二部分《东伊朗和中亚塞琉西王朝及帕米提亚时期的碑铭》(*Inscriptions of the Seleucid and Parthian Periods and of Eastern Iran and Central Asia*)第五卷,大英图书馆。

索培(Soper, Alexander Coburn)1959.《早期佛教艺术的文字线索》(*Literary Evidence for Early Buddhist Art in China*),亚洲考古与艺术(Artibus Asiae)。

苏远鸣(Soymié, Michel)1966—1967.《中国图像研究:地藏信仰》(Notes d'iconographie chionoise: Les acolytes de Ti-tsang),《亚洲艺术》(*Arts Asiatiques*)第 14 卷 45—78 页;第 16 卷 141—170 页。

—— 1979.《敦煌写本中的地藏十斋日》(Les dix jours de jeûne de Ksitigarbha),苏远鸣编《敦煌研究》,135—159 页,高等研究实践学院第四部历史语言部(Centre de Recherches d'Histoire et de Philologie de la IVe section de l'École pratique des Hautes Études)2,东方高等研究

(Hautes Études Orientales)10,日内瓦多姿(Droz)书店。

司马虚(Strickmann, Michel)1994.《愚圣与大师》(Saintly Fools and Chinese Masters[Holy Fools]),《亚洲要闻》(*Asia Major*),第三系列(third series)第6卷第2册,1—83页。

—— 1996.《密咒与满洲人:中国佛教密宗》(*Mantras et mandarins: Le bouddhisme tantrique en Chine*),巴黎伽里马出版社。

—— 2002. 富尔编《中国巫医》(*Chinese Magical Medicine*),亚洲宗教与文化(Asian Religions and Cultures)系列,斯坦福大学出版社。

谭蝉雪 1998.《敦煌岁时文化导论》,敦煌学导论丛刊14,新文丰出版社。

谭世保 1991.《汉唐佛史探真》,中山大学出版社。

唐長孺 1957.《三至六世纪江南大土地所有制的发展》,上海人民出版社。

—— 1983.《魏晋南北朝史论拾遗》,中华书局。

汤用彤 1938.《汉魏两晋南北朝佛教史》,1976年再版,一卷本,鼎文书局。

—— 1957.《魏晋玄学论稿》,人民出版社。

—— 1962.《论中国佛教无"十宗"》,1995年再版,164—179页。

—— 1963.《中国佛教宗派问题补论》,1995年再版,180—213页。

—— 1986.《隋唐及五代佛教史》,慧炬文库54,慧炬出版社。

—— 1995. 黄夏年编《汤用彤集》,近现代著名学者佛学文集,中国社会科学出版社。

太史文(Teiser, Stephen F)1988.《幽灵的节日:中国中世纪的信仰与生活》(*The Ghost Festival in Medieval China*),普林斯顿大学出版社1988年。

—— 1994.《十王经与中世纪中国的佛教炼狱观念之形成》("*The Scripture on the Ten Kings*" *and the Making of Purgatory in Medie-*

val Chinese Buddhism)黑田研究所东亚佛教系列 9,夏威夷大学出版社。

—— 2000.《中国以前的中国佛教》(Chinese Buddhism before China),宗教与中国社会学术研讨会宣讲论文(Unpublished paper presented at conference on "Religion and Chinese Society: The Transformation of a Field and Its Implications for the Study of Chinese Culture),香港中文大学 2000 年 5 月。

—— 2005.《中国佛教》(Buddhism in China),琼斯(Lindsay Jones)编《宗教百科全书》(*Encyclopedia of Religion*)第二版,第 2 卷:1210—1221 页,迈克米兰美国工具书出版社。

—— 2006.《中古佛寺中的轮回图》(*Reinventing the Wheel: Paintings of Rebirth in Medieval Buddhist Temples*),西雅图华盛顿大学出版社。

童丕(Trombert, Éric)1996.《寺院记载中的敦煌岁时佛俗二月八日》(La fête du 8e jour du 2e mois à Dunhuang d'après les comptes de monastères),戴仁(Jean-Pierre Drège)编《从敦煌到日本:纪念苏鸣远中国及佛教研究论文集》(*De Dunhuang au Japon: Éudes chinoises et bouddhiques offertes à Michel Soymié*),25—72 页。高等研究实践学院,科学历史及语言,法兰西学院,高等中国研究中心,高等中国研究(Hautes Études Chinoises)31,日内瓦多姿书店。

塚本善隆 1942.《支那佛教史研究:北魏篇》,东京光文堂。英文译本 1985,赫尔维茨(Leon Hurvitz)译,*A History of Early Chinese Buddhism: From Its Introduction to the Death of Huiyuan*,两卷本,东京讲谈社。

傅飞岚(Verellen, Franciscus)1992.《灵验、道教之佐:晚唐佛教辩护传统的错位》(Evidential Miracles in Support of Daoism: The Inversion of a Buddhist Apologetic Tradition in Late Tang China),《通报》第 78 卷第 4—5 册,217—263 页。

王青 2001.《魏晋南北朝时期的佛教信仰与神话》,中国社会科学院出版社。

王微(Wang-Toutain, Françoise)1996.《春祭:佛教岁时二月八日》(Le sacre du printemps: Les cérémonies bouddhiques du 8e jour du 2e mois.),戴仁编《从敦煌到日本:纪念苏鸣远中国及佛教研究论文集》,73—92页,高等研究实践学院,科学历史及语言,法兰西学院,高等中国研究中心,高等中国研究31,日内瓦多姿书店。

威斯坦因(Weinstein, Stanley),《中国佛教的宗派》(Buddhism, Schools of Chinese Buddhism),伊利亚德编《宗教百科全书》(*The Encyclopedia of Religion*),16卷,第2卷:482—487页,迈克米兰出版社。

威尔金森(Wilkinson, Hugh)1995,1995年5月25日特别演讲《最后的离散:开封的犹太人》(Lecture 1995-05-25[Special], Eight Centuries in the Chinese Diaspora: The Jews of Kaifeng, Dr. Erik Zürcher.)《日本亚细亚学会会刊》(*The Asiatic Society of Japan Bulletin*),第7号,http://www.asjapan.org/Lectures/1995/Lecture/lecture-1995-05-special.htm.[许里和1995b总结]

王静芬(Wong, Dorothy)2004.《中国石碑:前佛教时代及佛教时代的象征意义》(*Chinese Steles: Pre-Buddhist and Buddhist Use of a Symbolic Form*),夏威夷大学出版社。

芮沃寿(Wright, Arthur F.)1961.《许理和1959评论》(Review of Zürcher 1959),《亚洲研究学刊》(*Journal of Asian Studies*)第20卷第4册,517—520页。

巫鸿1986.《早期中国艺术中的佛教因素,二至三世纪》(Buddhist Elements in Early Chinese Art[2nd and 3rd Centuries A.D.])《亚洲考古与艺术》(*Artibus Asiae*)第47卷第3,4册:263—352页。

柳田圣山2004.《唐代の禅宗》,学术丛書:禅仏教,东京大学出版社。

吉冈义丰编.《道教と佛教》,三卷本,日本学术振兴会。

湛如2003.《敦煌佛教律仪制度研究》,华林博士文库,中华书局。

朱庆之 1992.《佛典与中古汉语词汇研究》,大陆地区博士论文丛刊 18,文津出版社。

茨默(Zieme, Peter)1985.《回鹘佛教头韵诗:古代东方历史文化研究》(*Buddhistische Stabreimdichtungen der Uiguren. Schriften zur Geschichte und Kultur des alten Orients*),柏林吐鲁番文献(Berliner Turfantexte)丛书 13,学术出版社。

—— 1992.《回鹘王国的宗教与社会:古突厥题铭与中亚佛教文献之滥觞》(*Religion und Gesellschaft im Uigurischen Königreich von Qooeo: Kolophone und Stifter des alttürkischen buddhistischen Schrifttums aus Zentralasien*),威斯特法伦科学院丛书(*Abhandlungen der Rheinisch-Westfälischen Akademie der Wissenschaften*)88,西德出版社(Westdeutscher Verlag)。

许简(Zürcher, Erik Jan)1984.《联合进步委员会及土耳其民族运动:1905—1926》(*The Unionist Factor: The Role of the Committee of Union and Progress in the Turkish National Movement, 1905—1926*),布瑞尔出版社。

—— 1991.《早期土耳其帝国的政治反对党:进步共和党,1924—1925》(*Political Opposition in the Early Turkish Republic: The Progressive Republican Party, 1924—1925*),中东社会经济政治研究(Social, Economic and Political Studies of the Middle East)44,布瑞尔出版社。

—— 2004.《土耳其现代史》(*Turkey: A Modern History*),第三版,纽约拖里斯(I. B. Tauris)出版社。

唐以后中国的观音女性形象

于君方(Chün-fang Yü)　著
魏楚雄　译

观音或观世音是泛亚大慈大悲菩萨Avalokiteśvara的中文名。观音因两种原因而独具一格:第一,观音是中国最著名的佛神;第二,至少在过去的千年内,中国人一般把观音看作是女性佛神。可是,观音原本并不是女神。在印度、西藏、东南亚甚至唐代中国(618—907),观音是被描绘成像释迦牟尼和众菩萨一样英俊年轻的王子。在斯里兰卡、柬埔寨和西藏,Avalokitśevara等同于统治者并被描绘成崇高的“宇宙之王”。绘饰在9世纪和10世纪敦煌各种壁画与幡上的观音有时也带有胡须,这显然表示他是男性。文学、碑文和艺术的记载证明,在唐以后和宋期间(960—1279),观音的性别发生了变化。甚至在观音变成了女神之后,她仍然以几种不同的形式出现,象征着她多样化的角色和身份。

一个男性菩萨如何以及怎样变成一个女神是一个令人入迷的研究课题。佛教之中国化一直令我感兴趣,因此对我来说,观音崇拜的演变可以是一个很好的个案研究,它也许能阐明佛教中国化的过程。有趣的是,观音的中国化和女性化携手并进。从9世纪的晚唐起,恰如中国人开始完全把观音看作是女性,他们也为她提供了牢牢扎在中国各种土壤里的、独特而活生生的中国故事:河南的妙善公主、马郎妇或马公之妻、山西的鱼篮观音、杭州的白衣观音,以及最后普陀山岛的南海观音。这些地方都建立了朝圣地,朝拜者们前往那里庆贺与崇拜观音有关的圣日:观音的诞辰、观音脱离家庭生活之日,以及她启悟之日。当地的各类佛经(先前被贬为伪经、“伪造的经文”或可疑的经书),包含奇迹传说的民间传统、民间文学(特别是《宝卷》)以及在雕塑和绘画里观音的艺术显现,似乎都在把这位原先的印度男神变成中国人最热爱的中国“女神”。

在这篇论文里,尽管我会简略地提及专门关于观音公开和内部的八部多佛经,但我将省略对有关观音崇拜经典资料的讨论。相反,我会把重点放在中国所创立的四大观音女性形象上,对为何会发生这样的性别变化以及它对中国宗教象征化过程有什么意义提出一些尝试性的看法。

妙善公主和南海观音

四大观音女身形象中,妙善公主的观音是迄今为止最著名的。妙善的传说及其与12世纪河南香山朝圣中心的关系也已受到学者关注①。香山得誉于大悲塔的千手千眼观音像以及与其有关的奇迹。随着观音外形在唐代的采用,这种大悲的化身就变得非常流行。许多这类形象据称是具有神圣起源的:人们认为它们是菩萨的作品。在襄阳东津天仙寺的观音像也是“大悲的人体显身”。天仙寺是一座尼姑院。武德年间(618—628),尼姑们想把一个大悲观音像画在主堂庙墙上,就四下寻找一个出色的艺术家。一对携带女孩的夫妇前往应召,而他们的女儿就被临摹入画,成了观音的显圣②。另一幅于712—713年间制作的画,因以先天菩萨而闻名,也被收藏在四川成都一家叫妙积寺

① 见石泰安(Rolf Stein),《观音:一个鱼篮观音转变的例子》(Avalokitesvara/Kouan-yin, un exemple de transformation d'un dieu en déesse),《远东杂志》(*Cahiers d'Extrême-Asie*)第2卷(1986年),第17—80页;杜德桥(Glen Dudbridge),《妙善之传说》(*The Legend of Miao-shan*, *Oxford Oriental Monographs*, *No.* 1),伊萨基出版社,1978年;塚本善隆(Tsukamoto Zenryū),《近世中国大众的女身观音信仰》,《为向山口教授表示敬意而撰写的印度和佛教研究论文》,京都:法藏馆,1955年,第262—280页。

② 杜德桥,1978年,第16页;塚本,第269页。

的尼姑院。该画也有同样的传奇性来源,尽管传奇的作者选择让观音以男性的形象出现[1]。传奇说,在713年,那里有一个叫魏八师的尼姑正不断地冥思大悲的咒语品。双林县一个叫刘意儿的十一岁男孩决心要做那尼姑的侍从。虽然尼姑试图让他离开,但他不走。他真的在内房里一直站着如痴如醉地冥想。有一天,他告诉魏八师,先天菩萨在此现身。他们把香灰撒在院子里,然后果然在某晚发现一个有几英尺长的、具有完美佛轮图样的大脚印。他们找来一个画家临摹,但画家按他自己的想法运用色彩,结果不甚满意。然后来了一个叫杨法成的和尚,自称是一个好画家。刘意儿就双手合璧、仰空而祈,给那和尚发出指示。他们用了十年来完成这工作。自此以后,[一组]200幅仙天菩萨[和他的随侍从]的画像才被制作成了。复制像画满了15幅卷[2]。

虽然香山观音像似乎属于一种神制肖像的新兴传统,但那是独特的,因为观音不仅以肖像、而且以生命出现。正如杜德桥令人信服地论证道,香山的观音崇拜是在1100年由一个地方官和庙宇主持的联合推动下开始的。蒋之奇(1031—1104)在汝州短暂任职知府并于1100年初遇到了香山院住持怀昼。住持给了蒋公一本名叫《香山大悲菩萨之命》的书,它是一个朝拜香山的神秘和尚送给主持的,包含了神灵对著名的南山律师道宣(596—667)所提出各种问题之答复,并叙述了观音如何以妙庄王之三女妙善而显身的故事。妙善习佛拒嫁,并献双臂双眼以救其病父。她向其双亲现以千臂千眼之形,恢复原身而亡。她的佛塔(与她所制肖像一起?)很快成了每年二月朝拜的偶像。蒋根据他所知道的写下了关于妙善/观音的故事,并让著名书法家蔡京把故事写在石碑上。蒋在汝州没多久就去了杭州,并在不到三年之内就做起了杭州知府,任期为1102年11月至1103年10月。正

---

① 小林太市郎(Kobayashi Taishirō),《唐代大悲观音》,《佛教美术》,第20卷(1953年),第20—25页。

② 叟颇(Alexander C Soper),《对长安唐代庙宇的假日略览》(A Vacation Glimpse of the T' ang Temples of Ch' ang-an),《亚洲艺术》(*Artibus Asiae*)第23卷(1960年),第22—23页。

如杜德桥所表明,很可能是蒋把上述故事从河南带到了杭州。上天竺寺曾有块双石铭碑刻《香山大悲菩萨传》(石碑的前半部被毁坏了,没有保存在现存拓印里)。该石碑于1104年而立,重复了观音即妙善公主的故事(杜德桥,1982年,第591—593页)。那时,天竺寺成为观音朝拜中心已有一个多世纪了。在蒋到那里之前,观音的故事在杭州可能并不为人所知。可是这传说一旦到了杭州,就和天竺寺密切地联系在一起,因为《香山宝卷》里所盛传的传奇是从香山庙里一个叫普明的和尚那里得来的。这传说之所以在天竺寺根深蒂固,或许是因为在那里被膜拜的观音是女身,即白衣观音。

在1100年至原版《香山宝卷》(其现存最早版本为1773年)在13、14世纪问世之间,其他佛教作者重复着同样的故事(杜德桥,第20—50页)。妙善的传说跟目连的传说一样,为和尚及俗人所熟知。在该传说后来的翻版里,妙善不再有1000个手臂;她成了一个凡体女人,一手持绿柳枝、一手持清水瓶或神物,那是8世纪典型的观音形象特征。它也提供了许多在早期版本中找不到的有关妙善/观音一生的细节。例如,据说妙善是在二月十九日出生的。因此,这就成了世俗信徒们遵行及按庙宇历典庆贺观音诞辰的依据。

《南海观音全传》是一部16世纪重写的《香山宝卷》,它明确地把香山与正迅速成为国内外膜拜观音的主要中心普陀岛等而同之,也为观音及其两位侍从善财(Sudhana)和龙女的三圣体提供了大众性的而非经典的说明。从12世纪起,这种说法就开始在艺术中表现出来。[①]各类佛经都说,观音与善财或龙女有关系,但不是与他俩同时有关系。善财是年轻朝拜者萨丹纳(Sudhana),他为了领悟《华严经》的佛法,拜访了53位师傅。关于龙女来源的经典说法也可以在各种奥秘的经书

① 四川大足发现三组有年份记载的三圣像:石门山6号,1141年;北塔8号,1148年;北山136号,1142—1146年。见《大足石刻研究》,四川社会科学院出版社,1984年,第544、435、395—396页。《"国立"故宫博物馆尼达组铜佛器特展集慈悲智慧炉》的104号是一樽漂亮的镀铜三圣像,年份记载为13世纪(台北:"国立"故宫博物馆,1987年,第200页);年份同样记载为13世纪的102号是花瓶在左、鹦鹉栖右的坐石观音,而鹦鹉是又一南海观音的肖像特征(第198页)。

中找到。它们称,观音前往龙王宫显现"大悲陀罗尼"。感恩之至,龙王之女奉献给观音一个无价珠宝①。另一方面,由于《法华经》极受欢迎,尽管龙女跟《法华经》里的观音没有任何直接的关系,《法华经》里也可以追溯到她②。我相信这两位侍从是自唐朝以来在道教里被描绘成玉皇大帝侍从的金童玉女的佛教翻版。

当观音像由两位侍从伴随时,她就只和普陀岛即中国的补陀落迦山(Potalaka)及人所周知的南海观音等而同之了。这一形象在明朝盛传。在吸取水月、如意座及白衣观音等风格因素的同时,它也包含了其他地方找不到的特点,即两位侍从和一只白鹦鹉。许多15、16世纪的观音木版画为此新形象提供了证据。另一例子是16世纪的小说《西游记》。观音无论何时出现,作者总是让她有两个人形侍从和一只鸟伴随。碰巧的是,对普陀岛来说,南海是一个熟悉的名字。

正如我另一研究所显示③,在长期的忽略之后,普陀岛在16世纪重新成为在明朝万历皇帝及其母亲李太后所庇护下的主要朝拜中心,并在17、18世纪继续享受清朝皇帝康熙和乾隆的庇护。因此,南海观音在此期间举国上下地赢得显位并非偶然。在重建圣地时,地方官员和能干主持紧密合作,新版《宝卷》也出现了。就跟新形象的创现一样,新《宝卷》或许是为普陀岛的大众化而创作,但大众化版本也可以为普陀岛新确立的声誉注释。其中,有两个专门关于观音侍从的故事:即关于童男童女的《善财龙女宝卷》,和以白鹦鹉为主角的《鹦哥宝卷》④。

---

① 《大正藏》,第1057、1092经。

② 龙女出现在《莲花经》的第12篇"提婆达兜"("Devadatta")里。她有八岁。文殊(Mañjuśri)预言,她会开悟,但是累智舍利弗菩萨不相信。对此,龙姑娘举起珍珠,把它奉献给菩萨。她问,奉献和接纳是否快捷?心有存疑的菩萨答道是。于是她说,她可以以更快的速度成佛,"刹那间",她变为男身而成佛。

③ 于君方,《奇迹、朝拜和观音崇拜》(Miracles, Pilgrimage and the Cult of Kuan-yin),发表于1989年1月1—7日在加州保德伽湾(Bodega Bay)召开的"中国的朝拜与圣地"讨论会(Conference on Pilgrims and Sacred Sites in China)。

④ 于君方,《盛行的南海观音崇拜:经文与肖像学》(The Popular Cult of Nan-hai Kuan-yin: Texts and Iconography)发表于1988年4月22—24日在哈佛大学召开的"中国宗教历史遗产研讨会"(Workshop on the Historical Legacy of Religion in China)。

观音画像不仅影响了当时对她的文学描述，也影响文学描述中对普陀岛朝拜的观念。例如，《善财龙女宝卷》的结尾说道，菩萨伫立于巨鱼之头，善财伫立于莲花之上。他们慢慢地驶往紫竹林（在普陀岛南岸靠近第一观音庙的著名之地）。人们可以看见白鹦鹉口衔念珠飞迎菩萨。此画流传至今。听起来，《宝卷》的作者似乎是看着该画而写的，而且可能确实是如此。1335 年，天台的一位刘姓粮运都督卸任，归途中，他到普陀岛朝拜，在潮声洞寻找观音像。据他所证，观音显现得跟画中的一模一样①。

妙善传奇是观音女性化来源的主流。同样，《香山宝卷》里关于她的故事也为其他《宝卷》里的女性观音形象提供了依据和形式。虽然妙善最初是和台北千手观音关联在一起的，但由于密宗在中国的衰退，这一联系最终被遗忘。有趣的是，据我所知，妙善公主没有任何形象。相反，当妙善在象征女性孝悌和贞节之完美典范并提供模型时，她自己没有任何特殊形象。相反，她同观音的其他女性形象合为一体。在女真占领北方、南宋迁都杭州以后，作为朝拜中心的妙善/观音之原居香山有所衰落。然而，随着妙善公主故事的传播，中国还有其他地方被称作香山。例如，一个位于西安市东西部 70 里叫大香山的重要朝拜处就声称有妙善“肉体”奉供在一个神龛里。一直到 20 世纪，实际上直到“文化大革命”之前，大香山都不断地吸引着朝拜者②。

鱼 篮 观 音

如果妙善公主是处女童贞之象征，鱼篮观音就是一个远为复杂的女性形象。她常以另外两个名字而闻名：马郎妇和锁骨观音。在许多 12 至 14 世纪时编撰的佛史里都可以找到她的故事。这故事可以简述如下。在唐代，佛教盛行。住在陕西东部的人喜欢打猎，对佛教毫无

① 许止净，《普陀洛迦新志》，1924 年，第 179 页。

② 于君方，1989 年。

兴趣。在809年(或817年),一位年轻美貌的女子到了那里,告诉众人说,谁能在一夜之间背下《法华经》普门篇,她就下嫁于他。第二天早上,二十个男人通过了测试。女子声称无法嫁给所有男人,就要他们记住《金刚经》(或《般若经》)。次日早上,十多个男人通过了测试。她又叫他们花三天时间背诵《法华经》。这次,只有马郎做到了。于是,马郎准备婚礼迎娶这名女子。女子刚到达就说不舒服,恳求让她在另一间屋休息。就在赴婚礼客人离开之前,她突然去世。才一会儿,她尸体就腐烂,不得不匆匆下葬。几天后,一位身着紫袍的老和尚前去要马郎让他看她的坟墓。和尚打开坟墓,并用他的拐杖碰碰尸体,那肌肉已经腐烂的露骨被一把金链子串在一起(黄金锁子骨)。和尚告诉围观者说,这女子是大圣化身,她来此是要把他们从厄运中拯救出来。和尚将尸骨水洗干净之后,将其挂于拐杖之上,腾空而去。许多住在那地区的人就都皈依了佛教[①]。就像舍利子、黄金锁子骨也是肉眼能见之圣人标记。

早期传说故事没有把那位女子明确等同于观音的化身,没有提到鱼篮,也没有赋予奇迹发生之处一个地名。所有这些细节都是在后来几世纪中添加的。在她的名声传开时,这些故事变得人所皆知,并得到各种描述。例如,一个和尚问陕西汝州的禅师风穴延昭禅师(887—973):"何为净法身?"禅师答道:"金沙滩马郎妇。"[②]黄庭坚(1045—1105)也在他1088年的诗中写了"金沙滩锁骨"句。在12至14世纪间,许多禅师在诗词中都提到此女子[③],她被赞美为善服男人者。她利用她迷人的美貌作诱饵,把人们从欲海中解脱出来。她的诡计其实就是善巧(*upaya*)。以禅宗的佳词来说,就是以毒攻毒。那女子现在肯

---

① 许多权威的佛教历史记载里都可以找到此类略有不同的故事。三个年份记载为宋朝的故事是:祖琇,《隆兴编年通论》,第22卷;志磐,《佛祖统记》;第41卷;宗晓,《法华经显应录》,第2卷。它们之后又有其他编撰。明代两部:觉岸,《释氏稽古略》,第3卷;了元,《法华灵验传》,第2卷。清朝一部是周克复,《观音经持验记》,第1卷。

② 见野田瑞穗,《鱼篮观音》,《天理大学学报》,第30卷(1959年),第40页;石泰安,第54页。

③ 见石泰安,第57—60页;野田瑞穗,第41—43页。

定为观音,人称马郎妇或鱼篮观音。她之所以被叫做鱼篮观音,因为她到金沙滩时是一个臂挎鱼篮子的鱼贩子。在同一时期,她也成了人所喜爱的绘画主题。许多题为马郎妇或鱼篮观音的画留存了下来。宋濂(1310—1381)为一幅鱼篮观音的肖像题词(《鱼篮观音像赞》,《宋学士文集》,第 51 卷),给予她的"传记"以成熟的形式。

在绘画和禅诗里,她显得年轻、漂亮而有魅力。跟妙善不同,她允诺婚嫁和性生活;但她又跟妙善一样,始终保持处女之身。她先是提供性交特权,但随后又拒绝酬谢。她把性欲当作巧妙手段和帮助人们达善的教诲工具。不过有确凿证据表明,她并不只是简单地性挑逗。事实上,她,或者是另外一个像她的女人,为进行拯救使命而从事性活动。在早于马郎妇时代几十年的唐代大历年间(766—779),有一人简称为"延州妇"的女子住在陕西东部,与所有想要的男人发生性关系。可是无论是谁,一旦和她发生性关系之后,就再也没有性欲了①。她被看作一个道德败坏的荡女人,24 岁就死了。她被埋在路边的一个普通坟场,没有悼念仪式。后来一个从西域来的外国和尚前往坟前烧香上供。反感的村民们问他为何要理会这人皆可夫、寡廉鲜耻的女人? 和尚告诉他们,她所行皆为慈悲,并预言其骨骸是链锁在一起的,因为那是菩萨所拥有的标记之一。于是她的坟墓被打开,她的整个骨骸果真是像链了一样被串在一起。这两个故事很显然是同一主题的不同表现:性。无论是立即提供还是先许诺然后暂不兑现,都可以是精神转变的有力工具。这当然不是一种新鲜主意,而是在许多显宗和密宗大乘经中记载着的。

处于达悟境界、具有无二无别特征的菩萨能够卷入所有"恶"业而保持禅定(*samadhi*)。这就是为何维摩诘(Vimalakirti)能够出入妓院

---

① 这些是宋朝作者叶廷珪在《海录碎事》第 13 卷里写的。《太平广记》第 101 卷给予同样但只缺最后一句的故事。前一种情感可以在许多宋代禅宗和尚所写的诗词中找到。宋代一部著作《丛林盛事》说,金沙滩头菩萨像,有画作梵僧肩拄杖,挑髑髅回顾马郎妇势,前后所赞甚多,唯四明道全,号大同者一赞最佳。其词曰:"等观以慈,钩牵以欲,以楔出楔,以毒攻毒,三十二应,普门具足,只此一机。"《卍续藏经》,第 148 卷。

餐馆、犯五重罪而不堕落①。实际上,"十方世界扮演恶魔的魔罗们都是寓于不可思议的自由境界之中。他们为了化度众生,以其自由的善巧技能来扮演魔鬼"②。《华严经》第 39 品中"入法界品"的婆须蜜多(Vasumitra)告诉年轻的朝拜者善财(Sudhana)说,她以此方式教导所有充满激情去她那里的男人们,使他们解脱激情。她一视同仁地满足他们的欲望、给予他们任何想要的东西,以使他们舍欲除念。因此,有的男人一见她就丧失激情,而其他的则要么仅仅跟她说话,或握她的手,或和她待在一起,或凝视她,或拥抱她,或亲吻她,就消除了激情③。

马郎妇、鱼篮观音和延州妇的传说具有许多佛教源迹。可是,一般中国人主要是通过戏剧、小说和民间故事而得知这些传说的,它们产生了几本围绕观音的《宝卷》。在明朝,《西游记》和两出戏的剧情以鱼篮观音为主,这肯定推助了鱼篮观音的传播。在小说的第 49 回里,观音捕获金鱼魔并把他放在竹篮里而救了唐三藏(Tripitaka)。那金鱼曾被养在普陀的莲花池里的。他每日听观音布道,结果得道成精去害唐三藏。观音把他抓捕在篮子里后,唐三藏求观音稍留以便他可

① 《阿达尔嘛佛的神教:一部大乘经》(*The Holy Teaching of Vimalakirti, A Mahayana Scripture*),瑟曼(Robert Thurman)译,宾夕法尼亚州立大学出版社,1976 年,第 21、64 页。

② 同上,第 54 页。正如石泰安指出,这是跟透过逆转的大乘演化主题有关,它具有技术术语转依(asraya-paravrtti)一词。他引用《梵王经》(因陀罗网经,《大正藏》第 1484 经)里的例子:一个菩萨运用善巧的巨大力量,"以净国度为恶国度,以邪恶土为妙乐土;善为恶或恶为善;形为无形,无形为形;男为女,女为男;六道为非六道,非六道为六道;乃至土、水、火、风四素为非土、水、火、风。"(《大正藏》第 24 卷,第 1001 页中下段)石泰安还引用《楞严经》(*Surangama sutra*)的旧版(《大正藏》,第 645 经)。旧版中的魔罗即必然被驯化的渔民是与菩萨作对比的,他"并非免于魔罗世界的行径"。见,石泰安,第 29—30 页。在所有这些例子中,一个菩萨表现出芸芸众生所具有的平凡现实并将一切上下颠倒,将凡人震惊而因此进入新境界。用瑟曼的话来说,如大魔术师薄伽梵 大圣 智及阿达尔嘛佛(Vimalakirti)一样,禅师和密宗圣雄(Trantric mahasiddas)们也喜欢运用这种"自由的技巧"。

③ 科里尔利(Thomas Cleary),《华严经》(*The Flower Ornament Scripture: A Translation of the Avatamsaka Sutra*),萨姆巴拉(Shambhala)出版社,1993 年,第 3 卷,第 148 页。中文译本以亲吻而终止,但藏文译本中保持的梵文原版继续往下提到性交,它将是前述过程的逻辑结果。此一省略可能是出至于译者对中国儒家感觉的考虑。我这一观点得益于永富正俊教授。

以召集村民来朝拜她。小说继续道,整村居民,老的少的,全都冲到河边,不管泥水,全都跪下磕头。其中有会画画的立即把观音画了下来,这就是鱼篮观音像是怎么来的[①]。这一民间文学中典型的趣闻为鱼篮观音的产生提供了特别的解释。同时,它也证明了这一肖像在明朝的流行。自由处理情节的《观音菩萨鱼篮记》一戏在把观音扮演成一个漂亮的鱼贩时更忠于传统。作为南海观音,她受命于释迦牟尼菩萨降落人间,去缘化张无尽、即以其正式名字张商英而更为闻名的著名佛徒。他注定要成为十三罗汉,却堕落声色。观音得助于她两位兄弟,即假扮成两位疯癫禅和尚寒山和拾得的文殊菩萨(Mañjūśri)和普贤菩萨(Samantabhadra)。她许诺,假如张背诵佛经、茹素行善,她就嫁给他。张佯装同意,但在婚礼后即故态复萌。她拒绝完婚,张就将她拘禁后花园并逼她操持各种辛累劳务,就如妙善不得不被她父亲虐待一样。最终,作为布袋和尚的弥勒菩萨出现,成功地启迪了张,并揭示了每个人的真实身份[②]。

与民间文学相反,《宝卷》倾向于更忠于传统的马郎妇/鱼篮的故事。在我于1986—1987年在中国大陆作研究期间,我无意看到[包括《宝卷》的]五份涉及该主题的文献:《提篮卷》;《卖鱼宝卷》;《西瓜宝卷》;《观音妙善宝卷》。它们肯定比《香山宝卷》成书更晚,因为女主人公的一些生平细节(如生辰、年龄、三女儿)都是以妙善为依据的。有趣的是,所有这五个故事尽管在细节上有许多不同,但它们都把女主人公描绘成以婚嫁而非完婚和性事为诱饵。显然,当马郎妇/鱼篮观音的故事被保存下来时,延州妇的故事却被遗弃了。这无疑是因为

---

① (于之二,第398—399页)。

② 见《孤本元明杂剧》,第四集。不过,另一具有相似戏名的戏剧《观音鱼篮记》(《孤本戏剧丛刊》第二集)讲了一个与上述故事不同的情节。跟《西游记》的情节一样,它也是关于金鱼。她名为妖鱼,变为另一女主角金牡丹的身形,给金牡丹及其未婚夫的家庭造成灾祸。没人能区别她俩。在复杂的剧情中,真假金牡丹导致许多混乱和笑话。最终,观音不得不制服假金牡丹、带走金鱼。张商英似乎是一个戏剧家们喜欢写的人物。还有,《临江驿潇湘秋夜雨杂剧》(《元剧选》,第一册)和《宋上皇御断金凤钗杂剧》,《元剧选外篇》,第一册)也把他作为主角,但他在这些戏中是一个真正的傻子官员。我为这些信息而感谢吉梅罗(Robert Gimello)。

后者强烈的密宗风格。随着唐代之后密教在中国的衰落,以及自宋代起新儒学之道德清教徒主义的日益增进的影响,毫不令人惊讶地,明确提到性以及非传统的价值对换(妓女 = 菩萨)的故事对普通人实在是太令人震惊而无法接受。

前三部《宝卷》保存了故事主要情节,但在改变细节以反映地方传统上表现出相当的自由。它们共同关切的是为鱼篮观音的形象提供合理的解释,并找出观音形象在这些经文流传之处盛行的原因。可是,鱼和鱼篮的主题并非总是在那些把观音描述为勾引男人之荡妇的珍贵画幅中出现。例如,《观音妙善宝卷》和《西瓜宝卷》就没有把女主角描绘成一个鱼贩子。另一方面,两部经文都提出有力论点,认为她事实上是一个穿白戴素的年轻寡妇。白色是服丧的颜色,亦系白衣观音的颜色。白衣观音的偶像在10世纪之后变得非常重要了(见下一部分)。在这些经文里,白衣观音的神话和形象是叠加于马郎妇/鱼篮之上的。这种混合性质在较晚期写成的宗教性《宝卷》里是一个很好的例子,作者行使更大的自由把他所能择取的不同传统混合在了一起。

虽然先委身许诺但随即不兑现的婚嫁与性事之主题出现在这两部经文中,但跟其他经文不一样,这已不是一个中心主题。相反,观音承担了一个全能之神以及骗子的角色。它们也有许多民俗幽默。既然口诵《玄卷》经常使用经文,它就有很多为戏剧效果而作的细节重复和细节润色,即为娱乐也为教诲。

白 衣 观 音

我要讨论的最后一个观音形象是白衣观音,其起源一直是一个学术上有争议的话题。有的学者如马伯乐(Henri Maspero)和陈观胜(Kenneth Ch'en)把她看作是白渡母(the White Tara,梵文称 Pandaravasini,即"白衣")的中国形象,即观世音菩萨的主要女妃和西藏佛教里非常重要的女神①。最近,石泰安表示不赞同上述解释并令人信服地表明,白衣(Pandaravasini)不应该与白渡母混淆起来②。众所公认地,中国白衣观音和佛教经典的关系是一个棘手的问题。自10世纪以来,她的流行程度在视觉艺术、绘画、诗词和其他传媒艺术中一直是无可超越的。她清清楚楚地是一个女神,总是被描绘成身着长飘白袍,有时用白袍帽子盖着头。现有可寻的资料指明,10世纪是白衣观音崇拜的开始。即使白衣最初是通过关于仪式典礼的密宗经文而被介绍到中国,她在中国的最终成功要归功于一组把她提升为嗣子女神的本地经文。她的形象崇拜被中国化了。跟马郎妇/鱼篮观音一样,她自己也得到了宝卷所提供的一部中国传记即《妙英宝卷》③。

有几幅白衣观音画是唐朝吴道子所作。作为一种风格,这类画有时与宋朝画家李公麟(约1049—1106)有关系。尽管把吴道子认作是白衣观音画的作者并非总是可靠,但四川的白衣观音之年代记载早至10世纪。例如,在眉山大佛庙里观音旁边的铭文声明该白衣观音是雕刻于936年④。另一认同白衣观音在10世纪之兴起的资料是有关观音庙院之奠立的神话。例如,吴越国奠基者钱镠(851—932)在登基以前,曾梦到一个白衣女人。她许诺,假如钱镠慈悲为善的话,她就保护他和他的后代。她告诉说,他可以在二十年之后在杭州的天竺山找到

---

① 陈观胜,《中国的佛教:历史概述》(*Buddhism in China. A Historical Survey*),普林斯顿大学出版社,1964年,第342页。

② 石泰安,1986年,第27—37页。

③ 于君方,1989年。

④ 其他白衣观音的例子都要更晚,是北山的118号壁龛(1116年)和136号壁龛(1142—1146)(《大足石刻研究》,第174、395—396、408页)。四川的佛经提供了关于肖像风格的非常重要的信息。因为许多铭文的良好保存状况,它们也是我们理解四川佛教在崇拜和捐献方面的极佳资料。例如,唐末宋初在密宗首领柳本尊(844—907)指示下创建的安岳毗卢洞总体就列有捐献者的名单。许多捐献者是妇女,其中有好几个叫妙善:汪氏妙善、刘氏妙善、龚氏妙善(《大足石刻研究》,第173页)。我们不由地被这一名字的选择所惊讶。妙善是一个被这些虔诚妇女碰巧所采用的普通名字呢,还是因为妙善公主的传说有名才使得这一名字在虔诚的佛教妇女中变得盛行?我觉得后者符合实际情况。妙善常常是明朝那些为传播白衣观音效验而印刷经文的女捐献者的名字。

她。钱镠成王后，又梦到同一女人，她要求给一席居留之地，并同意做吴越国之护神作为回报。钱镠发现只有天竺山的一个庙宇藏有白衣观音像，他就以此像为庇护神，并设此庙为天竺看经院即上天竺寺先前的名字。天竺看经院成了观音崇拜最重要的朝拜地之一①。类似的故事也说明其他庙宇建立的原因。观音或者出现在人的梦中，或者是一尊非同寻常的雕像，接着一座庙宇就被建立起来以敬拜她。当奇迹发生时，关于观音形象灵验的名声就被传播开来，吸引了崇拜者。有些地方官员在1124年刻了一块石碑，并把它立在江阴寿圣院的庙堂里。此石碑有一幅白衣观音像以及告知她奇迹般地抵达那里的铭文。天圣元年（1023）五月，菩萨飞越大海来到江阴。一位船上过客见她在河中，一路伴船，白光四射。船夫三次试图用撑杆把她推开（或许因为他不知她是谁），但那光亮不绝。她最后到河边一处小岩壁洞歇息。当晚，她以白衣人现身于一个叫吴信的镇民之梦中，向他要其右臂。吴恳求说，他愿意做其他任何事，但实在不能割舍右臂。于是白衣人告诉他，李店主有檀香木可以做成一个胳膊。天亮后，吴开始寻找店主。同时他得知，隔夜一尊十尺高的观音雕像被运到了河岸。他前往一看，确实，该雕像失落了右臂。于是他才恍然大悟。他从李那里得到了五尺多长的檀香木，恰好做个右臂。当地人恭恭敬敬地把观音雕像安置在寿圣院。人们无论何时祈祷，他们都能得到灵验的回应。1124年，一些地方官员前往拜访寿圣院士，主持告诉他们这奇迹故事，并要求他们把它写下来以帮助加深人们的信仰②。

从这一时期起的奇迹传说明显有白衣观音的存在。洪迈（1123—1202）在其奇闻巨集《夷坚志》里记载了好几个关于观音显灵的故事。但下面的却可能是绝无仅有的。有一位老妇人受臂痛之苦，屡求医而不见愈。一晚，一白衣女在梦中对她说："吾亦为此受苦。若你去我臂

① 《上天竺记》，第31页。

② 《历代名画观音宝相》，上海，1939年，第135页。

痛，我亦治愈你臂。”当被问知她居住何处时，她答道，在崇宁寺之西廊。第二天，老妇人前往城里，把她的梦告诉掌管庙院西部住房的忠道和尚。和尚立即意识到梦中人一定是观音，因为有一个白衣观音的雕像在他屋里。在一次整修中，雕像的胳膊不小心被损坏了。他把妇人引入房间，她对那果然损伤胳膊的雕像鞠躬，并酬付工匠以修复雕像。观音雕像之胳膊一被修复，她的胳膊也不疼痛了。是一个湖州人吴价告诉了洪迈这故事。

上述例子是白衣观音崇拜的传说史，它们在10世纪之后日益流行。这种崇拜和密宗经文里的白衣之间可能有一种联系，但我们没有明确的证据。对中国人来说，白衣观音没有表现出跟密宗礼仪之间有任何关系。除咒语之外，密宗颂扬观音的经文。虽然她最初是与白渡母、准提佛母(Cundi)和密宗诸神有着某种关系，但她似乎是悄悄地从她们中间独自发展起来的。我相信对她的崇拜要归功于一组本土经文，它们把她呈现为主要是具有送子灵验的女神。在此功能方面，白衣观音是一个生育女神，但她没有性生活。她给予别人孩子，但她自己不生孩子。观音不是任何人的生母，但恰恰因为这，她是所有人的精神母亲。借用皓妮(Karen Horney)的鉴定来说，她是慈母，但非母亲[①]。

那些本地经文通常被叫作《白衣观音经》(或《白衣观音咒》)。它们很短，但总有咒语。人们相信吟诵和记忆这些经文很灵验。其中最有名的是《白衣观音神咒》或《白衣大士神咒》，其复本至今仍被信徒广泛地印制并免费发送。该经文在11世纪就已经被使用了[②]。另一

① 皓妮(Karen Horney)，《性别间的不信任》(The Distrust between the Sexes)，《女性心理》(*Feminine Psychology*)，第7卷(1931年)，第5—12页。

② 该经文包括五句咒语一类的词：“天之神，地之神，人离灾，灾离体，恶皆成灰。”《观音灵异记》的编者说，他曾读过王巩(1048—1104)的《闻见近录》，它记载了这样的历史：王氏，朱道诚之妻也。日诵十句观音心咒，时年四十九，病笃，家人方治后事。王氏恍然见青衣人曰：“尔平生持观世音心咒，但复少十九字，增之，當益寿。”王曰：“我不识字，奈何？”青衣曰：“随声诵记之。”乃曰：“天罗神，地罗神，人离难，离难身，一切灾殃，化为尘。”久之而醒，疾亦寻愈，后至七十九……从这一故事，这位编者得知这五句词在北宋时便已为人们所知。(第14页，中段)

流行的经文《观音十句经》与前经文有时混在一起，并有几个不同的名字，如《观音梦授经》、《观音保生经》、《观音救生经》。此经文可以被追溯到5世纪，但直到11世纪之后才重新流行。[①] 人们认为这两段经文是白衣观音传授给她的信徒的。虽然信徒们相信吟诵这些经文会把他们从所有各种苦难中解脱出来，但他们并不特别关切子孙繁衍。赐子、特别是赐予儿子的神力是来源于另一经文，它也有几个名字：《白衣大士五印心陀罗尼经》和《白衣观音五印心陀罗尼经》。我1986年秋在北京法源寺中国佛教文物图书馆的珍籍部发现35本此经的复本。它们印于明朝，最早的在1428年，大部分在万历年间，约1600年前后。跟该部藏书的其他经文一样[②]，它们是由想证明观音神力和推动观音崇拜的捐献者们印刷分送的。这些印刷品的质量和数量因捐献人的经济能力大小而大不相同，但在所有白纸黑字的故事里，都是捐献人提供了对发生在他们身上或其他人身上之奇迹的描述。这些奇迹描述的大多数还没有被收入正规编撰的书籍。所以，它们对历史学家来说是非常珍贵的。

念《咒语篇》会导致一个长期等待之男婴奇迹般地到来，他会被一种特殊的方法送来。对此最早的验证早在唐代就有记载，这就为此经文的起源提供了解释：在唐朝，有一个绅士学者住在衡阳（在现今湖南

---

① 此经文的起源总是追溯到一个梦，这就是为什么它也被叫做《梦传经》。根据《佛祖统记》（约1260年），在北宋嘉祐年间，龙学梅挚妻失目，使祷于上竺，一夕梦白衣人，教诵十句观音经，遂诵之不辍，于是双目复明。根据《札相士丛抄》第13卷所引的《太平广记》，在450年，太原的王元莫（音译）在北征时违抗了命令，被军纪判处死刑。他梦见一人告诉他，如果他念《观音经》一千遍，他就能活。梦中人然后教他那十句词。就当王将被斩首之际，屠刀突然裂为三块（《观世音菩萨灵异记》，第14页中段—15页上段）。

② 该处的藏书有几百本佛教和道教经文的复本，其中约有100本左右是以观音为中心的。除了《白衣五印心陀罗尼经》，还有《法华经》、《佛顶心陀罗尼经》、《佛顶心疗病救产方经》、《佛顶心救难神验经》和《观音救苦经》。所有这些经文在其扉页上都有一幅观音像，或者是白衣观音、或者是南海观音，还有包括捐献者名字、出生地、印刷册数和日期以及出版动因的献辞，并以一幅韦驮菩萨的画像而结束。根据图书馆馆长和著名佛教学者周叔迦的儿子周绍良，在“文化大革命”以前，法源寺存有许多这种小册子类的经文，它们全都在寺院里的一场大火中被销毁。自1979年以来，自己就是一个书籍收藏者的周开始重建该藏书，这些藏书都是从设法使它们免于抄收的凡家信徒那里买来的或捐来的。

省)。他已经有些年纪,但还没有孩子。他努力求子,到处祈神帮助。有一天,他突然遇到一位老和尚。老和尚给他一本《白衣观音经》,并嘱咐他此经是菩萨所授,念此经者会心如其愿。祈子者得慧子,白衣重包,神奇而生[①]。此后,他和妻子就一心一意地念经。几年内,他们有了三个儿子,都是像和尚描述的那样生下来的。衡阳都督听说此事后,为了也有一个儿子,就花钱印刷和分发这经文。不到一年,他也有了一个儿子[②]。

在12世纪至17世纪的六百年间,常有把奇迹归功于此经的传闻。16世纪明朝晚期的文人们似乎给予观音崇拜以新的推动,这也许可以解释为什么这一时期印刷此经文的活动会突然涌现。

属于这些经文的奇迹描述有几个特点值得注意:

(1)虽然其中有些故事之年份记载为11和12世纪,但大多数集中在明代、尤其在明代中期。因此,把白衣观音作为送子神来崇拜看来是在1400—1600年间在中国确立的。

(2)经文扉页的木版观音像通常抱一男婴于膝上。这是送子观音的经典形象,最常见于17、18世纪福建出产的中国白瓷和象牙雕中。送子观音肖像和圣母子肖像(the Madonna and Child)之间的相似是广受注意的。一个葡萄牙多明我会士达克鲁斯(Gaspar da Cruz)于1556年冬到华南旅行,他看见一幅几乎可以肯定是送子观音的画,却以为它是生育基督婴儿的上帝之母[③]。有趣的是,同样在17、18世纪,这一

---

① 白衣重包这词是非常含糊、难以理解的。白衣可以指白衣观音,但它也可以指褓衣的颜色。从情景看,此词肯定是描述婴儿的外表。婴儿应该看起来有些苍白,这一特点使他成为来自白衣观音的礼物。但一个婴儿出生时被白衣重包如果不是不可能的,也是极不寻常的。然而,无论哪一种解释都是令人迷惑的。

② 《万子续藏经》,第134卷、第0960页。

③ 沃岑(William Watson)编《从商朝到清朝的中国象牙》(*Chinese Ivories from the Shang to the Qing*),伦敦:东方陶瓷社会,1984年,第41页。

圣母玛利亚的特殊肖像在欧洲许多地方也变得很流行①。跟广东一样,福建也是一个早在13世纪就被基督教传教士访问的沿海省份,而基督教传教士在16世纪又开始了对福建的大规模访问。16世纪和18世纪之间,西班牙征服者和传教士把雕塑像从西班牙和北欧国家带到了中国和菲律宾。他们也委任中国工匠雕刻基督像,最多的是圣母子像。工匠们是福建人,主要来自于漳州、福州和泉州,这些城市也生产了送子观音肖像。既然是同样的艺术团体制作了这些宗教肖像,"圣母玛利亚看起来有点像中国人而观音看起来几乎是'哥特式'的"②就并不奇怪了。《法华经》的"普门"提到送子是观音的诸多神力之一,可是在明代之前,即使是以女形呈现的观音像,也从未有一男婴在她臂中或膝上。这一肖像的宗教依据来自佛经,但其艺术表现可能受到圣母子肖像的影响。

(3)对奇迹的描述提供了捐献者的名字和出生地。来自歙县和徽州(在今安徽省内)的捐献者占据了大多数。这并不奇怪,因为徽州商人以富有而著名。观音崇拜并非只限于此地,但徽州似乎因为其太多的本地人能够印刷佛经而成了崇拜者的代表了。有趣的事实是,在捐献者妻子的私人名字中,有17个包括跟妙善中一样的"妙"字③。碰巧的是,这"妙"字也于10世纪出现在四川筹办雕塑观音像的一部分

---

① 对为整个普罗旺斯炼狱之魂而建的祭台做过编目的弗菲勒(G. and M. Vovelle)概括了以下的演变:"在1650年和1730年间,作为女调解者的圣母玛利亚被圣母玛利亚及其子所取代,而调解者几将消失。在1730年之后,圣母玛利亚及其子的主题消退了,而基督和永恒之父的肖像变得更盛行。从我18世纪早期的有利角度来看,我可以确定这些变化。"见弗饶斯科尔—乔帕尔德(M. H. Froeschle-Chopard)《18世纪神圣宇宙的肖像学:法国圣保罗凡斯和格拉斯主教管区的教堂》(The Iconography of the Sacred Universe in the Eighteenth Century: Chapels and Churches in the Dioceses of Vence and Grasse),收于佛尔斯特尔(Robert Forster)、拉纳门(Orest Ranum)编《仪式、宗教和圣者:选自各年鉴、经济、社会及文明》(*Ritual, Religion and the Sacred. Selections from the Annals, Economies, Societies, Civilizations*),约翰霍布金斯大学出版社,1976年,第7卷,第167页。

② 沃岑,第41页。

③ 它们是:妙情(1265年)、妙玲(1274年)、妙珍(1342年)、妙安、妙光(1452年)、妙玉(1436年)、妙媛(1441年)、妙桂(1455年)、妙惠、妙善(1444年)、妙婧(1457年)、妙莲(1418年)、妙正、妙海、妙宗、妙蓉(都在明朝)。

女捐献者名字中。这意味着什么呢?"妙"字可能是通常为女子命名时一个受人喜欢的字。如果是这样的话(对此我不确定),《香山宝卷》之作者在称观音妙善时,可能是故意要把她尽可能变得中国化①。另一方面,由于妙善的名声,虔诚的女佛徒都会取含有此字的名字。恰如许多女基督徒取名玛利或玛利亚一样,佛教徒家庭的中国女孩都取名妙善或类似妙善的名字。

结　论

我讨论了唐代以后在中国出现的四种观音形象。观音的每一形像最初都立足于一个地方,与一个人生故事相关,并被一种肖像所描绘。例如,对妙善公主的崇拜最初是在河南,马郎妇/鱼篮观音则是在陕西,白衣观音则是在杭州,南海观音则是在普陀岛。以这种方法,一个本来是外国的、男神的观音被转变成为一个具有中国特点的女救世主。尽管每个形象最初可能都有崇拜,但并不是所有的形象都流传了下来。对妙善公主和马郎妇/鱼篮观音的崇拜并没有分离,但对白衣观音和南海观音的崇拜却分开了。而且,正如普陀变成了中国补陀落迦山、并在明代成为国内外的观音朝拜中心一样,南海观音也把作为妙善、鱼贩子和白衣的观音吸纳进来、合而为一。在我们检验与普陀相关的奇迹传说时,我们有可能发现与观音形象不同的肖像同时显现。同样,在我们检验南海观音的形象时,我们也会同时看到其他观

---

① 杜德桥把妙善传说中主要人物的名字追溯到佛经资料里。父亲的名字是从《莲花经》27章里妙庄严的名字变化而来,姐姐的名字妙音是在24章中找到。二姐的名字妙元可以在其他经文里找到(《大正藏》,第53卷第159页下段)。妙善是一个菩萨的名字(《大正藏》,第16卷第154页上段)或是跟其他用法有关联的(《大正藏》,第25卷第159页中、下段;第14卷下段)。在《隋书》(第69卷第1608页)里,王劭在602年给高祖的奏折中称陈朝陷落后出家的已故文献太后为"妙善菩萨"(杜德桥,1978年,第78、113页)。但即使是妙善传说的作者知道此名称的佛经先例,女性捐献者就不见得。反过来说,根据10世纪甚至更早期女人有这样的名字之事实,这传说的作者可以像受佛经先例影响一样受当时妇女命名的习俗影响。进一步对更早佛像的女性捐献者之名字的研究会对此问题提供更清楚的解释。

音形象的痕迹。一个形象并不排除另一个形象,但通过“铭文”的过程①,南海观音既成功地保持了她的身份,又因所有其他形象的神话教诲而更加丰富。这些形象也许在历史上经历过竞争。甚至在今天,不一样的人会不同地看待观音。有的会把她看作像“我们的白衣女士”(Our Lady in White)一样的送子者,而有的却会把她看作贞洁妙善。有的会把她看作鱼贩子即像鱼篮观音一样是诸多福佑的赐予者,而有的则会把她看作是像马郎妇一样漂亮的世俗渔妇。此外,大多数人都把她看作是回应一切祈祷者的全知全能之神。所有这些对观音的看法之来源可以追溯到观音的不同形象。它们虽然互不相同甚至互相对立,但它们互相证实并加强了观音在信徒眼中的灵验②。

为什么观音在中国变成了女性呢?从神学上来说,有人会答道:“为何不?”因为《法华经》、《楞严经》及其他佛经都移情入化地说,为拯救世人,观音可以选择多种形象出现,其中大部分是女性。而且,尽管大乘佛教强调无二无别和一视同仁,它有一个历史悠久而强烈的传统,就是把最重要德行之一的“真知真见”(Perfection of Wisdom)人格化为女神。在对“真知真见”的赞美词里,记载于公元前1世纪即最老的大乘佛经之一的《八千颂般若波罗蜜多经》以如下方式赞美她:“吾等于伊处觅得庇护……伊使盲者复明……伊使迷途者知返。伊为全知而无始无终之‘真知真见’……伊为众佛之母”③。既然观音是代表慈悲和智慧的菩萨(观音毕竟是在深度的禅定中布施“真知真见”经的最短版本《心经》的),观音跟“真知真见”一

---

① 杜赞奇(Prasenjit Duara),《铭文象征符号:中国战神关帝的神话》(Superscribing Symbols: The Myth of Guandi, Chinese God of War)《亚洲研究杂志》(*Journal of Asian Studies*)第47卷(1988年),第778—795页。

② 桑格仁(P. Steven Sangren)关于灵之社会建构的研究对中国宗教这种变化过程的理论分析具有参考价值。见桑格仁,《中国社团中的历史和巫力》(*History and Magical Power in a Chinese Community*),斯坦福大学出版社,1987年。

③ 狄百瑞(Wm. Thoerdore DeBary)编,《印度、中国和日本的佛教传统》(*The Buddhist Tradition in India, China, and Japan*),纽约:现代图书馆(*Modern Library*),1969年,第104页。

样,是一位极适合于被人格化的神。然而不幸的是,这并不能回答为什么在东亚以外的佛教国度里,普陀观音并没有经历任何性变的问题。

另一方面,观音的女性形象主要出现在宋代的事实或许可以给予我们一点启示。正如韩森(Valerie Hansen)在她《中世纪中国的变神》(*Changing Gods in Medieval China*)一书中所显示,大众宗教在12和13世纪的一项新发展是新地方神的出现以及对那些原本是地方诸神的地区崇拜之兴起。跟早期诸神一样,这些神是死后化为男神和女神的男女。然而,跟早期诸神又不一样,他们活着的时候是出身于低微家庭的普通男女。他们只是根据他们由奇迹展现的灵(力量、灵验)而自称为神。他们对他们形象的正确描绘非常感兴趣,并且经常亲自帮助制造这些形象。如果这听起来很熟悉,那并不奇怪,因为观音的女性形象跟这些新神们有许多类似之处。观音的凡人之显身(除妙善公主以外)在化为神之前都过着普通的、如果不算隐匿的生活。在观音于中国成为最受欢迎的佛"神"之前,原来的普世观音菩萨不得不通过采取中国身份来适应中国宗教的感性形式。另一点值得注意的是,跟那些新神们一样,观音受到各种各样人物的崇拜和宣扬。过去,观音的这些女性形象通常被认为是被无知的普通百姓所崇拜的、大众化或民俗的东西。可是,那实际情况肯定不是如此。虽然像袾宏(1535—1615)那样的个别和尚和像明朝作家胡应麟那样的文人学者会诋毁那种把观音视为女神的一般理解,但关于这些观音女性形象的情况与知识却是在精英以及大众的资料中找到的。我们不可能把对观音忠心耿耿的信徒们一清二楚地划分为两组,即一组是把观音认作是男性或最多是无性的知识文人和一组是把她认作是女神的文盲大众。实际情形总是要比这更复杂得多。

很清楚,当观音采取世人(和中国)的身份时,她得到了全国的广泛崇拜。从这方面来看,我觉得最终可以把观音的流行跟其他女性诸神在同一时期的出现一起来看待。她们当中如天后(更以妈祖而为人熟知)、碧霞元君和无生老母,虽然在起源方面也与不同的地点有密切联系,但最后变得享有地区甚至全国的崇拜追随者。她们都声称是因母女关系而跟观音有关或干脆是观音的肉身。为何这些女神最终主导了中世纪中国宗教的场面并继续下去?桑格仁(P. Steven Sangren)曾认为,这些女神"纯粹蕴含了女性的正面性",因为"在女神中显现出来的女性纯洁当中也包括了作为妻子及确认其母亲角色(如果不是孕妇的话)的负面性"[①]。这样,观音也许像圣母玛利亚在西方一样,以一种双重混合性代表了中国妇女。正如沃尔娜(Marina Warner)对圣母玛利亚所评论的,"除非否认她们的性别,把圣母玛利亚变得令人崇敬的条件本身根本是女人的力量所无法做到的。接受圣母玛利亚为纯洁之理想暗示性地要求拒绝普通女性之不纯条件"[②]。确实,许多中国妇女以妙善为典范,选择不结婚、不生育[③]。我在杭州和普陀面访了许多当代女朝拜者,她们也表示了对脱离了强加在一个妻子、媳妇和母亲身上之困苦的妙善/观音的敬仰甚至嫉妒[④]。

如果观音仅仅是跟妙善相同,她或许只会对那些想把自己从家庭和社会的限制中解放出来的反叛妇女有吸引力。可是,因为她也是并更会被认作是慈悲和母性的白衣观音,即后来的送子观音,她就对渴望儿子的男女都产生巨大的吸引力。她因此对家庭型的中国社会是必不可少的。最后,作为南海观音,她既在精神世界也在世俗范围内帮助男男女女。前往普陀朝拜的支配性动机继续是崇

---

① 桑格仁,1983 年,第 14 页。

② 沃尔娜(Marina Warner),《所有她之性别中独一无二的》(*Alone of All Her Sex*),纽约:艾尔弗瑞德·A. 克闹普夫(Alfred A. Knopf)出版社,1976 年,第 77 页。

③ 托普雷(Marjorie Topley),《新加坡中国妇女的素菜房》(Chinese Women's Vegetarian Houses in Singapore),《皇家亚洲社会马来亚分部杂志》(*Journal of Malayan Branch of the Royal Asiatic Society*),第 27 卷(1954 年);又,托普雷,《广东农村中不婚与拒婚》(Marriage Resistance In Rural Kwangtung),收于卢蕙馨(Margery Wolf)、维特克(Roxane Witke)编《中国社会中的妇女》(*Women in Chinese Society*),斯坦福大学出版社,1975 年,第 67—88 页。

④ 如下是朝拜者们所喜欢唱的一首流行歌之一部分:首先,她不受做媳妇之郁苦。其次,她不吃丈夫家之食。再者,她腹不孕子臂不抱孙。还有,她轻盈就位莲花宝座。

拜者想一瞻其尊容的愿望,他们相信这将实现他们的祈望,使他们得到拯救。观音成功赢得社会各阶层各方面的信徒之关键在于,无论是男人还是女人、出家人还是未出家人、精英还是大众,他们都看到了被观音各种女性形象所象征之各种理想中所反映出来的自己。

世系的女住持:临济宗禅师祇园行刚(1597—1654)

管佩达(Beata Grant)　著
张秀莉　译

明末清初,临济宗出现了短暂而至关重要的复兴①。当时世系和宗派主义区别的观念似乎并不推崇这一复兴:云楼袾宏(1535—1615)、达观真可(1543—1603)、憨山德清(1546—1623)和蕅益智旭(1599—1655)等四位佛教大师都认为将他们自己与正式的禅宗世系联合是不必要的,或许甚至是不明智的,他们四人在官方禅僧传记中都被列入"世系未知"部分。

然而,有些佛教大师对于恢复日益衰退的世系荣耀很感兴趣,这世系可以一直追溯到敢于打破旧习、才华横溢的唐代大师临济义玄(卒于公元866年)。在这些主张复兴者中,最有名的还是密云圆悟(1565—1641,简称圆悟)。圆悟出身于贫困的农民家庭,早年大部分时间都在从事艰苦的体力劳动,而非学习。但是他设法自学。30岁时他抛妻别子,立志出家,前往常州龙池山,成为临济禅住持幻有正传(1549—1614)的门徒。他的地位很快上升,成为一位颇有名气的禅师。他周游各地,广收门徒,既有出身庙宇之僧侣,又有全国各地尤其是江南地区的世俗之人。中国宗教研究史学家郭朋认为圆悟是一个有控制力、有雄心的人,但思想极其贫乏。郭引用了许多轶闻趣事来

① 关于密云圆悟的讨论,见杜继文、魏道儒《中国禅宗通史》,江苏古籍出版社1993年版,第539—543页。

证明自己的观点：圆悟热衷于"表演"，专横地殴打学生、斥责学生、对学生灌输公案①，似乎他就是唐代的临济义玄大师本人②。他的政治精明反映在这样一个事实中，他婉拒来自风雨飘摇的明朝廷皇帝的邀请，将所有精力投入到写作、布道、游历、修葺庙宇寺院，以及培养能够继承临济禅宗的门徒等事务中。圆悟剃度的弟子300多人，他的12位嗣法弟子对于清初禅宗的动向产生了很大影响，他们中的许多人与清初朝廷建立了密切的关系。

就我们的研究目的来讲，最重要的一点是许多女弟子跟随圆悟及其门徒学习，并且接受了佛法传播。其中的一些女弟子成为有名的禅师，并且留下诸多语录或者由其弟子编撰的讲道记录，内容包括训诫、诗词、书信，其他著述和其生活的传记。虽然唐代和宋代的文本中也曾经提及一些佛教女师父的语录，但这些早期文本已经不复存在③。明清时期此类女佛徒著述的书目更多了一些，但我们今天所能看到的也仅是极小部分的标题。1658年，浙江嘉兴的高以永（1613年进士）在为《伏狮义公禅师语录》所作的序言中，试图向读者解释多年留存下来的卷帙浩繁的关于佛教僧侣和居士的卷宗中，为何女佛徒的生活记载如此之少。

> 从来弃荣趋寂、超乎尘世之外而不为尘世所囿者，率皆慷慨英伟之士，赋性刚烈。故能担荷斯道，直透本来，遂为千古名宿。

---

① 公案在字面上的意义是指公文或权威法规，是流行于宋代末期的语言。现在指古代禅师的逸话，或是禅师与弟子间的问答，以及禅师提出的命题、提问，运用它作为开启人心，达到禅的真理的方法。——译者注

② 郭朋，《明清佛教》，福建人民出版社1982年版，第77页。

③ 关于女教徒传记的唯一主要成果是宝唱和尚写于6世纪的《比丘尼的生活》，见蔡安妮（Kathryn M. Ts'ai）《比丘尼生平：公元四至六世纪中国的比丘尼传》（*Lives of the Buddhist Nuns: Biographies of Chinese Buddhist Nuns from the Fourth to Sixth Centuries*），夏威夷大学出版社1994年出版。从宝唱对尼姑的记载到她们再度成为注意的主体，经历了数个世纪。但这并不意味着尼姑不再继续存在甚至兴旺。譬如，我们知道唐宋时期出现了许多聪明能干的女教徒。关于唐宋尼姑的研究，见李玉珍的《唐代的比丘尼》（台湾：学生书局1989年版）；对于宋代尼姑的研究，见列文林（Miriam Levering）和谢（Ding-hwa Evelyn Hsieh）的著作。

> 至于香闺绣榻之俦,大约婉顺迪躬,柔嘉为则,欲求其皈依法苑、绍续传灯者不多见。岂果刚柔之不相及欤?抑亦赋畀之有悬殊也。[①]

高以永自问为何《灯录》中少有关于尼姑的记录。灯录涵盖了诸多禅宗大师的自传概略。其中最有名的是1004年道原编撰的《景德传灯录》,收录了1700余条此种传记。高认为缺少女性僧侣传记并非是因为她们的生活简单不值得记载。更确切地说,他认为更合理的解释是,这类记载的相对不足是因为那些妇女少有能够克服性格缺陷,展现宗教律法(尤其是禅宗)明确需要的英勇刚强和坚强意志。但是,高以永的确注意到他所涉猎的佛教文本中女性声音的缺失。在封建时期,仅有一小部分知识分子曾经自问为何女性没有被收入内容丰富的自传和文集中,高以永就是其中之一。当时,这些知识分子中间,许多人的母亲、妻子或者姐妹受惠于社会对教化女性态度的转变。她们不仅开始写诗,还注书、编撰、编选文本,并且在男性亲友的帮助下出版作品。因此,在明清时期有三千多本女性文选,数目惊人,在当时世界的任何地区都无法媲美。高以永发现许多女信徒中,很多人来自中华帝国的文化腹地浙江和江苏。这一发现使他很自豪:

> 惟吾禾郡则不然,吾郡自鼎革来,名闺巨族多有克自振拔,或能弃显荣而向道,或因赋别鹄而被缁,闻见固多,亲炙不少。[②]

研究过程中,高以永发现这些非凡的女信徒中有一个人实际是远亲。高又发现她是临济禅女庵住持,圆悟的门徒。在她于1654年去世之后,她的弟子们收集、编撰和出版了她的一些诗词、信件和训诫,同时还有一些官方的序文、题字和传记。这位有名的女庵住持就是祇

---

① 《伏狮义公禅师语录》,收于《嘉兴大藏经》,台北:新文丰出版公司1987年版,第39卷,435,第1—7页。

② 《伏狮义公禅师语录》,435:1a。

园行刚(1597—1654,此后称行刚)。值得庆幸的是,1655年出版的她的《语录》被保存在明朝版的佛教藏经中①。本文以这一语录中所包含的各种文本为基础,在材料有限的条件下力图重构行刚和她的一些女弟子的信仰传记。虽然这些论述中包含的文本内容受到自传和宗教式文本的某些写作惯例的限制,但是在字里行间用心细细阅读,我们能够得到启示,洞察在中华帝国晚期尼姑的修道经历和她们生活、践行和说教的宗教大环境。祇园的生活提供了中华帝国晚期宗教生活的一个实例,尤其是在临济禅宗的社会和学说框架之下构建的人生,提供了女性培养精神和知识兴趣的空间,实践其在组织和领导方面的天赋②。这一实例还为我们提供了难得的一瞥,用欧康纳(Jane O'Connor)的话说,即是"妇女既是代理商又是被交易的对象,既是参与者和领导者又是被忽视被隐匿的人,既被宗教说教的某些特征所解放又为父权制所约束"③。

一、作为弟子的行刚大师

虽然本文中我们叫她的法名行刚,但在30岁之前她被称为胡氏(名不详)。她出生于嘉兴,是处士胡日华和其妻陶氏的独生女。她的父母都有些宗教倾向:事实上,她的父亲在她出生后就不再与其母同居,以分居来实现修"道"。行刚接受过教育,并且很早就表现出作诗

① 这些论说仅见于明朝嘉兴关于佛教藏经的版本,而不是在更广为人知和流传的版本中,这一现象是非常重要的。因为行刚和许多女弟子都来自嘉兴,这暗示着她们的生活和教义主要被视为或者说也仅仅被视为当地的影响。

② 唐朝末年尤其是宋朝年间,临济禅法师大慧宗高非常重视女教徒,拥有许多著名的女弟子。因此,从多方面考察,明末出现了几位非凡的女性禅宗大师可以视为长期传统的延续与复兴。见列文林,《临济禅与社会性别》(Lin-chi [Rinzai] Ch'an and Gender: The Rhetoric of Equality and the Rhetoric of Heroism in the Ch'an Buddhist Tradition),收于卡贝宗(Jose Ignacio Cabezon)编《佛教、性与社会性别》(*Buddhism, Sexuality, and Gender*),纽约州立大学出版社,1992年,第137—156页。

③ 欧康纳(June O'Connor),《重读、重构、重组传统》(Rereading, Reconceiving and Reconstructing Traditions: Feminist Research in Religion),《妇女研究》(*Women's Studies*),第17卷,第1期(1989年),第103页。

的天赋:她的名字被列入地方志中的"才媛"部分。[1] 从孩提时代,行刚就喜欢背诵佛号,整天在家中的佛龛前祭拜。我们进一步得知,青年时代的行刚表示期望终身不嫁,像父亲一样全身心投入修道生活。

当时,行刚面临着社会、家庭期望与俗世中皈依佛教的女性寻求自我解放意愿的冲突。尤其是在中国,成立家庭与延续家族香火一直被视为一项神圣的职责。因此,当她要求出家时,她的父母坚决拒绝,并且为她寻找夫君。这样,行刚在 18 岁时就与一位名叫常振的庠生订婚。但是婚礼后不久,常振生病去世,这样行刚就成了寡妇。根据习俗,行刚仍住在了常振家里,并且竭尽力量履行一个媳妇的义务。对于绝大多数妇女而言,故事到此或许就结束了。然而,行刚难以忘却先前对佛教的热衷,她深刻地意识到时光流逝,变得日益消沉。她觉得在虚度时光,于是就长时间地跪在佛龛之前,流着泪祈求佛祖在她死之前使她得到教化。

行刚的父母和公婆对她十分疼爱,对于她的极端行为感到很忧虑。他们特别担心行刚的健康,禁止她长时间的斋戒。但是,26 岁的行刚此时决心不再听从劝阻,以绝食绝水相抗争。她的家人只能做出让步,允许她在附近的一个寺庙中跟一位天童慈行大师(生卒年不详)开始正式修行。

此后一段很长的时间里,她开始了正规的修行,当然中间有过不少延误、障碍以及困难。我们对于行刚从慈行法师处得到的精神层面的训诫所知甚少,但是我们知道的是她在这段时间内仍旧在家中照顾公婆和自己的父母。五年之后,行刚 31 岁,其父逝世。两年后,她觉得自己的修行有所进步,可以去拜访慈行的老师圆悟大师。圆悟在 1624 年成为广慧禅寺(也称金粟寺)的住持,广慧禅寺坐落在金粟山(位于嘉兴县海盐境内),这是一座非常兴盛的庙宇,当时有 300 多名僧侣[2]。

---

① 《嘉兴府志》,台北:成文出版社有限公司 1970 年版,第 79 卷,第 67 页。

② 《密云禅师语录》,《嘉兴大藏经》,12:23b。

与圆悟大师第一次会面，行刚提出了一个问题（这构成她精神修行的重要公案）："哪里是我安身立命处？"这是一个经常出现在所记载的临济禅师高峰原妙（1238—1295）对话录中的传统问题。高峰原妙的作品在明朝晚期似乎非常有名，部分归因于云棲袾宏的推崇之功。他在1599年为他的语录写了序言，其中说到他30多年来一直随身携带高峰原妙的作品，并且经常为这些作品没有被收入先前的佛经中感到遗憾①。后来行刚在自己的作品中经常引用高峰原妙的语录，而且很有可能她在跟圆悟会见之前已经熟悉了高峰原妙的作品。无论如何，圆悟最初的回答与他的师父多年以前的一样："念你远道而来，放你三十棒。"②唐代的许多大师都沿用了这一表达。与临济义玄同时代的德山宣鉴（780—865）因用手杖打学生而闻名，正如临济义玄以斥骂学生而著称。根据《临济录》中一个相关个案的记载，德山经常对学生们说："道得也三十棒，道不得也三十棒。"③圆悟和弟子对这一观点的修改虽然形式稍有不同，说的都是同一件事，那就是：念你远道而来，不让你再受你已处于的双重捆绑中。

当时圆悟大师与行刚另一次交流的意义还不明晰：圆悟为行刚举了关于郑十三娘的例子。她是中国南部省份福州南台的一个12岁的女孩儿。在悟明的《联灯会元》（1183年）中，她被列为长庆大安（793—883）的继承人，但是在之后的世系记载和公案文献中没有她的踪迹④。在悟明讲述的两个简短故事里，郑十三娘被描绘成是一位言谈锋利、口若悬河的女性。两个故事中，她大胆而自信地向大师谈了自己对禅的理解，尽管两次都是大师很快把她打发走了，她对禅的热情依旧。这些故事显示了一个早熟的有着巨大精神潜力的知识女性对于禅尚不成熟的理解，而她被列为大安大师的继承人这一事实说明

① 《原高峰大师语录序》，《高峰原妙语录》，1:1a.，《续藏经》，台北：新文丰出版社1977年版。

② 《密云禅师语录》，12:21b.。

③ 见华琛（Burton Watson），《临济大师的禅宗教义》（*The Zen Teachings of Master Lin-chi*），波士顿：沙姆巴拉（Shambhala）出版社，1993年，第92页。

④ 悟明的《联灯会元》10，《续藏经》，136:298。

她最终得到了启示。无论如何,行刚的传记作者都认为圆悟在与她的第一次会面中讲述了这个故事,说明他一开始就认识到了行刚的慧根。最后,他运用了这个例子,或许因为故事中郑十三娘这个世俗的女子被认为比陪她去长庆大安的尼姑更有洞察力。实际上,她甚至告诉尼姑说这个尼姑不配穿那身道袍,她脱下了尼姑的道袍穿到了自己身上。但是,她几次被大师随便打发走,可能说明圆悟大师用这个故事来警告聪慧伶俐的行刚:一定不能太过刚愎自用和急躁。最近在上海出版的《中国名尼》的作者洪丕谟认为,行刚意欲为尼,但是圆悟打发她回家,不仅因为他发现她为父亲守丧的三年期限未满,还因为她的母亲依然在世①。如果这可以算作原因的话(原始资料对于这点没有记载),那么说圆悟对此有双重标准的说法并不令人吃惊,因为他本人30岁时抛弃父母妻儿,做了和尚。无论如何,行刚恭敬地鞠躬之后回家了。她在家依然思考向圆悟提出的问题。

一年过去,她依然没有什么进展,再次陷入极度沮丧、低沉的状态。行刚34岁时,其母过世。父母相继辞世之后,行刚觉得继续留在家中不能取得进展,便决意正式学佛参禅。

尽管她的公婆试图说服她放弃这个想法,但是她分发了自己所有的财产、衣物、首饰后,即搬到父母坟墓旁边的小佛堂里。第二年,她去了金粟山,要求圆悟大师为她正式剃度。在这一次与圆悟大师的会面,她问:“心如杲日时,如何?”密云反问:“你曾悟么?”行刚回答:“实未究竟。求和尚慈悲开示。”圆悟大师依然没有回答什么,打了她一下,离开了房间。

虽然行刚已经正式剃度,她仍然觉得很受挫,她去请教盐官的年长一些的僧侣二宫慈庵大师(生卒年不详)。他建议行刚体悟“万法公案”——“万法归一,一归何处?”这也是高峰原妙最喜欢的公案。她依照这话去做,但仍然没有进步。一年后,二宫慈庵大师说或许他们两人之间没有什么师徒缘分,建议她回到金粟山,跟随石车通乘大

---

① 洪丕谟,《中国名尼》,上海人民出版社1995年版。

师(1593—1638,此后称通乘)学习,他是密云圆悟的一个高徒,最终接掌金粟山的寺院,因此也被称为金粟通乘。从石车通乘大师那儿,行刚终于找到了能够帮助自己的大师。她当时已经36岁,距正式接受佛学学习已是整整十年。

通乘大师是一位非常严厉的导师,行刚的奋斗历程远未结束。第一次会面中,他给她一个有名的话头:“父母未生前本来面目。”行刚苦苦思索了一整年,次年再度见到大师时,他得知行刚未能给出满意的答案,便训斥了行刚,让她离开,警告她说如果不能得出什么启示,就不要第三次再来见他了。行刚伤心欲狂,限定自己七日之内获得启示。她为自己的愚蠢自责,为梦魇所困,在佛像前悲伤地哭泣。有一天,她静坐沉思时,她灰暗的房间忽然充满了眩目的光,忽然又被乌云似的薄雾遮蔽。有了这样一次经历,她加倍努力,直到有一天开始吐血,不能进水进食。她陷入绝望之中,又不敢直接向通乘大师求教。但是,有一天她确实去了金粟寺,坐着聆听大师的训诫。她先前的老师慈行也在其中,谈话中通乘大师问他在思考什么问题,他说是在问自己是“谁”(这是话头的一种),话头是云棲袾宏和其他的大师推崇一种将净土与参禅结合的沉思方式,必须问自己“念佛是谁(参谁字)?”听到这儿,行刚忽觉脑中灵光初显,大胆的高声说道:“云问是谁答是谁,穿衣吃饭任施为。”通乘直接问道:“你主人公在甚么处安身立命?”这一次,也是第一次,行刚避免了口头回复,只是跺了跺脚。然后车乘大师又问:“你死了烧了又作么?”这一次行刚握紧拳头,仍旧把同样的问题抛给通乘。通乘大师第一次承认行刚取得了重要的进步。但是,他也提醒她要达到大觉醒的程度,让她回到静室参悟。在许多无眠之夜里,她潜心修行,某天忽然又一次得到启发。这一次,她作了一首偈以表明自己的见解:

父母未生前,
虚凝湛寂圆,
本来无欠少,

云散露青天。①

不久之后,在一次剃度(而非静思之时),行刚忽然体会到了经常被提及的大彻大悟。她立即想去获得通乘大师确认,她说:“请问现前后如何行履?”通乘大师再次提出行刚多年前向密云圆悟提出的问题:“你向何处安身立命?” 这一次,行刚脱口而出地答道:“金粟山头万枝松。”通乘大师回答:“非汝境界。”行刚果断地说:“打开珍宝藏,露出夜明珠。”

虽然通乘大师不否认行刚的成就,但在以后的岁月里他继续使她受到磨炼,激励她达到更深层次的见解,或许也是使他本人和他的男弟子们信服行刚在精神上的造诣。最终,他正式将手杖衣钵传给行刚,以示传法。这一次行刚写的颂说明她深刻意识到自己已是一个历史悠久而庄严的世系中的一员:即使她的前辈都是男性,她亦不为之所困。

如意拈来一脉通;
无今无古耀虚空。
若还识得真如意,
不动如如在手中。②

1638年,通乘大师有生病的迹象,他召唤行刚进行了最后一次会面,此后他宣布行刚为法统继承人,当时行刚42岁。

在此有必要阐明的是,我重建的上述叙述大部分是基于临济禅宗的圣录惯例,有关师徒间为公案练习而奋斗的交流的类似记载也可以在禅僧自传中找到。如果说有什么区别的话,那么这些文字把行刚的经历作为女性而非男性弟子来讨论,想说明什么呢?有以下几点:其

① 《伏狮祇园禅师语录》,2:21a。
② 《伏狮祇园禅师语录》,2:22a。

一,它表明一名女佛徒为了脱离家庭遇到了非同寻常的困难。行刚信佛,并非像某些女僧侣那样,是因为遭受损失或者遇到经济困难,而是因为她很早就被佛法所吸引。但是,在人生之路上,她每走一步都被迫撇开自己的愿望,顺从家庭的安排:首先是婚姻,之后是服侍公婆和父母,因为她是家中的独生女。直到经历了多年消沉和绝望的生活之后,她才反叛了这样的生活,并且以消极的绝水绝食方式。还应注意,行刚不仅为社会和家庭的要求所累,还为家庭的关怀和爱护所困。她的父母深爱着她,供给她所需的任何东西;她的公婆也对她很好。我认为,社会与心理的双重压力以及运用消极抵抗来对待这些压力,让行刚这样有抱负的女性求道者筋疲力尽,当然这种现象在男性求道者的故事中也不鲜见。

《临济禅圣录》传统的部分功能是树立具有无畏的、有男子气概决心的榜样。既然人们普遍认为女性天生就缺少这种决心,行刚传记的作者们可能觉得应该突出他们老师过人的意志力和异常坚定的决心,这并不令人感到诧异。实际上,人们的印象是:行刚在其修道之路上几乎没有得到家庭、老师或弟子在心理或情感方面的支持。这一印象可能令人误解——所有禅宗传记的叙述中的确十分强调纯粹的决心和毅力。但是,正如我们将看到的是,行刚后来去的女庵对于求佛提供了一个更支持的环境,这就形成了鲜明的对照。

从行刚正式得到通乘大师的佛法转授之后不久,她出色的承受能力便得到了体现:她在父母坟墓旁边的小修道院(就是她先前正式修道的那一座)进行闭关修行。明清时期,闭关修行的方式很流行。虽然有些传道者强烈反对这种方式,认为闭关是禅宗传统的堕落。他们还举了很多例子,说有些闭关生活的人生活平静却自我放纵十分奢侈,或者走向另一个极端,即因为孤独而发疯。这种实践本身应该跟临济禅师高峰原妙有关,正如上文提及的,他非常受明末的一些禅师如云楼祩宏、圆悟和他的嫡系弟子的推崇。1266 年,原妙独自到临安龙须山,苦行隐修,一住九年,"冬夏一衲,不扇不炉"。1279 年,他又一次去静修,部分原因是为了回避伴随南宋覆灭的混乱局势。这次他转到杭州天目山,营造小室以居,直至1295年圆寂,号为“死关”。

行刚本人闭关有九年之久,跟高峰原妙首次闭关的时间相同,而显然避免了两个极端。她采取了诸如减少进食等苦修行为,但是据她描述,她的体验是积极的:

> 藏拙衲,幽深颇乐,自恒然。堂堂正礼,无内外。逼虚空,绝盖缠。既无内外,又绝盖缠,无形无相,觌体现前。摄大千于一毫端,融芥尘于十方刹。无拘无束,任运纵横。①

她的这些话相当常见,在许多男性和尚的著述中也不难发现类似的内心解放描述。有人可能想说,行刚回到当初隐居的地方把自己封闭起来,恰好回到了许多人传统所认为的妇女应该住的地方:深藏闺中。不同的是,正是因为这样的隐居,她的内心生活“无拘无束,任运纵横。”行刚的故事或许最好就此结束。因为正如伊沛霞(Patricia Ebrey)所注意的:“女性传记中最打动人的地方,不是女性利用宗教活动逃离家庭的方式,而是她们利用佛教更深地反省内心的方式。”②但是,行刚大师却没有获准退回到她内心的平静和自由。

二、作为老师的祇园行刚大师

1647年,一位董氏与一群来自梅溪的居士邀请行刚做董氏家族新翻修的家庙的住持,并更名为伏狮禅院。虽然行刚最初不愿意,最终还是同意了。最初,人们把她称为另一位末山了然(卒于公元895年),末山了然可能是唐代最有名的尼姑,更值得注意的是,她还是一位有影响的、备受尊敬的女庵住持,门下招收了许多有名的男佛徒弟

---

① 《伏狮祇园禅师语录》,1:13a。

② 伊沛霞(Patricia Ebrey),《内闺:宋代的婚姻和妇女生活》(*The Inner Quarters: Marriage and the Lives of Chinese Women in the Sung Period*),加利福尼亚大学出版社,1993年,第125页。

子。虽然起初也有些人怀疑行刚是否有管理庙宇建设的能力,但她很快就证明自己是一位有感召力、德行高而且严格的老师。她吸引了众多的信徒,其中有世俗之人亦有佛家弟子,有富人也有穷人,有受教育者也有目不识丁之人,她来者不拒。行刚十分慷慨,会应人们的需求提供食物、施医施药。最后,为了接纳前来寻求庇护的人们,需要盖更多的房屋。当她的一个弟子表达对于伏狮禅院库存中日益减少的资源的担忧时,行刚引用了两个唐代高僧的例子作为回答,一为丹霞大师终生穿着一件长袍,一为杨岐大师住在毁坏的棚屋内任风吹雪侵。行刚的官方传记的作者说她很坚强,尽量自给自足,不依靠捐赠者的慈善行为。在一个被许多人视为日益腐朽和衰败的时代,行刚却以正直和自律赢得了特别的声誉。事实上,她很清楚自己的使命:改革和复兴禅宗世系的最初价值。她座位的一边,刻着高峰原妙大师的如下训诫:

> 开口动舌无益于人戒之莫言,
> 举心动念无益于人戒之莫起。①

值得注意的是,在座位的另一侧刻着孔子为自己设定的三个目标:老者安之,朋友信之,少者怀之。在这方面,行刚认为自己是遵循着前一辈大师,尤其是以佛教戒律标准严格要求自己的云棲袾宏大师。同时代的憨山德清大师认为这些标准已经超过了佛祖本身。② 1653 年秋天,她云游至云棲山,去研究专为超度死者灵魂举行的水陆,发现当地的寺院仍旧保持着袾宏在世时的戒律,评说道:"当今禅和见到者多,行到者少"③。

---

① "示徒三戒",《高峰原妙禅师语录》,《续藏经》,122:347。

② 参见胡维兹(Leon Hurvitz),《袾宏的净禅一念》(Chu-hung's One Mind of Pure Land and Ch'an Buddhism)收于狄百瑞(Wm. DeBary)编《明代思想中的自我与社会》(*Self and Society in Ming Thought*),哥伦比亚大学出版社,1970,第 451—452 页。

③ 《伏狮祗园禅师语录》,2:25a。

行刚的很多慈善活动都是为了强调精神教化的作用,尤其是参悟和公案练习。她应该是一个有魅力、有口才的老师,各处的人们都来听她布道讲佛。在一次布道中,她力劝听道者记住,解放是事关生死的大事,而且:

> 至苦莫如业识茫茫,至乐莫如一心修道。道乃天下之极乐。舍道而求乐犹弃食而求饱也。①

毫无疑问,行刚很清醒自己在诸多禅宗世系的大师中的地位。她认为自己与丹霞、赵州和临济义玄处于同样的"平凡之路"传统,这在她为自画像的两行题字中明显反映出来:"祇园不会禅,饥吃饭,倦打眠"②。这句话没什么特别。重要的是这样一个事实本身,即一位妇女认为自己重现过去的这些男性大师果断的、雄辩的权威是没有问题的。这种思想也可以从行刚的文字中看到,她追溯了35代佛法的传人,从南岳怀让,到唐代的百丈怀容、临济义玄等大师,宋代的圆悟克勤,高峰原妙,最后至于她的老师圆悟和通乘大师。(在行刚弟子的文字中也能找到相似的排序,自百丈怀容起到行刚本人止。)她用自己作的小诗简要地记载了或许是她最喜欢的关于这些大师的奇闻轶事,如附在她的老师通乘大师后面的是:

> 拈花微笑露言前,
> 电卷星驰一著先。
> 白棒当阳施妙用,
> 灯灯相续古今传。③

更适当的例证是,当行刚的弟子们整理她的著述时,把他们为行

---

① 《伏狮祇园禅师语录》,1:13b。
② 《伏狮祇园禅师语录》,1:39a。
③ 《伏狮祇园禅师语录》,2:18b。

刚所写的传记直接列在通乘大师的传记之后,反映了他们对禅宗世系重要性的相同意义。

行刚在强调世俗的身份并不能成为精神修行的障碍时,也以云棲祩宏为榜样。她有许多俗世弟子,有男有女,都是来自士绅阶层。实际上,语录中的大部分诗歌、信件和其他的纪念性文章正是与这些世俗弟子的唱和。但是这些著述来得并非那么直接。行刚的传记作者提到了当时的"文人、墨士、世智"①,还有一些和尚前来,不是来为行刚唱赞歌,而是与她进行哲学辩论。最终,他们被迫"韬锋敛锷"②,忽然发现自己结结巴巴,感觉愚蠢笨拙。此外,如果你读懂了言外之意,我要提醒值得注意的是对于行刚精神、道德和智力资格的持续不断的考验。正如上文所述,通乘本人在指定她为继承人之前也是经过了长期的考验。但是,除了她师父的认可,似乎还有一些人持有疑虑,需要说服他们。

如果说一些人必须被雄辩和学识所说服而改变信仰的话,其他的人对神迹更加印象深刻。吴鼎陶(字稚仙,1618 年进士)家族皈依佛教的故事就是其中一个例子,吴鼎陶一度担任礼部尚书。他的妻子钱氏,听说了行刚大师的故事,说服了丈夫把行刚邀请到家中举行一个私人的宗教聚会。在行刚到来之前的几天,钱氏梦见行刚到了,在她之前是飞扬的旗子,行刚则走在华丽的遮蓬之下。钱氏从未见过行刚,但是当她发现行刚跟自己梦中所见一样时,非常惊奇。钱氏一直很虔诚,但她见过行刚之后就更加认真地修行,为自己取法号叫做超慧。故事中讲到,当她弥留之际,她请求家人反复诵念佛祖的名字,她自己则盘腿打坐,平静地离开了人世。但是,过了一会儿她又复活了,她告诉被震惊得目瞪口呆的家人她已被带到阴间。起初她很害怕,但是当她告诉鬼差说她是行刚大师的弟子,他们的态度立刻转变了,她的恐惧也完全消失了!三天之后,她去世了。那天晚上,她的儿子吴

① 《伏狮祇园禅师语录》,2:23b。

② 《伏狮祇园禅师语录》,2:23b。

源起(1661 年进士)梦见母亲穿着白色袍子向行刚所在的修道院方向叩拜。第二天,他请求行刚为自己的母亲做一次特殊的道场,当天晚上再次梦见母亲时,她看上去容光焕发、十分满足①。吴鼎陶虽然不像妻子那么虔诚,也是行刚大师一位忠诚的拥护者,行刚的文集中收录了写给他的几篇信件和诗歌。而吴家与行刚的联系不仅止于精神方面:见到行刚不久,吴鼎陶的女儿就嫁给了行刚大师的侄子。

行刚曾不止一次提到性是悟禅的障碍。最初的障碍是一些俗事和令人分心的事情,单单集中注意力到话头上并不能克服这些障碍,正如她给一位女弟子的信中所言,[禅]在"一切闲忙动静、呼奴使婢、抱儿弄女、应酬之中"②。虽然她欣赏自己的世俗弟子郑云渡的文才,她甚至用郑所作诗篇的韵脚来写诗,她还是警告他不要陷入文海诗江之中,提醒他沉思修行的必要性③。

除了诸多世俗弟子之外,行刚有 7 位佛法继承人,其中有几位依靠自己的能力成为大师的女性,包括义公超珂(1620—1667,此后称义公)、一揆超琛(此后称一揆),高以永先前提到的远亲。义公孩提时代就皈依佛教,并且跟随退翁弘储(1605—1672)和石雨明风(1598—1648)等有名的大师研习佛教。直到 1656 年(当时行刚即将逝世)④,36 岁的义公才遇到了行刚大师并要求拜她为师。当义公第一次搬进伏狮禅院时,一揆是行刚大师的侍者,对义公融入禅院的生活有很大的帮助。虽然义公修行多年,她还从来没有参与行刚大师提倡的激烈的通常是艰难的公案训练之中。据义公传记的作者记载,一揆非常支持义公的训练,两个人经常彻夜不眠,探讨公案修行的方方面面⑤。这种相互帮助反映在许多的诗词、信件和其他纪念性的文字中,与行刚在长期的精神修行过程中缺少支持的状况形成了鲜明对比。

---

① 《伏狮祇园禅师语录》,1:10a。
② 《伏狮祇园禅师语录》,1:31a。
③ 《伏狮祇园禅师语录》,1:33a。
④ 译者注:此处时间待考证,因为行刚去世的时间是 1654 年。
⑤ 《伏狮祇园禅师语录》,434:2b。

一揆超琛(此后简称一揆)生于1625年7月1日。她是当时的大司寇孙简肃的曾孙女,父亲孙茂时是学者兼画家,母亲高氏。一揆有两个兄弟两个姐妹。她似乎最讨大哥孙孝廉的喜欢,但是她的二哥孙钟瑞(字子麟)在她的一生中起了特别主要的作用。她被描述成一位早熟的聪明女孩,不仅精通女红的缝纫刺绣,还在绘画和诗词方面有着杰出的才华①。她嫁给了一位叫盛子达的年轻秀才。用她传记作者的话来说,她恪守妇道,深受公婆喜爱与尊重。她与丈夫也很恩爱,两个人在知识、艺术方面都有共同的兴趣。

但是结婚不久,盛子达病重。当他意识到自己不可能康复之后,他打算出家做和尚,在最后的几个月里进行精神修行。有了这种想法之后,他把林泉(林泉从伦)大师请到家中,聆听教诲。超琛显然旁听了这些谈话,这些讨论引导她进入了更深的佛学层次中。

盛子达于1648年秋天去世,这样超琛24岁时就成了寡妇。她的丈夫死后,出于悼念亡夫和对佛教修行产生的兴趣,她一直过着隐居的生活,只吃少许素斋维持生计,一心念佛。事实上,在一揆房间的墙壁上,她用大字写道:"万法具空,一心念佛。"很明显,起初一揆主要修净土宗,按照传统这是最适合处于她这种境地的女性修行的方式。她的传记作者也告诉我们她"毁容变服"。虽然洪丕谟写的是超琛实际上使用热油来毁容,我们应当注意这是一个传统的说法,说明她不仅智慧、富足,也很美丽,并且为了精神修行想彻底否认自己的女性特质②。同样应该注意的是,在西方我们发现了在有抱负的修道士中亦有类似形式的主张。在她的《基础》(*Book of Foundations*,初版于1610年)中,阿维拉(Avila)的泰莉莎(Theresa)以称赞的口吻叙述了14岁

① 我将在我正在写的《中华帝国晚期的妇女与宗教》(*Women and Religion in Late Imperial China*)一书中详细论述一揆的生平、诗歌和其他著述。

② 这一说法经常与马钰(1123—1183)的妻子孙不二(1119—1183)联系在一起。他们都是道家全真派创始人王喆(1112—1170)的弟子。故事讲王喆不希望她去洛阳,担心她的美貌会成为好色男人的目标。孙不二不想因此放弃对不朽声名的追求,她以滚油浇脸毁容。孙毁容的故事在许多流行的道家资料中都可以找到,如《金莲七真专义》(台北:上海印刷有限公司,1979年)。

的高狄奈兹（Catalina Godinez，又名 Alison Weber）的故事，她“坚决抗议父母为她安排的婚姻大事”，而且“穿着与其身份很不相称的破衣服，故意在太阳下暴晒，以使自己对求婚者失去吸引力”①。

一年之后，她的兄长子麟发现她的决心没有丝毫减弱，而她也具有学佛所需的品质，便建议她改为修习禅宗。子麟很小就参与过多种宗教修行，经年之后成为一位“三智一心”运动（兴起于明末，以林兆恩[1517—1598]为核心人物）的坚定支持者。他在研究话头方面十分成功，也建议妹妹做同样的研究。

接下来的一年左右，一揆呆在房间里日夜思索着她的话头。那是一段艰难的日子，特别是当她与轻松自在无忧无虑的子麟相比，她越来越觉受挫和低沉。她加倍努力，但不久就发现自己身体和精神都近乎崩溃。挽救了她的是由她的母亲和其他皈依者聚会和讨论的非正式的“互助会”。这些讨论似乎是由一些和尚或者是碰巧路过的居士主持的。孙子麟本人被认为是一位在浙江比较有名的居士，也经常主持此种聚会。有一次，在每个人都在座垫上沉思之际，子麟要求每一个人都表述他们心底最深处的精神理想。就在此时，一揆表达了她想跟随行刚大师修行的愿望。

大约在 4 年之后的 1647 年，行刚被任命为伏狮禅院的住持。很显然一揆早就听说了行刚大师，她的父母和子麟都去拜访过行刚大师多次：在行刚大师的著述中，有几封信是写给孙子麟的，而高氏甚至成为行刚大师正式的世俗弟子，法号超臻。但是由于某些原因，一揆选择了继续留在自己的房间独自修行，除了子麟的帮助，再没有任何指导。但是此时不仅是她自己感到绝望，连子麟也觉得自己对她已经无能为力了。因此在 1651 年，26 岁的一揆和母亲乘船去拜见行刚大师，大师立刻认可了她的慧根，收她为徒。但是，她建议一揆继续接受兄长的指导，继续研究“谁”这一话头。一揆回家了，但是当年冬天她与

① 韦伯（Alison Weber），《阿维拉的泰莉莎和女性特质修辞》（*Theresa of Avila and the Rhetoric of Femininity*），普林斯顿大学出版社，1990 年，第 150 页。

母亲一起返回了伏狮禅院,在行刚的直接指导下进行修行。这一次,她终于"解答"她的话头。一揆拜行刚为师已经两年了,28 岁的一揆决定正式剃度出家。她退回了从盛家继承的所有财物和父母给她的陪嫁。就这样,她"孑然一身、两手空空"地走进了修道院,她的亲戚们先是感到震惊,继而钦佩。

1654 年,行刚病倒。意识到自己不能痊愈,她正式指定了七位继承人,包括义公、一揆和义川。她还任命义公(虽然不是行刚的第一位弟子,但是做尼姑的时间最长)为伏狮禅院的下一位住持。在被行刚指定为继承人之前,义公一直在般若庵隐居,当时是跟随共同修道的义川超珂。行刚大师也把义川召回到伏狮禅院,委托她们共同负责她们的大师的葬礼和佛塔的修建,以及对禅院的长期管理。当年秋天,行刚圆寂。她的尸体未经火化,被安置在伏狮禅院旁边由其世俗弟子王乡绅捐赠的一处佛塔中。官方的塔铭是由吴铸撰写。而以下由义公写的诗虽不像塔铭那样正式,但更加直观地表明了行刚大师与其弟子们的关系:

《哭本师和尚》
月落西沉三度秋,
床头尘尾不曾收。
檐前祇树分枝泪,
风起禅堂雨潺愁。

二十年来海内师,
纵横拄杖绝支离。
炉烟丈室何曾灭,
惭愧儿孙似旧时。①

① 《伏狮义公禅师语录》,435,1:5a。

最后一行诗说明行刚在一些方面扮演了女弟子的第二母亲的角色,就像传统上男性大师们与他们的弟子之间重建家长的世系一样。这种关系的本质或许可从下述事实中得到最有力的证明,一揆曾经割自己的肉做成汤给行刚吃,希望她能因此康复(这种行为被称为割股,在明清时期很普遍,最初表现了女性的孝心)①。一揆差点因此送命,行刚的病情却是日益恶化。义公和义川谨遵师命,不畏困难竭力维持禅院运转。但是行刚圆寂后两年,义川就随她而去了,只留下义公一个人独力维持伏狮禅院②。义公在其葬礼上的话说明了这两位女性之间的深情厚谊。

> 鸣呼,唯我法兄般若,和尚心同赤子,行逾古人。见道十年,行道有规。巧若拙,智若愚,辩如讷,刚如柔,为众如为己,尽人合天机。我与你同条生,你舍我一长往。③

一揆不想干涉义公对伏狮禅院的领导,她觉得自己应该离开。因此,在令人伤心的1656年底,她搬进了河边一座偏僻的小寺院中,这是子麟为她建造的,被命名为参同庵,这反映了子麟的融合的同情心。参同庵不久就发展壮大,成为大师的一揆吸引了许多弟子。此外,由于一揆在行刚大师指导下的正规训练因为她的圆寂而被迫中断,这些年里她也寻求其他佛教大师的精神指导。她得到了石车通乘大师的弟子木陈道忞(1596—1674,又称弘觉国师或弘觉禅师,1659年顺治皇帝赐给他这一称号)的完整传法。她也与许多其他和尚、尼姑、居士和妇女保持着宗教上的和文学上的友谊。一揆在参同庵过得很好,正如她本人在一段简短的自传中所说:

---

① 1993年,在耶鲁大学召开的中国明清时期的女性与文学学术讨论会上,于君方在她的论文《明清大众文学中的观音形象》(Images of Kuan-yin in Ming-Ch'ing Popular Literature)中论述了割股行为和女性孝心的关系。

② 《参同一揆禅师语录》,见《嘉兴大藏经》39:436,3a/b。

③ 《伏狮义公禅师语录》,435,1:6a/b。

时庵中惟六七人，实得林下之乐，白云封户，闲寂无人，六载如同一日。[①]

这种看似田园诗一般的生活于1667年戛然而止。因为义公在伏狮禅院工作7年之后，亦因操劳过度而于1667年去世，年仅47岁。在去世之前，她正式指定一揆为她的继任者。当时，她把安放行刚遗骨的佛塔从十分偏僻的地方迁到参同庵附近一处更方便、风景更优美的地方。她还承担了为行刚写正式传记和完成先师未竟的公案的任务。此外，她监督建造了几座新建筑和佛堂的修建，她以高度自律和井井有条的领导将那些敬重她的捐赠者捐赠的钱款完成了所有的建设。一揆做了6年伏狮禅院的住持，于1679年逝世，时年55岁。虽然她有4位嗣法弟子，但是她去世之后，由禅师祇园行刚所激发的女性对宗教的和知识的非凡活力开始衰减，几十年后消失殆尽。雍正年间（1723—1735），复兴临济宗世系和精神的努力宣告终结。这部分是由于雍正皇帝有自己的佛教观点，他自称圆明居士，认为自己可以阐释和改革禅宗一派。

木陈道忞被顺治皇帝赐予弘觉禅师的最高荣誉，却又被雍正皇帝当作异教徒和佛教异端遭到严惩，终膺"宗门罪人"之谥。[②] 更极端的是雍正皇帝定罪的这些大师都是行刚和她的弟子们高度崇敬的。雍正皇帝亲自编选的《御选语录》显然没有收入丹霞天然、德山宣鉴和高峰原妙的作品，所有这些人都被皇帝指责为诋毁佛和佛教。[③]

造成有威望的女教徒越来越少的状况的另一个原因（虽然还有待进一步研究的证实），是禅宗和净土信仰及修行的融合，这一融合早在宋末明初就开始了，经过明末和清中期的发展，成为中国佛教体系中不容争辩的一大特点。因此，虽然仍然有尼姑和女性大师，但是随着佛教的日益中国化，越来越强调在家中尽孝，同时传统的净土佛教认为女性卑微的看法给女性在寺庙（不同于纯粹的献身）的修行蒙上了

① "自叙行略训徒"，《参同一揆禅师语录》，436，18a。

② 《明清佛教》，第333页。

③ 《中国禅宗通史》，第584页。

长期的阴影。

结　语

在前近代的西方,信教女性及修女的声音通常是为数极少的被允准有权讲述其生活的女性的声音,用史密斯(Sidonie Smith)的话说,大部分是由于她"抛弃了那些被视为女性的特征……通过牺牲女性的身体和渴望男性的话语而进入一个主要是精神上的契约"①。毫不令人惊讶的是,在前近代的中国亦是如此。诗人兼学者的钱谦益(1582—1664)为圆悟大师写过塔铭,他在为净土宗尼姑潮音的画像题赞时,引用了《涅槃》中不知名的一段话:

> 一切男女若具四法即名丈夫,又云若人不知是佛性者,我说是等名为女人。若有女人能知自身定有佛性,当知是等即是男子。②

我们看到,钱谦益是一位热心而矛盾的佛教支持者,众所周知他是木陈道忞的密友(圆悟死后,道忞成为天童寺的住持,请钱谦益为圆悟大师写祭文)。他还是热心却矛盾的明末新兴的受教育女性的支持者,他的妻子就是名妓女诗人柳如是(1618—1664)。但是,明清的文学作品中普遍认为非凡的女性都应该有丈夫的称号,理由很简单,"男子气概显然是唯一能获得的范例"用来描述不被视为传统的女性的品质③。因此,毫不奇怪的是,在男性作者所写序言、塔铭和传记以及其

① 史密斯(Sidonie Smith),《妇女自传的诗学》(*A Poetics of Women's Autobiography*),印第安纳大学出版社,1987年,第55页。

② 钱谦益,《潮音尼画像赞》,《牧斋有学集》(二),《四部丛刊》初编集部,第273册。

③ 这就是韦伯提到的阿维拉的泰莉莎运用修辞消减个人间的友谊,提倡更加"公平的友情"。因此泰莉莎劝她的修女们不要彼此称呼爱称和昵称,因为"它们显得女人气,无论如何我不希望我的姐妹们看上去如此,而应该像坚强的男人"。《阿维拉的泰莉莎和女性特质修辞》,第84—85页。

他的资料中,女禅师更常被视作有声誉的男性,用史密斯的话说,即是女性已经超越了"外在形式"尤其是"女性身体的笨拙和性特征的污秽"[①]。正如列文林(Miriam Levering)对宋代佛教女教徒的研究中所显示,使用她称之为"英雄主义辞藻"的现象在临济宗中也很普遍,强调果断、毅力和经常与公案练习相关联的最终成就[②]。但是,重要的是要记得,尼姑们在描述彼此和她们的佛门及世俗弟子时也使用同样的辞藻。行刚大师反复激励她的男弟子努力成为"居尘出尘之大丈夫"[③],正如她鼓励女弟子成为不受"火宅尘劳"所困的女君子[④]。在一揆超琛为她老师所写的正式传记中,用了"魁砚"这个词来形容行刚的容貌,并且用"丈夫"来刻画她的态度和举止。在官僚兼诗人的王庭(1649 年进士)写于 1671 年的纪念文章中,称行刚大师为"现女身相,建立宗直"。这是一个有些模棱两可的表述,明表示行刚不是一个"真的"女性,而是由于怜悯世人以女性外表现身的观音式的人物。同一篇文章中,他满怀敬意地指出行刚的弟子一揆的修道院"门有宗风,人无女相"。

但是,重要的是应认识到对于男性地位声誉的假定并非意味着诸如行刚大师等女佛徒抛弃了人们所期望于传统中国女性的品质。例如,虽然行刚更希望皈依佛教,逃避婚姻,她还是没有拒绝父母让她结婚的要求。而且,在她丈夫早早去世后,她继续照顾公婆和自己的父母。甚至在她成为享有盛名的禅院住持之后,仍继续探访自己生病的学生,根据她的传记作者记载,她为学生们带来汤药并亲手喂药。一揆记载道:虽然行刚本人用度极为节俭(无论冬夏,她只穿一件单薄粗糙的袍子),但当有一年冬天她造访金粟寺,发现那里的和尚备受寒冷之苦,便立刻返回禅院,与禅院的尼姑们一起花了数月时间为他们缝制保暖的裹腿。最后,虽然不能说女性天生就会互相支持、重视情谊,

---

① 史密斯,第 55 页。

② 见列文林"临济禅与社会性别",第 137—156 页。

③ 《伏狮祇园禅师语录》,1:33a。

④ 《伏狮祇园禅师语录》,1:29b。

但是诗歌、信件和其他作品中所反映的行刚弟子之间的情感联系是很重要的。[①] 最后也是最重要的一点是,可能被称为传统女性的角色和被认为是男性的行为并存,例如严格的苦修和严酷的知识学习,建造和管理巨大的宗教场所,在公众场合布道,招收弟子和指定佛法继承人。虽然行刚与其弟子的行为绝不是完全超越对于女性行为的传统期待,但是作为临济禅宗系的一员,传统上强调超越二元性(包括性别)之外悟出佛的本质,允许她们获得忠诚于儒家家长制所永远不可能获得的自由和个性。

---

① 即便行刚的弟子们分开,去了不同的修道场所,她们经常相互拜访,更是时常正式邀请对方来讲法和参加各种宗教典礼。此外,当她们之中的任何一人需要找地方隐居或者疗养病患时,她们会提供经济上和道义上的支持。

文化接触的方法论:17 世纪中国的个案研究①

钟鸣旦(Nicolas Standaert) 著

宋 刚译

一、导 言

历史学在人文学科中可被视为“他者的艺术”(art of the other)。历史学特定的方法和目标,赋予了这个学科在时间和空间中展示“他者性”(otherness)的能力。既然在此“他者”取得了中心位置,本学科内民族与文化间接触的历史就占据了特殊的地位。历史学家试图评述、解释、理解并撰写与“他者”的相遇,即与自身文化不同的那一个“他者”的相遇。

在以历史学的视角研究与他者相遇的时候,我们要运用何种方法论呢?对这个问题的反思将构成本文的主要目标。我所展示的特定历史框架是 17 世纪早期中国与欧洲的接触。此外,本文还借用了诸如哲学等学科所提出的方法问题,尤其是那些把他者性、相异(alteri-

① 我要感谢很多我曾有机会与其分享这些反思果实的人。它们既来自众多的对谈,又来自公开的演讲。我特别要感谢德福特(Carine Defoort)、杜鼎克(Ad Dudink)、海尔斯(Jacques Haers)(卢汶大学 Katholieke Universiteit Leuven)、赫德拉(Martin Heijdra)、韩书瑞(Susan Naquin)及其博士生(普林斯顿大学)、历史研究学院的成员(普林斯顿高等研究学会 Institute for Advanced Study, Princeton)、詹嘉玲(Catherine Jami)(国家科学研究中心,巴黎)、布洛赫尔(Jeff Bloechl)(圣十架学院)、考尼尔(Catherine Cornille)和克鲁尼(Frank Clooney)(波士顿学院)、威德特(Hilde De Weerdt)和夏多明(Dominic Sachsenmaier)(哈佛大学)、宣立敦(Richard Strassberg)(加州大学洛杉矶分校)、韩森(Valerie Hansen)、史华慈(Stuart Schwartz)(耶鲁大学)和吴梓明(Peter Tze Ming Ng)(香港中文大学)。

ty, altérité)和对话(dialogue)作为其思想核心的学派。我希望有关这一特别的文化接触方法论的反思,能与文化接触研究的其他类型——在中国史的其他时期甚或其他文化之间——进行对话。

二、历史背景及主要特点

经过导言的介绍,尤其在与同期的其他跨文化接触相比较的时候,确认某些使得17世纪的中欧接触成为特定观察对象的特点,对我们是有帮助的①。我们大致能够例举出以下三个特点。

第一个特点,这一时期的观察范例有足够的代表性,且不过于宽泛。毕竟牵涉在内的外国参与者的数量很小。最有名的传教士之一利玛窦(1552—1610),当他入华三十年后在1610年逝于北京时,一共有16个耶稣会士在中国:8个外国人,8个中国人②。在华传教士人数在1701到1705年间达到顶峰的140人。被这些欧洲人所影响的中国人的人数也是有限的。例如,教徒人数在1700年左右达到最多的20万人,与总人口(1.5到2亿居民)相比是很少的。直接被西方科学所影响的人数也维持在有限的数目:“从各个方面看,西方传来的新技术

---

① 关于文化接触不同类型的划分,见比特里(Urs Bitterli),《旧世界,新世界:15到18世纪欧洲与海外文化相遇的类型》(*Alte Welte-neue Welte: Formen des europäisch-überseeischen Kulturkontakts vom 15. biz zum 18. Jahrhundert*),慕尼黑:贝克出版社,1986年;英译本,牛津:政体出版社,1989年;关于理论研究方面以及以拉丁美洲的研究为主的综述,见古鲁金斯基(Serge Gruzinski),《混血的思维》(*La pensée métisse*),巴黎:法亚德(Fayard)出版社,1999年,“第一部分”;对有关亚洲的近期出版物的综述,见卫思韩(John E. Wills, Jr.),《亚洲海运,1500—1800年:欧洲统治权的互动式浮现》(Maritime Asia, 1500—1800: The Interactive Emergence of European Domination),《美国历史评论》(*American Historical Review*)第98卷,第1期(1993年),第83—105页。对中欧关系的大范围的综述,例如见奥斯特海默尔(Jürgen Osterhammel),《中国和西方社会:从18世纪到现在》(*China und die Weltgesellschaft: Vom 18. Jahrhundert bis in unsere Zeit*),慕尼黑:贝克(Beck)出版社,1989年(另有其他著作)。

② 见钟鸣旦,“2.1.1 总体特征:传教士的人数”(General characteristics: Number of missionaries);“2.5.1. 总体特征:教徒的人数”(General characteristics: Number of Christians),《基督教在中国便览》(*Handbook of Christianity in China*),布瑞尔(Brill)出版社,2001年,第300—308页、380—386页。

成了一场盛宴,从未有过很多中国人决定参与或者能够参与其中。"① 因此交流是在明显不同规模的群体间展开的。然而在另一方面,这个人口中重要群体的有限规模,却能够为观察提供便利。

第二个特点,所涉及的两种文化在它们的文化再造方式上比较类似。许多文化传播研究涉及到那些具有不对等复杂性的文化。在这方面,中国和欧洲之间的相似性可以从两个领域观察得到:印刷和教育。与其他国家不同,在中国不是传教士们引进了印刷,因印刷系统此前已经被广泛使用了。此外,诸如耶稣会士一样的传道团体在很多国家都以办学校而闻名,但在中国他们遇到了一个高品质、根基稳固的教育体系(这使得他们几乎不可能再去建新的学校)。由于这种相似性,欧洲人和中国人可以在某个水平上进行沟通。至少从欧洲人的角度看,这跟同时期其他国家之间的相遇状况大不相同。

第三个特点,外部势力的角色被相对地削弱。尽管传教士自身是欧洲文化的拥护者,并且他们一直依赖教会机构和殖民政府在物质方面的支持,然而却是明、清政府把他们与商人和殖民者区别开来,从而最终决定他们是否可以入境并居留。虽然几次反教运动常常导致传教士被驱逐,但是中国政府在整个时期内保持着相对的开放,至少开放到足以让传道团不断地汇入和更新。在很大程度上,中国人占据着主导位置,因为他们有效地在自己的领地上接待外国人,通过"文化强制"(Cultural Imperative)的策略迫使后者适应本土文化②。这方面最明显的例子,就是在交流中汉语始终占据优势。在日本的交流是日本人学葡萄牙文和拉丁文;在当代的交流中,中国人参与文化交流需要学习一门外语。然而与此相反,在 17 世纪,除了少数为取得神职而受

① 格拉斯(Peter J. Golas),"4.2.6. 科技"(Technology),《基督教在中国便览》,778 页。

② 参见许理和(Erik Zürcher),《耶稣会士的适应策略和中国的文化强制》(Jesuit Accommodation and the Chinese Cultural Imperative),见孟德卫(David E. Mungello)编,《中国的礼仪之争:历史及意义》(*The Chinese Rites Controversy: Its History and Meaning*)(华裔学志专题系列,33),内特台尔(Nettetal):斯太勒·沃莱格(Steyler Verlag)出版社,1994 年,第 40—41 页。

教育的中国人以外，没有任何一个卷入这场交流的中国人学过一门外语。这方面之所以重要，是因为“在这些观念能够引起反应之前，它们必须被传达，而且只能通过被中国语言和思考模式过滤了的方式传达”①。

这三个特点对在华基督教的经验而言并不是独一无二的，因为在犹太教、伊斯兰教，尤其是佛教传入中国后发生的文化交流中，我们可以找到类似情形。此外，与大部分其他的交流一样，17、18 世纪的基督教不仅是宗教实践的倡导者，而且还是一个整合的世界观的倡导者，从而带来了今天所说的“科学”：天文学、数学、医学、植物学和绘图学。然而与其他交流相反，基督教所引进的世界观最终导致了中国文化内部的根本变革，以至于到了这样一个程度：当代中国关于“现代性”（modernity）的问题不断地追溯到那些 17 世纪早期中欧接触时就已经提出来的问题。

三、四种分析的框架

中欧接触的历史已成为一百多年来集中研究的对象②。学者们如何研究这一接触，并在他们对文化接触的研究中得出了什么结论？他们的方法如何能帮助我们反思自己的方法？

作为一个起点，我们可以暂时鉴别五种不同因素，它们在（文化）

---

① 柯文（Paul A. Cohen），《在中国发现历史：有关中国新近过去的美国历史著作》（*Discovering History in China: American Historical Writing in the Recent Chinese Past*），哥伦比亚大学出版社，1984 年，第 14 页。

② 有关西方主要学者历史学方面的综述，见钟鸣旦，《基督教在中国历史学的新趋势》（New Trends in the Historiography of Christianity in China），《天主教史学评论》（*Catholic Historical Review*），第 83 卷，第 4 期（1997 年），第 573—613 页；有关中国主要学者历史学方面的综述，见钟鸣旦，《建构中国基督教史》（The Construction of a Christian History in China），“明末清初中西间跨文化交流国际研讨会：相遇与对话”，北京，2001 年 10 月 14—18 日。（见吴小新编，《相遇与对话》[*Encounters and Dialogues: Changing Perspectives on Chinese-Western Exchanges from the Sixteenth to Eighteenth Centuries*]，斯戴业[Steyer]出版社，2005 年，第 295—316 页。）

传播中扮演角色，并将成为我分析过程中的核心概念①。传播者是将信息传达给另外一个人的人，这里作为泛称，包括了个人和团体。传播者在网络中运作，这一点以后将进一步讨论。接受者是指从他人而来的信息的潜在接受者。它同样被认为是个泛称。信息是在传播者与接受者之间沟通的事物。信息包括数据、情报、想法、世界观、观点、物质文化、关于生活或信仰的视野等等。手段是信息被传达的方式。它通常采用文本的形式，不过也包括地图、科学仪器、图解、各种器物，还包括文化习俗或社会组织的形式。文本将是本文分析的中心，因为它们是传播中能存留至今最主要的资料来源。最后还有观察者，即观察到这一交流进程的人。观察者可能是描述交流进程的同代人。事实上，本文中这个术语将主要指我们所属的当代历史学家的团体。

有关 17 世纪中国的最主要的场景是：利玛窦通过送给徐光启(1562—1633)的世界地图，成为新的世界观的传播者，而徐则接受了他的信息。我们历史学家（无论是基督教的、传教士的、科学的、艺术的）则是这个进程的观察者。

冒着过于概略的危险，我将描述四个不同的“框架”，而中欧之间的接触就在这些框架内被研究。它们或多或少是按年代顺序演进的，但是目前则倾向于彼此融合。前三个研究框架已经在不同程度上付诸实践，而第四个框架则更多的是规划性的。对于每一个框架，我将描述其主要可辨别的特征，同时以评价的方式提供进一步的论述。我将特别试着展示每个框架有关各自传播概念的潜在预设。通贯全篇，我将使用唯一的一个例子来阐明每一个框架：“利玛窦世界地图”②及以往一个世纪中研究这个主题的方法。

---

① 这些都是传播科学中的一般概念，参见布尔克(Jan Van den Bulck)，《知识显像管：电视与现实的社会及认知建构》(*Kijkbuiskennis: De rol van televisie in de sociale en cognitieve constructie van de realiteit*)，卢汶：阿克出版社，1996 年；语言学方面有例如雅克布森(Roman Jakobson)，《语言学和诗学》(Linguistics and Poetics)，收于塞博克(T. A. Sebeok)编，《语言中的风格》(*Style in Language*)，麻省理工学院出版社，1960 年，第 350—358 页。

② 尤其是六块的第三版《坤舆万国全图》（北京，1602 年）和八块的第四版《两仪玄览图》(1603 年)。

1. 传播式框架

第一个框架可以称为“传播式框架”。它描绘了直到20世纪60年代学者们所采用的主要方法，而在今天的研究中仍然或隐或显地存在着。这一框架的主要焦点是传播者的角色，借着引导该时期历史学家研究的主要问题被表达出来：“在华传教士是如何传播基督教或西方科学的？”

关于利玛窦世界地图的某些主要研究的标题很好地解释了这个重点：

“利玛窦对中国地理学知识的贡献及影响”（陈观胜，1936年）①

“利玛窦对中国人地理学和地图学知识的贡献”（德礼贤［P. d'Elia］，1938年）②

“利玛窦神父对远东地图学的影响”（海伦·沃利斯［H. Wallis］，1965年）③

“利玛窦世界地图及其在明末中国学术界的影响”（林东阳，1983年）④

“耶稣会士对中国地图学的贡献”、“利玛窦的后继者”以及“耶稣

---

① 陈观胜，《利玛窦对中国地理学之贡献及其影响》，收于《禹贡》，第5卷，第3—4期（1936年），第51—72页。（英译见《美国东方学会杂志》［*Journal of American Oriental Society*］，第59卷［1939年］，第325—359页、509页。）

② 德礼贤（Pasquale M. d'Elia），《第十章 利玛窦对中国地理学和地图学的贡献》，收于《利玛窦的中文世界地图》（*Il mappamondo cinese del P. Matteo Ricci, S. I.*），梵蒂冈传道图书馆，1938年，第121—168页。

③ 沃利斯（Helen Wallis），《利玛窦神父对远东地图学的影响》（The Influence of Father Ricci on Far Eastern Cartography），《世界形象》（*Imago Mundi*），第19卷（1965年），第38—45页。重印于沃利斯，《欧洲扩张的科学层面》（*Scientific Aspects of European Expansion*），阿尔德舍特（Alderschot）：瓦瑞奥鲁（Variorum）出版社，1996年，第198—210页。

④ 林东阳，《利玛窦的世界地图以及对明末士人社会的影响》，收于罗光编，《纪念利玛窦来华400周年中西文化交流国际研讨会论文合集》（*Collected Essays of the International Symposium on Chinese-Western Cultural Exchange in Commemoration of the 400th Anniversary of the Arrival of Matteo Ricci S. J. in China*），辅仁大学出版社，1983年，第311—378页（无注解）。

会士影响的局限”(司马富[*R. Smith*],1996 年)①

这些标题有两个共同点:就主题而言,它们把传教士(利玛窦,耶稣会士)作为主要演员。就方法而言,它们都试图揭示利氏地图的“贡献”或者“影响”。

这些历史学家的背景似乎与他们的这个学术观点有关。直到 20 世纪 60 年代,很多中欧文化交流的观察者都是传教公会的成员。他们撰写的对象往往属于本公会的传教士,甚至经常是有相同的国籍(如德礼贤写利玛窦之例)。然而,文章标题的列表显示出这个传播式的途径并不限于这些观察者,甚至不限于欧洲人。例如,近年来在“中西文化交流”方面,这一主题在(大陆)中国学者中被恢复,而传播者角度在他们中间也受到了新的关注②。

然而比他们的国籍更重要的,是这些观察者所使用的传统方法。在历史材料方面,他们采用了传播者的西文和中文文本作为起点,分析传教士如何传播他们的信息,或者他们如何报告自己的成功或失败。在传教士所写的中文文本方面,他(利玛窦)最终被认为是新文本的唯一作者(这就是那张地图被称为“利氏地图”的原因)。采用此方法的历史学家们随后使用了一个比较。他们首先考察传教士所属文化的欧洲文本(如奥特琉斯地图),并通过与由它们转换成的中国语言和文化(利氏地图)相比较,来检验交流的真实性。主要焦点保持在对翻译准确性的核实上面:传教士是否以足够的谨慎将其原始信息翻译

---

① 章节副题“中国与西方地图学的最初相遇”(China's Initial Encounter with Western Cartography),见司马富,《中国地图:“天下”的图像》(*Chinese Maps: Images of “All Undern Heaven”*),牛津大学出版社,1996 年。

② 20 世纪 80 年代末和 90 年代初,在中国兴起了以文化方面的演讲、研究和出版物为主的文化热运动,对明末清初基督教史的兴趣也应运而生。随之而来的是将西方文化引进到中国的运动(亦称西学热)。仅 1990 年到 1996 年间,就有 22 本专著和至少 150 篇论文出版,都是关于明末清初基督教的主题。关于这个运动,参见《文化热》,《当代中国思潮》(*Contemporary Chinese Thought*)1998 年夏季号;赵穗生,《90 年代中国知识分子对国家强大的寻求及国家主义写作》(Chinese Intellectuals' Quest for National Greatness and Nationalistic Writing in the 1990s),《中国季刊》(*The China Quarterly*),第 152 卷(1997 年 12 月),第 725—745 页;在基督教的历史学方面,参见张先清,《一九九〇——九九六年间明清天主教在华传播史研究概述》,收于《中国史研究动态》,1998 年第 6 期,第 8—17 页、11 页。

成新的语言？这些问题因而牵涉到对原初文化和新文化之间对应及一致的寻求①。下一个阶段包括比较本土文化的创造（如中国人绘制的世界地图）和被传播的知识（如利氏地图）。这一比较也受对应一致（correspondence）的理想所指引。

历史学家们不仅观察传播的进程，还评价西方知识在中国的“引进”。他们在传播式框架中试图回答的主要问题有：“传教士所带来的信息有什么影响？传教士在把信息传播给接受者时是否有效？”因此，这个框架的基本概念是“效果”、“冲击”、“贡献”和“影响”，而这些词恰恰出现在关于利氏地图的文章标题中。它们建立在一个因果的和工具式的思维模式基础上，并隐含着对能够带来某种“效果”而需要的合适“方式”的注重。“传教士们使用了何种方式，并制造了何种效果？”如果期望的效果被达成，该进程就被当作是“成功”，如果没被达成，那就是“失败”，部分归咎于处理方式的不足，部分归咎于接受者的态度。总的来说，在众多研究试图展示个别传教士的“成功”的同时，近年来许多学者已经试图展示17和18世纪基督教的“失败”②。

效果、冲击和影响也与“变化”（change）有关：提出“传播者在多大程度上对接受者有效果/冲击/影响”的这样一个问题，在多数情况下等同于提问“接受者在多大程度上被传播者和信息所改变”。这个变化在宗教信息的情况下，以“皈依”来表达，或在科学知识的情况下，以“取得接受者从前所没有的知识或技术”来表达。

评价：

这一框架的优势是它符合我们知识交流的大多数经验，例如传统的教学经验或书面报告。对学生而言，老师是信息的传播者。他们希

---

① 有关“一致性”和“连贯性”的概念，参见德福特（Carine Defoort），《一致性和连贯性》，私人交流。

② 关于失败原因的概述，见许理和，《佛教和基督教》（Bouddhisme et christianisme），收于《佛教、基督教和中国社会》（*Bouddhisme, christianisme et société chinoise*），巴黎学院，1990年，第11—42页。

望在考试时通过评价学生所发生的变化来观察信息的成功传递。任何做书面报告或者著书的人都或隐或显地希望其展示是有效的,而且新的、原创的观念会不同程度地影响读者。尽管在方法论上和理论上我们可以将其他一些交流框架应用于我们自己的研究(这一点会在下面得到说明),然而在我们日常的接触中,大多是按照这个传播式框架去行动。强调这一方面很重要,尤其是因为传播式的方案通常被视为四个框架中最没有吸引力的。它可以成为一个基本的但不排他的交流阶段。

不过,关于这个文化接触的框架可以提出来几个问题。它们在两个标题下分为两组:第一组是交流的概念及其被观察的方式,第二组涉及到影响的问题。

第一个问题在于这个研究框架所采用的潜在的交流概念。说得理想化一点,知识的交流对这些研究者而言只存在于"纯净的交流"中。换句话说,如果传播者所见的信息与接受者所见的信息是完全一样的,传播就被认为是有效的或成功的。当一幅中国地图完全像利氏世界地图那样去复制世界,就会出现这样的情况。这暗示着接受者在遇见传播者后的变化,例如一个人在遇到利玛窦以后世界观的改变。然而,一个重要的隐含假设是,信息本身按照理想化的说法不会发生变化。它应该在从欧洲语言转为中文的时候,以及在被中国人接受的时候保持不变。如果信息被更改,传播就会被认为是"失败"。

在更深一个层面上,交流的概念建立在亚里士多德派—托马斯主义的观念的基础上,即在主体(如传播者或者接受者)和客体(如信息)之间可以有清楚的区别。换句话说,我们含蓄地假设了信息能够独立于传播的人而被传播,并且在信息本身不变的情况下,为一个经历了变化的人所接受。但是,信息总是在某个背景下被接受的。这对托马斯·阿奎那(Thomas Aquinas)而言是正确的,而他的名言之一是从波伊修斯(Boethius)而来:"任何被别的东西所接受事物,都是以接受者的方式被接受的。"①

这个交流的框架还建立在一个看法基础上,即现实与观察到的现实相一致。这会影响到观察者的地位②。在很多情形中,欧洲历史学家预设了他们对17世纪传教士传入中国的信息的"正确理解"。在这个预设理解基础上,他们评价接受者是否"正确"理解了为传播者所传播的信息。对信息的现时理解和信息本身之间的距离,却很少被质疑。

很明显,在这个传播式框架内运作的支配原则是"一致性"的理想:传播的和接受的信息一致;接受的信息的要素和原初的要素一致;观察者对意义的正确理解和接受者的理解一致。

关于这个框架的第二个问题是影响。一致性主要是在信息中被观察,而"变化"的因素与接受者相关。如前所述,这个框架的隐含预设是接受者应该改变,而不是信息的改变。正因为与这个变化相关联,"影响"才被评价为"成功"或"失败"。这里的主要问题是历史学家们所讲的"影响"的意思。在17世纪中欧接触的历史中,似乎历史学家们常常提出影响的问题,同样地也评价其成败,但是很少直接讨论他们如何判定这一"影响"。即便在哲学家中间,也很少有关于"影响"问题的研究③。然而,这个问题却久已成为社会科学的(理论)研

---

① 拉丁原文为"Omne quod recipitur in aliquot recipitur in eo per modum recipientis"见阿奎那,《神珍神学》(*Summa Theologiae*),1a,75,5;又见拉巴瑞(Labarrière),《他者的他者性》(L' Altérité de l' autre),收于雅各布(André Jacob)编,《世界哲学百科:I 宇宙哲学》(*Encyclopédie Philosophique Universelle: I I' Univers philosophique*),巴黎大学出版社,1989年,81页。

② 参见沃尔德(Ellen Van Wolde),《思维地图:对语言和意义地貌的探索、思考和相信》(*Een topografie van de geest. Een verkenningstocht door het landschap van taal en betekenis, denken en geloven*),奈梅亨(Nijmegen):瓦科夫(Valkhof Pers)出版社,2000年,第8页。

③ 哲学上的"影响",最初是一个占星术的术语"恒星汇流"(influxus stellarum)。卡丹(Girolamo Cardano, 1501—1576)区分了在有形的事物间产生果效的易变性(mutatio),在非有形事物间的神启(afflatus),以及有形和非有形事物间的汇流(influxus)。见利特尔(Basel J. Ritter)编,《哲学历史辞典》(*Historische Wörterbuch der Philosophie*),斯图亚特:施瓦布公司,1972年,第2卷,395—396栏;《哲学大百科:威尼斯》(*Enciclopedia Filosopfica, Venezia*),罗马:文化合作协会,1957年,第1417—1418页。

究的对象,比如对现代传播手段的"影响"(如电视在选举和暴力方面的影响)的分析,在其中就有头等的重要性[①]。一个关于影响的定义是:"传播者影响接受者至这样一种程度,以至于传播者让接受者做某些事,后者不会做其他选择。"[②]然而,社会科学家往往指出衡量这种影响的特殊复杂性,尽管和历史学家相反他们拥有大量的统计材料可以支配。对历史学家而言,似乎没有什么方法去衡量影响。除了常常缺乏统计数据之外,多数作者通过直接或含蓄的方式,根据"影响"进行评价。而一旦这样的评价被应用于 17 世纪知识的转移或宗教的传播,就会引发很多问题。例如,统计上判定成功的依据是什么:信徒的数量(占总人口的百分比?),其忠信的程度(如何定义忠信?),信徒的增长(为了被视为成功,要增长多大的比率?),社会层面(精英中皈依者的数量到何种程度才会被考虑?),等等。关于科学知识的传播存在着类似的问题。尽管影响通常被定义为引起了这样的或那样的明显变化,文化接触的效果也可以是变化的缺失:对现存的价值或实践(现状)的确认。证明这样一种变化的缺失则更加困难。我们还应该在短期和长期效果之间作出区分:某些知识形式在 17 世纪没有效果,而在两个世纪以后却产生影响。还有其他更多的区分:对个人、团体、社会机构或整个文化的影响。此外,在认知(知识、意见)、情感(感情、态度)和意动(行为)之间,也可以作出区分[③]。

总之,传播式框架常常是历史学家着手文化间接触问题的首要方法。然而,它也引发了某些即便应用社会科学的方法都无法解决的问题。

2. 接受式框架

20 世纪 60 年代和 70 年代兴起的第二个框架可以称之为"接受式

---

① 关于这一领域在社会科学中的状况的综述,见查泽尔(François Chazel),《影响》,收于《世界大百科》(*Encyclopedia Universalis*),巴黎:世界大百科出版社,1990 年,第 12 卷,第 299—301 页。

② 由达尔(Robert Dahl)提出,同上,第 299 页。

③ 参见布尔克,《知识显像管》,第 34—35 页,46 页。

框架”。新一代的研究者开始提出新的问题:“对基督教和其他西方文化的引进,中国人作出了怎样的积极或消极的反应?”他们研究的中心不再是作为传播者的传教士,而是作为接受者的中国人①。

余定国(Cordell Yee)在论文集《地图学史》(*History of Cartography*)(1994年)中的论文《传统中国地图学与西方化神话》,可以说是这种方法的范例②。主题的改变已然在其标题中显示出来,因为中国的地图学(而不是西方的地图学)处于中心位置。研究方法的不同也出现在他文章开篇的文字中:

> 我在此考察中国人对这些地图的反应,只要是它们与中国地图学相关联。或许缺乏反应才是对这个情形更好的描述。我所讨论的大部分时期,从16世纪晚期到20世纪初,中国人的地图学实践很少带有受欧洲影响的痕迹。中国地图学向托勒密体系的转变并没有像此前描述的那么迅速和全面。③

余没有从传播的视角,而是从一个不同的亦即反应的视角开始。中国参与者因而进入到分析的中心。余并未使用“传播”这个术语,也不直

---

① 关于这个转换,见裴士丹(Daniel H. Bays),《序言》,《基督教在中国:从18世纪到现在》(*Christianity in China: From the Eighteenth Century to the Present*),斯坦福大学出版社,1996年,第7—9页;鲁保禄(Paul Rule),《中国中心的传教史》(Chinese-Centered Mission History),收于韩德力(J. Heyndricks)编,《中国天主教历史学》(*Historiography of the Chinese Catholic Church*),卢汶:南怀仁基金会,1994年,第52—59页;钟鸣旦,《文化植入与明末清初中国人和基督教的接触》(Inculturation and Chinese-Christian Contacts in the Late Ming and Early Qing),《清风》,第34卷,第4期(1991年),第209—227页;许理和,《从耶稣会士研究到西学》(From Jesuit Studies to Western Learning),收于《欧洲汉学:欧洲汉学历史的国际会议论文集》(*European Studies China: Papers from an International Conference on the History of European Sinology*),伦敦:寒山堂书店,1995年,第263—279页。

② 余定国,《传统中国地图学和西方化神话》(Traditional Chinese Cartography and the Myth of Westernization),收于哈利(J. B. Harley)和伍德瓦德(D. Woodward)编,《地图学史:第二卷,第二本:传统东亚和东南亚社会的地图学》(*History of Cartography, vol. 2, book 2: Cartography in the Traditional East and Southeast Asian Societies*),芝加哥大学出版社,1994年,第170—202页。

③ 同上,第170页。

接关注“影响”,“因为我们还完全无法确定中国制图者接受了欧洲的技术”[①]。

接受式方法与“中国中心”(China-Centered)的方法紧密相连,后者此前也有类似的文化间接触历史的转变[②]。这个术语由柯文(Paul Cohen)提出,作为对冲击和反应范式的回应,而后者作为一个概念式框架,以与西方基督教的相遇对中国产生重大影响的预设为依据。柯文则提出“中国中心的方法”,以处于中国背景下的中国问题为起点[③]。另外,这个转变之所以成为可能,是由于新一代历史学家常常由训练有素的中国研究学者们所组成。结果是,中国参与者自己所写的中文文本成为研究的主要焦点,因为这些文本不是传教士的汇报,而是研究基督教在华实际接受的资料。观察者不论是西方人还是中国人,现在都被旁置,给接受者让路。在这方面,关于 17 世纪的最重要的突破,而且是全部投向相遇中的中国一边的著作,是谢和耐(Jacques Gernet)的《中国和基督教:行动与反应》[④]。此书的目的不是研究已成为许多著作主题的基督教在华史,而是研究中国人的反应。带着这个目的,谢氏将其著作建立在很多中文资料上面。

接受式框架因此以中国接受者所写中文文本为起点,而他们被认为是文本的唯一作者。历史学家受引导的问题是,接受者如何接受传

---

① 余定国,《传统中国地图学和西方化神话》,第 184 页。

② 参见从受害人角度进行描写的早期知名历史著作,例如布朗(Dee A. Brown),《伤痛之膝埋葬我心:美国西部的印第安人历史》(*Bury My Heart at Wounded Kneel: An Indian History of the American West*),伦敦:豪尔特(Holt)出版社,1970 年;瓦切尔(Nathan Watchel),《挫败者的视野:面对西班牙征服的秘鲁印第安人》(*La vision des vaincus: Les indiens du Pérou devant la conquête espagnole*[1530—1570]),巴黎:加利玛德(Gallimard)出版社,1971 年;英译本 1977 年;马洛夫(Amin Maalouf),《阿拉伯人眼中的十字军东征》(*Les croisades vnes par les arabes*),巴黎:拉提斯(Lattès)出版社,1983 年;古鲁金斯基,《想象的征服:16 到 18 世纪西班牙控制的墨西哥之本土社会和西化进程》(*La colonization de l' imaginarire: Société indigènes et occidentalisation dans la Mexique espangnol XVIe - XVIIIe siècle*),加利玛出版社,1988 年。

③ 见柯文,《在中国发现历史》。

④ 谢和耐(Jacques Gernet),《中国和基督教:行动和反动》(*Chine et christianisme. Action et réaction*),加利玛出版社,1982 年。该书已经被译为英文、德文、西班牙文、意大利文和中文。

播者所传播的信息。他们把接受者的文本跟传播者的原作相比较，从中寻找一致的地方。同时还出现了从受牵涉的人到信息本身的转换。一方面，研究者们注意到信息可能会被排斥。谢和耐著作中对抵制基督教的反应的分析，就是这种情形。他研究那些表达了反对西方思想的中国反对者的文本。在传播式框架中，历史学家试图衡量成功而非失败，因而此类中文文本仅处于边缘的位置。另一方面，历史学家观察到信息在被接受时经历了重大变化。接受者手中的信息不同于传播者手中的信息。因此，信息本身也经历了一个变化的进程。

依照这个方法，接受进程被观察和评价。我们在此应该强调一个值得注意的现象。在揭示了传播者和接受者之间信息的变化之后，历史学家常常得出结论说接受者因而“误解”了信息。作为一种说法，这个交流的例证是一个“误解的对话”①。通过比较原始信息和被接受的信息的方法，从而得出了这一结论。余定国在指出中国人接受中的不足时，他所分析的就是这种情形：

> 除了上述利氏地图的复制品以外，明代以来没有证据表明中国地图使用了经纬网或任何类似的坐标系。正如陈观胜所指出的，中国复制品暴露出对利氏地图的不完全的理解。除了在某些情形中遗漏了经纬网，它们错标了某些国家，还将利氏的注解误读成地名，并且在用坐标系为国家定位时，没有考虑地理范畴。②

在诸如谢和耐的分析这样更极端的评价中，这个方法所导致的

---

① 例如参见许理和《误解的对话》(*Dialoog der misverstanden*，布瑞尔出版社，1962 年)中关于“误解的对话”的论述；又见拙著《杨廷筠，中国明末天主教儒者：生平与思想》(*Yang Tingyun*, *Confucian and Christian in Late Ming China*: *His Life and Thought*，布瑞尔出版社，1988 年)的结论部分。

② 余定国，《传统中国地图学和西方化神话》，第 177 页。

结论是,西方和中国思想至多是不相容的,甚至相互间简直没有可比性。

评价:

“接受式框架”的优势在于它符合我们知识交流经验的另一个方面,对交流进程的另一端接受者给予公平的对待。这从教学经验或书面报告中也可以观察到。我们可以把它比作一个考试,老师不期望考试以完全相同的方式重复被讲过的内容;相反,老师期望学生在所提供的材料基础上有新的甚至是令人惊异的领悟。在报告论文时,也可以观察到听众是如何将被传达的信息实化,或报告如何在众多的解释中表达信息,并将信息应用于每一个特殊的情境。此外,接受式的方法纳入了反对或拒绝的可能性,而这两方面在传播框架中经常被低估。

然而,对接受者的关注也会导致一种交流的非可能性的经历。这种情况就像老师面对着一份试卷,而它与老师自认为曾经传播过的任何东西都完全不同,因而常常会被看成是“错的”。这也类似演讲以后观众所提的问题,演讲者断定他或她完全“误解”了。这是交流中固有的一个方面,即使坚持接受式框架的研究者也会经常遇到。他们认为这是个负面经验,倾向于以一种符合他们自己期待的方式被理解。因此接受式框架提醒我们,在任何交流(文化之间)中都存在某种程度上的“不可理解性”。

尽管“中国中心”的方法显示了一个主要范式的转换,而且是目前最为广泛应用的方法,人们仍然可以提出几个关键性问题。就像传播式框架一样,这些问题也可以按照标题分两组:第一组关乎交流的概念及其被观察的方式,第二组涉及到接受自身的概念。

就交流而言,这个框架大体建立在与传播式框架相同的交流概念的基础上,预设了“纯粹的知识传播”以及主客体的区别。然而在接受方面,它们则以不同的方式被应用。尽管这个方案的焦点是接受者,分析的焦点却是信息。在传播式框架中,历史学家寻找接受者所发生的变化,而信息本身被假定为保持不变。在接受式框架中,历史学家寻找所接受的信息的变化,而含蓄地预设了接受者不会也不应改变。这里也有一个主客体之间的明显差别。接受者在反对、拒绝甚至接受信息的时候,被认为是没有受到影响的。事实上,历史学家仍然期望接受者接受纯净状态下的信息,但是观察到的情况却并非如此:信息总是在一定情境中被接受。结果,信息所发生的变化就为历史的、语言的或单独的社会情境所解释。

然而,对这个观察的评价也同样存在问题。历史学家常常认为,经接受者之手的信息所发生的变化是"误解"的标记,而极少认为是一种理解或理解的结果。正如余定国关于世界地图的接受的简短例子所表明,历史学家倾向于说接受者误解了信息,而不是建议接受者以一种不同的方式理解①。此外,与把传播的失败解释为传播者方法不当的结果(如在传播式框架中)相反,接受式框架对失败作出更极端的解释,即由于语言和文化的根本差异接受者没有能力接受信息。因此,这个方案倾向于本质主义:中国人本质上是不同的,而且会保持不同。这对西方人而言也同样有效。

就交流而言,接受式方案和传播式方案之间还有一个相似之处:两者都建立在现实与观察到的现实相一致的看法的基础上。这同样影响到观察者的位置,而且实际上与他们的方法论产生了矛盾。在强调传播自身的情境性同时,接受式框架以一个预设的观察者对信息的"正确理解"为起点,这样就部分地损害到方案本身。一方面否认了17世纪传播者和接受者之间理解的可能性,另一方面又假定20世纪观察者对两者都理解的可能性②。

由此可见,接受式方案主要建立在逆向对应的基础上。他们在寻找的不是一致,而是不同,即不一致:原初信息和被接受信息之间,以

① 布尔克,《知识显像管》,第92页。

② 柯文在给谢和耐所写的书评中有最简洁的表述,见《哈佛亚洲学刊》(*Harvard Journal of Asiatic Studies*),第47卷,第2期(1987年),第674—683页;又见哈特(Roger Hart),《翻译世界:17世纪中国的不可沟通性和存在问题》(Translating Worlds: Incommensurability and Problems of Existence in Seventeenth-Century China),《位置》(*Positions*),第7卷,第1期(1999年),第95—128页。

及传播者和接受者之间的不一致。

第二个疑问,是关乎接受自身的问题。它基本上被当作一个被动的概念。尽管接受式框架内的研究以中文资料为依据,而且实质上试图把中国参与者放在前景的位置,它大致还是建立在“行动和反应”的方案基础上。对接受、回应和反应等概念的强调,是在假定西方基督教扮演了一个主动的角色,而中国则扮演一个被动的或反应式的角色[①]。这表明向中文资料或中国参与者的转换本身,并不是所有问题的最终解决方法。到目前为止,很少有出发点不是从外来的挑战,而是从本土的文化背景的尝试。后者预设了对人物和运动的描绘,不仅是回应西方基督教,而且是回应一个巨大而复杂的学术和社会领域。它有其自身内在的各个类别以及竞争的思潮,而西方只是其中一部分而已[②]。

总之,接受式框架展示了处理文化接触问题的一个重大转换。然而经过更深入的分析,我们发现这个框架似乎在交流和接受本身两个方面,都特别依赖传播式框架中所使用的相同的范畴。

3. 创新式框架

“创新式框架”(*invention framework*)是从后殖民及文化研究中产生出来的一个新近的发展[③]。受福柯(*Michel Foucault*)的理论方法及其在萨义德(*Edward Said*)的《东方主义》(*Orientalism*)中应用的启发,一些研究者将同样的方法应用于 17 世纪中西文化接触。此框架从一个不同的前提出发:现实并非如此存在,而是在用语言和图像表达时,被创新、被建构和被创造出来的。它被应用于跨文

---

① 见柯文,《在中国发现历史》,第 9 页,53 页。

② 同上,第 156 页。这个方法的一个例子是哈尔(B. J. ter Haar)在《中国宗教史上的白莲教》(布瑞尔出版社,1992 年)中关于基督教的章节。

③ 关于此方法的综述,见鲁姆巴(Ania Loomba),《殖民主义/后殖民主义》(*Colonialism/Postclolonialism*)(伦敦/纽约:路特莱杰[Routledge]出版社,1998 年),第 43 页注;又见费克劳(N. Fairclough),《权力和语言》(Power and Language),收于梅(J. Mey)编,《语用学简易大百科》(*Concise Encyclopedia of Pragmatics*),阿姆斯特丹:艾尔斯维尔(Elsevier)出版社,1998 年,第 695—701 页。

化交流:传播者在接近接受者时,建构了接受者及其文化的象征性的现实(话语)。这个象征性的现实本身成了决定接受者并对其施加权力的一种方式。

将这个方法应用于利氏地图的一个例子,可以在米格诺罗(*Walter D. Mignolo*)的与中国没有直接关联的《文艺复兴的黑暗面:文化、领土和殖民》一书中找到[①]。不过,作者在以"空间殖民"(*The Colonization of Space*)为题的第三部分,是以对"利玛窦的移动"(*Ricci's move*)的解释开篇的。在区分"地理中心"和"种族中心"的时候,米格诺罗做了如下评论:

> 对我来讲很明显,尽管几何学意义上利玛窦能把太平洋和中国放在地图的中心,似乎几何学成了地球形状的非种族性和中性秩序的保证,然而对利氏而言种族的中心依然在罗马[②]。

他的论述中的另一个重要的概念是"阐述的位置"(the locus of enunciation)。它指明传播者和观察者的地点:欲望、兴趣、同好,以及简言之某一学术著作中所隐含的知性诉求的策略[③]。

> 读者从利氏的描述中得到的印象是中国绘图者和学者"落后于"时代,不像他们的欧洲对手们那样发达。这样的印象来自严谨而知名的现代学者的一个格言,他们在描述利氏对中国绘图学的贡献时说:"它(利氏地图)把当时所知的世界的真实图画提供给中国人。"这种概括建立在符号的指示性概念和真理的一致性理论基础上,却忽视了阐述的位置和主体,以及区域式描述的需

---

① 米格诺罗(Walter D. Mignolo),《文艺复兴的黑暗面:文化、领土和殖民》(*The Darker Side of the Renaissance: Literacy, Territoriality & Colonization*),密歇根大学出版社,1995年。

② 同上,第222页。

③ 同上,第324页。

要和功能。①

上面两段引文都强调了利氏如何通过强加世界观的方式,试图将中国人的空间殖民化。这两段引文中的主体值得注意。不但传教士重新成为关注的中心,而且直接提到另一个主体,那就是,当前的观察者("我"、"读者")明确地出现在文本中。

遵循此方法的研究者,常常以传教士与他者相遇后所写的(西文)文本作为研究的主要资料。与传播式方案的实践者相比,他们更多地聚焦于传播者及其西文作品上,包括游记、报告、译文、小说等等。传教士被认为是这些文本的唯一作者。

就方法论而言,这些历史学家也应用了比较的方法。一方面,他们寻找传播者对他者的表述与他们源文化的观念或世界观之间的一致性;另一方面,又在这个表述和他者文化之间寻找非一致性。如此他们试图要展示,传播者关于他者的看法是如何建立在自身的欧洲文化基础上的②。他们还考察这些建构如何在欧洲的知识向世界其他地方传播时产生影响。

研究者因而很大程度上保持在传播者一方,同时,又从接受者的角度以审慎的距离来研究传播者。结果是这些历史学家并不真正关心接受者手中所有的信息本身。例如,他们没有考察某个建构是如何被接受者接受或拆解的③。此外,他们使用了"解构"(deconstruction)的方法:以没有哪一个词与其所指相同,以及两者间总是有差距为依据,他们声称没有文本能够完美地传达自身的含意。但是如果被分析

---

① 米格诺罗,《文艺复兴的黑暗面:文化、领土和殖民》,第 226 页。(引文无参考)

② 近来欧洲建构中国方面的例子有:詹启华(Lionel Jensen),《制造儒家》(*Manufacturing Confucianism*),杜克大学出版社,1997 年;夏瑞春(Adrian Hsia),《中土:欧洲 17 和 18 世纪文学对中国的建构》(*Chinesia: The European Construction of China in the Literature of the 17th and 18th Centuries*),图宾根(Tübingen):麦克斯·聂梅耶·沃拉格(Max Niemeyer Verlag)出版社,1998 年;波特(David Porter),《象形字:早期现代欧洲的中文密码》(*Ideographia: The Chinese Cipher in Early Modern Europe*),斯坦福大学出版社,2001 年。

③ 鲁姆巴,《殖民主义/后殖民主义》,第 51 页。

或解构得足够严密的话,所有文本都会揭示它们自己的不稳定性和矛盾之处。意义不会自现于文本中,而是这个差距的结果①。尽管有可能把同样的理论和方法应用于接受者,我们很少找得到对中国人话语的解构,即接受者对传播者的描述,以及前者对后者施加权力的方式。

评价:

这一框架的优势在于对主体的关注。这个方法实现了从信息到传播者的转换,或更好地说,转换到了传播者对接受者的创新式或建构式的表述,如何促成信息的传播这个问题上。与前一个倾向于使传播进程客观化的方案相反,这个建构式框架提醒了历史学家,任何语言的运用都是一种解读(interpretation);语言及其建构可以对他者施加权力。它也提醒了观察者们,他们自身的阐述位置不可避免地会影响到观察。

关于这个框架同样也可以提出若干问题。它们可以按标题被分为两组:第一组是交流的概念及其被观察的方式,第二组涉及到创新的问题。

有关交流概念的问题,实际上是交流的缺席。对传播者及其建构行为的总体强调,会带来否认接受者角色和地位的危险。接受者的表述,被认为是在传播者和接受者间交流以外被**独立**地建构的。过于坚持传教士一方的"创新",会有低估本土社区在建构进程中的角色的危险。从而无法理解即便欧洲对所征服的他者的建构,也同样被那些他者以及他们展示给欧洲人的自身建构所塑造了②。

从根本上讲,这与主客体间的关系问题相关联。尽管建构式方法

---

① 鲁姆巴,《殖民主义/后殖民主义》,第36页。

② 参见普拉特(Mary Louise Pratt),《帝国之眼:游记写作和跨文化》(*Imperial Eyes: Travel Writing and Transculturation*),路特莱杰出版社,1992年,第6页;德里克(Arif Dirlik),《中国历史和东方主义的问题》(Chinese History and the Question of Orientalism),《历史与理论》(*History and Theory*),第35卷,第4期(1996年),第100—101页,112页;史华慈,《前言》,见史华慈编《隐性的理解:早期现代有关欧洲人和其他人种相遇的观察、报告和反思》(*Implicit Understandings: Observing, Reporting and Reflecting on the Encounters between Europeans and Other Peoples in the Early Modern Era*),剑桥大学出版社,1997年,第7页。

准确地证明了此前方案所提出的主客体间的明显区分,它倾向于完全否认语言之外现实的存在。这导致了在观察此创新的可能性上的矛盾。通过认定观察到的现实是被创造的,人们暗中预设了足以了解此现实的可能性,就为了说它是被创造的。因此通过不断地质疑传播者对他者文化的任何"正确理解",此方法常常预设了观察者本身就拥有这样正确的理解。以跟自己的正确理解相比较为依据,观察者解构了传播者的理解,并发现了所预示的一致性的缺乏。

这同样也可以用于观察者和文本的关系上。(传播者所写的)文本不总是被研究者视为"他者"。作为观察者,研究者常常假设他们对传播者话语的解释才是"正确的"解释。常常是由于缺乏精确的对文本或语言的分析,或者缺乏历史的批判的方法,他们没意识到自己的解释或建构(特别基于文献之为一门学科)的情形①。因而通过解构,观察者常常建构了一个新的 17 世纪的现实,可能很振奋人心,然而却延伸到距现存历史资料很远的地方。

第二个疑问是关于创新、建构和解构的概念。它们倾向于导致一个静态的而不是动态的文化间接触的观念。借着关注传播者所实施的权力的强加,而不是接受者的抵制,以及对接受者自我表述的忽视,人们提出一个静态的关系的框架,其中权力和话语完全被传播者占有,很少留或者不留任何调节或改变的空间②。此建构(表述)常常被视为"稳定的",有着"固定"的意涵,却没有以动态方式发展的意涵。这一点在"阐述的位置"方面也是如此。一个人能如此强调"阐述的位置,"以至于他只求更加稳定这个位置:而后就很难接受人们(传播者或观察者)可能会牵涉到不同的位置,或者可能改变他们的位置。例如,米格诺罗不会想象利玛窦可能改变他的中心,或可能在不同的种族的阐述位置上行动

---

① 这些和其他一些评论发表于对詹启华《制造儒家》一书的书评中。毕德生(Willard J. Peterson)之书评见于《哈佛亚洲学刊》,第 59 卷,第 1 期(1999 年),第 276—283 页;鲁保禄(Paul Rule)的书评见于《中国宗教杂志》,第 27 卷(1999 年),第 105—111 页;而本人之书评见于《东亚科学、技术和医药》(EASTM),第 16 卷(1999 年),第 115—132 页。

② 鲁姆巴,《殖民主义/后殖民主义》,第 49 页。(提及霍米巴巴[Bhabha])

和思想:作为一个意大利人(马科拉塔)(地域位置),服从于葡萄牙帝国(葡萄牙,经济和政治位置)、服从于罗马的会长(宗教位置)、生活在中国比在世界任何其他地方都长久,并且完全依赖中国君主(中国)。取代了"单一主题式的理解"①,我们也可以通过利玛窦所生活的多元文化的世界,为"多元主题式的理解"进行辩护。

总之,建构式框架引发处理传播式和接受式框架所提出的问题的一个新途径。在解构了后两者的某些预设的同时,它也生成了新的问题:有可能拒绝把接受者当作主体建构中的主动参与者。

4. 互动及交流式框架

就其理论反思和应用而言,"互动及交流式框架"依然是新近的②。因此本篇所表达的观点在某种程度上是规划性的。

与其他框架间的承接和差别

互动及交流式框架的起点不同于此前的框架。很多试图发展这一方法的研究者,都曾与此前的一个或几个框架有关联,然而他们不满足于这些方法所导致的一维的结论,尤其是关于他者的关系问题,最终成为文化接触史的主要目标。

---

① 参见米格诺罗,《文艺复兴的黑暗面》,第18页。

② 有关"互动"一词,可参考应用在亚洲海运史研究中的"互动式出现"(interactive emergence)的概念,见于卫思韩,《亚洲海运,1500—1800年》;普拉特,《帝国之眼》,第6页,她更倾向于"接触"一词。关于人类学领域中类似的方法,特别要参考泰德洛克(Dennis Tedlock)的文章,《类比式传统和对话式人类学的出现》(The Analogical Tradition and the Emergence of a Dialogical Anthropology),《人类学研究杂志》(*Journal of Anthropological Research*),第35卷,第4期(1979年),第387—400页;泰德洛克和曼海姆(Bruce Mannheim),《文化的对话式出现》(*The Dialogic Emergence of Culture*),伊利诺斯大学出版社,1995年;又见韩德勒(Richard Handler)的评论,《关于对话和解构式分析:国家主义和种族叙述中的问题》(On Dialogue and Destructive Analysis: Problems in Narrating Nationalism and Ethnicity),《人类学研究杂志》第41卷,第2期(1985年),第171—182页;在艺术史方面,参见如贝雷(Gauvin Alexander Bailey),《有关耶稣会在亚洲和拉美传教之艺术,1542—1773》(*Art on the Jesuit Missions in Asia and Latin America*, 1542—1773),多伦多大学出版社,1999年;以及他的(尤其在第2章中)《全球伙伴关系》(global relationship)概念;有关这个主题的反思,见布令克—加伯勒所写的《序言》,收于布令克—加伯勒编,《与他者相遇:文学、历史和文化的研究》(*Encountering Other(s): Studies in Literature, History and Culture*),纽约州立大学出版社,1995年;以及史华慈,《隐性的理解》。

由于研究者已经在此前的框架中进行了实践,交流和互动方案没有将自己展示成一个对其他框架彻底的替代者。尽管以这些框架作基础,这个方案却试图从不同的角度看待文化,以期发展一个与他者(文化)更好的相遇。

互动式框架建立在此前的框架基础上。首先,它以传播式框架为基础,承认交流包含着传播,因为人们既要传递信息给他人,又渴望被理解。不过在交流式框架中,这个传播被认为是相互的。与第一个方案相关联而出现的问题—"接受者在多大程度上通过与传播者的互动而被改变"—在交流式框架中被反转。现在问题成为"传播者(现在成了接受者)在多大程度上通过与接受者(现在成了传播者)的互动而被改变。"而且交流式框架从第一个方案中吸纳了"影响"和"效果"问题的必然性。

互动式框架也以接受式框架为基础,承认交流总是包含着接受,但是又强调这一接受是相互的。信息改变的问题因此也被反转:"信息在多大程度上因接受者的接受而改变?"因此它既把中国人当作接受者,又把西方人当作接受者。交流式框架还从这个方案中吸取了观察者在接受者一方的努力,甚至承认在任何交流中在某种程度上都不可避免地存在着"误解"和"不理解"。

最后,互动式框架建立在创新式框架基础之上。它重视前者的贡献,尤其是有关传播者对他者的建构以及与权力相关联的话语。这一贡献也可以被反转过来:创新和权力被应用于有关接受者的话语当中。他们也在建构、支配权力,并为完成自身的议程而与传播者交往。从创新式框架中,互动式框架也承袭了传播者和接受者在理想情况下可以被视为平等伙伴的观念,而两者总是在一种被相互的却又不平等的权力关系所支配的情境中彼此作用。最后,互动式框架还把观察者的阐述位置考虑在内。

这三个被采纳的因素强调互惠(reciprocity)和逆转(reversion)。先前提到传播者的论述现在可以应用于接受者:他们能够成为传播者,他们使得其他人接受他们的信息,并产生出关于那些人的话语。

这个方法已经引发了大规模的研究,展示中国人的知识是如何在其欧洲文化传播的进程中影响了西方思想,或者说欧洲人接受了中国的物质文化,并将其转化成"中国风格(chinoiserie)"①。但是交流式框架的方法超越了这种简单的逆转。

首先我们可以指出这三个框架的一些主要差别。互动式框架跟传播式框架的区别在于,它实际上没有把传教士作为中心:他不是对话的发起者,而是加入正在进行中的对话②。另外,互动和交流式框架的主要目的不在于发现影响,因而没有把评价成败作为研究的直接目标。互动和交流式框架也不主要是寻找一致性,尽管不同文化的因素间的比较是一个重要的方法论工具。交流式框架试图观察,而不是评价,同时又认识到观察也是具选择性的。

互动式框架与接受式框架的不同在于,它不寻求揭示差异或不一致性。它试图理解作为相遇的结果被重新创造的事物的内在连贯性。互动式框架的出发点是接受者是否在其现实意象的建构中使用了传播者所提供的意含(反之亦然)。它试图通过揭示连贯性来解释理解的各种方式,而不是把新创当成一种误解。"连贯性"意味着在作者眼里他们的创造有意义③。一方面,历史学家试图理解内在的逻辑与结构(内在的连贯性)。另一方面,他们试图发现接受如何被整合到一个

---

① 关于这方面的综述,见塞森梅尔(Dominic Sachsenmaier),"4.4. 向欧洲的文化传播"(Cultural Transmission to Europe),收于《基督教在中国便览》,第879—906页。在中国大陆,90年代的"国学热"中存在着一种对中国自身传统("Chineseness")再生的兴趣,也影响到了对基督教的研究。对西学东渐的兴趣为中学西渐的研究所代替。例如参见韩琦,《中国科学技术的西传及其影响》,河北人民出版社,1999年。

② 参见泰德洛克(Barbara Tedlock),《文本和织物:基切玛雅人艺术里的语言和技术》(Text and Textile: Language and Technology in the Arts of the Quichè Maya),《人类学研究杂志》,第41卷,第2期(1985年),第142页。

③ 对观察者而言其创造的意义并不总是很清楚的。库恩(Thomas Kuhn)有如下建议,可应用于任何文化的文本:"在阅读一个重要思想家的著作的时候,先去找文本中明显的荒谬之处,然后问自己说一个明智的人会怎样写。当你找到答案,或者那些段落言之成理的时候,你就会发现,更多此前你认为自己理解了的中心段落,已然改变了意思。"见库恩,《核心的张力:科学传统和变更研究集》(*The Essential Tension: Selected Studies in Scientific Tradition and Change*),芝加哥大学出版社,1977年,第xii页。

更大的情境当中(外在的连贯性),为的是揭示以何种不同的理解方式去展示关于他者的文化。

互动式框架跟接受式框架的"核心主义"(essentialist)倾向也相去甚远。运用交流式框架的历史学家不满于接受式框架所得出的某些极端结论,尤其是中西思想的完全不相容以及中国人和欧洲人之间的完全相互误解的结论。他们不否认不相容和误解的存在,但他们也指出了相容和理解。他们承认大范围的社会和文化环境决定着民众,但他们也指出民众远离文化决定论的能力①。在任何一个文化里,总是有人对其他人开放,也有人将自己疏离于主导的文化。交流式框架关注那些跟主流文化追随者不同的人。

最后,互动式框架也不同于创新式框架。创新式框架强调传播者建构的因素,而互动和交流式的框架则考虑到传播者对自身的方案进行审查,并且提出与其周边主导观念相反的方案的能力。借着他者文化所提供的一系列意含,才明确地成为可能。这一挑战的能力也适用于广义的文化。例如,在其《东方的文艺复兴》(Oriental Renaissance)中,施瓦布(Raymond Schwab)令人信服地展示出东方如何导致了欧洲质疑其传统设计:"东方主义学者所解读的作品,首次在人类历史上使世界成为一个整体。随着东方学研究的建立,一个全新的意义被引介给'人类'(man kind)这个词。"②"它导致了一个巨大的思维转移。"③

与倾向于损害接受者以强调传播者主体的创新式框架相反,交流

---

① 托多洛夫,《我们和他者们:关于人类多样的法国式反思》(*Nous et les autres: La Reflexion francaise sur la diversite humaine*),巴黎:索伊(Seuil)出版社,1989 年,第 428 页。

② 施瓦布,《东方文艺复兴》(*La renaissance orientale*),巴黎:佩奥特出版社,1950 年;英译本哥伦比亚大学出版社,1984 年,第 4 页。

③ 同上,第 493 页。雷斯(Simon Leys)在以类似方式批评赛义德(E. Said)时,不同意对"他者"文化的概念的运用有问题,好像它不可避免地以自我肯定,或者敌对和侵犯为终结:"从十六世纪伟大的耶稣会学者到今天最好的汉学家们,除了中国文明的研究之外,我们可以看到从未有过别的对付西方种族中心主义诱惑更有效的良药。"参见雷斯,《东方主义和汉学》(Orientalism and Sinology),《燃烧的森林:当代中国文化和政治论文集》(*The Burning Forest: Essays on Culture and Politics in Contemporary China*),伦敦:帕拉丁(Paladin)出版社,1988 年,第 96—100 页。(原见《澳大利亚亚洲研究学会评论》[*Asia Studies Association of Australia Review*],1994 年 4 月,第 98 页。)

式框架更充分地考虑到作为他者的接受者。这一他者不仅被视为一个个体,也被视为一个群体,而某个人可以进入接触,甚至可以参与其中,还可以成为其中的一员。创新式框架将建构性的因素置于前景,并且强调对现实的主观创造。然而在互动和交流式框架中,重心不再是对现实进行主观的、个体的或私人的建构。社会—文化方面是主要的:至少在某种程度上,这些建构是与其他人分享的,传播者和接受者双方均如此[①]。

与他者的关系:相异(alterity)的主要特征

理解文化间接触历史复杂性的尝试预设了一个相异理论(theory of alterity)。由于此历史是与优越的他者相遇的历史,历史学家要尝试理解这些相遇,就必须建立在对人及与他者的关系的或隐或显的观念基础之上[②]。

就互动和交流式框架而言,最基本的是以身份的概念为根据,即自我身份不仅通过自我的单独努力而形成,也在与他者的相遇中形成。换句话说,一个人成为什么人不单单因着他或她自己的行动,而且也因着他者主动或被动的角色。人之所以成为人,是通过与其他人的相遇,以及他们中间随后所发生的交流。从根本上说,我们在一个人(和其他人)的关系的网络中作为人而出现,其中我们与他人的无可逃避的连通性就被揭示出来。不存在任何没有他者的自我。

关于人的身份的这种看法会对互动和交流式框架本身产生影响。互动和交流式框架建立在一种与他者的关系上,可以被描述成"关联的他者性"(relational otherness)[③],其中自我与他者进入了互动。这些参与者没有一个稳定的、固定的身份。他们的身份通过与他者的相遇

---

① 见布尔克,《知识显像管》,第93页。

② 关于"他者"在历史中的地位,参见舍特(Michel de Certeau),《陌生人或差异的合一》(*L'étranger ou l'union dans la différence*),巴黎:DDB出版社,1969年;特别是《历史的缺失》(*L'absent de l'histoire*),巴黎:梅森·玛姆(Maison Mame)出版社,1973年,"IV. 文本的他者"(IV. L'autre du texte)和"结论:相异性"(Altérations)。

③ 此词采自拉巴瑞的《他者的他者性》一文,第85页。他将其定义为"自我的他者"和"他者的他者"之间的互动。

而被建构。这有时甚至会导致向一个共同的“我们”(we)的转换,而不是排斥性的“我”(I)和“他们”(they)。然而这个转换并未失去关系网中每一个参与者的独特性。这个看法对我们的理解模式也有影响。理解被认为是一个进程,作为与人、文本或文化他者相遇的结果。对他者的理解也塑造了对自我的理解,从而导致自我的身份的转变。因此,这是一个对他者的新理解与对自我的新理解持续互动的进程。

我们这里简要解释的基本概念当然不是全新的。没有“你”(thou)就无法理解“我”(I)的观点,出现于 18 世纪末的古典哲学。它在布伯(Martin Buber, 1878—1965)的哲学人类学中变得特别强烈,而他也详述了对话原则(the dialogical principle)的历史①。在布伯看来,所谓的“我 - 你”(I-Thou)关系是一个首要态度,借此人类走近存在。我—你关系具开放性、直接性、相互性和共在性。布伯还指出了居于人类关系中心的“对话”的概念。这里他介绍了“体验另一方”(experiencing the other side)的概念,使与他者相遇并了解其具体的独特性成为可能,而不仅仅是体验的对象。布伯一次又一次地写到,“所有真实生活都是相遇。”他将这个看似短暂的“中间”(between)范围称为本体论的现实②。

布伯的观点是后来相异理论发展的基础,并成为列维纳斯(Emmanuel Levinas, 1906—1995)的灵感的源泉。但列维纳斯挑战了布伯的互惠思想,因为在他看来任何关于“互惠”的辩解都是“暴力”的一种形式。列维纳斯坚持我—你关系中的不对称和根本的不平等。

> 说“你”是言说(dire)的主要事实。所有的言说都是直接的

---

① 布伯(Martin Buber),《对话原则的历史》(The History of the Dialogical Principle),《人与人之间》(*Between Man and Man*),纽约:麦克米兰出版公司,1965/1975 年,第 209—224 页。作为写对话历史的先行者之一,布伯提及雅克比(Friedrich Heinrich Jacobi,1785 年):“没有你(Thou),就不可能有我(I)。”

② 见弗里德曼《序言》,《人与人之间》,第 13—21 页。对“中间”的本体论现实的强调和对两者关系中体验他者的可能性的强调,将布伯跟存在主义者克尔凯格尔(Kierkegaard)、海德格尔(Heidegger)、萨特(Satre),甚至是蒂利希(Tillich)区分开来。(见 16 页)

> 话语,或者直接的话语的一部分。言说是从我到你的直接性,是面对面的直接性,是杰出者相遇的直接性,而其几何的直线就像一个光学的象征。面对面的直接,“我们之间”(entre-nous),已然交谈(entre-tien),已然对话,并因此有距离和接触的对立面,而其中又存在着一致和认同。但是这恰恰是邻近的距离,社会关系的奇妙之处。在那个关系中,我和他者的差别依然存在。①

列维纳斯强调说与他者的混合是不存在的;他者有着无法简化成自我的相异性②。

列维纳斯的观点最近受到利科(Paul Ricoeur, 1913—2005)的批评,而在后者的哲学中他者的概念也占据着重要的地位。尽管利科对列维纳斯非常尊敬,但他认为:

> 列维纳斯的整个哲学都停留在主体间关系(intersubjective relation)中对他者的首创上面。在现实中,这个首创没有建立起任何关系,以至于他者在隔离条件所定义的自我方面,代表了绝对的外在性。从这个意义上讲,他者解除了自己的一切关系。这种无关联性同样定义了外在性。③

利科声称列维纳斯夸大了自我的同一性和他者的相异性,结果是夸大了区隔相同与不同、自我和他人的差别④。在利科看来,为了调解

① 列维纳斯(Emmanuel Levinas),《相异和超越》(*Altérité et transcendence*),法塔·墨格纳出版社,1995 年;英译本哥伦比亚大学出版社,1999 年,第 105 页,111—112 页;英译本第 93 页、101 页。

② 同上,第 113 页。

③ 利科(Paul Ricoeur),《自我作为他者》(*Soi-même comme un autre*),索伊出版社,1990 年;英译本芝加哥大学出版社,1992 年,第 221 页;英译本第 188—189 页。

④ 关于列维纳斯和利科之间的讨论,见科恩(Richard A. Cohen),《道德上的自我状态:对利科评价列维纳斯的一个列维纳斯式的回应》(Moral Selfhood: A Levinasian Response to Ricoeur on Levinas),科恩和玛士(J. L. Marsh)著,《利科作为他者:主体性的伦理学》(*Ricoeur as Another: The Ethics of Subjectivity*),纽约州立大学出版社,2002 年,第 127—160 页。

从相同到不同的开放,以及他者的声音在相同里的内化,语言应该贡献出其交流及互惠的资源。“简言之,”他继续说,“难道不需要一个对话,把某种关系叠加在单独的我和教导的他者之间的臆测的绝对距离上面吗?”①

关于语言和对话的重要性,利科提到进一步发展了相异性观点的雅克(Francis Jacques, 1934 年—)。布伯的影响在于提倡人只有在接触你的时候才成为我的观点。列维纳斯坚持说我们不应该以宾格(accusative)或与格(dative),如 he/she 或 him/her,而只能以呼格(vocative),如 you,去称呼别人。然而雅克却追问我们在此位置上,如何去调和我们都彼此谈及对方这样一个不可抗拒的事实。“只有在经过了可以称之为额外的 he/she 测试,或他人的测试,人才成为某个人,才取得一个人格化的自我。因此我所理解的相异性—关联的相异性(relational alterity)—是多焦点的一个问题。”②他的方法的基础在于他所谓的首要关系(primum relationis)原则,即一个原初的本体论原则:一种关系不再仅仅被认为是突发的现实,就是说,由它出现的条件所决定的现实。它还可以被视为首要的现实。如果那样,关系就产生出它自己的条件,并在自身的两面设立和建造这些条件。根据首要关系理论,条件不能独立存在于关系之外③。雅克关于人的沟通的方法也促使他去考察交流的概念。

> 交流常常被减小为信息的传递,而这个观点只合理对待其中的一个维度,即我所谓的交流性。我的论点是,哲学在其历史中

① 利科,《自我作为他者》,第 391 页。

② 雅克斯(Francis Jacques),《相异性与主体性:关联视角中的人类学》(*Différence et Subjectivité: Anthropologie d' un point de vue relationnel*),巴黎:奥比尔·蒙田出版社,1982 年;英译本耶鲁大学出版社,1991 年,英译本序言,第 15 页。

③ 同上,第 149 页,第 154 页。有关本体论的关联,又见海尔斯(Jacques Haers),《联合与谈话的辩护者:相联与谈话作为对神学的一个挑战》(Defensor Vinculi et Conversationis: Connectedness and Conversation as a Challenge to Theology),见海尔斯和梅(P. De Mey)编,《神学和谈话:发展一个关联式的神学》(*Theology and Conversation: Developing a Relational Theology*),卢汶:彼得斯大学出版社,2004 年。

> 始终淡化了一个我称之为交流性的维度，而我们需要为它找到一席之地。这指向一个进程的可能性，借此从前并不是说话者双方共通之处的，由于被他们联手制作而可以成为共通之处。循此而来的是语言交流在其完全的意义上，不仅是由语言编码（派生出来的方面）所规定的固定而具体化意含的交换，而且更根本的是说话者在彼此间激发新言语的可能性。①

当代哲学中，关于相异性的观点也随着语言哲学得到发展，而"对话"在后者中成了一个核心概念。例如，在泰勒（Charles Taylor）看来，自我的一个基本的本体论特征是它的对话式本质。他相信一个与他者不间断的交换（现实的或想象的）存在于身份的核心。"我对我自己身份的发现，并不意味着我在孤立的情形下完成，而是我通过与其他人公开或内部的对话进行谈判去实现……我自己的身份决定性地依赖于我与其他人的对话式关系。"泰勒用以下意象来表达他对个体借着对话而不断被塑造的信念：这不仅仅是从孩童到成人的成熟过程的一个特征，而且是身份的一个不可避免的动力②。

这些哲学家之间有重大的区别，他们当然不可以被归为同一类。不过，他们分享一些共同的方面，即我、你间的关系，尤其是近年发展出来的这一关系对主体和身份的出现具有怎样的基础意义。这些相异性哲学与文化间接触历史的研究有何牵连呢？在回答这个问题之前，有必要转向巴赫金（Mikhail Bakhtin，1895—1975）这位20世纪俄国文学理论家，以及托多洛夫（Tzvetan Todorov），因其在很大程度上在学术界传播了巴赫金的观点。他们二人都试图以自己的方式在其文学和历史著作中发展对话式原则。巴赫金的著作（也曾为雅克和泰勒所引用）建立在哲学人类学基础上，而他者在其中扮演了决定性的角色。在巴赫金看来：

---

① 见雅克斯，《相异性与主体性》，英译本序言，第17页。

② 艾贝（Ruth Abbey），《查尔斯·泰勒》（*Charles Taylor*），普林斯顿大学出版社，2000年，第67—68页。

> 只有借着把我自己揭示给另外一个人,通过他以及在他的帮助下,我才获得自我意识,并成为我自己。构成自我意识的最重要的行为,取决于它们与另外一个意识(“你”)……人的存在(内在的和外在的)之间是一个**深刻的交流**。**存在**意味着**交流**……我隐藏于他者以及他们中间。它想成为他们的他者,完全渗透到他们作为他者的世界中,并把在世上具独特性的我(**我为自己**)的负担扔在一边①。

然而,在解释以他者和自我对应性为基础的他者的重要性时,要避免一个误解。“我”和“你”是根本不同的,不对称的:这个差别与对他者的需要相关联②。

巴赫金关于人的观念本身不是一个目的,而是他创作行为理论的基础。另外,他还用相异性理论去描述对文本的解读。托多洛夫对这个关系做了如下总结:

> 可以说有三种解读,如果布朗肖(Blanchot,在其《无尽的交谈》中)③可信的话,也存在着三种人际关系。第一种存在于与自我名称的联合中:批评家将自己投射在他所阅读的作品上,而所有作者都说明或例证他的思想。第二种与“认同的批评”(criticism of identification)(名称依然会被采用)相对应。批评家没有合适的身份,只有受考察的作者这一个身份,而批评家成为他的代言人。我们看到一种狂热的结合,因而我们再一次达到合一。第三种是巴赫金所提倡的对话。这两种身份每个都被承认(既没

① 托多洛夫,《巴赫金与相异性》(Bakhtine et l' altérié),《诗学》(*Poétique*),第 40 卷(1979 年 11 月),第 502—513 页。亦见托多洛夫,《米克尔·巴赫金,对话原则》(*Mikhaïl Bakhtine, le principle dialogique*),索伊出版社,1981 年,第 145—171 页。

② 同上,第 504 页。

③ 布朗肖,《第三种关系》(Le rapport du troisième genre),收于布朗肖,《无尽的交谈》(*l' Entretien Infini*),巴黎:加利玛德出版社,1969 年;英译本明尼苏达大学出版社,1993 年,第 94—105 页;英译本第 66—79 页。

> 有整合又没有认同),并且认知采取了与“你”对话的形式,跟“我”平等却又有所不同。就创作而言,巴赫金只给了移情或认同一个预备的、暂时的角色。①

应该注意的是,巴赫金和与其步调一致托多洛夫把他理解文本的洞见应用于理解他者文化。但是,这些理解方式并不是严格对立的解决办法,我们可以把它们设想成可能具有循环性的同一理解行为的连续阶段②。

理解他者文化的第一个阶段,是以自身文化为依据去理解。因此别的文化就以与自身文化相同的方式被构造,而且从过去只能找到现今的先兆。这样自己的认知有数量上而非性质上的增长。这种理解方式基本上存在于自我对他者的同化过程中。

第二种方式是按照一个文化自身的条件去理解它。在这种情形下,一个人试图通过他者文化的视角去看世界,因此消除了自身的主观性。这里只有一种身份:他者的身份。巴赫金正是在这个阶段超出了最通常的解释。

> 有一种持久的印象,它是片面的而且是错误的:要更好地理解一个外国文化,就得生活在其中,忘记自己的文化,并且通过此文化的视角去看世界。我说过,这样的印象是片面的。当然,在一定程度上进入一个异域文化并通过它的视角看世界,是理解进程中的一个必要环节。但是如果理解在此环节内被耗尽,那就仅仅是一个单一的复制,无法带来任何新的或丰富的东西。**创造性的理解**并不否认它的自我,它在时间中的地位,以及它的文化。它没有忘记任何东西。理解的主要问题是,进行理解的那个人的外位性(exotopy)—在时间、空间和文化中—与他想要创造性地理

---

① 托多洛夫,《巴赫金与相异性》,第510页。

② 托多洛夫,《理解一个文化:外部/内部》(Comprendre une culture: Du dehors/du dedans),《远东远西》(*Extrême-Orient Extrême-Occident*),第1卷(1982年),第13页。

解的事物相关。即便他的外在方面也非人所能真正理解的,他无法将其作为一个整体进行解释。镜子和照片都证明没有任何帮助。一个人的真正外在方面,只能被其他人所看见和理解,正是由于他们的空间外位性,以及他们是**他者**的事实。

在文化的范畴内,外位性是最强程度的理解。只有在他者文化的眼中,异域文化才能更全面、深入地展示自身(然而不会彻底地展示,因为还会有其他的文化,观察并理解得更多)。[①]

在托多洛夫看来,这是理解的第三个阶段。一个人在做出理解他者的努力后,重新确定他自己的身份。但是,他的外位性不是诽谤。作为历史学家和人类学家,他最终不是假装让他者说话,而是在他者和自我之间建立一个对话。二元性(多样性)取代了合一性;自我始终有别于他者。

托多洛夫对此添加了理解的第四个阶段。一个人不再渴望(甚或能够)确认与他者相对的自我,而且不再能够把自己确认成自我。在这个进程中,对他者的理解依赖于一个人的自我身份,而对他者的理解也塑造了这个人对自己的理解。对自我的理解转化为自我的身份,因而这个进程是一个持续的、对他者和自我重新理解的互动。通过与他者的互动,一个人的类别被转化,在某种方式上变得对我们两者都很重要,也可能对其他人同样重要。普遍性开始好像是丧失了,却将在别处被找到,不是在对象上而是在投射中[②]。

文化间接触历史的重要性

如果历史被认为是与他者的相遇,就如互动式和交流式框架的例子一样,这些观点对于研究文化间接触历史的方式有着深远的影响。

首先,它们使得对前三个框架的评价更为锐利,而且明示了为什

① 托多洛夫,《巴赫金与相异性》,第 510 页。

② 托多洛夫,《理解一个文化》第 14 页。

么这些框架没有被拒绝，而是在一个理解的进程中被授予它们各自的地位。这三个框架的确能与巴赫金和托多洛夫所讲的理解文化的各种方式相关联，甚至可以被标记为拉巴瑞（Pierre-Jean Labarrière）所说的“相对他者性”（relative otherness）、“绝对他者性”（absolute otherness），以及“相关的他者性”（relational otherness）①。

在传播式框架中，欧洲史学家常常在欧洲的（或西方的）自我和中国的他者之间做出区别，从而认同把信息传播给他者的传教士。这个与他者的关系事实上是相对的他者性，可以被定义为“相似的他者”（other of the similar）。不仅他者通过自我而被定义，而且史学家还下意识地在他者里面寻找相似之处。他们不是主要对完全不同的他者感兴趣，而是去验证中国的他者在欧洲自我的努力下，是否类似于自我，将自我（ = 传播者）提供给他者的东西内化。并不是他们只试图以自己的条件去理解他者文化。他们通常的焦点在于自我在他者上面留下的印记：传教士怎样有效地传播西方科学，他们对皇帝有什么影响，或基督教是如何的成功。这个方法在任何交流中都是最自然和最初步的。任何接近另一文化的人，至少在初始阶段，都是在其本身文化的基础上反照那个文化。然而，不利之处在于真正的、与他者的相遇并未发生，因为他者被自我同化了。

与此框架对照，接受式框架建立在绝对的他者性的概念基础上：他者是完全不同的。为了发现他者，历史学家试图远离自我。而且，他们到了发现他者与自我不同的程度。他们反复展示 17 世纪中国社会和思想根本不同于欧洲世界。结果，他者常常被认为从根本上及本质上就是不同的。这个框架的优势是，它认为他者有其独特性，不管怎样都是根本不同的，而且总是不可理解的。它与像列维纳斯那样的思想家所采取的基本方法一致，不断提醒我们在与他者的关系中没有融合，他者确实不同，无法简化成自我。另外，正是这个不同才让他者

① 参见拉巴瑞的《他者的他者性》一文，第 80—86 页。有关拉巴瑞的观点，又见《他者性的发现》（*Le discours de l' altérié*），巴黎大学出版社，1983 年，特别是第 4 章。托多洛夫的第四阶段也可以跟拉巴瑞的第三阶段相联系。

显得有价值[①]。这个不同所引起的张力走向了创造力。然而,这一概念的不利之处在于,它把不同强调到如此程度,以至于可能导致否认与他者沟通的可能性。这种否认体现在某些主张里面,例如"双方都互相'误解'对方",或者"他们无法互相理解"。

最后,在创新式框架里与他者的关系也是一种相对的他者性:为自我所实现的建构是"相似的他者。"焦点不在于他者,而在于自我对他者的建构,也同样是对自我的描述。其相对的他者性不同于传播式模式中所提到的。在后一个框架里,自我不断地寻找,甚至把自己投射在他者上面。创新式框架更近似于我 - 它(I-It)关系,而不是布伯所表述的我 - 你(I-Thou)关系。我 - 它是典型的主、客体的关系,其中一个人知道并利用了其他的人或物,但不承认其独立、特殊的存在:

> 我所遇到的树,在我遇到它之前不是你。它在我经过时,并没有隐藏的个性,对我视而不见。然而,如果遇见了它的独特性,让它对我产生影响,而未与其他的树比较,或者分析树叶或木材的种类,或者计算从中可以得到柴火的数量,那样我才能借着它谈及我 - 你关系。[②]

如此坚持自我对他者的建构,创新式方法事实上含蓄地把他者简化成一个被动的客体,而没有赋予其主动的主体角色。交流式框架正是力图向自我确认,他者不是一个客体,而是另外一个主体,"你是"[③]。

这些与他者关系的不同类型,也可以被应用于中欧 17 世纪特定相遇中的参与者,以及他们理解与他者关系的方式和理解他者的可能性上面。有时候,很可能是在初级阶段,这些参与者采取了相对他者

---

① 参见雅克斯,《相异性与主体性》,第 298 页。他引用了《小王子》(*Le petit prince*)的话:"'你跟我不一样,朋友,一点儿也不会伤害我,你让我富有,'圣埃克苏佩里说,'你珍惜我,因为你认为我与众不同。'"

② 弗里德曼,《序言》,《人与人之间》,第 14 页。

③ 参见托多洛夫,《巴赫金与相异性》,第 508 页。

性的态度,他者在与自我相关联中被定义,并且他们主要在自身的系统内去理解他者。然而在其他时候,很可能是同时,他们也跟绝对他者性有关系,其中两者间的不同被暴露出来。对不同的揭示产生了各种后果:文化创造力,按照他者自身条件去理解他者的尝试,甚或对话的缺席。这个进程也导向了关联的他者性的时段,其中自我的他者和他者的他者彼此相遇。在这些时段,交流中的参与者在互相尊重对方独特性的同时,也感受到有一种交流的可能性,二者都不受性别、种族、社会阶层、国籍或者文化的束缚。此外,这个相遇是一个连续的进程,有助于塑造他们身份中的这些方面。传教士们在中国度过了二十五年以后(有时比在任何其他国家都长久),确实不再同他们离开欧洲的时候一样了。那些跟传教士进行对话有数年之久的中国人也是如此。欧洲和中国都不再持有它们相遇之前的文化身份,因为这一相遇帮助了它们各自的身份的转化。此外,还有一个连续的通过他者发现自我的进程。因此,在呈现他者性的行为中,历史学家没有局限于揭示不同。他们还能揭示在从与他者的关系中浮现出来的互动和交流。因而,历史可以被视为通过与他者相遇而发现人类基本关联性。

这些方面也适用于那些研究文化间接触历史的历史学家。他们研究的"对象"既是客体又是主体。因而在研究的课题中,他们面临着与他者的关系以及理解他者的可能性的问题。历史研究本身就是两个主体的相遇:历史文本和历史学家的文本。正如17世纪对话中的参与者一样,他们的不同以及生活在异时异地(外位性)不仅不是对交流的限制,反而是一个机会。这种差异给历史学家以机会,去进入到与他们的历史主题的对话,并试图理解它。最重要的是,这也是一个进程,其中他们的自我理解和身份受到了与他者相遇的影响。换句话说,历史主题以其独特性影响了一个历史学家,并帮助建构了他或她的身份。人成为相遇中的人,对于那些跨越历史本身的相遇而言亦是如此。

目的和方法

在阐明互动式和交流式框架的基础以后,我们现在可以更近地观察其特定的目的以及相关的方法。这个框架的主要焦点不是传播、接受或者创新的问题,而是互动和交流的问题:何种互动被建立?何种交流产生了?寻找不再是为着他者的寻找,而是**寻找在自我和他者之间的互动**,以及在他们之间建立起来的交流的结果。因此,历史学家在其研究中提出的一个主要问题是:在何种程度上传播者和接受者通过互相交流创造了新的东西(在这个问题上西方人和中国人都可以是传播者和接受者)?在何种程度上他们使用他者所提供的知识,建构了一个新的现实?[①] 例如,在何种程度上,利氏地图是对他和他的中国伙伴之间交流的创造性回答。他们的回应不仅复制和传递了现存的情境和意含,而且还产生并创新了那个情境和意含。与回应相联系的创造力从而也得以保证,在给出一个答案的时候,他们给出了此前未曾有过的东西[②]。

交流式框架的一个核心观念是"空间。"此方法以一个预设开始,即文化创造性的形成,是因为在传播者和接受者之间、在主客体之间、在自我和他者之间的空间的存在和产生。这个空间常常以符号(语言、各种形式的文本和图像,如我们例举的世界地图)为媒介。它既容许相遇的发生(导向互动和交流),也为这样的相遇所生成。所以,焦点既不在传播者也不在接受者。出发点是在两者之间:交流的结果,即被视为互动成果的文本、图像或社会网络。因此,从方法论的角度看,**有一个从寻找他者到寻找空间里互动的转换,从两个世界间的差异到中间性本身的转换**[③]。就利氏地图而言,问题不再是此地图是否应该被标记为"欧式的"或"中式的",而是它是否是两个文化传统间互动的结果。

总而言之,这个方法试图发现人们在何种程度上借着空间并在其

---

① 参见布尔克,《知识显像管》,第 93 页。

② 参见沃登菲尔斯(Bernhard Waldenfels),《对他者的回应》(*Response to the Other*),收于布令克-加伯勒编,《与他者相遇》,第 43 页。

③ 参见泰德洛克,《类比式传统和对话式人类学的出现》,第 388 页;沃登菲尔斯,《对他者的回应》,第 43 页。

中互动、交流,并且在面向文化创造时以不同的方式看待事物(而不否认"效果")。不是单单以因果关系的思维(方式—效果)解释不同观点,而是试图确定"空间结构"(spatial structuring)①以及在其中所形成的动态关系。象征性地讲,利氏地图是一个生动的例子,因为它在严格意义上制造了一个让对话发生的空间。这明显来自地图上出现的由中国学者所写的各种序言。它们被印在各大洲之间的空白处。因为出现在同一幅地图上,这些序言彼此间接地互动。但是它们也彼此直接地对话,因为它们提及其他序言作者的名字,给出个人的评价,并讨论相似的主题。与世界地图例子相连的空间的概念,也暗示着我们可以在一个能包容不同或多重审视文化间相遇的视角的空间内进行移动。**交流式框架寻求的是多重视角**。

这一途径会影响到历史学家审视文本的方式。他们的研究的出发点是历史中的客体,即新的文化产物(文本、图像、地图,还有社会网络、社区,等等)。它把这个客体预设成交流的结果:不论是为传播者所翻译的文本,还是为接受者所写的文本,或传播者在相遇后所建构的文本,都反映出某种程度上的交相互动。在这个意义上,所有的文本在很大程度上都被看作是合著(co-authorship)的结果。因此,在对这些作为跨文化交流结果的文本的分析中,历史学家不能把自己局限在文本的署名人的独一作者身份上,常常有其他人也牵涉到文本的写作中。某个文本可能只由一个西方传教士或者一个中国学者署名,但它也可以是两者密切互动的结果。总是被标记为"利氏地图"的那张地图,就是这方面一个很好的例子。利玛窦当然是其制造者,尽管他的签名只出现在一个版本(第三版而不是第四版)的序言中,而且没出现在地图上。但是还有很多其他作者,有些因名字而知人,有些则没有具名:决定地图尺寸的编辑者(第三版的李之藻,1565—1630 年,和第四版的李应试,1559—1620 年?),印制者(第三版的张文焘),合作者(有六、七个中国合作者在第四版地图中被提及),刻工和校对(无

① 参见沃尔德,《思维地图》,第 31 页。

名氏)。只要把地图单单归给利玛窦一人,就会提出与其欧洲作者身份相关的问题。当将其视为中西间知识共同互动的结果的时候,对这个地图的分析就不会只与欧/中的分立相联系。因而任何一个文本总是一个交互文本(intertext),不仅仅因为其他文本据此而进行表述,而且因为在其中可以听到他者的声音[①]。

交流式框架承认客观现实的存在,但是在验证它是否与传播或接受一致的时候,并不把它当作首要的关注点。这个框架不是对一致性(correspondence)的专门的寻求(一致性不受排斥,而是研究的一部分),而是对从互动空间中释放出来的连贯性(coherence)的寻求。除了历史批评方法以外,历史学家试图发现文本的连贯性,也就是去领会创造的不同方面是如何结合在一起的,即便它们对 21 世纪的读者而言显得不连贯、无逻辑或者毫不相干。我们能区分文本本身的内在一致性(共文本,co-text)和外在一致性,也即文本的语境(context)。例如在这个世界地图的个案中,我们可以考察它如何适应在那个文化内比文本和其他交流的更大的语境,并且如何与同时代所制作的其他地图进行交流和互动。很多中国的作者在不同的文集中复制了这个世界地图。同样地,这张图被整合到知识再生的新语境中。所以在方法论上,互动式和交流式框架没有首先去验证信息是否被准确地传播,而是验证一个文化语境中互动着的对象如何在另一个新的文化语境中进行互动。这不是寻求一个客观现实,而是寻求多个不同版本的现实的连贯性,经过各种文本、图像等等被展示出来。多样性不会导向相对主义,或者是现实并不存在的结论:交流式框架恰恰认为现实由多样性组成,以及人们在这个多样性中彼此相遇。它考虑到对现实的不同定义是互相主观地被建立,并且彼此竞争。主观的社会和文化现实经过一个与社会化及现实建构因素相协调的进程而得以形成的。

---

① 参见泰德洛克,《文本和织物》,122 页,克利福德(James Clifford),《文化的困境:20 世纪人种学、文学和艺术》(*The Predicament of Culture: Twentieth-Century Ethnography, Literature, and Art*),哈佛大学出版社,1988 年,第 41、43、46—47 页。(二者都以巴赫金为基点。)

其主要关注点是:这一过程造成了文化现实的交流[①]。

这个多样性至少可以在四个不同的领域被观察到:时间、空间、社会和学术。尽管不能完全避免一定程度的概括,此处所提出的方法根据这些不同的领域运用了"区别"的方式。例如,区分明末个别的学者所制的地图和清中期在帝国赞助下所制的地图,以及区别地图学和其他学术领域。在关于基督教在中国的讨论中,这些方面常常因同一个称谓被集合在一起,即中国,并从此最终定型。

另一个核心概念"张力"形成了互动"进程"的基础。互动被认为是一种永久的张力:传播者与接受者之间的远和近的张力,理解(和被理解)的可能性与不可能对他者有这样的理解之间的张力。因而互动导致了参与者重新调适、重新思考和重新规划自我与他者的观念。例如就世界地图而言,张力侧重于这幅地图所表明的对世界的新看法,是否与中国过去传播的有关世界的知识相矛盾。因此从方法论上讲,结果(文本、图像和社区)抓住了在某一时刻的互动,但其内在的张力导向一种活力,反映在另外一个结果的可能性上面,从而揭示出反映这一活力的其他方面的差别。在利玛窦指导下所制的地图的例子就很明显。这幅地图至少有四个不同的版本,每一版都有自己的特点(标题、序言、内容、尺寸、描绘,等等)。这些版本都显示了如何去抓住某一特定时刻的互动。这也指明利氏及其合作者没有明确固定的对世界的看法。因而交流式框架对**作为进程的特定的互动特别关注**。

与此张力有关,交流式框架也把传播视为在"谈判"(negotiation)基础上的互换。这暗示着人们一般通过互动尝试作出选择,以导致相对连贯的决定,即便这个连贯性对观察者而言不总是很清楚的。在地图的个案中,谈判清楚地出现于中国学者所写的序中。他们讨论中国对于世界的认识,也用不同的批评策略让新的知识为这个传统所接受,例如展示它如何与后者的常常是边缘性的观念相一致。此外,人们所交流的不总是有同等的价值:交流建立在权力关系基础上,例如

---

① 参见布尔克,《知识显像管》,第23、998—100页。

放弃知识以换取保护。这些方面是被谈判的,而且也会随时间而变化。**交流式框架对这个谈判的进程有兴趣**。

历史学家可能根据挪用的不同程度而对谈判的结果进行分类。我们可以做一个有两极的光谱。一极是完全吸收,就是说以纯粹的形式挪用他者的一个因素。另一极是完全拒绝。这个光谱可以用于本土文化对外来文化因素的反应,即要么接受要么拒绝,也可以用于所牵涉的两个文化的代理人,例如那些接受了他者知识的人和那些强烈反对他者知识的人。全部挪用和全部拒绝的个案比较特殊,而大部分临时的决定都可以落在两个极端的中间,因为最后所产生出来的不可避免地包含着两方文化的因素。在两者中间就有多种可能性,例如采纳、整合、混成,等等。如此,分类并不是针对着辨别哪些因素属于某个文化或另一个文化,或者确定文本本质上属于某个文化还是另一个文化。相反,分类是试图观察由双方互动而产生的创造的多样性。人类学家和宗教历史学家运用了多样的术语去描述这种结果:混合(mélange)、综合、混成、交合(métissage)、融合、合并,等等①。我们也可以用若干类比来描述这种现象:器官移植、嫁接、化学物的混合、河流的交汇②。

我更倾向于以织物作比喻,而其中文化间的互动等同于一块布料的编织。文化的文本(cultural text)是这种编织的结果。这个比喻可能不如其他的比喻更具有机性,可是通过编织的意象它有利于强调扩散的复杂性,强调挪用如何常常类似于多个不同的线与纤维的编织。

---

① 关于这些词汇,见古鲁金斯基,《混血儿思维》,第 34—36、40—42、56 页;有关"融合"的讨论,见斯蒂沃特(Charles Stewart)和肖(Rosalind Shaw)编,《融合/反融合:宗教整合的政治学》(*Syncretism/Anti-Syncretism: The Politics of Religious Synthesis*),路特莱杰出版社,1994 年,特别是"序言:质疑融合"(Introduction: Problematising Syncretism)和"第 10 章:融合、多文化主义和宽容的话语"(Ch. 10: Syncretism, Multiculturalism and the Discourse of Tolerance)。

② 见钟鸣旦,《明末清初基督教在中国作为一个文化传播的个案》(Christianity in Late Ming and Early Qing China as a Case of Cultural Transmission),收于乌哈利(Stephen Uhalley, Jr.)和吴小新编,《中国和基督教:沉重的过去,有希望的将来》(*China and Christianity: Burdened Past, Hopeful Future*),伦敦/纽约:夏普(M. E. Sharpe)出版社,2001 年,第 103 页注。

它也可以应用于社会网络的编织。此外,"文本"(text)跟"织物"(texture, texere)在词源上相同:编织、连接、组合、编制、建构、建立等等。(中文)文本是我们研究的主要资料,其中我们常常能找到跟织物一样的文化混合物。织物的比喻让我们不仅看见特定纤维的情况,而且也看见织物作为一个整体的使用、功用、形式和意义。这个比喻也帮助我们理解如何在同一时间,对同一个人,或者在同一地理环境或同一社会群体内,不同的反应成为可能。一个人可以接受某些宗教观念,而同时又拒绝或抛弃某些科学观念。反之亦然。类似地,在同一地方某些人可以反对传播,而其他人则支持传播。这些都可以共存在同一个织物之内。

最后,互动与交流式框架建立在身份的概念基础上,其中参与者没有稳固确定的身份,却有一个通过与他者相遇而建构起来的**身份**。这个概念将**身份**视为"社会的参与者认识自身的一个进程,并主要地在某个给定的文化属性或一系列的文化属性基础上建构意义,而它(们)较其他的意义来源更具优先权(或者对其他的社会结构的更广泛的参照进行排斥)"①。**交流式框架考察这些身份是如何形成和建立的**。如此,利氏地图就有助于理解在17世纪成为"中式的"和"欧式的"都意味着什么②。

与此身份相关的是定义与他者关系的方式。在托多洛夫眼里,可以从三条轴线接近他者性的问题③。第一是价值判断(价值论层面):他者是好是坏,我喜欢还是不喜欢他/她,他/她与我同等还是较差。第二是与他者和睦或萃取他者(行为论层面):我采纳他/她的价值,自

---

① 卡斯特尔思(Manuel Castells),《网络社会的兴起》(*The Rise of Network Society*),牛津:布莱克威尔(Blackwell)出版社,1996年;同作者,《身份的权力》(*The Power of Identity*),布莱克威尔出版社,1997年,第6页。

② 关于以地图为基础的身份创造,见维尼察古(Thongchai Winichakul),《绘图暹罗:一个国家地理形体的历史》(*Siam Mapped: A History of the Geo-Body of a Nation*),夏威夷大学出版社,1994年。

③ 托多洛夫,《美洲的征服:他者的问题》(*La conquête de l'Amérique: La question de l'autre*),索伊出版社,1982年;英译本哈珀(Harper&Row)出版社,1984年,第191页;英译本185页。

己与他/她相认同,或者我将他者同化,把自己的意象加在他/她身上。在屈服于他者和他者的屈服之间,还有中性或者漠然的选择。第三,我承认或者忽视他者的身份(认识论层面):这里没有绝对,只有知识状态间少或多的无穷的渐变。这三个层面间有关联,但不是严格意义上的牵连:一个不能降格为另一个,也不能从另一个演绎出来。例如,我们对一个文化的喜爱程度可以超出对其认知的程度。然而正是通过试图将定义出借给我们与他者的关系,我们也定义了自我。

总之,互动和交流式框架导致了视角的变化。这些转换可以被概括性地总结如下:

行动/反应 → 互动
传播/接受 → 交流
建构 → 创造空间
转化 → 对话
主体/客体 → 参与者
翻译 → 共同作者
一致性 → 连贯性
自我/他者 → 交流和相遇

四、总 结

本文质疑了历史学家对 17 世纪中、欧间接触的各种实例进行研究(和继续进行研究)的各种方式。它从个人的反思开始,因为我本人参与了这里所提到的各类方法。这些方法被分为四个不同的框架。这样的进行方式虽然有助于对个人方法的反思,但它也产生了把某种或另一种方法僵硬地归类于某一特定框架的危险,而好像并不包含其他框架的任何方面。这一方式也带有将某个人的多样性研究减小为某个特定框架的一般特征的风险。

上面四种框架被呈现的方式可以导向一个结论,即最后一个框架以其他的框架为代价,成为最理想的一个。不过,根据巴赫金和托多洛夫的方法(他们把对一种文化或一个文本的理解视为一个连续的进程,是从自我基础上的理解到他者基础上的理解,再到新的身份形成的过程),我们也可以把这四个框架视为一个进程的各个部分。换句话说,提出关于传播的问题,并考察传教士在他们自己设计了传播方案之后,考虑其结果如何"成功",仍然是有意义的。而考察接受的各种形式,并强调接受者的角色,也是有意义的。同样有意义的是,查明这个交流中的双方参与者如何创新或建构他者的形象,从而(有意识或无意识地)施加权力于其上。所有这些方式,都代表了一个更大的互动与交流过程中基本的然而却是部分的某些方面。

这里所呈现的互动和交流式框架也是有限的。确实有人可以反驳说,它太多地建立在一个交流的"理想"基础上。即便它考虑到权力的因素,并将其从创新式框架中并入,却没有完全避开无政府交流(Herrschaftsfreie Kommunikation)的理想化。既然这一分析大部分建立在17世纪中欧间交流的基础上,是常常被正面评价的一段时间,人们就想知道它是否也可以应用于其他相遇的时期或类型,而其中一个文化完全支配了另一个文化。

不过,互动式框架的一个主要目的是(重新)确立他者为主体,作为对话中一个可能的参与者。对于不平等权力和从属背景下所形成的人类接触,其中隶属性的他者亦如此。只有把隶属的恢复成主体,才可以克服支配的循环。这也是对历史学家的一个挑战。事实上,如上所言,交流式框架试图在观察者和文本之间建立起互动。文本和读者之间存在着距离。互动式框架所提出的方法的目的是在文本和读者间建立一个对话,从而双方的身份可以被确认和不断地更新。文本不仅仅是研究的一个"客体",它也成为随之而来的对话中的一个"主体。"这也说明为什么承认并展示他者的他者性是重要的,而不能将其完全缩减为传播者的建构(常常也是观察者的建构)。对他者性的展示,是确立他者在支配和暴力的情形中之所以为他者和主体的一个途径。通过将他者确立为主体,历史学家也承认,他们自己的身份也可以被他者所塑造。对另一时间、地点和文化的想象式的重建使历史学家产生位移:他们不仅能看见,而且也允许自身被看见。文本中一个诉求被揭示,而人们受邀去回应。这样历史学家就会被挑战去采取一个伦理的或政治的立场。结果这个他者不仅仅是历史学家的言行所指向的某人,而且也是以之为起点的某人①。

① 沃登菲尔斯,《对他者的回应》,第 42 页,以及他的"诉求"的概念;又见沃登菲尔斯,《他者的地形学》(*Topographie des Fremden*),法兰克福:苏尔坎普(Suhrkamp)出版社,1997 年,第 5 章。

仪式还是信仰?
——晚期帝制中国的统一文化建构

华琛(James L. Watson) 著*
宋 刚 译

近几十年来,人类学家不再谈论"国家身份"(National Identity)这个话题。他们把它同现已贬值的文化及人格比较人种学派联系起来①。如今我们本学科的主导杂志争相发表关于过去及当前文化传统发源、发展的论文。那些没有被传授人类学行话秘技的人会被迫去判定何处"国家身份"终结,以及何处"文化身份"(Cultural Identity)开始。然而对人类学家来讲,这个区隔至关重要。

在本章,我要论证文化身份认同感是如何先于(并且因此而调适)国家身份的建立的。国家身份预设了一个现代、有媒体自觉性的政府系统的形成,以及在普通公民中对国家主义意识形态的提倡。正如本书的编者在导言中所提及,国家身份不会在任何一个社会"自然"生长。它必须被创造、养育,并且被政府当权者所提倡②。我在这里所勾

---

* 我感谢哈佛大学费正清中心在写作本章过程中所提供的支持。较早版本曾作为公开演讲稿,在马尔伯罗大学(Marlboro)、佛蒙特大学(Vermont)和哈佛大学前现代中国研究班(Premodern China Seminar, Harvard University)被介绍过。在檀香山东西中心的文化与传播研究所(Institute for Culture and Communication, East West Center, Honolulu),本篇亦曾被讨论过。

① 概述见巴诺(Victor Barnouw),《文化和人格》(*Culture and Personality*),荷姆伍德,伊利诺斯州:多尔西(Dorsey)出版社,1973 年,第 91—235 页。

② 又见安德森(Benedict Anderson),《想象的共同体:关于民族主义起源和散布的思考》(*Imagined Communities: Reflections on the Origin and Spread of Nationalism*)伦敦:沃索(Verso)出版社,1983 年。

画的进程与它相类似，然而在一个重要方面仍有不同。我认为普通民众（不仅仅是政府当权者）在提倡和维系文化身份认同感方面担当了一个核心的角色。在中国，民族主义和与之俱来的国家身份是后来才出现的。

我以一个问题起头，这个问题从早期耶稣会士最先开始写关于中国的记录起，就吸引了西方观察家们的注意：是什么让中国社会能在这么多世纪以来聚合在一起？换句话说，一个有着大洲般面积的国家，居住着说互相听不懂的语言、展示一系列种族差异的人们，可能被塑造成一个统一的文化吗？是什么让中国与欧洲如此大相径庭，或在同样意义上，与南亚大相径庭？

对这个难题的解答有多种：有些人强调表意的（即非语音的）文字的地位，它超越了语音共同体，从而允许不同地域受过教育的人分享一个共同的文学和哲学传统①。另外一些人则主张，中国政府经由复杂的官僚机构所映射出的专权，才使得这个社会聚合为一体②。更有人指出，中国商业中心和市场社区的繁复层级是开启文化整体的钥匙③。所有这些解释无疑是正确的。没有共同的文字、集权式的政府和复杂的中心地区的层级，一个人就无法想象“中国”，或者我们称之为中国文化的抽象物。其他诸如标准化的教育体制④，也可以被纳入这个程式，不过它们基本上是前两个因素的衍生物。

我提议从另外一个角度审视文化整合的难题，就是强调仪式在普通民众生活中的角色。文化在此情境中不（专门）是对文人追求的一

① 例如，参见何炳棣，《中国文化：探索其长命之根源》，《亚洲研究杂志》（*Journal of Asian Studies*），第35卷（1976年），第547—554页。

② 魏特夫（Karl Wittfogel），《东方专制主义：集权力量的比较研究》（*Oriental Despotism: A Comparative Study in Total Power*），耶鲁大学出版社，1957年。

③ 施坚雅（G. William Skinner），《中国历史的结构》（*The Structure of Chinese History*），《亚洲研究杂志》，第44卷（1985年），第271—292页。

④ 罗友枝（Evelyn S. Rawski），《晚期帝制文化的经济和社会基础》（*Economic and Social Foundations of Late Imperial Culture*），见姜士彬（David Johnson）、黎安友（Andrew Nathan）及罗友枝编，《晚期帝制中国的大众文化》（*Popular Culture in Late Imperial China*），加利福尼亚大学出版社，1985年，第29—32页。

个反映。它是一个不断变化的实体,必须在每一个新世代被再造。它不是某种预定的或永恒不变的东西,也不是人们被动地从先人承袭下来的一系列特征,就像泰勒式的观念会引导我们所期盼的那样。相反地,文化需要被谈判、交易和实现。所以我的方法是侧重人们的积极参与,他们(有些主动,有些不主动)合力"建构"(construct)了一个统一的文化①。

为了解释中国有关统一的卓越记录,早期的尝试不可避免地集中在儒官(及第者和政府的雇员)中的超级精英身上,他们在历史记录中最具可见度。这些人中很多都明显把他们自己视为有责任引导历史进程的倡议者②。我的目的不是贬低中国受教育精英们的地位,因为在所有的社会中,核心人物的介入的确影响到历史事件的结果。然而我认为,任何人不能单单转向这样一个稀薄的社会阶层去寻找文化统一难题的答案。他必须也要考虑普通民众:农民、工匠、店主、产婆、纱工以及劳工,不论男女,所有可以想象得到的人。正是这些人,连同地方精英、儒官,甚至皇帝本人一起,共同投身于一个统一文化的建构。关注的焦点因而从被动式转为主动式。生活中各类身份的人被认为是行动者,而不是反应者。由此可见,农民不是某些人所说的"意识形态塑形的可造之材"③,而是我们称之为中国文化这个表演中的主要

---

① 到目前为止,文化方式的建构是美国人类学最有影响的课题之一。它汲取了著作如:吉尔兹(Clifford Geertz),《内加拉:十九世纪巴厘的剧场政府》(*Negara: The Theatre State in Nineteenth Century Bali*),普林斯顿大学出版社,1980 年;萨林斯(Marshall Sahlins),《文化和实际理性》(*Culture and Practical Reason*),芝加哥大学出版社,1976 年;以及施奈德(David Schneider),《美国人的血缘关系:一个文化报告》(*American Kinship: A Cultural Account*),芝加哥大学出版社,1980 年;又见汉森(Allan Hansen),《毛利人的产生:文化创造及其逻辑》(The Making of Maori: Cultural Invention and its Logic),《美国人类学家》(*American Anthropologist*),第 91 卷(1989 年),第 890—902 页;以及林内金(Jocelyn Linnekin),《定义传统:关于夏威夷人身份的变异》(Defining Tradition: Variations on the Hawaiian Identity),《美国人种学家》(*American Ethnologist*),第 10 卷(1983 年),第 241—252 页。

② 尽管有一些重要的(而且众所周知的)例外,在此范畴内的大部分人都是男性。女性作为超级精英中文化建构者的角色依然相对地很少有研究。

③ 萧公权,《乡土中国:十九世纪的帝国控制》(*Rural China: Imperial Control in the Nineteenth Century*),华盛顿大学出版社,1960 年,第 225 页。

行动者。

我的论述侧重在晚期帝制的中国史,大致上是1500年到1940年的一段时间。在关于"晚期帝制"(late imperial)的定义上,学者中间有很大的争论。然而,这里所考察的文化体制似乎在明代中期成形,并且支配了整个汉语世界的社会生活,直到太平洋战争为止①。1940年的截止日期显得武断,因为晚期帝制文化在中国台湾、香港、中国大陆和新加坡的乡村地区仍然显而易见,尤其表现为宗教及仪式活动的形式。因此对文化而言,晚期帝制的标签与最后一个朝代的灭亡(1911年)没有太大关系;而且与后续政府的建立(先是中华民国[1912年],其后是中华人民共和国[1949年]),也没有太大关系。这个中国的个案的引人之处在于,文化建构的关键因素(如与出生、嫁娶和死亡相关的仪式)还没有具备新的、现代的形态,以有别于晚期帝制的模式。关于文化变迁的问题将会在本文附言中有更多的讨论。

在选取以何种方式切入文化统一的问题上面,首先要承认并非所有的社会体系都有高度的文化一致性。殖民时代东南亚多元国家的情形马上会跃入脑海②。在多元化的体系中,常常然而并不全部是由殖民精英所控制的政府使得社会聚合为一体。本章却是处理一个不同的问题,即文化统一的外在符号似乎要比政府权能更为凸显③。

在显示了高度的内部融合的社会中,有两种解释方式可以说明这

---

① 例如,见伊沛霞(Patricia B. Ebrey),《宗族团体组织的发展的初期阶段》(The Early Stages in the Development of Descent Group Organization),见伊沛霞、华琛编,《中国帝制晚期的血缘组织》(*Kinship Organization in Late Imperial China*),加利福尼亚大学出版社,1986年;及罗友枝,《晚期帝制文化的经济和社会基础》。

② 佛尼瓦尔(John S. Furnivall),《尼德兰印度:多元社会的研究》(*Netherlands India: A Study of Plural Society*),剑桥大学出版社,1944年。

③ 19世纪政府权力的衰落是清史学家的主要关注点。例如,参见瞿同祖,《清统治下的中国地方政府》(*Local Government in China Under the Ch' ing*),斯坦福大学出版社,1962年;孔飞力(Philip A. Kuhn),《中华帝国晚期的叛乱及其敌人》(*Rebellion and Its Enemies in Late Imperial China*),哈佛大学出版社,1970年;魏斐德(Frederic Wakeman Jr.),《大门口的陌生人:1839—1861年间华南的社会动乱》(*Strangers at the Gate: Social Disorder in South China, 1839—1861*),加利福尼亚大学出版社,1966年。但是这个衰败似乎没有影响到中国人的文化统一。不管政治的发展如何,他们持续将自己当作是一个伟大文明的代表。

一发展进程：在某些环境中，人们通过培育一个共享信仰系统来建构一个统一的文化；在另一些环境中，文化统一是通过遵循一系列共享的习惯或仪式来维持（抑或发起?）的。这两种方法自然紧密关联，因为在现实社会中信仰和实践无法分离。按照定义说来，任何统一的文化都有一系列共享的信仰以巩固其集体化的仪式。不过为了议论的目的，我选择在信仰与实践中间建立一个明显武断的区分。

这个针对文化统一的双重方法并非原创，它借助于杜克海默（Emile Durkheim）、史密斯（Robertson Smith）和许多人类学先导的著作。这个问题只有在进行社会间比较时才变得有意味。某些文化看起来更多倚重于共享的信仰，而其他文化则偏向集体化的仪式。后一类型的社会以人类学家所说的表现领域为主要重心①。在中国，一个统一的文化的建构似乎主要依靠培养并维持一个共享仪式体系。相比之下，对共同的信仰强调得较少。

这并非说中国人缺乏一系列共享的信仰。他们显然具备这样一个体系，正如弗里德曼（Maurice Freedman）在谈论中国宗教时所建议的："中国人的宗教思想和实践不是偶然集合起来的因素的堆积，所有表象及更大的文学延伸是恰恰相反的……在表面的多样性的后面存在着某种次序。这种次序可以被表达……既在思想层面（信仰、表现、分类原则……）又在实践和组织层面（仪式、编组、等级等等）"②。桑格瑞（Steven Sangren）的近作也可以引用，以支持一贯的信仰强化中国人礼仪实践的观点③。

即便承认一个统一信仰体系的核心因素真的存在于帝制晚期的

---

① 例如，见塔米比亚（Stanley J. Tambiah），《从行为角度接近仪式》（A Performative Approach to Ritual），《英国科学院学报》（*Proceedings of the British Academy*），第65卷（1981年），第113—169页。

② 弗里德曼（Maurice Freedman），《关于中国宗教的社会学研究》（On the Sociological Study of Chinese Religion），收于武雅士（Arthur Wolf）编，《中国社会的宗教和仪式》（*Religion and Ritual in Chinese Society*），斯坦福大学出版社，1974年，第20页。

③ 桑格仁（Steven P. Sangren），《一个汉人社区的历史与魔力》（*History and Magical Power in a Chinese Community*），斯坦福大学出版社，1987年。

中国,我认为正形(正确的仪式)作为取得及维系文化统一的主要手段支配了正统(正确的思想)。两批人种学的数据解释这个观点:第一批关乎丧礼仪式的构成及表演;第二批处理寺庙团体的标准化,以及政府当权者控制地方宗教的努力。值得注意的要点是,婚嫁仪式在这个分析中可以轻易代替丧礼仪式。两者都服从于以下所列出的标准化程序,并且都是能定义中国人正形的关键因素①。

有评判力的读者将会注意到,对数据的选择可能会影响分析的结果。从事田野调查的人类学家对社会有一个特殊的或者说是有限的视角。我们是从下而上工作,而不是像大多数中国社会专家那样从上而下工作。这意味着我们主要是和村民、店主、工人及退休人员(侧重在最后一类人,因为老人有更多的时间与好奇的外人闲谈)交谈。除了特殊的例外,人类学家很少侧重精英中的成员,不论是知识分子还是非知识分子。我的田野调查对象大多几乎没有文化,而那些受过教育的只有窄范围的阅读和写作能力。换句话说,他们与姜士彬(David Johnson)所谓"受古典教育的/有合法特权的"老练精英们相去甚远②。

和很多人类学家一样,我对中国社会的描述源自我曾住过的乡村。一个是在香港新界的两个广东人社区,历时三年之久,加上几次在广东珠江三角洲的短期停留。香港调查点是以宗族为基础的社区,即是说,除了少数几个店主之外的所有男性都是开拓者先人的后裔。所讨论的宗族(文姓和邓姓)在新界地区分别存在了四百

---

① 例如,参见弗里德曼,《中国血缘和婚嫁的仪式》(Ritual Aspects of Chinese Kinship and Marriage),见弗里德曼编,《中国社会的家庭和血缘》(*Family and Kinship in Chinese Society*),斯坦福大学出版社,1970 年;韩书瑞(Susan Naquin),《中国北方的婚嫁:仪式的角色》(Marriage in North China: The Role of Ritual,论文发表于中国死亡仪式的研讨会,奥拉克尔,亚利桑那,1988 年);及华若碧(Rubie S. Watson),《编后记》(Afterword),收于华若碧、伊沛霞编,《中国社会的婚姻和不平等》(*Marriage and Inequality in Chinese Society*),加利福尼亚大学出版社,1991 年。见伯苓(Judith Berling),《正形》(Orthopraxy),见伊利亚德(Mircea Eliade)编,《宗教大百科》(*The Encyclopedia of Religion*),第二卷,纽约:麦克米兰出版社,1987 年。

② 姜士彬,《晚期帝制中国的传播、阶级和意识》,收于姜士彬等编,《晚期帝制中国的大众文化》,第 56—58 页。

年和六百年①。近几十年来，由于香港都市地区辐射出的影响，这些社区已经有很大的变化。不过，晚期帝制文化的核心因素被当地村民们保存并复兴起来，包括祖先崇拜、寺庙组织，以及与出生、嫁娶、死亡相关的复杂仪式。这些广东村民的生活为礼仪所标记，因而我个人对中国文化的看法是以对仪式的持续暴露和谈论为条件的。

让一个人成为中国人的文化属性，似乎与信仰、态度或共享的信条没有太大关联。在中国，从来没有一个统一的宗教的集团或教会负责散布真理，就像在基督教世界中一样。事实上，真理的观念是受制于文化的一个概念，只在西方语境中有意义②。与西方教会等级制最相近的对应是帝国官僚体制，然而中国官吏数量较少，并且专注于善政，而非宗教信仰。

在检验文化建构进程的时候，大概最好从汉人与非汉人的区分开始。中国人一般将此呈现为一个直接的二分：一个人要么是汉人，要么不是。此处的核心表征是，一类人被视为有文，多译为文明、学问或者文雅。英文里这个二分可以翻译成开化的，与未开化的相对照。

在这个背景下，作为一个中国人意味着他要根据主导文化的规则进行游戏，而且要被那些自认可以做评判的人，比如邻居、地方领袖或帝国的官员判定为一个好的演员。那么这个游戏的规则是什么呢？一个人如何才成为中国人并且保持他的“中国性”（Chineseness）呢？在普通民众看来，作为一个中国人要理解并接受一种观念，即有一个正确的方式进行与生活周期相关的主要仪式，也就是出生、婚嫁、死亡

---

① 华琛，《移民与华人宗族：在香港与伦敦的文氏家族》（*Emigration and the Chinese Lineage: The Mans in Hong Kong and London*），加利福尼亚大学出版社，1975 年；华若碧，《兄弟间的不平等：中国南方的阶级和血缘》（*Inequality among Brothers: Class and Kinship in South China*），剑桥大学出版社，1985 年。

② 陈汉生（Chad Hansen），《中国语言、中国哲学和‘真理’》，《亚洲研究杂志》，第 44 卷（1985 年），第 491—519 页；霍巴特（Mark Hobart），《透过窥镜看人类学：或如何教巴厘的狗吠叫》（Anthropos through the Looking-glass: or How to Teach the Balinese to Bark），收于欧沃玲（Joanna Overing）编，《理性和道德》（*Reason and Morality*），若特莱杰（Routledge）出版社，1985 年；及尼德汉姆（Rodney Needham），《信仰、语言和经验》（*Belief, Language, and Experience*），牛津：布莱克威尔（Blackwell）出版社，1972 年。

和先祖身份。对这些仪式的正确履行是一个清晰、毫不含糊的方法，可以把开化的从未开化的中间区别出来，或者从边缘人的角度考虑，把熟的从生的中间区别出来[①]。换句话说，实践而不是信仰，使得一个人成为中国人。

丧礼仪式：统一之内的变异

大量的人类学研究着重在中国人的祖先崇拜以及相关的葬仪实践上[②]。就我本人的田调经验来讲，我曾参加过近二十次葬礼，并目睹了数百次与死亡有关的仪式。在撰写这类材料时，我像所有的人种学者一样，开始比较我在广东人中间所看到的和中国其他地方关于丧礼的描述（以帝国晚期为时间跨度）。结果变得很清楚，丧礼仪式的基本形式在整个帝国之内都是类似的。当然会有一些区域性的变异，但是总体来讲所有的中国人，从最贫穷的农民到皇帝本人，都从事同样顺序的丧礼仪式行为[③]。这个行为的顺序可以称之为中国丧礼仪式的基本结构。按照人种学的描述，有可能将其隔离成九个单独的行动，为了让丧礼被视为合宜的，它们必须被实行。这九个行动就把开化的从未开化的中间区别出来。这里不能有任何模糊性：一个丧礼要么按中国丧礼次序实行，要么就不按这个次序实行。

概言之，这九个行动是：(1)仪式化的哭号以宣告死亡，通常（然而不都是）由女人来执行；(2)披戴麻衣或与服丧有关的标志；(3)仪

① 烹饪的象征常常被普通中国人用来讨论非汉人的社区，例如参见，韩书瑞、罗友枝，《18世纪中国社会》(*Chinese Society in the Eighteenth Century*)，耶鲁大学出版社，1987年，第127—128页。"生"和"熟"的对立在今天的台湾仍旧普遍，被用来指称台湾原住民被吸纳到汉文化的程度。

② 关于这方面的综览，参见华琛，《中国丧礼仪式的结构：基本形式、仪式顺序和首要行为》(The Structure of Chinese Funerary Rites: Elementary Forms, Ritual Sequence, and the Primacy of Performance)，收于华琛、罗友枝编，《帝制晚期和现代中国的死葬仪式》(*Death Ritual in Late Imperial and Modern China*)，加利福尼亚大学出版社，1988年。

③ 关于帝国礼仪，见罗友枝，《死亡的帝国之道》(The Imperial Way of Death)，收于华琛、罗友枝编，《帝制晚期和现代中国的死葬仪式》。

式化尸体沐浴；(4)通常是经由火的媒介，把食物、冥钱和物品转给死者；(5)准备一个有文字的灵位（意即死者必须有一个中文名字）；(6)在仪式化的背景中铜钱和银钱的使用；(7)用高音位的笛子和锣鼓来标记仪式的过渡；(8)将尸体封在一具木棺里面；(9)由一支正式的队列相伴，将棺材移出社区。其中的某些行动也可以被非汉人实行，然而正是这整套的仪式和独特的组合才使得一个丧礼成为中国式的[①]。

在考虑文化统一的进程时，上述最后两个行动最有意味。一个中国式丧礼的必要条件是尸体在从社区挪开之前，必须被封在一个密不透气的棺材里。封棺的行为在这个系列中可能是最富戏剧性的，通过把棺盖用铁钉钉上来完成。当棺材被抬至社区的边界时（通常以门或墙为标志），必要的仪式顺序业已完成。只要仪式被合宜地实行，某个人对死亡或来生有何种信仰无关紧要。愤世者、不可知论者和无信仰者跟那些表示坚信这些行为有效的人们一起参加这类的仪式。那些拒绝遵循公认程序的人，是在有意识地把他们自己与社区隔离开来，因而从主导文化中退出。有意思的是，在这方面有很多广东的基督徒设法按公认的程序执行仪式，即便丧礼中口头和文字的部分与基督教的期望值一致。

这个次序的核心因素确实是由一个潜在的信仰体系所支撑，而且毫无疑问地大多数中国人都分享这个信仰体系。丧仪的公开目的之一是保持尸魂合一。很多人认为，在移棺出社区之前两者的分离会带来灾难。仪式还被视为对亡魂有控制和平息的效果，因亡魂被描绘成是不稳定的和无目标的，对生者有潜在的危险。和这些信仰密切相关的一个观念是，生者和死者被连接在一个互换的网络中，象征性地通过食物、冥钱和物品传递到阴间。作为回报，生者期待着在今世受益，例如好运、财富以及子嗣。

尽管这些信仰很重要，普通民众言谈中对仪式在正确顺序中实行的关注，要超乎对意义或象征的讨论。然而这不意味着在实行上面没

---

① 关于仪式因素更多的论述，参见华琛《中国丧礼仪式的结构》。

有变化。只要那些行动在认可的顺序中被完成,仪式表达的无限多样仍存有空间。例如,尸体沐浴和封棺在我所研究的两个广东人村落里实行起来大不相同,尽管仪式的整体结构是相同的。

于此可见中国人对文化整合切入方式的特色:这个体系在一个支配性的统一结构下容许很高程度上的变更。有关尸首最后处置方面的仪式是这个原则的一个极好例证。一旦封好的棺材被按照公认的方式从社区移走,送葬人可以自由根据当地风俗处置尸首。然而,并没有一个处置尸首的基本结构适用于全国范围。

有关中国人葬礼风俗的研究,其未开发程度令人吃惊。我们大部分的信息来自南方,特别是广东、福建和台湾。在这些地区的人们有重葬的习俗,故而他们如何调适标准化的丧礼仪式颇为引人注目。中国式的重葬包括七到十年之久的棺内初葬,接下来是捡骨,即把骨头装入大罐里,最后再葬于一座永久的坟墓[①]。中国式丧礼仪式的基本要求是把尸首存于密不透气、通常形体坚固的棺材里,然而这与重葬的要求直接相悖。后者鼓励让尸身快速腐烂,从而可以挽回并重葬未受污染的尸骨。

中国南方的农民在遵循标准丧仪上没什么困难,其前提是按指定行为合宜进行的丧礼最终以棺材移出社区作结。在台湾北部,村民们有时候会在下葬前用斧头猛击棺材的一头。而在台湾的另一个部分,一个礼仪专家会受雇到坟边在棺材上钻孔[②]。广东人和广东的客家人(包括香港)在下葬之前常常会破坏棺材周边的封口。当然,所有这些

① 阿赫恩(Emily Ahern),《一个中国乡村的死者崇拜》(*The Cult of the Dead in a Chinese Village*),斯坦福大学出版社,1973 年,第 163—219 页;凌纯声,《东南亚的洗骨葬及其环太平洋的分布》(The Bone-Washing Burial Custom in South-East Asia. and its Circum-Pacific Distribution),《中国民族学报》(*Bulletin of the Ethnological Society of China*)(台湾),第 1 卷(1955 年),第 25—42 页;汤普森(Stuart E. Thompson),《死亡、食物和生殖力》(Death, Food, and Fertility),收于华琛、罗友枝编,《帝制晚期和现代中国的死葬仪式》;华琛,《骨与肉:广东社会对死亡污染的处理》(Of Flesh and Bones: Management of Death Pollution in Cantonese Society),收于布洛赫(Maurice Bloch)、帕里(Jonathan Parry)编,《死亡和生命的再生》(*Death and the Regeneration of Life*),剑桥大学出版社,1982 年。

② 个人交流(以及照片提供),分别与埃米莉・阿赫恩和斯图亚特・汤普森,1988 年。

行为都是要加速尸身的腐烂。棺材因此而成了放尸骨的方便容器，而不是最后的安息之所。

在中国北部，重葬在帝制晚期没有被实践过。事实上，北方人听到南方风俗会常常感到厌恶。我目睹了众多的场合，一旦广东人用骨灰罐的目的被解释给北方的中坚分子听，他们就回应以坚决的痛恨。然而北方人也做一些让南方人吃惊的事，如把棺材停在地上。为了等待配偶或长者的逝世，有时候会持续几十年，从而通过同时下葬让家人重聚①。

在四川的边界，自称为汉人的民众并不将死者埋葬。棺材反而被放在山坡上的洞窟里，作为家族的墓穴②。在山西省，很多人继续以传统的方式埋葬死者：在黄土中挖一个巨大的坑，北面墙上凿刻出一个壁龛。其后棺材就被放在壁龛里，同时土坑被泥土掩埋。这个程序费时十天，并且牵连到很多繁复的仪式③。即便从这个简短的调查也能明显看出，并没有处理尸首的统一的仪式。

南方的汉人（例如广东人、客家人和福建人）的重葬情结告诉我们一件重要的事，关乎中国人之间所共享的文化身份感的建构。毫无疑问，这个习俗在历史上就与本地区非汉人文化（或更确切地说汉人以前）的密切交流相关联。埋葬和重葬的模式强调尸身和尸骨的分别，这在东南亚山区很普遍，而且顺着半岛延伸至婆罗洲和新几内亚④。在中国南方漫长的汉化历史中，本地的葬仪实践通过某种方式被转化

---

① 伊沛霞，《宋代政府对大众丧礼实践的回应》（State Response to Popular Funeral Practices in Sung China），收于伊沛霞、格里高里（Peter S. Gregory）编，《唐宋时期的宗教与社会》（*Religion and Society in T' ang and Sung China*），夏威夷大学出版社，1993 年；韩书瑞，《中国北方的丧礼：一致和变异》，收于华琛、罗友枝编，《帝制晚期和现代中国的死葬仪式》。

② 石钟健，《四川省悬棺葬》（Sichuan hanging burials），《民族学研究》（*Ethnological Research*），第 4 卷（1982 年），第 100—118 页。

③ 山西农村部分地区遵循这个程序（与匹兹堡大学徐晓敏（音译）的个人交流，1988 年）。

④ 例如，参见赫兹（Robert Hertz），《死亡和右手》（*Death and the Right Hand*），1907 年；纽约：自由出版社，1960 年再版；及麦特凯夫（Peter Metcalf），《婆罗洲式的死亡旅行：比拉万人仪式中的末世学》（*A Borneo Journey into Death: Berawan Eschatology from Its Rituals*），宾夕法尼亚大学出版社，1982 年。

而且合并到汉文化的地方样式当中①。这不是说,重葬仅仅是从早期种族间交流而来的一个复兴。举国之内,丧葬仪式深深地嵌入到本地亚文化的政治经济当中。例如,这些仪式与财产及土地所有权的观念密切相关。相应地,葬礼实践的变化自然而然地暗示了对地方权力机构合法性的威胁。

由于政治的向心力,尸首处置仪式在寻求文化统一方面从未受制于重新谈判和更改,这一点确实意义重大。因此把埋葬仪式从指定的丧礼仪式列表中除去,可以被视为是对族群和地域敏感话题的一个含蓄的让步。这就是帝国官员和受过教育的精英们有意识政策的结果,因为任何控制埋葬实践的尝试都会有惨痛的耗费,而且不可能付诸实施。相反,遵循标准的丧礼次序不会严重侵害权力关系结构。仪式可以被很容易地调适以配合特殊的需要(正如现代基督教的调整所证明的)。那些选择不按标准程序执行丧礼的人就会被标记为非汉人,或者更糟,成为危险的派系分子。

中国文化体系因而允许自由的表达,而外人会视此为混乱的地方多元状态。特别是仪式对地域性以及亚族群性的文化展示给予了相当大的余地。这一体系如此地灵活,以至于那些自称是中国人者既可以参与一个统一的、有核心组织的文化,又可以同时显扬他们本地的或地域的特性。

帝国政府当然紧密参与了丧仪的标准化,但是它从未有可能把仪式的统一结构强加于一个有如此宽广范围和复杂性的社会。更为精巧的手段是必要的。有很好的证据表明,全境之内的帝国官员都参与

---

① 很明显,现代广东人和客家人的下葬实践不单单是以前汉人形式的翻版。中国人的重葬模式无疑在过去的一千年中已经改变了,就像现代非汉人文化的改变一样。换句话说,一个人不能期待着在广东现存少数民族人中找到广东式的罐葬仪式。关于这个葬仪复合体的源头,必须到养育了两者现代族群的前汉人或初期汉人文化中去找。贝乐德(W. L. Ballard)对理解南中国方言的起源提出了一个类似方法的分析。贝乐德,《南中国语言史的若干方面》(Aspects of the Linguistic History of South China),《亚洲观察》(*Asian Perspectives*),第 24 卷(1981 年),第 163—185 页。

了对一套标准化丧礼和服丧风俗的提倡[①]。而婚嫁仪式也是如此[②]。公认的准则被写入手册中，在境内即使最小的乡镇也能得到[③]。据我们所知道的帝制晚期中国的权力分配情况，很可能地方精英赞同公认的习俗，并且鼓励在他们所掌握的社区里进行某种仪式的正形：他们要做带头的典范。不可接受的行为慢慢地被压制或改造，以符合那些中心化的范式[④]。

这就是为着一个标准仪式结构的叠加所形成的机制，然而我们依然对其接受的进程知之甚少。我们所意识到的这个标准模式，是政府所倡议并实行了几个世纪的社会运作手段的结果？还是广大民众自愿采纳的结果？我们能假定这些进程是互相排斥的吗？很明显，一定是有某些强烈的诱因，使得各阶层以及有各种地域背景的人们联合起来，进行一套标准化仪式的文化建构。在我们能够确定回答这些问题之前，还有很多工作要做。然而可以确信的是，对于礼仪实践而不是信仰的专注，才可能使得帝国当权者、地方精英和普通农民都赞成丧礼行为的合宜形式。

因此成为中国人的过程并没有涉入对公认教条的皈依，也没有对某个信条或一系列观念的信仰表白。实质上，一个人是通过做中国人

---

① 见伊沛霞，《宗族团体组织的发展的初期阶段》（见注 10）；及罗友枝，《从史学家角度看中国死亡仪式》（A Historians Approach to Chinese Death Ritual），收于华琛、罗友枝编，《帝制晚期和现代中国的死葬仪式》。

② 见华若碧、伊沛霞编，《中国社会的婚姻和不平等》。

③ 例如，参看被许舒（James Hayes）在香港书店发现的仪式手册列表，《晚清和 20 世纪初中国通俗文化：香港收藏所备书籍列表》（The Popular Culture of Late Ch'ing and Early Twentieth Century China：Book Lists Prepared from Collecting in Hong Kong），收于姜士彬等编，《晚期帝制中国的大众文化》，第 174 页。这些文本大部分是晚清和民国初期出版的。这种性质的手册常常以名为《家礼》的文本为范本，通常认为是儒家学者朱熹（1130—1200）所作。关于此书，参见伊沛霞，《礼仪教育：宋朝家礼的形成》（Education through Ritual：The Formation of Family Rituals in the Sung Dynasty），收于贾志扬（John Chaffee）、狄百瑞（William Theodore de Bary）编，《理学教育：形成阶段》（*Neoconfucian Education：The Formative Stage*），加利福尼亚大学出版社，1990 年。对合宜丧礼和服丧礼仪的书面指导在中国有久远的历史，从产生于公元前 5 到 2 世纪的《礼记》和公元前 3 世纪荀子的作品开始。关于丧礼手册的广泛流行，参见韩书瑞，《中国北方的丧礼》，第 63—65 页。

④ 关于仪式专家标准化的角色，见韩书瑞，《中国北方的丧礼》。

所做和行中国人所行而成为中国人的。也许这个文化转化所能得到的最清楚标记,就是以公认的方式实行那些关键的仪式。

按照中国式规矩所进行文化的游戏,其益处的确很大。它可以区分出是被视为帝国政府的一个子民,还是仅仅被视为一个牺牲品。政府当权者始终对那些在文化上保持距离的人抱有深深的疑虑。帝国扩张的最常用手段就是对非汉人的汉化。取决于历史情境,这个进程要么采取经由异族婚姻渐进式吸纳的方式,要么采取通过政治统治强制同化的方式①。在南方,非汉人没有什么抵制。一千多年来,大部分被汉化或者被淘汰了。然而在北方和西方,却是一幅迥然不同的图画。在草原和高地上,中国文化遇到了它的对手。即便是今天,边界的非汉人还在强烈抵制汉人社会的同化。

越南和朝鲜也与这个讨论相关,尤其是这两个社会的丧礼仪式颇类似于中国式九个行动的顺序②。按中式的规矩实行仪式,使得越南人和朝鲜人在汉人眼里成为"开化的"。然而,不论哪一族群都不能归为汉人,因为他们住在中国的边界以外。地理发源于是成为一个决定谁是中国人、谁不是中国人的标准。很多海外华人小心地维持传统仪式,从而把他们自己跟非华人的邻居区别开来。中国特质的定义也取决于视角:在某些年代,越南和朝鲜是作为属国与中国联通,以朝贡的方式向中国皇帝表示恭敬。所以中国官员可以把越南人和朝鲜人当作中国子民对待,但是因为政治的原因他们只算是次等人③。而越南人和朝鲜人如何看待自己则是另外一回事④。不过,这两个社会的丧礼仪式在本质上是

---

① 艾伯华(Wolfram Eberhard),《中国的少数民族》,第105—147页。

② 例如,参见杜莱之(Paul C. Dredge),《韩国丧礼:仪式作为进程》(Korean Funeral: Ritual as Process),收于肯德尔(Laurel Kendall)、迪克斯(Griffin Dix)编,《韩国社会的宗教和仪式》(*Religion and Ritual in Korean Society*),加利福尼亚大学韩国研究中心,1987年;西克(Gerald C. Hickey),《越南农村》(*Village in Vietnam*),耶鲁大学出版社,1964年,第123—132页;及潘继邴(Phan Ke Binh),《越南风俗(*Vietnamese Customs*)》(西贡:出版处不明,1915),第42—52页。

③ 伍德赛德(Alexander Woodside),《越南和中国模式》(*Vietnam and the Chinese Model*),哈佛大学出版社,1971年。

④ 我感谢胡财惠辛(Hue-Tam Ho Tai,音译)谈论关于这些问题,并提供丧礼仪式的越南语参考书,包括注40引用潘继邴的著作。当然对于我的议论,她没有任何责任。

中国式的事实，乃是一个引人瞩目的证据，证明了中国文化的支配力。

行动对信仰：宗教行为的标准化

即便那些明确为汉人的民众，也不得不根据主导文化的规则去行动。特别是普通民众，他们对卷入异教团体或宗教小圈子尤其警觉，因为未经过帝国官员的许可。一旦涉足宗派主义，就可能很容易导致整个家族的灭绝或者流放①。

中国政府对宗教宗派的政策颇为有趣，因为它强调行为而非信仰。没有被转化为政治行动（以团体组织、朝圣以及节庆的形式）的信仰不会引起立即的关注。因此与欧洲对应的官员相比，中国官员只花很少的时间去调查宗教小圈子的信仰体系。信徒的行为，尤其是反政府行为，会引发皇帝的愤怒。正如杨庆堃（C. K. Yang）所评论的："有相当多经验性的事实表明，实际的政治考量，而非哲学或神学的反对，才是传统对异端敌视的主要动因。可以这样讲，儒家和其他教义或信仰之间的宗教争论在中国古典文献中并不存在。"②。约翰逊在近期对仪式戏剧的研究中，更加强有力地主张这一点："对官员而言，最可靠的异端的迹象不是教义上的，而是行为上的。如果敬拜者变得狂热或狂乱，如果强大的情感被唤起，如果人们显出异常虔诚的迹象，[政府] 官员就有可能介入。"③

通过遵循公认的婚嫁和丧礼仪式的范式，以及为那些朝廷认可的神明兴建庙宇，普通村民可以安全地行动。大部分今天所见到的在香

---

① 例如，见韩书瑞，《中国北方的两个宗族团体：永平郡王姓，1500—1800 年》(Two Descent Groups in North China: The Wangs of Yung-p'ing Prefecture, 1500—1800)，收于伊沛霞、华琛编，《中国帝制晚期的血缘组织》，第 238—239 页。

② 杨庆堃，《中国社会中的宗教》(*Religion in Chinese Society*)，加利福尼亚大学出版社，1961 年，第 193 页。

③ 姜士彬，《行动大于言辞：中国礼仪戏剧的文化意义》(Actions Speak Louder than Words: The Cultural Significance of Chinese Ritual Opera)，收于姜士彬编，《礼仪剧、戏剧化的礼仪：中国通俗文化里的"目莲救母"》(*Ritual Opera, Operatic Ritual: "Mu-lien Rescues His Mother" in Chinese Popular Culture*)，伯克莱：中国通俗文化工程，1989 年，第 25 页。

港和珠江三角洲的寺庙,是献给这些被认可的神明的。在帝制的晚期,过多关注帝国神坛以外的神明是要冒风险的①。那些被优待的神明,即那些被认为是替朝廷效力的神明,被赐予帝国头衔和升迁,如同活着的官员一样。

中国南方最受欢迎的神明之一是天后,通常翻译为"上天的皇后"(Empress of Heaven)。这个女神的名字实际上是乾隆皇帝于1737年所赐予的一个光鲜亮丽的头衔,作为对她平息海盗和襄助帝国官员的酬谢②。在台湾她是众所周知的,叫做妈祖,并被普遍公认为台湾文化民族主义的象征③。天后宗派沿着海岸线从南方的海南延伸到北方的威海卫。这个女神进而与海上佑护及海岸安全相联系。地区官员积极支持这个宗派,作为政府掌控的一个明证。他们也鼓励压制那些与之抗衡却又不在帝国神坛之列的神明。到了19世纪50年代,天后和其他一些政府认可的神明已取代了数以千计只有在当地社区才为人所知的地方神明。这个宗教标准化的进程已在别处被详细描述过④。

关于中国宗教所要注意的核心要点是,帝国政府没有试图在信仰上制定律法。官员们所关注的主要是合宜的敬拜行为,大多数直接从寺庙兴建和节庆监察中反映出来。只要人们在认可的寺庙敬拜,他们可以自由相信他们所期望的有关住在那里的神明的任何事情。例如,广东乡下人对天后持一系列混淆的、常常是矛盾的信念:对地方官而

---

① 杨庆堃,《中国社会中的宗教》,第144—165页。

② 关于天后的头衔,参见鲍菊隐(Judith M. Boltz),《向天妃致敬》(In Homage to T'ien-fei),《美国东方学会杂志》(*Journal of the American Oriental Society*),第106卷(1986年),第211—232页;及维特霍夫(Von Bodo Wiethoff),《国家操控的妈祖信仰》(Der Staatliche Ma-tsu Kult),《德国东方学会杂志》(*Zeitschrift der deutschen morgenlandischen Gesellschaft*),第116卷(1966年),第311—357页。

③ 德格洛柏(Donald DeGlopper),《鹿港的宗教和仪式》(Religion and Ritual in Lukang),收于武雅士编,《中国社会的宗教和仪式》(见注14)。

④ 杜赞奇(Prasenjit Duara),《写在上方的象征:中国战神关帝的神话》(Superscribing Symbols: The Myth of Guandi, Chinese God of War),《亚洲研究杂志》,第47卷(1988年),第778—795页;华琛,《神明的标准化:南中国海岸对天后的提倡,960—1960》(Standardizing the Gods: The Promotion of T'ien Hou [Empress of Heaven] along the south China Coast, 960—1960),收于姜士彬编,《晚期帝制中国的大众文化》。

言，她是开化的（即平定的、政府批准的）行为的象征。对地主、商人阶层而言，她是社会秩序的守护神。对自主的农民而言，她是宗族专权的支持者。对卑下的佃户而言，她是处于下层人们的守护者。对船夫和海盗而言，她承诺平定凶险的海洋。对所有阶层的女人而言，她是赐子嗣的生殖女神。这些只是天后的少数几个集合式的表征。文献资料揭示出帝制晚期许多其他的身份，其中一些濒临异端的边缘[①]。然而政府官员并不关注这些精神的构成。重要的是人们选择哪些神明来敬拜，而不是关于这些神明他们相信什么。政府强调形式甚于内容，从未有过任何在中国宗教中培植出一系列标准化信仰的尝试。

这似乎是考虑某些跨文化比较的一个好时机。概言之，基督教在欧洲的历史很大程度上是一个变化中的信仰的历史，或者更确切地说，是一个由对正确信仰产生争执而导致的破碎的历史。当然，这对于宗教改革及其后果是一个简单化的观点。但是从总体上讲，欧洲社会中始终存在着对正确信仰的鼓励，而对仪式方式相对地较少关注[②]。这是一个侧重点的问题。显然，正形在基督教的传播和维持方面扮演了重要的角色。不过，中国宗教体系与欧洲宗教体系之间有鲜明的对比。前者强调仪式方式，几乎排斥了标准化信仰；而后者则（在不同时代）对仪式和信仰兼重，而且重于真理以及对异端的根除。

关于基督教圣餐礼的无休止的辩论是一个很好的例子。争议集中在行动的意义方面，转而反映出不同的信念[③]。中国人中间没有类似的情形。在中国，祭祀是农民和帝国官员都可以做的，这方面的讨

① 见华琛《神明的标准化》中的论述。

② 例如，参见阿萨德（Talal Asad），《中世纪的异端：一个人类学的观点》（Medieval Heresy: An Anthropological View），《社会史》（*Social History*），第11卷（1986年），第345—362页。

③ 例如，参见布尔特曼（Rudolf Bultmann），《新约神学》（*Theology of the New Testament*），卷一，伦敦：SCM出版社，1952年；高尔（Charles Gore），《基督的身体：圣餐礼制度和教义的调查》（*The Body of Christ: An Inqury into the Institution and Doctrine of Holy Communion*），伦敦：慕利出版社，1901年；及奥尼尔（A. M. O'Neill），《圣餐的秘密》（*The Mystery of the Eucharist*），都柏林：吉尔出版社，1933年。

论集中在仪式的合宜形式,却极少涉及它们的内在蕴含和重要性[①]。在中国的背景下,重要的是要正确地做出来。

印度宗教传统展示出另一个有意思的对比。在英国统治以前,南亚没有为中央集权的国家体制所支配。的确,如沃什布鲁克(David Washbrook)所言,把“印度”当作一个政治和文化实体的概念是直到殖民时代的晚期才出现的[②]。先是被英国人扶植,然后被那些受过西式教育的并对国家建设有兴趣的人所扶植[③]。相反在中国,政府权力的政治现实在对“中国”(Central Kingdom)的接受中反映出来。对任何很早 (有争议性) 就住在国境以内的人而言,这是一个意味深长的概念。中国农民阶层不需要现代化的精英去提醒他们,说他们共享着一个伟大的文化传统,并且都是一个中央集权政府的子民。

这种国家身份的区别反映在仪式上面。与中国不同,印度次大陆没有一系列标准化的仪式,以标志生命中紧要时刻。即便有人把分析局限于印度人,与中国的对比也很显著。例如在丧礼仪式中,印度人的实践并没有遵循一系列标准行为,使其传统与其他人种或者宗教传统相区别。换句话说,印度仪式没有基本的结构。众多的群体(亚等级)以不同方式进行丧礼,而且它们之间的差异多于相似之处[④]。婚嫁仪式明显也是如此。

因此,不是正形将印度结在一起,成为一个统 的文化。那么正统呢?这里也有很严重的问题,因为次大陆没有一系列标准化的宗教

---

① 当然有一些例外,最明显地是在佛教僧侣中间。魏乐博(Robert P. Weller)在他研究台湾宗教时提出这一点,见《中国宗教的同一和多元》(*Unities and Diversities in Chinese Religion*),华盛顿大学出版社,1987 年,第 110—124 页。然而重要的是,他所研究的佛教专业人士没有把他们对仪式行为的解释强加于一般信徒身上。

② 沃什布鲁克(David Washbrook),《甘地和“印度”的创造》(Gandhi and the Creation of “India”)(论文宣读于哈佛大学费正清中心,1987 年)。

③ 又见考恩(Bernard Cohn),《维多利亚时代印度的代表权威》(Representing Authority in Victorian India),收于霍布斯鲍姆(Eric Hobsbawm)、兰格(Terrence Ranger)编,《传统的创造》(*The Invention of Tradition*),剑桥大学出版社,1983 年。

④ 这些观点建立在与福勒(Chris Fuller)、帕里斯、塔米比亚、沃什布鲁克和其他人的讨论基础上。对印度社区人种学的考察证实了这一点。它与中国人种学资料所包含的证据形成鲜明对比。在华琛《中国丧礼仪式的结构》中对此有所探讨。

信仰或者一贯的信条。当然，有一个大体公认的神明集合体被印度人以各种方式敬拜，他们与政府所控制的神祇相对立[①]。但是，有关这些神明的信仰却极为多样。此外，没有任何国家机器对管制信仰负责。

杜蒙特（Louis Dumont）和他的支持者建议说，印度社会的统一可以在思想和价值领域找得到，尤其是那些与污染、洁净和社会等级的意识形态相关的[②]。《印度社会学的贡献》的最初几期记录了迄今关于这个问题的一个有名的争论：杜蒙特和鲍考克（David Pocock）认为，印度的统一明显在于"种姓制度从这个国家的一端到另一端的存在，而任何其他的地方都没有"。此外，"高等梵语文明的存在和影响毫无疑问证实了印度的统一"[③]。贝利（F. G. Bailey）则回应说，照他的看法，社会学家和人类学家的任务不是"通过提炼一致因素使得'通俗思想中明显的矛盾'变得有意义"，借此寻找一个潜在的统一结构，如同杜蒙特和鲍考克所提倡的那样[④]。所以对贝利和很多其他的评论家来讲[⑤]，种姓意识形态并不是把印度社会结在一起的万能胶水。从中国的角度来看这场争论，我们得出的结论是，印度可以有一个现代政府形式上的机构，但是却缺乏一个统一文化的本质要素。

---

① 例如，参见福勒，《印度神坛和等级制的合法化》（The Hindu Pantheon and the Legitimation of Hierarchy），《人类》（*Man*），第23卷（1988年），第19—39页；马里奥特（McKim Marriott），《本土文明中的小型社区》（Little Communities in an Indigenous Civilization），收于马里奥特编，《乡村印度：小型社区的研究》（*Village India: Studies in the Little Community*），芝加哥大学出版社，1955年；及斯利尼瓦斯（M. N. Srinivas），《南印度库格人中的宗教与社会》（*Religion and Society among the Coorgs in South India*），牛津：克拉伦登出版社，1952年。

② 杜蒙特，《人类等级制：种姓体系及其意涵》（*Homo Hierarchicus: The Caste System and Its Implications*），芝加哥大学出版社，1970年。

③ 杜蒙特、鲍考克，《为印度的社会学》（For a Sociology of India），《印度社会学的贡献》（*Contributions to Indian Sociology*），第1卷（1957年），第9页。

④ 贝利，《为印度的社会学?》（For a Sociology of India?），《印度社会学的贡献》，第3卷（1959年），第90页。

⑤ 例如，参见柏瑞特（Steve Barrett）等著，《净化的等级制：关于杜蒙特和他的批评者的记录》（Hierarchy Purified: Notes on Dumont and His Critics），《亚洲研究杂志》，第35卷（1976年），第627—646页；伯格哈特（Richard Burghart），《南亚宗教传统中的弃教》（Renunciation in the Religious Traditions of South Asia），《人类》第18卷（1983年），第633—653页；及克兰达（Pauline Kolenda），《人类等级制中的七种类别》（Seven kinds of Hierarchy in Homo Hierarchicus），《亚洲研究杂志》，第35卷（1976年），第581—596页。

是什么使中国聚合一体?

作为总结,我回到自己开始的问题:这么多世纪以来是什么让中国聚合为一体?其中一个统一因素是政府的权力和弹性。中国这个概念暗示了一个复杂的官僚体制和一个帝国的中心。另一个因素是普及化书写文字的叠加,让受过教育的不同汉方言的语者可以沟通,因而分享一个民族文化。同等重要的是中央货币体系和主要商品全国性市场的兴起。这些成分都很重要,但是它们自身不足以产生和维系一个统一的文化传统。中国人怎么知道他们是"中国人"?换句话说,在帝制晚期的中国,导向一个整合文化建构的社会进程是什么?

我认为,恰恰就是那一点——建构,一个社会的和意识形态的创造。我们所谓的中国文化是一个假象,一个由形式和行为构成的却又没有多少内容的外表。"内容"在这个语境中,是很多西方人都以为如此的一系列统一且内在一贯的信仰和态度。"形式"是我们大部分人想到的所谓外在表象,由公共举止、集合式行为和标准化的仪式来表示。在欧洲传统中流行贬低形式而关注内容,尤其是把信仰作为文化整合的真实考验。对大多数西方人而言,"内在的"才有价值。这明显是一个欧洲中心式的文化和民族身份的观点。

从远至儒家的《论语》中,也可能更早,可以找到我所认为中国人文化整合的独特方式的源头[①]。通过众多的诠释,儒家的核心主题是思想和行为的和谐。正确的想法是根据合宜的行为得出的[②]。在这个意义上讲,正形早于而且优先于正统。儒家秩序理念的核心是礼的原则,被史华慈(Benjamin Schwartz)定义为"所有'客观的'行为规定,无

---

① 张光直(K. C. Chang),《美术、神话和仪式:通往古代中国政治权威的途径》(*Art, Myth, and Ritual: The Path to Political Authority in Ancient China*),哈佛大学出版社,1983 年,第 101、108 页;吉德伟(David N. Keightley),《考古和精神:中国的产生》(Archaeology and Mentality: The Making of China),《表现》(*Representations*),第 18 卷(1987 年),第 166 页。

② 关于这个讨论的发展,参见芬格莱特(Herbert Fingarette),《孔子:即凡而圣》(*Confucius: The Secular as Sacred*),纽约:哈珀和罗出版社,1972 年。

论包不包括仪式、典礼、礼仪，或者一般举止”①。儒家对待礼的方式跟文化建构有关：遵循正确的形式保证了某个人借着开化的规则进行文化游戏。而且因为这样做，这个人就成了中国人。

并不奇怪，这里所展示的对中国文化的见解是从广东的村民那儿得来的。我的文化教导员对孔子和朱熹正式的教导知之不多，但是他们知道很多礼，或在广东口语中发成 Laih 的音。村民们在日常言谈中用这个词。一个人每天可以听到几十遍。对他们而言这不是一个抽象的、哲学的概念，而是一个普通的、世俗的观念，并且有具体的关联。葬礼、婚礼和祭祖礼常常被提及。这个名词渗透到他们关于社会行为的谈论中。提到某人最糟的就是他或她“没有礼”（mouh laih），即不注意合宜的行为，是不礼貌而且未开化的。

在广东乡村背景中，礼（laih）最好被翻译成“合宜的形式”，与正确的行为紧密关联。根据当地的观点，合适地执行一个仪式就是遵循其礼。丧葬和结婚有一个公认的形式（礼），而偏离那个形式会引发很大的担忧。长者常常站在丧事的旁侧，像鹰一样监视着，以确定合宜的形式被遵循。当看到他们感觉是脱离了标准仪式实践的时候，他们会毫不犹豫地喊出建议或不满。广东丧礼的司祭们是公众仪式的舞蹈指挥，他们告诉人们在哪儿站，怎么坐，何时号哭，吃什么，向谁致意，何时离开②。如果仪式出现问题或是没有按照指定时间完成，灾难必将追随而至。这不仅仅是对死去的人，而且是对整个社区而言的。

因此，村民们对合宜的形式（礼）的关注不单单是一个审美或个人喜好的问题。它是把宇宙聚合为一体的粘合剂。无礼则生乱，而后者是另一个与大部分普通中国人有切实联系的概念。在广东乡下人中，乱会引起对土匪和饥荒的想象，以及对社会崩溃的极端象征的想象：人吃人。珠江三角洲村民有大量的民间传说，集中在帝国军队所做的

---

① 史华慈（Benjamin I. Schwartz），《中国古代的思想世界》（*The World of Thought in Ancient China*），哈佛大学出版社，1985 年。

② 华琛，《广东社会的丧礼专家》（Funeral Specialists in Cantonese Society），收于华琛、罗友枝编，《帝制晚期和现代中国的死葬仪式》。

神秘屠杀上面。当地方社会瓦解时，他们就会介入并重建秩序[①]。信息是明确的：那些偏离公认的仪式和行为标准的人招来了最令人恐惧的一类报应。

然而这不是说广东村民是社会生活中的机器人，以死记硬背的方式执行那些他们既无法控制也不能理解的仪式。他们也不应被视为木偶，在政府官员所把持的习俗的弦上跳舞。强调正形过于正统，对各个社会阶层都有深远的重要意义。它使得中国取得某个层面的文化统一，这在其他大型农耕社会中是从没有可能的。我所概括的文化建构进程包括所有中国人的积极参与，不仅仅是学者、官员，而且还有农民、工匠、商人和工人。例如有证据表明，帝国官员被迫接受、适应和征用那些最初是在农民中间出现的丧葬习俗[②]。人所见到的当今中国式的标准丧礼似乎是永恒的，然而这实际上是古代和现代仪式的融合[③]。普通民众，比如我的粤语顾问的先祖，他们与创造和促进这个融合的关系，跟包括皇帝本人在内的任何其他人是一样的。

---

① 华琛，《唤醒龙：地方神话里中华帝国政府的视野》(Waking the Dragon: Visions of the Chinese Imperial State in Local Myth)，收于裴达礼(Hugh Baker)、王斯福(Steven Feuchtwang)编，《旧国家、新环境：纪念莫里斯·弗里德曼的中国社会人类学研究集》(*An Old State in New Settings: Studies in the Social Anthropology of China in Memory of Maurice Freedman*)，牛津人类学学会杂志，1991年。

② 见伊沛霞，《宗族团体组织的发展的初期阶段》(见注10)，第20—29页。

③ 见罗友枝，《从史学家角度看中国死亡仪式》(见注35)。

作 者 简 介

比埃尔(Anne Birrell)

英国剑桥大学(University of Cambridge)卡莱尔堂(Clare Hall)中文教授。主治中国神话。译作有《山海经》和《玉台新咏》等,并撰有《中国神话导论》(*Chinese Mythology: An Introduction*)等多种论著。

夏德安(Donald Harper)

美国加州大学伯克利分校(University of California, Berkeley)东亚研究博士,现为芝加哥大学(University of Chicago)东亚语言与文明系教授。主治上古史,尤重上古哲学、宗教与科技。发表有关马王堆医书、敦煌文献等译作及研究论著多种,尤以《古代中国医学文献:马王堆帛书医书研究》(*Early Chinese Medical Literature: The Mawangdui Medical Manuscripts*)著称。

寇爱伦(Alan Cole)

美国密歇根大学(University of Michigan)宗教研究博士,现为路易斯-克拉克学院(Lewis & Clark College)宗教研究系教授。主治佛教经典。代表作有《中国佛教中的母与子》(*Mothers and Sons in Chinese Buddhism*)、《父尔父:唐代中国的伪造禅》(*Fathering Your Father: The Zen of Fabrication in Tang Buddhism*)等。

戴思博(Catherine Despeux)

法国国立东方语言与文化学院(Institut National des Langues et Civilisations Orientales)汉学教授。主治中国宗教与女性、道教养生实践、中医学。撰有《中国古代的女仙——道教与女丹》(*Immortelles de la Chine Ancienne - Taoïsme et Alchimie Féminine*)与《中国的教育与训谕》(*Education et Instruction en Chine*)等多种学术论著。其合著之作《道教中的妇女》(*Women in Daoism*)影响尤为广泛。

孔丽维(Livia Kohn)

德国波恩大学(Bonn University)博士,《道教研究》(*Daoist Studies*)杂志主编。曾长期执教于美国波士顿大学(Boston University)宗教系、东亚研究系。主治中古道教及养生术。撰写、主编学术著作25种,其《中古时期道教的隐修生活——一个跨文化的观察》(*Monastic Life in Medieval Daoism: A Cross-Cultural Perspective*)、《道教手册》(*Daoist Handbook*)及合著之作《道教中的妇女》尤为著称。

金鹏程(Paul R. Goldin)

美国哈佛大学(Harvard University)东亚研究博士,宾夕法尼亚大学(University of Pennsylvania)东亚语言与文明系教授。主治战国时期思想文化,兼重战国考古、艺术、文学和哲学。编撰学术论著多种,尤以《古代中国的性文化》(*The Culture of Sex in Ancient China*)著称。近著有《孔子之后:早期中国哲学研究》(*After Confucius: Studies in Early Chinese Philosophy*)等。

格里高里(Peter N. Gregory)

哈佛大学东亚研究博士,1981—1999年间执教于伊利诺大学香槟-厄巴纳分校(University of Illinois at Champaign-Urbana)东亚系及宗教研究学科(Program in Religious Studies),现为史密斯学院(Smith College)宗教系教授。主治佛教研究。发表有关唐宋禅宗、华严宗研究学术著作七种,尤以其《宗密与佛教中国化》(*Tsung-mi and the Sinification of Buddhism*)著称。近著有《妇女从佛:美国经历》(*Women Practicing Buddhism: American Experiences*)等。

太史文(Stephen F. Teiser)

美国普林斯顿大学(Princeton University)博士,曾执教于明德学院(Middlebury College)、南加州大学(University of Southern California),现为普林斯顿大学宗教系教授,普林斯顿大学出版社与加利福尼亚大学(University of California)出版社佛教专著系列主编。主治佛教,尤重佛教礼仪。撰有《幽灵的节日——中国中世纪的信仰与生活》(*The Ghost Festival in Medieval China*)等多种论著。其专著《十王经与中国中世纪佛教冥间的形成》(*Scripture on the Ten Kings and the Making of Purgatory in Medieval Chinese Buddhism*)荣获1996年列文森中国前现代史图书奖。

于君方(Chün-fang Yü)

美国哥伦比亚大学宗教研究博士。1972—2004年间执教于新泽西州立罗格斯大学(Rutgers University)宗教系,现为哥伦比亚大学宗教系兼东亚系教授、中国佛教"圣严"讲座教授。主治中国佛教史,发表佛教史研究论著数十种,其专著《观音》(*Kuan-Yin: The Chinese Transformation of Avalokiteśvara*)影响尤为广泛。

管佩达(Beata Grant)

美国斯坦福大学(Stanford University)博士,现为华盛顿大学(Washington University)亚洲语言与文学系教授。主治佛教,尤其重视佛教女性以及佛教对中国传统中国文化和社会的影响。发表论著数十种,包括成名作《再看庐山:佛教思想对苏轼生活及作品的影响》(*Mount Lu Revisited: Buddhism in the Life and Writings of Su Shih*)及近著《著名女尼:十七世纪中国的女性禅宗大师》(*Eminent Nuns: Women Chan Masters of Seventeenth-Century China*)等。

钟鸣旦(Nicolas Standaert)

荷兰莱顿大学中国研究博士,比利时天主教鲁汶大学(Katholieke Universiteit Leuven)中国研究教授。主治明清时期中西文化交流,尤其重视中国士大夫对欧洲文化的认知和接受模式。发表有关学术论著数十种,近著有《礼仪的交织:明末清初中欧文化交流中的丧葬礼》(*The interweaving of rituals: funerals in the cultural exchange between China and Europe*)等。

华琛(James L. Watson)

美国加州大学伯克利分校人类学博士,曾执教于伦敦大学(University of London)及匹兹堡大学(University of Pittsburgh),现为哈佛大学人类学系教授。其研究课题包括中国社会中的祖先崇拜、民间信仰、家庭生活、乡村组织、饮食制度等。曾长年在中国南方乡村作田野考察。撰写、编辑学术论著数十种,尤以合编论文集《晚期帝制中国的宗族组织》(*Kinship Organization in Late Imperial China, 1000—1940*)、《晚清帝国和現代中国的丧葬仪礼》(*Death Ritual in Late Imperial and Modern China*)及近年编辑的《金双拱东进:麦当劳在东亚》(*Golden Arches East: McDonald's in East Asia*)等著称。

原著版权声明

本书所收各文出处及原著版权持有者如下：

1.《中国神话》绪论——比埃尔(Anne Birrell)

《中国神话》(*Chinese Mythology: An Introduction*),约翰霍布金斯大学出版社,1999 年,第 1—22 页。

2. 汉代共同宗教中现世与冥界的契约：公元 79 年序宁祷祠简——夏德安

《远东亚洲丛刊》(*Cahiers d' Extreme-Asie*)第 14 卷(2004 年),第 227—267 页。

3. 练达者的简朴：重读《道德经》——寇爱伦

《宗教史》(*History of Religions*)第 46 卷(2006 年),第 1— 49 页。

4.《道教中的妇女》前言 ——戴思博、孔丽维

《道教中的妇女》(*Women in Daoism*),三松出版社(Three Pines

Press),2003 年,第 1—30 页。© 2003 by Three Pines Press. Translated with permission of Three Pines Press.

5. 古代中国吸血鬼式的性文化及其宗教背景——金鹏程

《理论与性》(*Theology and Sexuality*),第 12 卷第 3 期(2006 年),第 285—307 页。© 2006 by SAGE Publications. Translated with permission of SAGE Publications.

6.《唐宋时代的宗教与社会》前言:宗教与历史背景总览——格里高里、伊沛霞

《唐宋时代的宗教与社会》(*Religion and Society in T'ang and Sung China*),夏威夷大学出版社,1993 年,第 9—14 页。© 1993 by University of Hawaii Press. Translated with permission of University of Hawaii Press.

7. 许理和《佛教征服中国》三版序言:社会史与文化之间的对峙——太史文

《佛教征服中国》(*The Buddhist Conquest of China: The Spread and Adaptation of Buddhism in Early Medieval China*),布瑞尔(Brill)出版社,2007 年,第 12—37 页。© 2007 by Brill Academic Publishers. Translated with permission of Brill Academic Publishers.

8. 唐以后中国的观音女性形象——于君方

《中国宗教杂志》(*Journal of Chinese Religions*),第 18 卷(1990 年),第 61—89 页。Translated with permission of Journal of Chinese Religions.

9. 世系的女住持:临济宗禅师祇园行刚(1597—1654)——管佩达

香港中文大学出版社(The Chinese University of Hong Kong)
——钟鸣旦《文化接触的方法论:17 世纪中国的个案研究》

康奈尔大学出版社(Cornell University Press)
——华琛《仪式还是信仰? 晚期帝制中国的统一文化建构》